本教材（编号：JC2021002）
由中国社会科学院大学教材建设项目专项经费支持

中华人民共和国政治史

李正华　张金才　主编

当代中国出版社
Contemporary China Publishing House

图书在版编目(CIP)数据

中华人民共和国政治史 / 李正华，张金才主编. --
北京：当代中国出版社，2021.12
中华人民共和国史系列教材
ISBN 978-7-5154-1132-3

Ⅰ. ①中… Ⅱ. ①李… ②张… Ⅲ. ①政治制度史—
中国—教材 Ⅳ. ① D696

中国版本图书馆 CIP 数据核字(2021)第 150218 号

出 版 人　冀祥德
责任编辑　袁又文
责任校对　贾云华
印刷监制　刘艳平
封面设计　任晴清　马　骥
出版发行　当代中国出版社
地　　址　北京市地安门西大街旌勇里 8 号
网　　址　http://www.ddzg.net　邮箱：ddzgcbs@sina.com
邮政编码　100009
编 辑 部　(010)66572264　66572154　66572132　66572180
市 场 部　(010)66572281　66572161　66572157　83221785
印　　刷　北京润田金辉印刷有限公司
开　　本　787 毫米 × 1092 毫米　1/16
印　　张　18.5 印张　327 千字
版　　次　2021 年 12 月第 1 版
印　　次　2021 年 12 月第 1 次印刷
定　　价　56.00 元

目　录

导论

一、研究对象和主要内容

中华人民共和国的成立，使中国人民成为国家、社会和自己命运的主人，实现了中国向人民民主制度的伟大跨越。以此为标志，中国政治史翻开了崭新的一页。

研究中华人民共和国政治史，须首先明确“政治”的确切含义。《中国大百科全书》对“政治”的释义是：“政治”一词，最早出现于古希腊荷马史诗中，是指城堡或卫城而言。英语将其本意译为“城邦”，并把内涵扩展为城邦中的统治、管理、参与、斗争等公共生活的总和。中国古代文献中也有“政治”一词，如《周礼·地官·遂人》：“掌其政治禁令”。但通常是“政”“治”分用。“政”主要指国家的权力、制度、秩序和法令；“治”主要指管理、教化民众。到近代，中国民主革命的先行者孙中山，将“政”“治”合用，对之作了简洁明了的解释。1924 年 3 月 9 日，他在广州国立高等师范学校演讲时说：“政治两字的意思，浅而言之，政就是众人的事，治就是管理，管理众人的事便是政治。”①

学术界对“政治”也有专门的解释。20 世纪 80 年代以来，中国政治学界对“政治”的定义主要有四种：其一，政治是各阶级为维护和发展本阶级利益，处理本阶级内部关系以及同其他阶级、民族、国家的关系采取的策略、手段和组织形式；其二，政治是一定阶级或集团为实现其经济要求，夺取政权和巩固政权的活动，以及实行的对内对外的全部政策和策略；其三，政治是由政府推行的、涉及各生活领域的、在各种社会活动中占主要地位的活动；其四，政治是阶级社会的产物，是阶级社会的上层建筑，集中表现为统治阶级与被统治阶级之间争夺权力的斗争、统治阶级内部的权力分配和使用等。②

根据 1949 年 10 月 1 日中华人民共和国成立以来政治发展的客观实际，结合学术界的相关研究成果，可以对中华人民共和国政治史的研究对象作如下理解：概而言之，它应是中华人民共和国成立以来政治领域发生的一切变化及其相关的人与事。具体言之，它应是中华人民共和国国家政权的阶级性质及与之相适应的国家权力、组织结构形式和运行机制的建立与健全、改革与发展的演变过程、特

---

① 《孙中山选集》，人民出版社 1981 年版，第 692 页。

② 参见《中国大百科全书》第 28 卷，中国大百科全书出版社 2009 年版，第 283 页。

点、规律。在思想层面，它包括新中国成立以来各个阶级阶层和政治集团对社会政治制度、国家政权组织以及各阶级阶层相互关系所形成的观点和理论体系，各种不同政治思想流派之间的斗争、演变和更替的具体历史过程，各种不同政治思想对现实社会政治发展的影响和作用，最主要的就是各个阶级阶层对待国家政权的态度和主张。在实践层面，主要包括社会变革时期新旧阶级之间的政治斗争、新的政治制度的确立，社会相对稳定时期政治制度的运用，政治体制的改革、发展，政治决策的实施，以及公民的政治参与行为等。

中华人民共和国政治史研究的内容可从宏观、中观、微观三个层面分析。宏观的中华人民共和国政治史包括的内容很广，涉及以中国共产党领导、人民当家作主、依法治国及其有机联系的发展演变过程为核心内容的理念、制度、人物、事件等。中观的中华人民共和国政治史涉及政治思想、政治制度、政治过程、行政管理、法治建设、人权保障等方面，涉及政治民主、政治效率、政治秩序、政治廉洁等目标，中国当代有关重要政治人物、重大政治事件以及政治思想史、政治制度史、民主与法制建设史、党际关系史、公共行政管理史、国防史等，是中华人民共和国政治史研究的主要内容。微观层面的中华人民共和国政治史研究主要以政治制度为中心展开。

研究中华人民共和国政治史，从中观层面入手，于凸显政治史的学科特色与学术功能似较为有益。因为，从宏观层面研究，难于把握政治史与通史的区别，容易将二者混为一谈，不易突出政治史自身的特色与功能；从微观层面研究，则易陷于政治制度史即政治史的误区，不足以反映政治史的全貌。

二、研究目的和意义

研究中华人民共和国政治史，就是要客观地研究和把握中国人民当家作主的新型政权的建立、巩固和发展过程，以及适应这种政权需要的社会主义制度在中国建立、健全、发展与不断完善的历史过程，准确地揭示这一历史发展的客观规律和必然要求，努力促进符合中国实际、适合中国国情的民主政治的发展，建设社会主义政治文明。

深入研究中华人民共和国政治史，对于深化中华人民共和国史研究，帮助人们坚定中国特色社会主义的道路自信、理论自信、制度自信、文化自信具有重要意义。

（一）对于深刻认识和自觉把握中国特色社会主义政治发展道路的内涵与实质具有重要意义

政治发展道路是一个国家政治发展所选择的路径和模式，它明确政治发展的战略目标、根本要求、制度架构、重点任务等，关乎国家前途、民族命运、人民幸福。中华人民共和国的成立、中国走上社会主义道路，是中国巨大的政治变革。新中国成立以来，中国共产党领导中国人民通过社会主义改造和社会主义探索的伟大实践，开创了中国特色社会主义道路。中国特色社会主义道路的科学内涵是经济、政治、文化、社会、生态文明全面发展。其中，中国特色社会主义政治发展道路，就是坚持在中国共产党领导下更好地保障和发展人民民主，其科学内涵和基本特征是坚持共产党领导、人民当家作主、依法治国的有机统一。

中国特色社会主义政治发展道路的实质，就是坚持一切从中国实际出发，实现马克思主义基本原理同中国实际相结合。一个国家选择什么样的政治发展道路，归根到底是由这个国家的性质和国情决定的。中国特色社会主义政治发展道路，发端、奠基于新中国成立之初，历经探索、曲折，形成、发展于改革开放新时期，是中国共产党领导中国人民把马克思主义基本原理同中国具体国情相结合、经过长期探索实践逐步开辟和形成的，是中国近代以来100多年历史发展的必然结果，是新中国70多年来历史性巨变的必然结果，是中国人民掌握自己的前途和命运、共同团结奋斗、共同繁荣发展的必然结果。

政治发展道路是否正确，对一个国家的盛衰兴亡具有决定性意义。正确的政治发展道路，应当是符合本国国情和实际、能够团结人民朝着实现国家发展目标不断前进的道路。是否符合中国国情、反映人民意愿、顺应时代潮流，能否为国家富强、民族振兴、人民幸福、社会和谐提供根本政治保证、指明正确政治方向，是衡量中国政治发展道路是否符合中国实际的重要标准。中国特色社会主义政治发展道路能够凝聚中国亿万人民的意志和力量的事实证明，这条道路不仅具有历史发展的逻辑必然性，而且具有坚实的政治基础、深厚的文化底蕴和广泛的社会共识，是实现最广泛的人民民主的正确道路。

（二）对于深刻认识和自觉把握毛泽东思想与中国特色社会主义理论体系的逻辑与特点具有重要意义

中国的革命、建设和改革，既是形成马克思主义中国化理论体系的逻辑起点，又是推动这一理论体系不断丰富完善的强大动力。新中国成立后，中国共产党在执掌全国政权的历史条件下，在社会主义革命、建设的伟大实践中，丰富和发展了毛泽东思想，在改革开放伟大实践中，又逐步形成了邓小平理论、“三个代表”重要思想、科学发展观和习近平新时代中国特色社会主义思想为主要内容的中国特色社会主义理论体系。这些新理念、新思想、新论断，不断探索和回答建设什么样的社会主义、怎样建设社会主义，建设什么样的党、怎样建设党，实现什么样的发展、怎样发展，新时代坚持和发展什么样的中国特色社会主义、怎样坚持和发展中国特色社会主义等重大理论和实际问题，不断深化了对共产党执政规律、社会主义建设规律、人类社会发展规律的认识，为在新的历史条件下坚持和发展马克思主义作出了历史性贡献。

马克思主义中国化，是随着时代变化和实践发展阶段式向前推进的过程。毛泽东思想和中国特色社会主义理论体系，是马克思主义中国化两次历史性飞跃所产生的两大理论成果。两次飞跃、两大成果，既一脉相承又与时俱进。毛泽东思想为中国特色社会主义道路的开辟和理论体系的形成奠定了思想理论基础。中国特色社会主义理论体系是在改革开放新时期形成并不断丰富的，把马克思主义中国化推向了新的发展阶段。只有认清马克思主义中国化的客观历史过程，才能深刻认识和自觉把握指引中国政治发展的科学理论的准确内涵。

（三）对于深刻认识和自觉把握中国特色社会主义政治制度的本质与优势具有重要意义

中国特色社会主义制度，就是人民代表大会制度这一根本政治制度，中国共产党领导的多党合作和政治协商制度、民族区域自治制度以及基层群众自治制度等基本政治制度，中国特色社会主义法律体系，公有制为主体、多种所有制经济共同发展的基本经济制度，以及建立在这些制度基础上的经济体制、政治体制、文化体制、社会体制等各项具体制度。人民当家作主是中国特色社会主义制度的本质，它是通过与之相适应的一系列基本制度和具体制度来体现和实现的。坚定不移发展人民民主，切实保证广大人民民主权利的实现，是坚持与发展中国特色社会主义制度的本质要求和根本保证。

新中国成立以来取得的辉煌成就充分证明，新中国确立的社会主义政治制度与中国的实际总体上是适应的，符合中国国情，有利于坚持党的领导，有利于保证人民当家作主，有利于解放和发展社会生产力，有利于维护国家统一、民族团结和社会和谐稳定，为党和国家事业发展提供了重要政治制度保障，得到了全国各族人民的广泛认同和坚定拥护。在国内外错综复杂的形势下，在激烈国际竞争中，中国特色社会主义制度显示了旺盛生命力和巨大优越性，其根本原因就在于这一社会制度符合中国国情、体现发展规律。解放生产力，发展生产力；消除两极分化，实现共同富裕，是科学社会主义基本原则的两个最重要的方面。正是在这两个最基本的方面，中国特色社会主义制度实现了理论与实践相结合、原则与现实相统一。通过中国特色社会主义制度，中国共产党实现了坚持与实践科学社会主义基本原则的长期性与阶段性的有机统一、普遍性与特殊性的有机统一。只有认清和把握中华人民共和国政治制度的本质，才能坚持制度特色、坚定制度自信。

（四）对于深入研究和总结中国共产党治国理政的历史经验具有重要意义

新中国成立以来，中国共产党经受住长期执政、改革开放和发展社会主义市场经济的考验，执政能力不断提高，执政地位不断巩固，积累了丰富的经验。

政治发展必须围绕经济建设这个中心，绝不能偏离或妨碍这个中心。中国共产党执政以来，取得了许多治国理政的经验，其中最根本的就是找到了一条具有中国特色的社会主义政治发展道路。国家主席习近平在庆祝新中国成立 65 周年时说："65 年来，中国由新民主主义走向社会主义，开创和拓展中国特色社会主义道路，使社会主义这一人类社会的美好理想在古老的中国大地上变成了具有强大生命力的成功道路和制度体系。这不仅为中华民族实现伟大复兴提供了重要制度保障，而且为人类社会走向美好未来提供了具有充分说服力的道路和制度选择。"① 这条道路的要点就是：中国的政治体制改革和民主政治建设必须以经济建设为中心，从经济社会和人的全面发展需要出发。经济是基础，政治是经济的集中体现。中国在社会主义初级阶段存在的社会主要矛盾决定了解放和发展生产力、不断提高人民群众物质文化水平，是中国最大的政治问题，中国政治建设必须围绕中国经济建设这个中心工作展开，服务于这个中心而不能干扰和妨害这个中心。

政治发展必须有利于巩固、发展和壮大社会主义民主，以保证和发展人民民主为己任。中国的社会主义民主，也就是人民民主。它以最终实现最广大人民当家作主为宗旨，以党的领导和人民当家作主相结合为本质特征，以民主的制度化和法律化建设为实践路径，努力实现党的领导、人民当家作主和依法治国的有机统一。它决定了中国社会主义国家政权的根本性质。党的领导是人民当家作主和依法治国的根本保证，人民当家作主是社会主义民主政治的本质和核心，依法治国是党领导人民治理国家的基本方略。三者统一于中国特色社会主义民主政治实践。坚持正确政治方向，最重要、最根本的就是坚持党的领导、人民当家作主、依法治国有机统一。

政治发展必须适应客观实际的需要，不断开拓新局面。中国的政治发展过程是社会主义政治制度的自我完善和发展的过程，是在坚持社会主义最根本政治制度下的制度发展和制度创新过程。中国共产党领导和推进社会主义建设特别是改

① 习近平：《在庆祝中华人民共和国成立 65 周年招待会上的讲话》（2014 年 9 月 30 日），《人民日报》2014 年 10 月 1 日。

革开放的一个突出贡献在于，既坚持社会主义制度最基本的方面不动摇，又对制约社会主义制度优越性发挥的制度与体制弊端进行改革，同时不断扩大对外开放，大胆吸收和借鉴人类政治文明的有益成果，有力促进政治文明等各方面制度的成熟、定型。在政治发展进程中，一方面积极学习借鉴人类政治文明的有益成果，另一方面也不迷信世界上存在的所谓“普世”政治模式，坚持从中国的实际出发，坚定不移走自己的路，不照搬西方政治制度模式，不搞多党轮流执政、“三权鼎立”和两院制，不放弃中国社会主义政治制度的根本，在不断完善社会主义政治制度和丰富民主实现形式过程中，把政治体制和民主政治建设不断推向前进。

深入研究中华人民共和国政治史，全面反映人民政权的确立、巩固、运行过程，不仅有助于克服政治制度史、政治思想史等有关专门史只就政治史某一方面研究的局限，能以更加广阔的视野认识新中国政治的变迁，而且它也是深入总结经验的过程，有助于更准确地把握新中国政治制度的特色，认清中国当代政治制度的优势，遵循中国特色社会主义政治制度发展的内在规律，有助于提高人们当家作主的历史责任感、时代使命感，有助于激励人们积极自觉地投身于社会主义政治文明建设，推进社会主义政治体制的改革，做勇于探索、勇于实践的开拓者。

三、研究思路和基本构架

中华人民共和国政治史从中华人民共和国史的大背景出发，根据新中国政治发展的客观实践，借鉴国史和党史等相关研究的最新成果，系统反映从 1949 年新中国成立到 2020 年 70 多年中华人民共和国社会主义民主政治建设发生、发展的全过程。

以唯物史观为指导，坚持历史与逻辑的统一。中华人民共和国政治史紧紧围绕中国共产党领导建立、巩固和发展人民民主专政的国家政权，立足基本国情，扩大社会主义民主，建设社会主义法治国家，发展社会主义政治文明的历史主线，突出各个历史阶段政治发展的不同特点，论述中华人民共和国政治发展演变的基本过程，特别是有利于人民当家作主的根本政治制度和基本政治制度的建立、完善和发展过程，以宪法为核心的社会主义法律体系的确立、完善和发展过程，执掌全国政权的中国共产党在领导中国人民进行社会主义革命、建设与改革中不断提高执政能力和执政水平的过程。这三个过程，是贯穿中华人民共和国政治史的主要内容。

制度问题带有根本性、全局性、稳定性和长期性。毛泽东在阐述社会主义与资本主义的优劣时强调：“根本的问题是制度问题，制度决定一个国家走什么方向”，“社会制度变了，这个国家走的方向就要随着改变”。[①] 制度基础是一个国家的立国之本和执政之基。新中国成立之前，在“国家走什么方向”的根本问题上，中国共产党就领导全国人民坚定地选择了建立工人阶级领导的、以工农联盟为基础的人民民主专政的社会主义国家。这个至关重要的制度选择，夯实了新中国立国、兴国、强国的根基。70多年来，中国的基本政治制度是一脉相承的，它构成了中华人民共和国政治史的基本框架。因此，中华人民共和国政治史就是要对中华人民共和国的根本政治制度、基本政治制度等主要制度，以及政治领域的各项具体制度，进行全方位的梳理和解读，为探索制度完善的路径提供历史根据；就是要对中国特色社会主义政治制度作全面、系统的论述和阐释，指明政治制度建设的重要性，论述中华人民共和国政治制度体系包括的主要内容及其形成完善过程，阐述它与中国特色社会主义道路、理论体系三者的关系，全面客观地反映新中国坚持国家一切权力属于人民、不断扩大公民有序政治参与、保证和实现内容广泛的人民当家作主的实践；就是要对比中外政治制度，系统阐述中华人民共和国政治制度的特点、优势和开放性。

宪法是国家的根本大法。中华人民共和国宪法有力地促进了新中国的革命、建设和改革开放伟大事业，奠定了中国社会主义法治的整体基调，落实了社会主义法治体系的顶层设计，强化了政党法治，确立了国家价值与人权文化。宪法不仅是政治实践的产物，同时其自身还蕴含着价值取向，决定了国家法治建设的价值取向。形成和完善以宪法为统帅的中国特色社会主义法律体系，确立和贯彻依法治国基本方略，保证国家机关依法行使职权、履行职责，是中华人民共和国政治史中的重要内容。

中国共产党是中华人民共和国的执政党。不断改革和完善党的领导方式和执政方式，坚持党总揽全局、协调各方的领导核心作用，努力提高科学执政、民主执政、依法执政的能力和水平，以便更好地发展社会主义民主政治，是中国共产党始终不渝的奋斗目标。新中国社会主义民主政治建设的成功实践，使中国共产党和中国人民深刻地认识到，中国的民主政治建设必须坚持党的领导、人民当家作主和依法治国的有机统一。这是中国发展社会主义民主政治最重要、最根本的原则。党的领导是人民当家作主和依法治国的根本保证，人民当家作主是社会主义民主政治的本质要求，依法治国是党领导人民治理国家的基本方略。只有坚持

① 中华人民共和国国史学会编印：《毛泽东读〈社会主义政治经济学〉批注和谈话》（下），1998年，第775页。

这三者的有机统一，才能保证中国民主政治建设坚持正确方向，实现社会主义民主政治的制度化、规范化和程序化。坚持党的领导是实现人民当家作主的需要。历史一再证明，坚持中国共产党的领导是发展社会主义民主政治的关键。中国共产党是无产阶级政党，是中国社会主义事业的领导核心，是中国最广大人民根本利益的忠实代表者和坚定维护者。这不仅体现在党的理论、纲领、路线和方针、政策上，而且体现在党的各项实际工作中，体现在宪法和法律的制定、修改和完善上，体现在各级党组织和广大党员特别是党员领导干部的先锋模范作用上，体现在党对经济工作和思想文化工作的领导等诸多方面。坚持党的领导，必须相信、依靠人民群众，始终为广大人民群众谋求利益和福祉，永葆党的性质、宗旨和先进性；必须不断加强和改善党的领导，坚持党要管党、全面从严治党，加强党的政治建设、思想建设、组织建设、作风建设、纪律建设、制度建设和反腐败斗争；必须正确认识和处理党的领导与国家政权的关系。

需要特别指出的是，政治是经济的最集中的表现，政治发展与经济发展、文化发展、社会发展是互为条件、互相影响的。中华人民共和国政治史绝不是对中国共产党历史和中华人民共和国史中的经济、文化、社会等方面内容的简单裁切，而是从政治的角度，论述中华人民共和国史的全过程，为中国特色社会主义事业提供思想助力和历史支撑。

中华人民共和国政治史是中华人民共和国史的分支学科，既要从国史的大背景出发，又要特别注重从政治史角度反映国史发展的大脉络、主题主线、各个时期阶段性特征。既要对新中国重要政治人物、重大政治事件有客观论述，又要注意历史的联系，对客观史实进行概括和研究，注意总结历史经验教训，写出政治发展的时代性、规律性。

根据上述思路，本书共设 8 章 28 节。其中第一章简述新中国的成立及确立社会主义根本政治制度、基本政治制度的过程，时间段为 1949 年 10 月至 1956 年 4 月。第二、三章简述中国在计划经济条件下对适合中国国情政治发展道路的探索，在这一过程中有成功的经验，也有严重的曲折，时间段为 1956 年 4 月至 1976 年 10 月。第四、五章简述在拨乱反正、改革开放的时代条件下，在对计划经济体制不断改革的过程中，开辟中国特色社会主义政治发展道路的过程，时间段为 1976 年 10 月至 1992 年 1 月。第六、七章简述确立建设社会主义市场经济后，在建设社会主义市场经济过程中，中国特色社会主义政治的继续发展，时间段为 1992 年 1 月至 2012 年 11 月。第八章简述中国特色社会主义进入新时代，中国特色社会主义政治体制改革和政治文明建设，时间段为 2012 年 11 月至 2020 年底。

第一章　新中国的成立与社会主义政治制度的确立（1949—1956）

1949 年 10 月中华人民共和国成立至 1956 年基本完成社会主义改造，是新中国政治发展史上的重要时期。1949 年 9 月，中国人民政治协商会议第一届全体会议的召开，完成了创建中华人民共和国的任务;《中国人民政治协商会议共同纲领》以及 1954 年《中华人民共和国宪法》的通过，为新中国的政权建设奠定了必要的法律基础；大规模剿匪斗争、镇压反革命、抗美援朝，以及整风和整党运动等的开展，巩固了新生的人民政权。人民代表大会制度这一根本政治制度，以及中国共产党领导的多党合作和政治协商制度、民族区域自治制度这些基本政治制度也都在这一时期确立下来，为当代中国发展进步奠定了政治前提和制度基础。

第一节　新中国的成立与人民政权的巩固

中国人民政治协商会议第一届全体会议的召开及《中国人民政治协商会议共同纲领》的通过，标志着新中国的成立。随后中央人民政府和地方各级人民政权相继成立，大规模剿匪斗争、镇压反革命、抗美援朝，以及整风和整党运动等的开展，巩固了新生的人民政权。

一、召开中国人民政治协商会议与制定《共同纲领》

（一）中国人民政治协商会议的召开

1949 年 4 月，人民解放军百万雄师渡过长江后，南京、杭州、武汉、上海相继解放，国民党政府逃往广州。随着形势的发展，召开新政治协商会议，成立民主联合政府的条件已经成熟。1949 年 6 月 15 日，新政治协商会议筹备会在北平成立。

经过近三个月的紧张工作，1949 年 9 月 21 日至 30 日，中国人民政治协商会议第一届全体会议在北平（北京）中南海怀仁堂举行。参加会议的代表共 662 人。

毛泽东致开幕词——《中国人民站起来了》，指出这次会议的性质和任务："现在的中国人民政治协商会议是在完全新的基础之上召开的，它具有代表全国人民的性质，它获得全国人民的信任和拥护。因此，中国人民政治协商会议宣布自己执行全国人民代表大会的职权。中国人民政治协商会议在自己的议程中将要制定中国人民政治协商会议的组织法，制定中华人民共和国中央人民政府的组织法，制定中国人民政治协商会议的共同纲领，选举中国人民政治协商会议的全国委员会，选举中华人民共和国中央人民政府委员会，制定中华人民共和国的国旗和国徽，决定中华人民共和国国都的所在地以及采取和世界大多数国家一样的年号。”在开幕词中，毛泽东还代表中国人民向世界宣告：“占人类总数四分之一的中国人从此站立起来了。”[①] 接着，中国共产党代表刘少奇、特邀代表宋庆龄、中国国民党革命委员会代表何香凝、中国民主同盟代表张澜、民主建国会代表黄炎培、中华全国总工会代表李立三、华侨代表司徒美堂、中国人民解放军代表陈毅、解放区代表高岗、新疆代表赛福鼎·艾则孜、特邀代表张治中和程潜相继发言，表达了对中国人民政治协商会议的衷心拥护和新中国光明前途的信心。

经过会议代表充分讨论和协商，9 月 27 日，全体会议讨论通过了《中国人民政治协商会议组织法》《中华人民共和国中央人民政府组织法》和中华人民共和国国都、纪年、国歌、国旗四个决议案。决定：以北平为国都，并从即日起北平改名为北京；中华人民共和国采用公元纪年；在国歌正式制定以前以《义勇军进行曲》为国歌；中华人民共和国的国旗为五星红旗。大会还决定会后组织人员设计国徽，提交有关会议审定通过。29 日，全体会议讨论通过了《中国人民政治协商会议共同纲领》《中央人民政府副主席和全体委员名额》《关于选举中国人民政治协商会议全国委员会和中央人民政府委员会的规定》三个议案。30 日，会议选举毛泽东为中央人民政府主席；朱德、刘少奇、宋庆龄、李济深、张澜、高岗为中央人民政府副主席；陈毅等 56 人为委员，组成中央人民政府委员会。下午 6 时，全体代表来到天安门广场，参加人民英雄纪念碑的奠基典礼。周恩来主持，毛泽东宣读了由他撰写并为大会通过的纪念碑碑文。典礼结束后继续举行全体会议，通过了《中国人民政治协商会议第一届全体会议宣言》。历时 10 天的盛会，完成了创建中华人民共和国的伟大历史使命。

（二）《中国人民政治协商会议共同纲领》的通过

通过政治协商会议制定社会各方面都能接受和遵守的共同纲领，是创建新中国重要的基础性工作。此前，中共七届二中全会指出的“中国由农业国转变为工业国、由新民主主义社会转变为社会主义社会的发展方向”和毛泽东《论人民民主专政》一文，实际上规划了建设新中国的蓝图。

---

① 《建国以来毛泽东文稿》第 1 册，中央文献出版社 1987 年版，第 5—6 页。

《中国人民政治协商会议共同纲领》是新中国的建国纲领，在全国人民代表大会召开以前起着临时宪法的作用。它由序言和总纲、政权机关、军事制度、经济政策、文化教育政策、民族政策、外交政策共八部分组成。

首先，关于新中国的性质和任务。《共同纲领》规定："中华人民共和国为新民主主义即人民民主主义的国家，实行工人阶级领导的、以工农联盟为基础的、团结各民主阶级和国内各民族的人民民主专政，反对帝国主义、封建主义和官僚资本主义，为中国的独立、民主、和平、统一和富强而奋斗。"这表明，新中国成立之初的国家性质即"国体"是工人阶级领导的各民主阶级的联合专政，是新民主主义国家，它的任务是彻底完成新民主主义革命并进行新民主主义建设，而不是立即全面进行社会主义革命。

其次，《共同纲领》规定了新中国的国家政权机关、军事制度及经济、文化教育、民族、外交等政策的总原则。关于政权机关，纲领规定："中华人民共和国的国家政权属于人民。人民行使国家政权的机关为各级人民代表大会和各级人民政府"，"各级人民代表大会选举各级人民政府"，"各级政权机关一律实行民主集中制"。这些规定表明，人民代表大会制度是中国的根本政治制度，是中国的"政体"，它不同于欧美资本主义国家的议会制和"三权分立"，它能够保证最广大人民享有当家作主的权利。纲领还规定了人民政协的地位，指出：人民政协"为人民民主统一战线的组织形式"，"在普选的全国人民代表大会召开以前，由中国人民政治协商会议的全体会议执行全国人民代表大会的职权"，在全国人民代表大会召开后，政协仍作为协商国家大政方针的机构长期存在。这表明，政治协商制度是中国政治制度的一项重要内容。

关于军事制度，《共同纲领》规定："中华人民共和国建立统一的军队，即人民解放军和人民公安部队"。军队"根据官兵一致、军民一致的原则，建立政治工作制度，以革命精神和爱国精神教育部队的指挥员和战斗员"。国家要加强军队现代化建设，并实行民兵制度。

关于经济政策，《共同纲领》规定："中华人民共和国经济建设的根本方针，是以公私兼顾、劳资两利、城乡互助、内外交流的政策，达到发展生产、繁荣经济之目的。"国家实行调剂国营经济、合作社经济、农民和手工业者的个体经济、私人资本主义经济和国家资本主义经济的政策，使各种经济成分在国营经济占主导地位的格局下，分工合作、各得其所，以促进整个社会经济的发展。国营经济和社会主义性质的经济，均应由国家统一经营。凡国有资源和企业，均为全体人民的公共财产，是人民共和国繁荣经济的主要物质基础和整个社会经济的领导力量。“凡有利于国计民生的私营经济事业，人民政府应鼓励其经营的积极性，并扶助其发展。”“在必要和可能的条件下，应鼓励私人资本向国家资本主义方向发展”。实行土地改革，保护农民已得土地的所有权，鼓励和扶助广大劳动人民根据自愿原则发展各种合作事业。

关于文化教育，《共同纲领》规定：“中华人民共和国的文化教育为新民主主义的，即民族的、科学的、大众的文化教育。”

关于民族政策，《共同纲领》规定：中华人民共和国境内各民族一律平等；各少数民族聚居的地区实行民族区域自治；各少数民族均有发展其语言文字、保持或改革其风俗习惯及宗教信仰的自由。

关于外交政策，《共同纲领》规定：中华人民共和国外交政策的原则，为保障本国独立、自由和领土主权的完整，拥护国际的持久和平和各国人民间的友好合作，反对帝国主义的侵略政策和战争政策。①

《共同纲领》以根本大法形式确认了中国共产党领导全国人民进行革命斗争的成果，确立了中国的国家性质和政权形式，为新中国的政治、经济、文化等各项事业的发展指明了方向，并提供了法律依据和保障，为新中国的法制建设奠定了一个良好的基础，成为中国法制建设开端的标志。

（三）《中国人民政治协商会议组织法》和《中华人民共和国中央人民政府组织法》的制定

依据《共同纲领》，中国人民政治协商会议第一届全体会议制定了《中国人民政治协商会议组织法》和《中华人民共和国中央人民政府组织法》。

《中国人民政治协商会议组织法》共计 6 章 20 条，分为总则、参加单位及代表、全体会议、全国委员会、地方委员会、附则。在总则中，该法明确规定：中国人民政治协商会议为全中国人民民主统一战线的组织，旨在经过各民主党派及人民团体的团结，去团结全中国各民主阶级、各民族，共同努力，实行新民主主义，反对帝国主义、封建主义及官僚资本主义，推翻国民党的反动统治，肃清公开的及暗藏的反革命残余力量，医治战争创伤，恢复并发展人民的经济事业及文化教育事业，巩固国防，并联合世界上以平等待我之民族及国家，以建立及巩固由工人阶级领导的以工农联盟为基础的人民民主专政的独立、民主、和平、统一及富强的中华人民共和国。同时，规定了人民政协的参加单位及代表、全体会议召开的具体办法、全国委员会及地方委员会的职权等内容，为中国人民政治协商

① 参见《建国以来重要文献选编》第 1 册，中央文献出版社 2011 年版，第 1—11 页。

会议提供了必要的法律依据。

关于参加单位和代表，该法规定：凡赞成本组织法第一条之规定的民主党派及人民团体，经中国人民政协全国委员会协商同意，可参加中国人民政协；个人经中国人民政协全国委员会协议邀请者，也可参加中国人民政协的全体会议，并可被选为全国委员会委员。

关于全体会议，该法规定：中国人民政协全体会议，每三年开会一次，由全国委员会召集。全国委员会认为有必要时，可提前或延期召集。但第一届由中国人民政协筹备会召集。该法同时规定了中国人民政协全体会议五个方面的职权以及中国人民政协全体会议的召开方式、通过决议的代表比例、人员组成、组织机构等内容。

关于中国人民政治协商会议的全国委员会，该法规定：在中国人民政协全体会议闭幕后，设立全国委员会。中国人民政治协商会议全国委员会的职权包括保证实行中国人民政协全体会议及全国委员会的决议、协商并提出对中华人民共和国中央人民政府的建议案等七个方面的内容。同时规定了政协会议全国委员会委员的产生方式、会议召开时间及方式、组织机构等内容。

关于中国人民政治协商会议的地方委员会，该法规定：中心城市、重要地区及省会，经中国人民政协全国委员会决议，可设立中国人民政协地方委员会，为该地方各民主党派及人民团体的协商并保证实行决议的机关。中国人民政协地方委员会的组织条例，由中国人民政协全国委员会制定或批准。①

《中华人民共和国中央人民政府组织法》共计 6 章 31 条。在总纲中明确规定：中华人民共和国是工人阶级领导的，以工农联盟为基础的，团结各民主阶级和国内各民族的人民民主专政的国家。中华人民共和国政府是基于民主集中制原则的人民代表大会制的政府。在普选的全国人民代表大会召开前，由中国人民政治协商会议的全体会议执行全国人民代表大会的职权，制定中华人民共和国中央人民政府组织法，选举中华人民共和国中央人民政府委员会，并付之以行使国家权力的职权。中央人民政府委员会对外代表中华人民共和国，对内领导国家政权。中央人民政府委员会组织政务院，以为国家政务的最高执行机关；组织人民革命军事委员会，以为国家军事的最高统辖机关；组织最高人民法院及最高人民检察署，以为国家的最高审判机关和检察机关。

① 参见《建党以来重要文献选编（1921—1949）》第 26 册，中央文献出版社 2011 年版，第 745—749 页。

《中国人民政治协商会议共同纲领》《中国人民政治协商会议组织法》《中华人民共和国中央人民政府组织法》一起，为新中国政权建设奠定了必要的法律基础。

二、成立中央人民政府及各级地方政权

中央到地方的各级人民政权，是彻底打碎旧的国家机器之后在全新基础上建立起来的。早在 1948 年 9 月成立的华北人民政府，就以调动一切人力物力财力完成华北区的统一和支援全国解放战争的卓越工作，为新中国的政权建设和经济建设积累了初步经验，并以较为完整的行政系统，为中央人民政府的成立作了组织上的准备。在华北人民政府的基础上，中央人民政府各机构和各部门直接、顺利地组建起来。

（一）中央人民政府的组建

1949 年 9 月，中国人民政治协商会议第一届全体会议通过《中华人民共和国中央人民政府组织法》和《中国人民政治协商会议共同纲领》，对中央人民政府的性质、整个组织系统及各部分职能，都作出明确规定。10 月 1 日，毛泽东主持中央人民政府委员会第一次会议，宣布中央人民政府主席、副主席和委员于即日就职，中央人民政府成立。会议推选林伯渠为中央人民政府委员会秘书长，任命周恩来为中央人民政府政务院总理兼外交部部长，毛泽东为中央人民政府人民革命军事委员会主席，朱德为人民解放军总司令，沈钧儒为中央人民政府最高人民法院院长，罗荣桓为中央人民政府最高人民检察署检察长。会议通过《中华人民共和国中央人民政府公告》。19 日，毛泽东主持召开中央人民政府委员会第三次会议，任命产生中央人民政府和政务院及所属机构、人民革命军事委员会、最高人民法院和最高人民检察署的各主要领导人。21 日，周恩来主持召开政务院第一次扩大会议，宣布政务院正式成立。10 月 31 日，华北人民政府正式向中央人民政府政务院办理移交手续。

中央人民政府实行“议行合一”，以中央人民政府委员会立法，并通过所属的政务院、人民革命军事委员会、最高人民法院和最高人民检察署分掌国家最高行政、军事、审判、检察各项职权。具体情况如下：

中央人民政府委员会：根据组织法的规定，中国人民政治协商会议第一届全体会议代行全国人民代表大会权力。政协全体会议闭幕后，中央人民政府委员会为行使国家权力的最高机关，对外代表中华人民共和国，对内领导国家政权。中央人民政府委员会由一届政协全体会议选举中央人民政府主席 1 人，副主席 6 人，

委员 56 人，并由中央人民政府委员会互选秘书长 1 人组成。[①] 中央人民政府委员会行使制定并解释国家法律，颁布法令，并监督其执行；规定国家施政方针；废除或修改政务院与国家的法律、法令相抵触的决议和协定等十项国家职权。

政务院：根据组织法，政务院为国家政务的最高执行机关。由中央人民政府委员会任命总理 1 人，副总理若干人，秘书长 1 人，政务委员若干人组成。[②] 政务委员得兼任各委员会的主任委员和各部部长。政务院对中央人民政府委员会负责，并报告工作。在中央人民政府委员会休会期间，对中央人民政府主席负责，并报告工作。政务院根据并为执行《共同纲领》、国家法律、法令和中央人民政府委员会规定的施政方针，行使职权。其享有颁发决议和命令，并审查其执行；废除或修改各委、部、会、院、署、行和各级政府与国家法律、法令和政务院决议、命令相抵触的决议和命令等六项职权。政务院下设委、部、会、院、署、行等部门，分管各项行政工作。政务院设三个指导委员会，即政治法律委员会（简称“政法委”）、财政经济委员会（简称“财经委”）、文化教育委员会（简称“文教委”），并通过这三个指导委员会对政府下属各部门工作进行领导。指导委员会在政务院中列为一级，委员会主任分别由政务院副总理担任。

人民革命军事委员会：人民革命军事委员会统一管辖并指挥全国人民解放军和其他人民武装力量。人民革命军事委员会设主席 1 人，副主席若干人，委员若干人。人民革命军事委员会的组织及其管理和指挥系统，由中央人民政府委员会制定。

最高人民法院：最高人民法院为全国最高审判机关，并负责领导和监督全国各级审判机关的审判工作。最高人民法院设院长 1 人，副院长若干人，委员若干人。最高人民法院委员会会议议决有关审判的政策方针、重大案件及其他重大事项。最高人民法院下设民事、刑事、行政三个审判庭及办公厅、督导处、辩护室、编纂处等业务、行政单位。

最高人民检察署：最高人民检察署对政府机关、公务人员和全国国民之严格遵守法律，负最高的检察责任。最高人民检察署设检察长 1 人，副检察长若干人，委员若干人组成。[③] 在国家领导体制上，最高人民检察署实行垂直领导，全国各级检察署均独立行使职权，不受地方机关干涉，只服从最高人民检察署之指挥。最

① 《建党以来重要文献选编（1921—1949）》第 26 册，中央文献出版社 2011 年版，第 751 页。
② 《建党以来重要文献选编（1921—1949）》第 26 册，中央文献出版社 2011 年版，第 752 页。
③ 参见《建党以来重要文献选编（1921—1949）》第 26 册，中央文献出版社 2011 年版，第 756 页。

高人民检察署设检察委员会议，议决有关检察之政策方针、重大案件及其他重要事项，并总结经验。如检察会议意见不一致，最后取决于检察长。检察长和检察委员会下设秘书长、副秘书长和三个业务处。第一处为反革命案件（包括战犯、汉奸案件）检察处；第二处为普通刑事案件检察处；第三处为行政诉讼和民事案件检察处，同时设有办公厅、人事处、研究室等。[①]

（二）地方各级人民政权的组建

新中国成立初期，为适应当时形势发展需要，加强中央对各解放地区的集中统一领导，巩固人民政权，中央人民政府采取了中央集权与分区管理的方式，将全国分为 6 个大行政区，即将全国划分若干行政区域，分别代表中央领导数省。组织法规定：中央人民政府委员会依据政务院的提议，任免或批准各大行政区和省市人民政府的主席、副主席和主要的行政人员。[②] 首次在文件中公开出现“大行政区”名称。最初，在东北和华北两大行政区内设立人民政府，在西北、华东、中南、西南四大行政区内设立军政委员会，作为大行政区政权机关。1952 年 11 月，中央人民政府决定将大行政区人民政府或军政委员会一律改为行政委员会，代表中央人民政府领导、监督所辖省、市、自治区政府，贯彻中央政策，实施民主建政工作，进行各种社会改革运动，恢复和发展国民经济。1954 年，全国规模的有计划的经济建设开始，为减少组织层次，加强中央对省、市的直接领导，提高工作效率，克服官僚主义，中央人民政府于同年 6 月决定撤销大行政区一级的行政机构，到 11 月，各大行政区行政委员会按计划全部撤销。

随着各地旧政权被摧毁，中央人民政府领导各族人民建立起地方的各级民主政权。按《共同纲领》规定：“在普选的地方人民代表大会召开以前，由地方各界人民代表会议逐步地代行人民代表大会的职权。”地方政权的建立有一个逐步过渡、准备和完善的过程。伴随着中国大陆全境的解放，各新解放区首先建立了临时过渡性政权——军事管制委员会，以接管国民党政权的一切公共机关，建立革命秩序，组织恢复生产，避免或减缓新旧政权交替、社会剧烈变动时期可能出现的社会动荡和破坏。在实行军事管制的同时或稍后，通过自上而下委任的方式，组建各级人民政府，并使权力逐步由军管会向人民政府转移。在社会环境初步安定、其他条件也许可的情况下，各地军事管制委员会帮助召集了各界人民代表会议，作为人民参政议政的初级形式。此后，各级各界人民代表会议逐步代行地方

① 参见《当代中国的检察制度》，当代中国出版社、香港祖国出版社 2009 年版，第 20—22 页。
② 参见《建党以来重要文献选编（1921—1949）》第 26 册，中央文献出版社 2011 年版，第 751 页。

人民代表大会的职权，选举地方人民政府，讨论与审查人民政府提交的工作报告，讨论并决定一切重大问题。

在中央人民政府的领导下，新中国地方各级人民代表会议的召开和各级人民政府的建立，改变了旧中国分裂混乱的局面，实现了大陆真正意义上的统一，扩大了人民民主统一战线，加强了人民民主专政，巩固了人民革命果实，为经济恢复和大规模建设提供了可靠保障。

三、巩固新生人民政权

在新中国成立初期，新生人民政权面临错综复杂的国际环境与国内形势，党和政府还面临诸多困难和考验。从国际环境看，以美国为首的帝国主义国家，对新中国采取不承认和敌视的态度，并实行封锁和威胁。帝国主义期待着中国共产党的失败，预言新的人民政府会像旧中国政府一样，不能解决几亿人口的吃饭问题。有些周边新兴的民族独立国家对新中国还不了解，存有各种疑虑，给新生的人民政权带来严峻的考验。从国内来看，人民解放战争虽已取得基本胜利，但还没有完全结束。国民党还有上百万军队在西南、华南和沿海岛屿负隅顽抗。在新解放区，国民党溃逃时留下的大批残余力量，同当地恶霸势力以及惯匪相勾结，以土匪游击战争的方式同人民政权对抗，严重危及社会政治新秩序的建立和稳定。在经济上，新中国继承的是一个十分落后的千疮百孔的烂摊子；在拥有三亿以上人口的新解放区还没有实行土地改革，封建半封建的土地所有制还严重束缚着生产力的发展。这种情况如果不彻底改变，中国人民革命的胜利就不能巩固，社会生产力就不能得到解放，新中国的工业化就不可能实现。从中国共产党自身来看，作为执政党，中国共产党如何在新形势下继续保持艰苦朴素和清正廉洁的作风，也是新中国成立初期党面临的一个重要课题。

面对新中国成立初期复杂形势和种种困难，中共中央保持清醒的头脑，满怀信心迎接挑战，在政治、经济、文化、社会等建设方面有条不紊地采取了一系列措施，为巩固新生人民政权进行了卓有成效的斗争。

（一）大规模剿匪斗争

在旧中国，由于社会黑暗、军阀混战、贪官污吏横行，民不聊生，各地土匪蜂起，匪患成为一个严重的社会问题。中共中央及时作出剿匪肃特的决策，以及“军事进剿、政治瓦解、发动群众武装自卫三者相结合”的方针，规定了“镇压与宽大相结合”、“首恶者必办，协同者不问，立功者受奖”的剿匪政策。剿匪作战一般分为三个阶段：集中优势兵力，重点进剿大股土匪；实行分区驻剿，歼灭小股土匪；结合农村土地改革和镇压反革命运动，肃清潜藏散匪。根据中央的统一部署，从1949年5月开始到1953年，人民解放军对华东地区、中南地区、西南地区、西北地区的匪患进行了坚决、彻底地清剿。大规模剿匪作战至1953年基本完成，共毙、伤、俘土匪和争取土匪投降自新260万余人，[①]结束了中国匪患久远、危害甚深的历史；粉碎了退守台湾的国民党在大陆建立“游击根据地”，以策应“反攻大陆”的企图，有力保护了人民安居乐业，稳定了社会秩序。

（二）镇压反革命运动

国民党败退台湾，新生人民政权已经建立起来，但国内残留的各种反革命分子的活动仍然十分猖獗。坚决镇压一切反革命活动，严厉制裁一切危害人民的反革命分子，成为巩固人民民主政权，巩固和发展人民革命胜利果实的迫切任务。1950年3月18日，中共中央发布《关于镇压反革命活动的指示》，要求各地对于反革命活动必须给以严厉的及时的镇压，决不能过分宽容，让其猖獗。[②]7月23日，政务院、最高人民法院联合发出《关于镇压反革命活动的指示》，强调镇压反革命是各级人民政府当前的重要任务之一。[③]10月10日，中共中央再次发出《关于镇压反革命活动的指示》，强调必须严厉镇压一切反革命活动。[④]从1950年12月开始，大规模的镇压反革命运动在全国范围内开展起来。1951年2月21日，中央人民政府发布《中华人民共和国惩治反革命条例》，为镇反提供了法律武器和统一的量刑标准。

镇压反革命运动主要是打击特务、土匪、恶霸、反动党团骨干及反动会道门分子。在镇反运动中，毛泽东亲自起草和批阅了一系列关于镇反的指示、电报和文件等，提出了镇压反革命“稳、准、狠”的工作方针。针对一些地方工作粗糙、错杀错捕等现象，中央及时采取措施，对捕人批准权、杀人批准权等重要问题出台严格的规定；并强调严格控制杀反革命分子的数量，凡应杀分子，只杀有血债者、有引起群众愤恨的其他严重罪行者，以及最严重损害国家利益者，其余一律采取“判处死刑、缓期二年执行、在缓刑期内强制劳动、以观后效”的政策。[⑤]上述政策措施大大控制和减少了死刑实际执行数量，发挥了良好的社会政治效果。镇压反革命的工作具体分为清理外层、中层、内层几个方面。所谓外层，就是清

---

① 《中国共产党历史·第二卷（1949—1978）》上册，中共党史出版社2011年版，第46页。

② 参见《建国以来重要文献选编》第1册，中央文献出版社2011年版，第120页。

③ 参见《建国以来重要文献选编》第1册，中央文献出版社2011年版，第310—312页。

④ 参见《建国以来重要文献选编》第1册，中央文献出版社2011年版，第364—366页。

⑤ 参见《毛泽东文集》第6卷，人民出版社1999年版，第121—122页。

查隐藏在社会上的反革命分子。此工作到 1951 年 5 月告一段落。所谓清理中层和内层，就是清理隐藏在人民解放军和人民政府机关内部的反革命分子和隐藏在共产党内的反革命分子。到 10 月底，全国绝大多数地区完成了清查处理工作，全国规模的群众性镇反运动基本结束。少数镇反不彻底地区的扫尾工作到 1953 年秋全部结束。

镇压反革命运动，有力扫除了国民党反动派在大陆的残余势力，基本上肃清了曾经猖獗一时的特务、地下军及会道门等反动组织，巩固了新生政权。

（三）整风运动和整党运动

中华人民共和国的成立，使中国共产党成为在全国执政的政党。新的历史条件给共产党带来了新的考验。如何保持在长期革命斗争中形成的艰苦奋斗的优良传统，防止资产阶级思想和生活方式的腐蚀，努力保持清正廉洁的品格，是每一个共产党员特别是领导干部必须面对的问题。

1950 年 5 月 1 日，中共中央发出《关于在全党全军开展整风运动的指示》，要求各级党组织结合具体工作，在全党尤其是领导干部中开展一次大规模的整风运动，重点是克服各级负责领导工作的党员干部中的官僚主义和命令主义；方法是自上而下的逐级召开整风会议，阅读有关文件，总结工作，分析思想，开展批评和自我批评；目的和内容是提高干部和一般党员的思想水平和政治水平，克服以功臣自居的骄傲自满情绪和官僚主义、命令主义倾向，以及少数人贪污腐化、堕落颓废、违法乱纪的问题，改进工作作风，密切党同人民群众的关系。①

为了使整风运动顺利进行，中共中央采取了一系列的措施。首先要求全体党员干部认真学习 1933 年 2 月斯大林《在全苏集体农庄突击队员第一次代表大会上的演说》和 1941 年 11 月毛泽东《在陕甘宁边区参议会的演说》。这两篇演说对克服一部分党员，特别是少数负责干部中存在的摆党员架子、摆革命资格、不愿意也不善于和党外群众与民主人士合作的关门主义错误具有重要的指导作用。1950 年 6 月，中共中央又发出指示，明确规定毛泽东在党的七届三中全会上的报告是这次整风学习的首要文件。

在整风运动取得阶段性成果后，1951 年 2 月，中共中央召开政治局扩大会议，决定从下半年起，用三年时间对基层的党组织进行一次系统整顿，把整风运动引向深入。整党工作从 1951 年下半年开始分步骤地在全党开展起来。第一步是对广大党员普遍进行关于党纲党章和怎样做一个共产党员的教育，第二步是进行党

① 参见《建国以来重要文献选编》第 1 册，中央文献出版社 2011 年版，第 187—188 页。

员登记，第三步是党组织对党员作审查鉴定，最后是根据不同情况作出组织处理。截至 1953 年 6 月，经过整党，共有 32.8 万人离开了党组织。其中，属于混入党内的各种坏分子和蜕化变质分子的 23.8 万人被清除出党，9 万余人不够党员条件自愿或被劝告退党。经过整顿和发展，党在组织成分和党员素质等方面都有了明显的改善和提高。

在整党进行过程中，1951 年 12 月 1 日，中共中央作出《关于实行精兵简政、增产节约、反对贪污、反对浪费和反对官僚主义的决定》，此后，全国范围内反贪污、反浪费、反官僚主义的“三反”运动正式开始。[①]1952 年，党中央于 2 月和 5 月先后发出《关于“三反”运动和整党运动结合进行的指示》《关于在“三反”运动的基础上进行整党建党工作的指示》，指出必须将“三反”运动和整党结合起来进行。[②]全国性的“三反”运动在 1952 年初进入高潮，一般经过发动群众检举、集中力量“打老虎”（时称贪污犯为“老虎”）和定案处理阶段，重点是打击大贪污犯。“三反”运动表明了党惩治腐败的坚定信念和坚强决心，并给全党极大的震慑。

经过整风和整党，党员干部的思想、政策水平有显著提高，同群众的关系更加密切了，骄傲自满情绪、官僚主义、强迫命令作风得到了较大的克服。整风整党加强了党的思想建设、组织建设和作风建设，使党和人民群众的血肉联系在新的历史条件下得到巩固和加强，党的政策得到社会各阶层人民的拥护和支持，党在群众中的威信大大提高。

（四）新解放区土地改革

土地改革是中国人民在共产党领导下，彻底铲除封建剥削制度的一场社会变革。新中国成立前，占全国面积 1/3 的老解放区已基本完成土地改革，从 1950 年冬到 1953 年春，在新解放区农村开展了土地改革运动，解放和发展了农村的生产力，巩固了新生人民政权。

1950 年 6 月 28 日，中央人民政府委员会第八次会议讨论并通过了指导土地改革的纲领性文件《中华人民共和国土地改革法》。土地改革法共 6 章 40 条。土地改革法与 1947 年 10 月 10 日中共中央发布的《中国土地法大纲》及其后的有关文件比较，有了新的变化：第一，将征收富农多余土地财产的政策改变为保存富农经济的政策。第二，将对中农的土地由彻底平分改为完全不动。小土地出租者

---

① 参见逄先知、金冲及主编：《毛泽东传（1949—1976）》（上），中央文献出版社 2003 年版，第 207 页。

② 参见《建国以来重要文献选编》第 3 册，中央文献出版社 2011 年版，第 55—56、173—177 页。

出租的土地，只要不超过当地人均占地的两倍，均保留不动。第三，对地主，除没收土地、耕畜、农具、多余粮食及其在乡村多余的房屋外，其他财产不予没收。这些政策有利于保护中农和团结民族资产阶级，有利于减少土地改革的阻力，有利于社会的稳定和工商业的发展。[①]

土地改革法颁布后，政务院相继制定和公布实施与之相配套的法规、政策，包括《农民协会组织通则》《人民法庭组织通则》以及《关于划分农民阶级成分的决定》等，作为土地改革的法律和政策依据。土地改革先后共没收了地主阶级约7亿亩（约合4700万公顷）土地和大批耕畜、农具、房屋、粮食，分给了约3亿无地少地和缺少生活资料的农民，占农业人口的60%至70%。

土地改革运动使延续2000多年的封建土地所有制被彻底废除，“耕者有其田”成为现实，长期被束缚的农村生产力获得了历史性解放，并为国民经济的恢复发展与整个社会的进步奠定了基础。获得土地等基本生产资料的农民成为农村的主人，人民政府也依靠在土地改革中形成的阶级队伍，完成了对旧的乡村基层政权的改造，进一步巩固了工农联盟和人民政权。

（五）抗美援朝运动

1950年6月25日，朝鲜战争爆发。6月27日，美国公开宣布武装援助南朝鲜，同时派遣其海军第七舰队入侵台湾海峡，以阻挠中国政府解放台湾。7月上旬，美国操纵联合国安理会通过决议，组成以美军为首、先后有16国军队参加、公然武装干涉朝鲜内政的“联合国军”。10月初，在朝美军越过三八线向北推进，直逼中朝边界的鸭绿江。与此同时，美军飞机多次空袭中国东北边境，在海上炮击中国商船，造成财产损失和人员伤亡。10月1日，金日成代表朝鲜政府向中国提出出兵援助的请求。中共中央经过反复讨论，多方面权衡利弊得失，作出了抗美援朝、保家卫国的重大决策。10月8日，在美军越过三八线的第二天，中国人民革命军事委员会主席毛泽东发布命令，将东北边防军组成中国人民志愿军，任命彭德怀为志愿军司令员兼政治委员，待命出动。18日，毛泽东向志愿军下达了入朝作战的正式命令。

为配合志愿军在朝鲜战场作战，国内掀起了轰轰烈烈的抗美援朝运动。1950年10月26日，中共中央发出《关于时事宣传的指示》，要求各地广泛、深入地进行抗美援朝宣传教育，使广大人民群众认识到抗美援朝与保家卫国的内在联系，援助朝鲜人民的正义斗争是中国人民应尽的国际主义义务，克服部分群众中存在

① 《中华人民共和国土地改革法》，《人民日报》1950年6月30日。

的亲美、崇美、恐美的心理，树立起对美帝国主义仇视、鄙视和藐视的态度，增强战胜美帝国主义的决心和信心。同日，中国人民保卫世界和平反对美国侵略委员会（简称“抗美援朝总会”）在北京成立，统一领导全国的抗美援朝运动。11月4日，中国共产党与中国国民党革命委员会、中国民主同盟等各民主党派发表联合宣言，谴责以美国为首的帝国主义侵略者不顾中国政府的警告，以大量陆军从北朝鲜向中朝边境鸭绿江、图们江推进，直接威胁中国东北安全。

随着抗美援朝运动的蓬勃发展，在全国范围内迅速掀起了参军、参战、支援前线的热潮。城乡青年纷纷报名参军，父送子，妻送郎，兄弟争相入伍的动人事迹屡见不鲜。为了推动抗美援朝运动的深入开展，1951年一二月间，中共中央发出了一系列指示，明确了爱国运动的三件中心工作：（1）反对美国重新武装日本，争取全面的公正的对日和约；（2）募集救济品、慰劳品，组织慰问团，救济朝鲜难民，慰劳中国人民志愿军和朝鲜人民军；（3）发起订立爱国条约，开展生产竞赛和拥军优属工作。与此同时，为了保证前线的物资供应，全国工人、农民还掀起了爱国主义生产劳动竞赛和增产节约运动。

抗美援朝运动是新中国成立初期党和政府在全国范围内开展的一项重要的政治动员运动，这一运动激发了广大民众的爱国热情，其“动员的深入、爱国主义的发扬，超过了过去任何反帝国主义运动，这是一个空前的、大规模的、全国性的、领导与群众结合的运动，它的力量将是不可打破的。中华民族的觉醒，这一次更加高扬起来了，更加深入化了”①。运动的开展不仅为抗美援朝战争提供了大量的人力、物力和精神上的支持，也紧密结合土地改革、镇压反革命等运动，对稳定新中国成立初期社会政治秩序发挥了重大作用。

此外，新生人民政府在经济和文化思想领域也采取了一系列巩固政权的措施。在经济上，没收官僚资本，建立社会主义国营经济；稳定市场经济，统一全国财经；针对违法资本家对国家干部的腐蚀拉拢和对国民经济的干扰破坏，开展了反对行贿、反对偷税漏税、反对盗骗国家财产、反对偷工减料和反对盗窃经济情报的“五反”运动。在思想文化领域，通过知识分子的思想改造运动，对资产阶级唯心主义思想的批判，以及出版《毛泽东选集》第1、2、3卷等，提高全党的马克思列宁主义理论水平，确立马克思主义在意识形态领域的指导地位。

新中国成立的第一年，在荡涤反动政府留下的污泥浊水、净化社会风气方面，

① 《周恩来军事文选》第4卷，人民出版社1997年版，第230页。

也做了大量富有成效的工作。1950 年 4 月，中央人民政府公布施行《中华人民共和国婚姻法》，废除包办、强迫等封建婚姻制度，禁止重婚、纳妾和童养媳，禁止干涉寡妇再嫁。[①] 为建立新型的婚姻家庭关系奠定了必要的法律基础。1950 年 2 月，政务院公布《关于严禁鸦片烟毒的通令》，贻害中国 100 多年的鸦片烟毒的清除工作取得巨大成功。对横行一方、欺压民众的“东霸天”“西霸天”之类的流氓和黑社会等恶势力，各地也采取措施，进行有力打击。树立新的社会风尚，巩固了新生的人民政权。

第二节　人民代表大会制度的建立

人民代表大会制度是中国共产党在总结民主革命时期各革命根据地政权建设经验基础上建立和发展起来的。1954 年一届全国人大一次会议的召开，标志着人民代表大会制度的确立。这项根本政治制度符合中国国情，具有明显的特色和优势。

一、人民代表大会制度的历史溯源

人民代表大会制度，指中国各族人民按照民主集中制原则，定期选举产生各级人民代表大会，作为人民行使国家权力的机关，并由人民代表大会产生全部国家机构，以实现人民民主专政历史任务的一种制度。人民代表大会制度是中华人民共和国的政权组织形式，国家的根本政治制度，体现了社会主义制度的本质要求。

人民代表大会制度是在中国共产党领导中国人民进行新民主主义革命斗争中，根据巴黎公社和苏维埃制度的原则，结合中国实际，在总结民主革命时期各革命根据地政权建设经验基础上建立和发展起来的。该制度从萌芽、形成到发展经历了一个较为复杂曲折的过程。

中国共产党成立之初，就开始尝试建立工农兵代表会议。抗日战争期间，基于根据地政权建设经验特别是边区参议会制度，开始形成建立人民代表大会制度的构想。1940 年，毛泽东在《新民主主义论》中提出，抗战胜利后所要建立的政权，只能是在无产阶级领导下的一切反帝反封建的人们联合专政的民主共和国。

① 参见《建国以来重要文献选编》第 1 册，中央文献出版社 2011 年版，第 148—152 页。

这种新民主主义共和国，一方面同欧美式的、资产阶级专政的、资本主义的共和国相区别，另一方面也同苏联式的、无产阶级专政的、社会主义的共和国相区别。我们是在半殖民地半封建社会的国家进行革命，其国家政权构成必然有自己的特点。这就是：国体——无产阶级领导下的一切反帝反封建的革命阶级联合专政；政体——建立在民主集中制基础上的人民代表大会制度。[①] 解放战争时期，随着形势的变化，解放区的政权，逐步由抗日民主政权转变为人民民主政权，组织形式也相应发生了变化。在农村，经过土地改革，建立起农民协会或贫农团，作为临时性的农村基层政权。在此基础上，召开由选民直接选举产生的区、村（乡）两级人民代表会议，作为当地人民的权力机关，并由它选举产生政府委员会作为行政机关。在区、村（乡）两级人民代表会议之上，召开县级人民代表会议，选举产生县政府委员会。在新解放的城市，一般先由军事管制委员会和人民政府邀请各界代表人物举行座谈会，共同协商当地的重大事务。在此基础上，逐步创造条件，召开经由推选和聘请产生的、具有民主协商性质的各界人民代表会议。随着革命形势的发展，各界人民代表会议逐步代行人民代表大会职权，即代行当地最高权力机关的职权。1948 年 9 月，在中共中央政治局会议上的报告和结论中，毛泽东专门论述了中国采取人民代表大会制度的原因，他认为，议会制，袁世凯、曹锟都搞过，已经臭了；在中国采取民主集中制是很合适的，中国不能采用资产阶级议会制。[②]

中华人民共和国成立，开辟了人民当家作主的新时代。1949 年 9 月，中国人民政治协商会议通过了具有临时宪法性质的《共同纲领》。按照《共同纲领》规定，中华人民共和国国家政权属于人民，国家最高政权机关为全国人民代表大会，人民行使国家政权的机关为各级人民代表大会和各级人民政府。然而，由于当时一些地方的军事行动还没有结束，土地改革正在进行，全国范围内人民群众还没有充分组织起来，因而还不具备召开在普选基础上产生的各级人民代表大会的条件，只能采取过渡的办法，即在中央，由中国人民政治协商会议代行全国人民代表大会的职权；在地方，则通过各界人民代表会议代行地方人民代表大会的职权。

二、1954 年宪法的制定与人民代表大会制度的确立

随着新中国的各项工作逐步走向正轨，到 1952 年下半年，社会主义经济成分

---

① 参见《毛泽东选集》第 2 卷，人民出版社 1991 年版，第 662—711 页。
② 参见《毛泽东文集》第 5 卷，人民出版社 1996 年版，第 136 页。

在国民经济中已经取得领导地位，在全国开展普选、召开各级人民代表大会的条件基本成熟。从 1953 年开始，国家进入大规模的、有计划的经济建设新时期。为此，中共中央决定，以 1952 年第一届政协期满为契机，向全国政协常委会提出召开全国人民代表大会、制定宪法的建议。

1953 年 1 月 13 日，中央人民政府委员会举行会议，正式作出《关于召开全国人民代表大会及地方各级人民代表大会的决议》，决定“于一九五三年召开由人民用普选方法产生的乡、县、省（市）各级人民代表大会，并在此基础上接着召开全国人民代表大会”[①]。这次会议还决定成立以毛泽东为主席的宪法起草委员会和周恩来为主席的选举法起草委员会。

进行全国范围的普选，是人民代表大会制度建立的一个重要前提。2 月 11 日，中央人民政府委员会审议通过了《中华人民共和国选举法》。选举法规定，凡年满 18 周岁的中华人民共和国公民，不分民族和种族、性别、职业、社会出身、宗教信仰、教育程度、财产状况和居住期限，均有选举权和被选举权。[②]1953 年至 1954 年春，全国开展了第一次普选。在此基础上，逐级召开了乡、县、省（市）人民代表大会，选举产生了地方各级国家机关。

选举法公布实施后，1953 年全国除台湾省外进行了规模空前的民主选举。基层选举工作完成后，接着召开地方各级人民代表大会（有的地方召开人民代表会议），选出省、直辖市和自治区的人民代表大会代表 16680 人。选出全国人民代表大会代表 1226 名。[③] 全国实行普遍选举，各地选出各级人民代表大会代表，标志着召开全国人民代表大会的条件已经成熟。

1954 年 9 月 15 日至 28 日，第一届全国人民代表大会第一次会议在北京隆重举行。大会经过充分讨论，通过了《中华人民共和国宪法》《中华人民共和国全国人民代表大会组织法》《中华人民共和国国务院组织法》以及人民法院、人民检察院、地方各级人民代表大会和地方各级人民委员会的组织法，并听取了周恩来所作的政府工作报告。大会依据宪法和有关组织法的规定，选举和决定了国家领导工作人员。

1954 年宪法包括序言和总纲、国家机构、公民的基本权利和义务、国旗国徽

① 1953 年 9 月 18 日，中央人民政府委员会通过决议，将召开全国人民代表大会及地方各级人民代表大会的时间推迟到 1954 年。《建国以来重要文献选编》第 4 册，中央文献出版社 2011 年版，第 14 页。

② 参见《建国以来重要文献选编》第 4 册，中央文献出版社 2011 年版，第 21 页。

③ 参见《中华人民共和国第一届全国人民代表大会第一次会议文件》，人民出版社 1955 年版，第 159 页。

首都，共 5 个部分 106 条。

关于国体和政体，宪法规定：中华人民共和国是工人阶级领导的、以工农联盟为基础的人民民主国家。中华人民共和国的一切权力属于人民。人民行使权力的机关是全国人民代表大会和地方各级人民代表大会。

关于经济制度，宪法规定：中华人民共和国的生产资料所有制主要有国家所有制，即全民所有制；合作社所有制，即劳动群众集体所有制；个体劳动者所有制；资本家所有制等几种。国营经济是全民所有制的社会主义经济，是国民经济中的领导力量，国家保证优先发展国营经济。合作社经济是劳动群众集体所有制的社会主义经济，国家保护合作社的财产，鼓励、指导和帮助合作社经济的发展。国家指导和帮助个体农民增加生产，并且鼓励他们根据自愿的原则组织生产合作、供销合作和信用合作。国家依照法律保护手工业者和其他非农业的个体劳动者的生产资料所有权，指导和帮助个体手工业者和其他非农业的个体劳动者改善经营，并且鼓励他们根据自愿的原则组织生产合作和供销合作。国家依照法律保护资本家的生产资料所有权和其他资本所有权，对资本主义工商业采取利用、限制和改造的政策。

关于国家机构，宪法分别对全国人民代表大会、中华人民共和国主席、国务院、地方各级人民代表大会和地方各级人民委员会、民族自治地方的自治机关、人民法院和人民检察院等国家机构的职权、产生办法及相互关系等，作了明确规定。

关于公民的基本权利和义务，宪法规定公民的基本权利包括：公民在法律上一律平等。凡年满 18 岁的公民，不分民族、种族、性别、职业、社会出身、宗教信仰、教育程度、财产状况、居住期限，都有选举权和被选举权。公民有言论、出版、集会、结社、游行、示威和宗教信仰的自由。公民的人身自由和住宅不受侵犯，通信秘密受法律的保护。公民有居住和迁徙的自由，有进行科学研究、文学艺术创作和其他文化活动的自由，有劳动、休息和受教育的权利。妇女在政治的、经济的、文化的、社会的和家庭的生活各方面享有同男子平等的权利。公民对于任何违法失职的国家机关工作人员，有向各级国家机关提出控告的权利。由于国家机关工作人员侵犯公民权利而受到损失的人，有取得赔偿的权利。关于公民的义务，宪法规定：中华人民共和国公民必须遵守宪法和法律，遵守劳动纪律，遵守公共秩序，尊重社会公德，爱护和保卫公共财产，依法纳税，保卫祖国，依法服兵役。

关于民族政策，宪法规定：中华人民共和国是统一的多民族的国家。各民族一律平等。各少数民族聚居的地方实行区域自治。各民族自治地方都是中华人民共和国不可分离的部分。①

关于人民代表大会制度，在宪法第二章“国家机构”中进行了专门而详细的规定。宪法具体规定了全国人民代表大会的地位和作用、人员组成及产生办法、任期、换届以及全国人民代表大会的职权等方面的内容。按照宪法规定，全国人大的职权具有至高性，它所应当审议和决定的都是全国性的最重大的国家事务；具有广泛性，事关全国的各项最重大的国家事务都应当由它讨论和决定。这种至高性和广泛性，正体现了全国人大作为最高国家权力机关的法律地位，也决定了全国人大应当具有极大的权威性。

全国人民代表大会常务委员会是全国人民代表大会的常设机关。全国人民代表大会常务委员会由全国人民代表大会选出下列人员组成：委员长，副委员长若干人，秘书长，委员若干人。宪法具体规定了全国人民代表大会常务委员会的职权。宪法还对全国人大的下设机构、全国人大常委会与全国人大的关系、全国人大与国务院及其部委的关系等也作了明确具体的规定。

宪法具体规定了地方各级人民代表大会的地位、代表的产生办法、任期、职责等方面的内容。宪法规定：省、直辖市、县、市、市辖区、乡、民族乡、镇设立人民代表大会和人民委员会。地方各级人民代表大会都是地方国家权力机关。省、直辖市、县、设区的市的人民代表大会代表由下一级的人民代表大会选举；不设区的市、市辖区、乡、民族乡、镇的人民代表大会由选民直接选举。地方各级人民委员会，即地方各级人民政府，是地方各级人民代表大会的执行机关，是地方各级国家行政机关。根据1954年宪法的规定，地方各级人大均不设常委会。地方各级人民政府实际上既是本级人大的执行机关，又兼为它的常设机关。

1954年宪法是在《共同纲领》的基础上，根据国家新形势和社会发展的客观要求制定的。它结束了以《共同纲领》替代国家宪法的过渡状态，为以后规范国家和社会生活的法律的制定，确定了根本依据。它是新中国第一部社会主义类型的宪法，反映了中国人民的意志，代表了中国人民的利益，为建立和健全社会主义民主和社会主义法制奠定了基础，成为中国走向社会主义民主与法制建设的一个良好开端。

全国人民代表大会的召开，标志着人民代表大会制度的确立。人民代表大会制度的确立和正式实行，是中国共产党把马克思主义的基本原理同中国具体实际相结合的一个伟大创造，为国家政治生活民主化进程确定了新型政权组织形式和

① 详见《建国以来重要文献选编》第5册，中央文献出版社2011年版，第449—467页。

总的民主程序。至此，中国自下而上建立了由普选产生的各级人民代表大会，人民通过各级人民代表大会行使国家权力的完整体系正式建成。

三、适合中国国情的人民代表大会制度

中国的人民代表大会制度包括以下主要内容：（1）国家的一切权力属于人民，人民行使国家权力的机关是全国人民代表大会和地方各级人民代表大会；（2）所有国家机构都实行民主集中制的原则；（3）全国人民代表大会和地方各级人民代表大会都由民主选举产生，对人民负责，受人民监督；（4）国家行政机关、审判机关、检察机关都由人民代表大会产生，对它负责，受它监督；（5）中央和地方的国家机构职权的划分，遵循在中央的统一领导下，充分发挥地方的主动性、积极性的原则。

人民代表大会制度直接体现了中国人民民主专政的国家性质，是建立中国其他国家管理制度的基础，具有明显的特色与优势：

第一，有利于保障人民当家作主，动员全体人民以国家主人翁的地位投身社会主义建设。中国各级人大代表通过民主选举产生，包括了各地区、各民族、各阶层、各方面的人士，具有广泛的群众基础和代表性，对人民负责，受人民监督，能够从制度上保障人民当家作主。国家保证人民依法管理国家事务和社会事务、经济和文化事业，保证人民享有宪法和法律规定的广泛的民主、权利和自由，极大调动了人民群众建设社会主义的积极性、主动性、创造性，把全国各族人民的力量凝聚起来，在中国共产党领导下，团结一心、艰苦奋斗，有领导、有秩序地朝着国家的发展目标前进。

第二，有利于保证国家机关协调高效运转。按照人民代表大会制度，在人民代表大会统一行使国家权力的前提下，明确划分国家的行政权、审判权、检察权。中国的国家行政机关、审判机关、检察机关，都由作为国家权力机关的人大产生，对人大负责，受人大监督。国家机关这种合理分工，充分体现了民主和效率的统一，既有利于充分发扬民主、避免权力过分集中，又可以集中力量办大事、提高工作效率，使国家的各项工作协调一致地进行，避免相互扯皮，保证了国家机关协调高效地运转，保证国家统一有效地组织各项事业。

第三，有利于维护国家统一和民族团结。中国是统一的单一制的多民族社会主义国家。在中央和地方国家机构职权的划分上，遵循在中央统一领导下，充分发挥地方的主动性、积极性的原则，充分发挥中央和地方两个积极性。在少数民族聚居地区实行区域自治，设立自治机关，行使自治权，巩固和发展平等团结互助的社会主义民族关系，实现全国各族人民的大团结。人民代表大会通过把各地

区、各阶层、各民族、各方面代表吸纳到国家政权中发挥作用，维护国家的政治稳定和长治久安。

第四，有利于加强和改善党对国家事务的领导。党的领导主要是政治、思想和组织领导。党支持人大依法履行职责，保障人大代表依法行使职权，人大通过充分发扬民主，依照法定程序，把党的主张和人民意志统一起来，有利于党不断加强和改善对国家事务的领导。

第三节　中国共产党领导的多党合作和政治协商制度的创建

中国共产党领导的多党合作和政治协商制度，是中华人民共和国的一项基本政治制度。中国人民政治协商会议第一届全体会议的召开和圆满结束，标志着中国共产党领导的多党合作和政治协商制度的确立。尽管 1954 年人民代表大会制度确立后，政治协商制度的性质和任务有所变化，但这项基本政治制度因其特色和优势，会继续发挥其长期共存、互相监督的作用。

一、共产党领导的多党合作和政治协商制度的形成

中国共产党领导的多党合作和政治协商制度，是中华人民共和国的基本政治制度之一。目前，同中国共产党合作的有中国国民党革命委员会、中国民主同盟、中国民主建国会、中国民主促进会、中国农工民主党、中国致公党、九三学社、台湾民主自治同盟 8 个民主党派。中国人民政治协商会议是中国人民爱国统一战线的组织，是中国共产党领导的多党合作和政治协商的重要机构。中国多党合作制度是在中国长期的革命、建设、改革实践中形成和发展起来的。中国共产党在领导新民主主义革命走向胜利的伟大斗争中，确立了在各种革命力量中的核心领导地位。各民主党派、无党派民主人士在长期实践中经过比较，自觉地、郑重地选择了中国共产党的领导。

中国人民政治协商会议的产生，是中国人民革命战争胜利的果实。1945 年，抗日战争胜利后，中国共产党为了中国的独立、民主、和平和统一，同国民党谈判并签订了《国民政府与中共代表会谈纪要》。根据纪要规定，1946 年 1 月在重庆召开了有共产党、国民党、民主同盟、青年党等党派代表参加的政治协商会议（后称“旧政协”）。在共产党和民主力量的共同努力下，会议通过了“和平建国纲领”等五项有利于和平民主的协议。但不久，蒋介石就违背了人民的意志撕毁

了这些协议。1948 年 4 月 30 日，中共中央发布五一劳动节口号，正式提出："各民主党派、各人民团体、各社会贤达迅速召开政治协商会议，讨论并实现召集人民代表大会，成立民主联合政府。"[①] 中共关于召开新政协的号召，得到了中国国民党革命委员会、中国民主同盟、中国民主促进会、三民主义同志联合会、中国国民党民主促进会、中国致公党、中国人民救国会和九三学社等党派的拥护和响应。"五一口号"遂成为创立人民政协、筹建新中国的动员令。从 1948 年 8 月开始，各方人士陆续到达解放区，就新政协的召开和民主建国等重大问题进行协商。为区别于国民党把持的"旧政协"，中国共产党把这种民主力量参加的政治协商会议，称之为"新政协"。

1949 年 9 月 21 日召开的中国人民政治协商会议第一届全体会议，通过了三个重要法案（《中国人民政治协商会议共同纲领》《中国人民政治协商会议组织法》《中华人民共和国中央人民政府组织法》）和四个重要决议案。

《共同纲领》中明确规定了人民政协的组成成分和职权："中国人民政治协商会议为人民民主统一战线的组织形式。其组织成分，应包含有工人阶级、农民阶级、革命军人、知识分子、小资产阶级、民族资产阶级、少数民族、国外华侨及其他爱国民主分子的代表。在普选的全国人民代表大会召开以前，由中国人民政治协商会议的全体会议执行全国人民代表大会的职权，制定中华人民共和国中央人民政府组织法，选举中华人民共和国中央人民政府委员会，并付之以行使国家权力的职权。在普选的全国人民代表大会召开以后，中国人民政治协商会议得就有关国家建设事业的根本大计及其他重要措施，向全国人民代表大会或中央人民政府提出建议案。""由中国共产党、各民主党派、各人民团体、各地区、人民解放军、各少数民族、国外华侨及其他爱国民主分子的代表们所组成的中国人民政治协商会议，就是人民民主统一战线的组织形式。"[②] 从此，有了一个全国的统一战线组织。它有力地发挥了各个革命阶级、各个党派、各个团体，以及各方面人士对共和国建设的巨大作用。

《中国人民政治协商会议组织法》具体规定了人民政协的性质和任务：中国人民政协为全中国人民民主统一战线的组织，旨在经过各民主党派及人民团体的团结，去团结中国各民主阶级、各民族，共同努力，实现新民主主义，反对帝国主义、封建主义及官僚资本主义，并联合世界上以平等待我之民族及国家，以建立

① 《中共中央文件选集》第 17 册，中共中央党校出版社 1992 年版，第 146 页。
② 《建国以来重要文献选编》第 1 册，中央文献出版社 2011 年版，第 1—11 页。

及巩固由工人阶级领导的以工农联盟为基础的人民民主专政的独立、民主、统一及富强的中华人民共和国。[①] 规定了中国人民政协全体会议的职权、中国人民政协全国委员会的职权以及地方委员会的设置等内容。中国人民政治协商会议第一届全体会议的召开和圆满结束，标志着中国共产党领导的多党合作和政治协商制度的确立。

二、人民代表大会制度确立后人民政协性质和任务的变化

1954 年 9 月一届全国人大一次会议召开之前，人民政协虽不是国家权力机关，但它代行全国人大的职权，在团结各族人民，实行民主改革，恢复和发展国民经济，巩固人民政权，扩大统一战线等方面，发挥了重大作用。全国人民代表大会召开后，中国人民政治协商会议不再代行全国人民代表大会的职能，有关人民政协的性质、职能及其内部关系等基本问题，需要进一步加以明确。

为了明确新形势下人民政协的地位、作用、性质与任务及其组织原则，1954 年 12 月 21 日至 25 日，中国人民政治协商会议第二届全国委员会第一次会议在北京召开。会议通过的《中国人民政治协商会议章程》，明确宣布由全国政协代行全国人大职权的任务已经结束，今后人民政协是“团结全国各民族、各民主阶级、各民主党派、各人民团体、国外华侨和其他爱国民主人士的人民民主统一战线的组织”[②]。这就是说，政协既不是国家权力机关，也不是一般的人民团体，而是党派性质的统一战线的组织，是各党派的协商机关。《章程》在总纲中规定政协的基本任务是：在中国共产党的领导下，继续通过各民主党派、各人民团体的团结，更广泛地团结全国各族人民，共同努力，为建设一个伟大的社会主义国家而奋斗。《章程》还规定了参加政协的单位和个人必须共同遵守的七项准则，主要是：拥护中华人民共和国宪法，全力贯彻实施宪法；巩固工人阶级领导的人民民主制度，加强社会主义经济成分的领导地位；协助国家机关，推动社会力量，实现国家的社会主义工业化和社会主义改造事业；以及要密切联系群众，加强各族人民的团结，加强中国人民同世界人民的友谊，在自愿基础上学习马列主义和国家政策等。这也是全国各族人民、各民主党派、各人民团体和其他爱国民主人士团结奋斗的共同政治基础。

会议选举了新的领导机构，选举毛泽东为名誉主席，周恩来为主席，宋庆龄、

① 参见《建党以来重要文献选编（1921—1949）》第 26 册，中央文献出版社 2011 年版，第 745 页。
② 《人民政协重要文献选编》（上），中国文史出版社 2009 年版，第 212 页。

董必武、李济深、张澜、郭沫若、彭真、沈钧儒、黄炎培、何香凝、李维汉、李四光、陈叔通、章伯钧、陈嘉庚、班禅额尔德尼·确吉坚赞、包尔汉 16 人为副主席，选举常务委员 65 人。[①]

全国政协二届一次会议的召开和《中国人民政治协商会议章程》的制定，标志着中国实行人民代表大会制以后人民政协职能的变化，标志着中国人民民主统一战线的继续和加强。政协作为中国共产党领导的人民民主统一战线组织，与国家最高权力机关全国人民代表大会同时存在，在国家政治生活中发挥重要作用，成为中国人民民主制度的一个重要特色，体现了中国共产党领导的多党合作和政治协商制度的进一步加强，表明中国人民民主统一战线工作进入了新阶段。

三、共产党领导的多党合作和政治协商制度的特色与优势

中国共产党领导的多党合作和政治协商制度是中国共产党在长期革命、建设和改革的实践中，总结中国政治发展历史经验，把马克思主义政党理论和统一战线理论同中国实际相结合，与民主党派和无党派人士创立、发展和不断完善起来的，符合中国国情和中国实际，符合社会主义民主政治的本质要求，具有共产党领导、多党派合作，共产党执政、多党派参政的鲜明的中国特色。这项制度，既合乎时代发展潮流，又体现中华民族和而不同、兼容并蓄的优秀文化传统和中国社会发展的内在要求。

（一）中国共产党领导的多党合作和政治协商制度的特色

这一制度的本质和特点是：中国共产党领导、多党派合作，中国共产党执政、多党派参政，各民主党派和共产党密切合作。中国共产党是执政党，决定国家发展的政治方向，制定国家的大政方针，掌握国家的核心权力。在国家政治生活中合法存在的八个民主党派与中国共产党团结合作，参加国家政权，参与国家大政方针和国家领导人选的协商，参与国家事务的管理，参与国家方针政策、法律法规的制定和执行。其参政党的地位和参政权利受到宪法和法律的保护。中国共产党与各民主党派，是执政党与参政党的亲密的友党关系。

人民政协是中国多党合作制度的重要政治形式和组织形式，人民政协通过政治协商和民主监督，组织参加政协的各党派、各团体和各族各界人士参政议政，在国家的政治生活、社会生活和对外友好活动中，在进行现代化建设，维护国家的统一和加强各民族的团结中，发挥独特的作用。人民政协的民主监督，是国家

① 参见《中华人民共和国史编年·1954 年卷》，当代中国出版社 2009 年版，第 940—941 页。

政治生活中发扬社会主义民主的一种重要形式。民主监督的主要形式是协商讨论和批评建议。这种有组织、有领导、有针对性的监督，对于加强和改善中国共产党的领导，健全社会主义监督体系，有着重要而独特的意义。

（二）中国共产党领导的多党合作和政治协商制度的独特优势

这一制度既根本不同于西方资本主义国家的多党制或两党制，也有别于苏联等一些社会主义国家的一党制。这种制度规定，有利于避免多党竞争、相互倾轧造成的政治动荡，有利于避免一党专制、缺少监督导致的种种弊端。与世界上其他政党制度相比，中国共产党领导的多党合作和政治协商制度显示出独特优势。

第一，实现了共产党领导与多党合作的有机统一。在这项制度中，只有执政党与参政党的区分，而没有执政党与在野党的区分，既不是一党制也不是多党制。中国共产党是领导核心、执政党，各民主党派是中国共产党领导的、与共产党长期合作共事的参政党，不是在野党更不是反对党。共产党和各个党派之间既有集中统一的领导，又有多党之间的团结合作；既能够集中力量办大事，又能够进行民主协商和相互监督。

第二，有利于保持国家政局稳定和社会安定团结。这一制度的本质是团结和合作，各政党之间既不争权夺利，也不互相倾轧。各民主党派通过在人大、政协、政府机关中的合作以及与共产党的直接合作等形式，通过调研报告、提案、建议案等方式，反映各民主党派成员及所联系群众的意见和建议。共产党通过与各党派的充分协商，达成一致或基本一致的主张，在此基础上形成民主、科学的决策。在这种政党制度下，社会各阶层的意志能够通过有效的组织程序和通畅途径抵达权力核心、决策中心，社会不同阶层的愿望和要求能够以合法的形式得到充分的反映。对于维护国家政局的稳定和人民的安居乐业，对于调动各种积极因素共同建设国家，对于促进社会和谐发展具有积极意义。

第四节　民族区域自治制度的确定

民族区域自治制度是中国共产党将马克思主义民族理论与中国实际相结合而进行的一项独特创造，是解决中国民族问题的一项重要政治制度。1954 年通过的《中华人民共和国宪法》将民族区域自治制度确立为中国的一项基本国策和基本政治制度。

一、民族区域自治制度的由来

坚持民族平等是马克思主义民族理论的基本内容和处理民族问题的基本原则。民族区域自治是列宁提出的又一项社会主义国家解决民族问题的重要政策。列宁认为，马克思主义始终坚持在民主集中制的基础上，建立统一的不可分割的共和国。同时，在民主集中制的基础之上，实行民族区域自治也是适宜的，甚至是必要的。民族区域自治政策要求根据当地居民自己对于经济条件、生活条件、民族成分等方面的估计，科学地确定自治区域的界线。

在新民主主义革命时期，由于革命形势需要，共产党成立之初的策略是通过确立“民族自决”的方式将边疆少数民族纳入革命力量之中，完成局部的区域自治。到了20世纪30年代，在原有的少数民族“自治”“自决”基础上，中国共产党开始探索新的处理民族关系的政策。

随着中国革命的发展，特别是抗日战争时期，由于中共中央加强了对国内少数民族以及中国民族问题的历史和现状的研究，逐步对中国的国情有了比较全面和比较深入的认识。首先，从历史上的民族关系来看，中国各民族自秦汉以来就在统一国家内创造着自己的历史，并共同为祖国的开拓作出各自的贡献。尽管各民族间有过纷争和对抗，存在过割据和分裂的局面，但国家的统一始终是历史发展的主流。其次，从中国的近代历史来看，自1840年鸦片战争以来，中国遭受资本主义列强的侵略，沦为半殖民地半封建地位。因此，各民族只有紧密团结联合，共同建立统一的国家，才能抵御帝国主义的侵略，粉碎帝国主义企图分裂中国的阴谋。再次，在新民主主义革命的斗争过程中，各民族人民建立了亲密的战斗友谊，形成了以中国共产党为领导核心的坚强团结。最后，从中国各民族的人口及其分布状况来看，汉族占全国人口的90%以上，其他50多个少数民族的总人口还不到全国人口的10%。而且由于人口的流动、民族的迁徙，各民族形成了交错居住的状态，结成了相互依存、谁也离不开谁的关系。这些特点说明，在中国这个多民族国家，革命胜利以后，没有必要把联邦制作为走向统一的过渡形式，而只宜于采取直接建立单一制国家，在统一的国家内实行民族的区域自治。

民族区域自治是在1938年党的六届六中全会上提出的，它是对中国共产党关于少数民族地区各民族民族自决原则的进一步确认，但与之前的联合建国、建立“联邦”的目标不同，民族区域自治还强调各民族要建立统一的国家和中央政府。毛泽东在这次会议的政治报告中指出：“各民族与汉族有平等权利，在共同对日原则下，有自己管理自己事务之权，同时与汉族联合建立统一的国家。”[①] 这些内容成为中国共产党关于民族区域自治政策的认识雏形。随着1947年内蒙古自治政府的成立，标志着早期革命时期民族区域自治从理论到实践、从民族自决到区域自治转变的完成。1949年9月，中国人民政治协商会议通过的《共同纲领》，接受了中国共产党的这一政策。1954年宪法，明确规定“中华人民共和国是统一的多民族的国家。各民族一律平等。禁止对任何民族的歧视和压迫，禁止破坏各民族团结的行为。各民族都有使用和发展自己的语言文字的自由，都有保持或者改革自己的风俗习惯的自由。各少数民族聚居的地方实行区域自治”。这种由中共的政策到国家制度的转变，使民族区域自治制度有了宪法的依据和保障，并得以在全国普遍推行。

二、新中国成立初期的民族识别工作

中国是一个统一的多民族国家。据1953年人口普查统计，除汉族外，全国有蒙古、回、维吾尔、苗、彝、僮（1965年改为壮）、布依、朝鲜、满等41个少数民族，人口3532万人，占全国人口总数的6%，分布地区约占全国总面积的60%。

新中国成立初期，为了从根本上保障少数民族实现民族平等权利，促进各民族的共同发展，特别是为了在各级人民代表大会里落实少数民族的代表名额，在少数民族中推行民族区域自治、建立民族自治地方，迫切需要对自报登记的众多族体的名称和民族成分加以识别，以掌握中国少数民族的基本状况。1953年以后，此项工作作为新中国民族工作的任务之一被提上了议事日程。

从1950年到1952年，中央先后派出西南、西北、中南、东北等民族访问团，分赴各民族地区进行慰问和宣传民族政策，同时对这些地区各少数民族的基本情况进行了调查研究。1952年到1953年，云南、贵州、广西、湖南等省也广泛地对自报的族称进行实地调查。1953年，中央民委派出畲民识别调查小组分赴浙江、福建等省调查研究畲民的识别问题。同年，在中央民委的领导下，由中央民族学院派出了达斡尔族识别调查组分赴黑龙江、内蒙古达斡尔地区进行民族识别调查。1953年初，中共中南局和中南行政委员会委派中南民族学院的专家、学者到土家人聚居的湘西部分地区进行民族识别调查。同年9月，中央民委又组织一个包括中央民族学院专家、学者在内的土家人识别调查组，深入调查了永顺、龙

① 《毛泽东论统一战线》，中国文史出版社1988年版，第296页。

山、保靖等县土家人的语言、政治、经济、文化、风俗习惯等情况。与此同时，在贵州开展了对“穿青人”民族成分的调查研究。1954 年，中央民委派出云南民族识别调查组，对 260 多个自报族称进行调查。1955 年，中央派出广东疍民、畲民识别调查组。同年，又派出贵州民族识别调查组，对 80 多个自报族称进行调查研究。1956 年，中央派出湖南土家人识别调查组，对湖南土家人进行识别调查。大量调查研究的开展，为科学识别民族成分提供了依据。[①] 截止到 1953 年，经过识别，从各地原来自报的 400 多个民族名称中，确认了 38 个少数民族。[②]1954 年到 1964 年，在基本掌握各族体的族源、历史、现状与语言的基础上，进行了较大规模的民族识别，主要集中在西南和中南的一些省份，尤其是云南省。经过这一阶段的调查识别，从 1964 年第二次全国人口普查之前自报的 183 个不同族称中，新确定了 16 个少数民族，即土家、畲、达斡尔、仫佬、布朗、仡佬、阿昌、普米、怒、崩龙（1985 年改为德昂）、京、独龙、赫哲、门巴、毛难（1986 年改为毛南）、珞巴等民族。至此，中国已识别了 54 个[③] 少数民族。[④]

三、民族区域自治制度的确立

中国人民政治协商会议第一届全体会议讨论通过的《中国人民政治协商会议共同纲领》中明确规定：“中华人民共和国境内各民族一律平等，实行团结互助，反对帝国主义和各民族内部的人民公敌，使中华人民共和国成为各民族友爱合作的大家庭。反对大民族主义和狭隘民族主义，禁止民族间的歧视、压迫和分裂各民族团结的行为。”“各少数民族聚居的地区，应实行民族的区域自治，按照民族聚居的人口多少和区域大小，分别建立各种民族自治机关。凡各民族杂居的地方及民族自治区内，各民族在当地政权机关中均应有相当名额的代表。”“中华人民共和国境内各少数民族，均有按照统一的国家军事制度，参加人民解放军及组织地方人民公安部队的权利。”“各少数民族均有发展其语言文字、保持或改革其风俗习惯及宗教信仰的自由。人民政府应帮助各少数民族的人民大众发展其政治、

---

① 参见《中国共产党民族工作九十年》，民族出版社 2011 年版，第 137—138 页。

② 参见《当代中国的民族工作》（上），当代中国出版社、香港祖国出版社 2009 年版，第 70 页。

③ 我国的民族识别工作大体分为三个阶段：第一阶段是新中国成立到 1954 年。第二阶段是 1954 年至 1964 年。第三阶段是 1964 年至 20 世纪 80 年代末。1979 年，基诺族被确认为第 55 个少数民族。至此，新中国成立以来我国陆续确认的少数民族共计 55 个，加上汉族，56 个民族的大格局由此最终确定下来。

④ 参见《中国共产党民族工作九十年》，民族出版社 2011 年版，第 138—139 页。

经济、文化、教育的建设事业。”[①] 这个规定体现了各民族的共同心愿，受到各族人民的热烈欢迎。

1952 年 8 月，中央人民政府委员会在总结新中国成立后民族工作经验基础上，颁布了《中华人民共和国民族区域自治实施纲要》。对民族区域自治作了一系列具体规定，成为指导中国民族工作的纲领性文件。其主要内容包括：第一，各民族自治区都是中华人民共和国领土的不可分离的一部分。第二，各民族自治区的自治机关都是中央人民政府统一领导下的一级地方政权，并受上级人民政府的领导。第三，在各少数民族聚居的地区，依据当地民族关系、经济发展条件，并参酌历史情况，可以建立以一个少数民族聚居区为基础的自治区，也可以建立以一个大的少数民族聚居区为基础，包括其他少数民族聚居区的自治区，还可以以两个或多个少数民族聚居区为基础，联合建立自治区。第四，各自治区的自治机关享有广泛的自治权利：在中央人民政府和上级人民政府法令所规定的范围内，依其自治权限，制定本自治区单行法规，呈报上级人民政府核准；在国家统一的经济制度和经济建设计划之下，自由发展本地方的经济事业；在国家统一财政制度下，依据中央人民政府和上级人民政府对民族自治区财政权限的划分，管理本自治区财政；按照国家统一的军事制度，组织本自治区的公安部队和民兵；采取必要的和适当的办法，发展各民族的文化、教育、艺术和卫生事业；依照各民族大多数人民及与人民有联系的领袖人物的意愿，进行内部改革；等等。同时，还规定各民族自治区的人民政府机关，应以实行区域自治的民族人员为主要成分组成，同时应包括自治区内适当数量的其他少数民族和汉族的人员。[②]《实施纲要》颁布后，民族区域自治政策便在全国范围内全面加以实行，有力地促进了民族工作的深入发展。

这个《实施纲要》经中央人民政府委员会第十八次会议批准实施。《实施纲要》的主要内容载入了 1954 年的《中华人民共和国宪法》。宪法明文规定：“中华人民共和国是统一的多民族的国家”，“各少数民族聚居的地方实行区域自治。各民族自治地方都是中华人民共和国不可分离的部分”。[③] 各级民族自治地方（自治区、自治州、自治县）的自治机关，在中央人民政府的统一领导下，除了行使一般地方国家机关的职权外，还享有各项自治权利。如依照宪法和法律规定的权限管理本地方的财政；依照国家的军事制度组织本地方的公安部队；依照当地民族的政治、

① 《建国以来重要文献选编》第 1 册，中央文献出版社 2011 年版，第 1—11 页。
② 参见《中华人民共和国民族区域自治实施纲要》，《人民日报》1952 年 8 月 13 日。
③ 参见《建国以来重要文献选编》第 5 册，中央文献出版社 2011 年版，第 451 页。

经济、文化特点，制定自治条例和单行条例；使用和发展自己的语言文字；保持或改革自己的风俗习惯；等等。宪法还规定："在发扬各民族间的友爱互助、反对帝国主义、反对各民族内部的人民公敌、反对大民族主义和地方民族主义的基础上，我国的民族团结将继续加强。国家在经济建设和文化建设的过程中将照顾各民族的需要，而在社会主义改造的问题上将充分注意各民族发展的特点。"① 宪法的各项规定有力地推动了少数民族区域自治的实施，使民族区域自治政策的实施有了法律上的保障。

由于旧中国民族压迫、民族剥削制度造成汉族和少数民族之间存在着隔阂，彼此不信任，难以沟通，这就为新中国成立初期实施党和国家的民族政策工作带来很大困难。为此，大力宣传和落实民族平等政策，彻底消除民族压迫制度遗留下来的民族歧视侮辱的种种痕迹，建立民族间真正平等基础上的相互信任关系，以推动民族地区民主改革工作的顺利进行也是新中国成立初期民族工作的一项重要任务。1951 年 5 月 16 日，政务院颁发了《关于处理带有歧视或侮辱少数民族性质的称谓、地名、碑碣、匾联的指示》，指出："为加强民族团结，禁止民族间的歧视与侮辱，根据中国人民政治协商会议共同纲领第五十条之规定，对于历史上遗留下来的关于少数民族的称谓及有关少数民族的地名、碑碣、匾联等，如带有歧视和侮辱少数民族意思者，应分别予以禁止、更改、封存或收管。"② 根据这一指示，将内蒙古自治区首府归绥改为呼和浩特；新疆省首府迪化改为乌鲁木齐。城市中带有歧视、侮辱性的街巷名称也作了更改，如北京市将北河沿的回子营改为和平巷，东直门的鞑子营改为合作巷，崇文门外的骚鞑胡同改为团结胡同。有些地名或民族称谓，虽然不带有歧视和侮辱性质，也按照民族意愿作了更改。

1952 年 2 月 22 日，政务院第 125 次政务会议又通过了一个《政务院关于保障一切散居的少数民族成分享有民族平等权利的决定》，并于同年 8 月 13 日发布，《决定》指出：中华人民共和国成立之后，民族压迫业已宣告废除，民族平等业已付诸实施，保障因种种历史原因而零星散居在汉族地区的少数民族成分的人民均享有以下平等权利：均与当地汉族人民同样享有思想、言论、出版、集会、结社、通讯、人身、居住、宗教、信仰、游行示威的自由权；依法享有选举权与被选举权；无论在社会上，在工厂、学校、团体、机关和部队中，均有自由保持或改革其民族的生活方式、宗教信仰和风俗习惯的权利；有分别加入当地各种人民团体

① 参见《建国以来重要文献选编》第 5 册，中央文献出版社 2011 年版，第 450 页。
② 《建国以来周恩来文稿》第 4 册，中央文献出版社 2018 年版，第 381 页。

及参加各种职业的权利；有其本民族语言、文字者，得在法庭上以本民族语言，文字进行诉辩；如遭受民族的歧视、压迫或侮辱，有向人民政府控告的权利；在享受民族平等权利遇有困难无法解决时，得提请当地人民政府予以适当帮助。同时指出上述原则同样适用于散居在少数民族自治区的其他少数民族成分和汉族成分。[①]这些规定，是对《共同纲领》中的有关原则的进一步完善和具体化，使中国民族平等政策的实施有了可操作性依据。

四、民族区域自治制度的优越性

实行民族区域自治制度，体现了国家尊重和保障少数民族自主管理本民族内部事务的权利，体现了民族平等、民族团结、各民族共同繁荣的原则。实践证明，这一制度符合中国国情和各族人民的根本利益，具有巨大的优越性：

第一，有利于把国家的集中统一和民族的自主平等结合起来。统一是第一位的，是自治的前提和基础。国家统一是各民族人民生存的基础和发展的保障，没有国家统一，就谈不上民族区域自治。自治是为了促进各少数民族繁荣发展。民族区域自治制度为自治地方行使自治权提供了根本制度保障，给予自治地方特殊支持，有利于自治地方解决好自身的特殊问题。与此同时，实行民族区域自治制度又能在保障民族的自主平等的基础上，实现国家的统一。

第二，有利于把党和国家总的方针政策与少数民族和民族地区的具体实际结合起来。民族区域自治制度在尊重少数民族和民族地区的实际情况基础上，能够更好地保障少数民族的合法权益。中国各民族在长期发展中创造出多元多样、具有民族特色的文化，在一定程度上反映了各民族的历史传统、心理情感、道德准则和宗教观念。只有尊重差异、包容多样，才能更好保障少数民族的合法权益。中国的民族区域自治，是在宪法体制内和国家统一领导下的自治，各民族自治地方都是中国不可分割的一部分，各民族自治地方的自治机关都是中央政府领导下的一级地方政权，都必须服从党和国家的总的方针政策。同时，上级国家机关在制定各项政策时，必须充分考虑各民族地区的具体情况和实际需要，以有利于民族自治地方的发展。

第三，有利于把国家的发展与少数民族的发展结合起来。民族区域自治制度，既是保障少数民族政治权利的良好体制，也是各民族实行经济合作和文化合作的

---

① 《中华人民共和国现行法规汇编（1949—1985）·政法卷、军事及其他卷》，人民出版社 1987 年版，第 238—240 页。

良好体制。统一的多民族国家可以大力帮助少数民族发展经济文化，组织各民族相互支持，而自治地方可以通过调动和发挥少数民族和民族地区的积极性，共同推进各民族繁荣发展。在中国历史上，各民族频繁迁徙，逐渐形成了大杂居、小聚居的分布格局。汉族人口最多，遍布全国；少数民族人口相对较少，主要居住在广大边疆地区，但在内地县级以上行政区域也都有分布。这种大杂居、小聚居的分布格局，决定了以少数民族聚居的地方为基础建立不同类型和不同行政级别的民族自治地方，有利于民族关系和谐稳定和各民族共同发展。

民族区域自治制度开创了中国特色解决民族问题的正确道路，促进了各民族人民和睦相处、和衷共济。在民族区域自治制度推动下，少数民族的面貌、民族地区的面貌、民族关系的面貌都发生了历史性变化，中华民族多元一体格局得到不断巩固和发展。正如周恩来所说的："我们根据我国实际情况，实事求是地实行民族区域自治，这种民族区域自治，是民族自治与区域自治的正确结合，是经济因素与政治因素的正确结合，不仅使聚居的民族能够享受到自治权利，而且使杂居的民族也能够享受到自治权利。从人口多的民族到人口少的民族，从大聚居的民族到小聚居的民族几乎都成了相当的自治单位，充分享受了民族自治权利。这样的制度是史无前例的创举。"① 实践证明，民族区域自治制度既维护了中华民族的共同利益又维护了少数民族的切身利益，既维护了国家的整体利益又维护了民族自治地方的实际利益，对于促进各民族和睦相处、实现各民族共同繁荣发展有着巨大作用。

思考题：

1. 试述新中国成立初期中央和地方各级政权的组建状况。

2. 试述新中国成立初期为了巩固新生人民政权，党和国家在政治上采取的主要措施。

3. 试述 1954 年宪法的主要内容及其历史意义。

---

① 周恩来：《关于我国民族政策的几个问题》(1957 年 8 月 4 日)，《周恩来统一战线文选》，人民出版社 1984 年版，第 373—374 页。

第二章　适合中国国情的政治发展道路的初步探索（1956—1966）

从 1956 年社会主义基本制度建立到 1966 年“文化大革命”发动前夕，党领导全国各族人民进行全面的大规模的社会主义建设，对适合中国国情的社会主义建设道路进行了艰辛的探索。这一时期，在如何建设社会主义，如何走一条不同于苏联的、适合中国国情的政治发展道路方面，党和国家进行了初步的探索。毛泽东的《论十大关系》以苏联经验为鉴戒，初步总结了中国社会主义建设的经验；中共八大确立的正确政治路线，为社会主义事业发展指明了方向；《关于正确处理人民内部矛盾的问题》系统地论述了社会主义社会人民内部矛盾的性质、表现、根源及其解决的办法。在取得上述成果的同时，党和国家的指导方针也出现了严重失误。从 1960 年冬开始，党和政府采取了一系列纠正“左”倾错误的努力。但是，由于指导思想上的“左”倾错误在政治思想上和文化上并没有得到彻底纠正，且有所发展，最终导致了“文化大革命”的发生。

第一节　探索中国自己政治发展道路的良好开端

中共八大前后，以毛泽东同志为主要代表的中国共产党人，对适合中国国情的政治发展道路进行了初步探索。中共八大路线的确立和《论十大关系》的提出，以及《关于正确处理人民内部矛盾的问题》的发表，集中代表了这个时期的探索成果。

一、《论十大关系》的提出

1956 年，伴随着中国共产党领导下的社会主义改造取得决定性胜利，社会主义制度在国家政治、经济领域基本确立，共和国进入全面建设社会主义的新时期。这时，国际国内形势错综复杂。朝鲜战争结束后，虽然社会主义阵营同资本主义阵营的冷战仍在继续，但缓和的趋向已经出现。与国际局势的缓和趋向同步，这个时期世界各主要国家和地区已渐次渡过战后经济的恢复阶段，开始走上振兴道路。科技革命方兴未艾，影响日深，各国都面临如何利用先进的科学技术加速本国发展的迫切任务。从国内来看，刚刚取得政权的中国共产党由于缺少经济建设的经验，只能根据经典作家对社会主义的设想以及苏联经验来建设新中国。这种做法当时曾起过积极的作用。但是在社会主义建设实践中，渐渐地暴露出它不适应中国国情的一面。比如：基本建设规模过大，职工增加过多，信贷增长过快，财政收支、物资供需和银行信贷失去平衡，出现财政赤字，造成市场紧张、物资短缺，引起人民不满等。

与此同时，国际共产主义运动也发生了一些重大事件。1956 年 2 月，苏联共产党召开了第二十次代表大会，赫鲁晓夫在会上作了所谓全面揭发和批判斯大林个人崇拜的秘密报告。这一报告在国际共产主义运动中引起了严重的混乱和动荡。6 月，波兰发生了波兹南事件；10 月，匈牙利发生了严重的政治动乱。苏共二十大揭开斯大林问题的盖子，推动了包括中国共产党在内的各国共产党，更加自主地探索适合本国特点的革命和建设的道路，这无疑有其积极意义；另一方面，赫鲁晓夫全盘否定斯大林以及苏共政策而引发的国际共运的纷乱和帝国主义乘机掀起的世界性反共反社会主义浪潮，引起了中国共产党和各国马克思主义者的严重关切。

苏共二十大和波匈事件的发生，引起中国共产党的重视和深思。中共中央对苏共二十大采取了十分慎重的态度。1956 年 3 月中旬，中共中央政治局、书记处多次召开会议，研究苏共二十大及其影响。1956 年 4 月 5 日，《人民日报》发表了经毛泽东审阅和修改并由中央政治局扩大会议讨论通过的编辑部文章《关于无产阶级专政的历史经验》。关于苏共二十大，中国领导人高度评价了苏联反对个人崇拜和揭露斯大林后期错误的做法，充分肯定了坚持民主集中制、贯彻集体领导原则和加强制度建设的重要性。与此同时，文章对斯大林后期所犯的错误进行了分析，主张不应全盘否定斯大林，斯大林"功大于过"，"三分错误，七分成绩"，仍然是一个伟大的马克思主义者。文章表明中国以评价斯大林的是非功过为契机，不仅要总结国际共产主义运动的历史经验，更要进一步自觉地反思照搬"苏联模式"的危害。① 当斯大林和"苏联模式"的神话被打破后，毛泽东着重强调中国要从中得到教益，号召进行马克思主义与中国国情的"第二次结合"，"找到在中国怎样建设社会主义的道路"。② 他用两个多月的时间听了中央工业、运输业、农业、商业、财政等 34 个部门的工作汇报。

通过广泛调查研究，集中全党智慧。1956 年 4 月 25 日，毛泽东在中共中央

① 参见《建国以来重要文献选编》第 8 册，中央文献出版社 2011 年版，第 190—203 页。

② 参见吴冷西：《忆毛主席——我亲身经历的若干重大历史事件片断》，新华出版社 1995 年版，第 9 页。

政治局扩大会议上作了关于《论十大关系》的报告。5月2日，他又向最高国务会议作了报告，形成了后来正式发表的《论十大关系》。报告概括了社会主义建设必须正确处理的十种矛盾关系：重工业和轻工业、农业的关系；沿海工业和内地工业的关系；经济建设和国防建设的关系；国家、生产单位和生产者个人的关系；中央和地方的关系；汉族和少数民族的关系；党和非党的关系；革命和反革命的关系；是非关系；中国和外国的关系。毛泽东指出："提出这十个问题，都是围绕着一个基本方针，就是要把国内外一切积极因素调动起来，为社会主义事业服务。"

《论十大关系》中谈到的政治关系主要是后五条，包括中国的民族关系、党和非党关系、革命和反革命关系、是非关系以及中外关系等。

关于汉族与少数民族的关系，报告指出：对于汉族和少数民族的关系，我们的政策是比较稳当的，是比较得到少数民族赞成的。我国少数民族人数少，占的地方大。论人口，汉族占94%，是压倒优势。如果汉人搞大汉族主义，歧视少数民族，那就很不好。各个少数民族对中国的历史都作过贡献。汉族人口多，也是长时期内许多民族混血形成的。鉴于苏联在处理民族关系上的教训，我国在处理民族问题时，应该着重反对大汉族主义，也要反对地方民族主义，积极帮助少数民族发展经济建设和文化建设，巩固各民族的团结。

关于党和非党的关系，报告提出：究竟是一个党好，还是几个党好？现在看来，恐怕是几个党好。不但过去如此，而且将来也可以如此，就是长期共存，互相监督。我们有意识地留下民主党派，让他们有发表意见的机会，对他们采取又团结又斗争的方针。一切善意地向我们提意见的民主人士，我们都要团结。党政机构要精简，不是说不要民主党派。希望你们抓一下统一战线工作，使他们和我们的关系得到改善，尽可能把他们的积极性调动起来为社会主义服务。

关于革命和反革命的关系，毛泽东在肯定过去镇反、肃反的必要性的前提下，指出"还有反革命，但是已经大为减少"，要求今后社会上的镇反要少捉少杀，机关内部肃反要坚持"一个不杀，大部不捉"的方针；对于一切反革命分子都要给以生活出路，使他们有自新的机会。

在是非关系上，毛泽东重申处理党内外矛盾都要分清是非，对犯错误的同志采取"惩前毖后，治病救人"的方针。报告指出：按照情况，对于犯错误的同志采取恰如其分的合乎实际的批评，甚至必要的斗争，这是正常的，是为了帮助他们改正错误。对犯错误的同志不给帮助，反而幸灾乐祸，这就是宗派主义。好意对待犯错误的人，可以得人心，可以团结人。

在中国和外国的关系上，报告提出：我们的方针是，一切民族、一切国家的长处都要学，政治、经济、科学、技术、文学、艺术的一切真正好的东西都要学。但是，必须有分析有批判地学，不能盲目地学，不能一切照抄，机械搬用。他们的短处、缺点，当然不要学。对于苏联和其他社会主义国家的经验，也应当采取这样的态度。

《论十大关系》以苏联经验为鉴戒，初步总结了中国社会主义建设的经验，提出了中国社会主义政治建设的若干新方针，展现了党为寻找适合中国情况的社会主义建设道路而解放思想、多方探索的生动景象，为中共八大的召开作了重要的思想理论准备，成为党探索社会主义建设道路的起点。后来邓小平曾对《论十大关系》作出这样的评价："这篇东西太重要了，对当前和以后，都有很大的针对性和理论指导意义"[①]。

二、中共八大正确路线的制定

1956年9月15日至27日，中国共产党第八次全国代表大会在北京召开。

中共八大着重总结了中共七大以来社会主义改造和社会主义建设的成就与经验；科学准确地分析了社会主义改造基本完成以后国内形势的重大变化，以及在即将开始的新的历史时期党和国家面临的新的历史任务；确立了党在新的历史时期为完成新的历史任务应采取的各项重大方针和政策。中共八大确定的政治方面的方针政策主要包括：

（一）明确了国内的主要矛盾和主要任务

中共八大根据中国建立社会主义制度的国情，明确指出生产资料所有制的社会主义改造基本完成后，"我国的无产阶级同资产阶级之间的矛盾已经基本上解决"，"国内的主要矛盾，已经是人民对于建立先进的工业国的要求同落后的农业国的现实之间的矛盾。已经是人民对于经济文化迅速发展的需要同当前经济文化不能满足人民需要的状况之间的矛盾"[②]，党和人民的主要任务是把中国尽快地从落后的农业国变为先进的工业国。为此，大会确定了把中国建设成为一个具有强大的现代化工业、现代化农业、现代化交通运输业、现代化国防的先进的社会主义国家的宏伟目标。

（二）作出了加强民主法制建设的决策

关于政治报告的决议中指出："由于社会主义革命已经基本上完成，国家的主

① 《邓小平年谱（1975—1997）》（上），中央文献出版社2004年版，第68页。
② 《建国以来重要文献选编》第9册，中央文献出版社2011年版，第292—293页。

要任务已经由解放生产力变为保护和发展生产力，我们必须进一步加强人民民主的法制，巩固社会主义建设的秩序。国家必须根据需要，逐步系统地制定完备的法律”[①]，用以巩固人民民主专政，保卫社会主义建设的秩序和保障人的民主权利，惩治一切犯罪分子。在会上，最高人民法院院长董必武作了题为《进一步加强人民民主法制，保障社会主义建设事业》的发言，主要谈了人民民主法制的社会本质，人民民主法制产生、发展及其在革命斗争和建设工作中发挥的巨大作用等问题，并总结了中国人民民主法制的基本经验。

（三）作出了加强党的建设的决策

中共八大总结了七大以来特别是全国执政以来党领导社会主义革命和建设的主要经验，从分析执政党的状况出发，提出了加强执政党建设的理论、方针和政策。

第一，中国共产党是领导社会主义事业的核心力量，党的一切任务能否胜利完成，取决于党的领导是否正确。刘少奇在八大政治报告中论述社会主义条件下仍要坚持和加强党的领导问题时，反复强调社会主义事业只有在共产党的领导下才能实现。

第二，始终坚持群众路线，坚决反对脱离群众的官僚主义，保持同人民群众的密切联系。大会指出，党的领导能否保持正确，不仅取决于党能否遵循实事求是的思想路线，克服脱离实际的主观主义和经验主义，而且取决于党能否正确地执行群众路线，克服脱离群众的官僚主义和宗派主义。党的领导的责任，就是要善于通过贯彻群众路线，推动党和人民的事业不断前进。

第三，执政党必须坚持民主集中制，反对个人崇拜。在八大党章总纲和第二章中，根据党组织生活多年来的经验积累，对民主集中制作了比较充分的规定，力图从理论上和措施上解决民主集中制的基本问题。

第四，党的团结和统一，是党领导人民取得各项事业胜利的重要保证。为了维护党的团结和统一，八大在总结过去经验的基础上，进一步提出了以下重要思想：执政党要正确处理党和国家机关的关系。对犯错误的同志必须采取正确的方针。对于党员的缺点或错误应当区别不同的情形，采取不同的方针。对于那种与党对抗，甚至在党内进行宗派活动、分裂活动和其他危害活动的分子，必须进行无情的斗争，给予严格的制裁，直到将他们驱逐出党。而对于那些犯有在性质上比较不重要的错误的同志，或者虽然犯有严重、比较严重的错误，但在受到批评

① 《建国以来重要文献选编》第9册，中央文献出版社2011年版，第301页。

教育后，愿意改正并实行改正的同志，应该采取治病救人的方针。必须正确开展党内的批评与自我批评。

第五，对党的全国代表大会制度作重要的调整，决定实行党的全国代表大会代表常任制，定期召开代表会议，发展党内民主生活。中共八大通过的党章第三十一条规定："党的全国代表大会每届任期五年。""全国代表大会会议由中央委员会每年召开一次。在特殊情形下，中央委员会可以决定延期或者提前召开。如果有三分之一的代表的要求，或者有三分之一的省一级组织的要求，中央委员会必须召开全国代表大会会议。"关于党的全国代表大会的职权，党章第三十二条规定："（一）听取和审查中央委员会和中央其他机关的报告；（二）决定党的方针和政策；（三）修改党章；（四）选举中央委员会。"① 这些都体现了发展党内民主生活、扩大党内民主基础的制度安排。

八大路线是探索中国社会主义建设道路的先声和逻辑起点。八大路线在对社会主义建设经验初步总结的基础上，为全面建设社会主义指明了前进的道路和方向。它不仅对整个社会主义初级阶段乃至更长的历史时期，具有重大而深远的指导意义，在党探索社会主义建设道路的历程中也具有里程碑式的开创价值和奠基功绩。"'八大'的路线是正确的，它为新时期社会主义事业的发展和党的建设指明了方向。"②

三、《关于正确处理人民内部矛盾的问题》的发表

中共八大之后，国际国内形势出现了一些新的动向。国际上，作为苏共二十大批判斯大林的连锁反应，1956 年在东欧先后出现了波兰事件和匈牙利事件。在国内，由于实际工作中的官僚主义和社会大变动后出现的新的社会矛盾等因素，引发了若干社会不安定现象。从 1956 年下半年起，一些城市和乡村发生粮食、肉类和日用品短缺，加之一些学生、工人和复员转业军人在升学、就业和安置等方面遇到困难，发生了部分人闹事的情况。在国内外不断出现各种风潮的情况下，随着党的"百花齐放，百家争鸣"方针的提出，思想文化界开始活跃起来。一些在内容、方法上标新立异的东西纷纷出现，其中有许多好的作品，但也有错误的东西。

针对上述情况，中共中央曾召开一系列会议加以研究，商讨对策。根据中央

① 《建国以来重要文献选编》第 9 册，中央文献出版社 2011 年版，第 282 页。
② 《三中全会以来重要文献选编》（下），中央文献出版社 2011 年版，第 136 页。

政治局会议的讨论所形成的《再论无产阶级专政的历史经验》一文，首次提出两类性质矛盾特别是社会主义国家人民内部矛盾的命题，并以此为立论，就国际共产主义运动的一系列重大问题阐述了看法。1957年1月中下旬，中共中央在省、市、自治区党委书记会议上着重讨论了国内思想动向问题。毛泽东在会上讲话，特别指出“怎样处理社会主义社会的敌我矛盾和人民内部矛盾，这是一门科学，值得好好研究”①。

在此基础上，1957年2月27日，毛泽东在最高国务会议上发表《如何处理人民内部矛盾》（后改为《关于正确处理人民内部矛盾的问题》）的讲话。讲话全面论述了社会主义社会中的各种矛盾，特别是对人民内部矛盾作了更为完整的论述：

第一，矛盾是普遍存在的，社会主义社会也充满矛盾，正是这些矛盾推动着社会主义社会不断地向前发展。

第二，社会主义社会的基本矛盾仍然是生产力和生产关系、经济基础和上层建筑之间的矛盾，不过社会主义社会的这些矛盾不是对抗性质的矛盾，可以通过社会主义制度本身的调节，不断得到解决。

第三，社会主义社会的矛盾，反映在政治上可划分为敌我矛盾和人民内部矛盾两类。这是性质完全不同的两类矛盾。敌我之间的矛盾是对抗性的矛盾；人民内部的矛盾，在劳动人民之间说来，是非对抗性的，在被剥削阶级和剥削阶级之间说来，除了对抗性的一面以外，还有非对抗性的一面。在一定条件下，两类矛盾可以互相转化。

第四，解决人民内部矛盾的方法，就是采取“团结—批评—团结”的方针，即从团结的愿望出发，经过批评或者斗争使矛盾得到解决，从而在新的基础上达到新的团结。同时指出，在社会主义改造基本完成以后正确处理人民内部矛盾已经成为国家政治生活的主题。

第五，深入考察了政治、经济和思想文化等领域中的具体矛盾，提出了解决这些矛盾的一系列具体方针政策。在处理国家社会主义经济建设、安排人民生活等方面的矛盾时，必须贯彻统筹兼顾、适当安排的方针；在处理共产党和民主党派关系方面的矛盾时，必须执行“长期共存，互相监督”的方针；在处理发展科学文艺方面的矛盾时，必须贯彻“百花齐放，百家争鸣”的方针；在汉族和少数民族方面，关键是克服大汉族主义，同时也应当克服地方民族主义；对待知识分子，应当从根本上改善同他们的关系，同时加强对他们的教育和思想政治工作。

① 转引自金冲及主编：《刘少奇传（1898—1969）》（下），中央文献出版社2008年版，第744页。

《关于正确处理人民内部矛盾的问题》在马克思主义发展史上第一次把社会主义社会的矛盾区分为敌我矛盾和人民内部矛盾，明确把正确处理人民内部矛盾作为国家政治生活的主题，并系统地论述了社会主义社会人民内部矛盾的表现、根源、性质和解决的方针、方法。这一学说是八大路线的继续和发展，是探索中国自己的建设社会主义道路的新成果，它丰富和发展了马克思主义的科学社会主义理论，为中国共产党正确认识中国基本国情奠定了理论基础，对党和社会主义事业具有长远的理论指导意义。

四、毛泽东思想的新发展

新中国成立后，以毛泽东同志为主要代表的中国共产党人，将马克思主义与中国国情相结合，形成了一系列理论成果，进一步丰富了毛泽东思想，主要表现在以下几个方面：

第一，关于新民主主义社会向社会主义社会的转变。新中国成立以后，摆在全党面前的一个重大课题，就是如何引导中国向社会主义过渡。传统的道路是苏联式的，是通过工厂和土地的国有化，一举向社会主义过渡。中华人民共和国的成立，新民主主义革命的胜利，人民民主专政政权的巩固，国民经济的迅速恢复，创造了向社会主义过渡的政治经济条件。中国共产党制定了国家工业化和社会主义改造同时并举的过渡时期总路线，即在一个相当长的时期内，逐步实现国家的社会主义工业化，并逐步实现国家对农业、对手工业和对资本主义工商业的社会主义改造，开辟出一条适合中国国情的向社会主义过渡的新道路。在建立以公有制为主体的社会主义经济制度的基础上，建立起一套适合中国情况的社会主义政治制度，包括人民代表大会制度、共产党领导的多党合作和政治协商制度，以及民族区域自治制度等。与此同时，开始了以马克思主义为指导的社会主义思想文化建设，解决了在中国这样一个经济文化落后的大国建立社会主义根本制度的任务。

第二，关于社会主义现代化建设。首先，中国尚处在不发达的社会主义发展阶段，从进入社会主义社会到建成社会主义社会，是一个很长的历史时期。要努力把中国建设成为具有现代农业、现代工业、现代国防和现代科学技术的社会主义强国，使中国经济走在世界的前列。其次，社会主义社会的基本矛盾，仍然是社会生产力同生产关系、经济基础同上层建筑的矛盾。在革命时期的大规模的急风暴雨式的群众阶级斗争基本结束的条件下，中国共产党的根本任务已经由解放生产力变为在新的生产关系下保护和发展生产力。社会主义社会存在敌我之间和人民内部两类不同性质的矛盾，正确处理人民内部矛盾成为国家政治生活的主题。要造成又有集中又有民主、又有纪律又有自由、又有统一意志又有个人心情舒畅、生动活泼的政治局面，调动国内国外一切积极因素，为社会主义建设服务。再次，在经济建设上，要坚持以农业为基础，正确处理重工业同农业、轻工业的关系，走出一条适合中国情况的工业化道路。在社会主义建设中，要处理好沿海工业和内地工业，经济建设和国防建设，国家、生产单位和生产者个人，中央和地方，汉族和少数民族等各种关系，处理好积累和消费的关系，注意国民经济的综合平衡。在政治建设上，要扩大国家的民主生活，加强民主集中制和人民民主的法制，克服官僚主义；实行中国共产党和各民主党派“长期共存，互相监督”的方针；巩固以工农联盟为基础的人民民主统一战线。在科学文化建设上，实行“百花齐放，百家争鸣”的方针。

第三，关于社会主义条件下的统一战线。新民主主义革命胜利以后，中国共产党继续同民族资产阶级和各民主党派结成统一战线，吸收他们参加人民民主政权。在社会主义改造过程中，坚持同民族资产阶级的联盟。在对资产阶级实行赎买政策的同时，鼓励和帮助他们过好社会主义改造这一关，成为自食其力的社会主义的劳动者。社会主义时期的统一战线，具有广泛的政治基础。政治协商会议是统一战线的主要组织形式。在工农联盟的基础上，团结全国各民族、各阶层、各民主党派、各人民团体、海外华侨和其他爱国民主人士，组成广泛的统一战线。争取用和平方式完成祖国统一大业。

第四，关于思想政治工作和文化工作。思想政治工作，是完成经济工作和技术工作的保证，是为经济基础服务的。思想政治工作是经济工作和其他一切工作的生命线。既要反对空头政治家，又要反对不问政治的倾向。思想政治工作的中心任务，是进行马克思列宁主义教育。要牢固树立无产阶级的世界观、价值观和人生观。文化工作是中国共产党领导下的总战线中的一条必要和重要的战线。中国共产党关于科学文化事业的基本方针是“百花齐放，百家争鸣”。文化建设，要面向现实，继承中国优秀文化遗产，批判地吸收外国文化中的长处，做到古为今用、洋为中用。要重视知识分子在革命和建设中的重要作用。知识分子要在工作和学习的过程中，同工人农民打成一片，逐步树立共产主义的世界观。

第五，关于执政党建设。社会主义建设时期，加强执政党建设成为党的建设的中心内容。毛泽东告诫全党，在革命胜利以后，务必继续保持谦虚谨慎、不骄不躁、艰苦奋斗的作风。要警惕资产阶级思想的侵蚀，反对脱离群众的官僚主义，严惩贪污腐败分子。同时，要警惕和抵制西方敌对势力对社会主义中国实行“和平演变”的图谋。在长期的革命斗争中，中国共产党形成了自己优良的传统和作风，这就是理论和实践相结合、和人民群众紧密地联系在一起、实行自我批评等三大作风。

第六，关于国际战略和外交政策。毛泽东根据对国际局势的观察，把中国共产党在长期革命斗争中形成的独立自主、自力更生的原则引进中国的外交关系中，从根本上划清了与旧中国半殖民地屈辱外交的界限，奠定了当代中国外交的基础。在创立新中国独立自主新型外交的同时，毛泽东冷静分析了第二次世界大战后国际格局的客观状况及世界主要矛盾的发展变化，把争取和维护世界和平作为中国共产党和新中国对外政策的主要目标，为当代中国外交确定了正确的方向。毛泽东一贯主张，国家无论大小、贫富、强弱，都应当相互尊重、平等相待、友好相处。各个国家的事情应当由本国人民自己去管理，任何外国势力无权干涉。这是新中国外交倡导的和平共处五项原则的由来和主要依据。由此，在和平共处五项原则基础上发展同一切国家的关系，成为新中国外交的一项基本准则。20 世纪 60 年代末 70 年代初，苏联以超级大国自居，在国际社会推行霸权主义。毛泽东针锋相对，提出了划分三个世界的战略和“一条线”“一大片”① 的设想，促成了国际反霸统一战线的建立，有力遏制了苏联的扩张势头。同时，毛泽东又提出了“深挖洞，广积粮，不称霸”的思想，向全世界表明了中国永远不做超级大国，永远不称霸的鲜明立场。

正是在毛泽东思想的指导下，中国成功解决了一个东方农业大国如何通过无产阶级政党对民主革命的领导避免资本主义前途而逐步走上社会主义道路的问题，也成功解决了一个经济文化落后的东方农业国如何通过社会主义工业化建设和社会主义改造同时并举而逐步确立社会主义基本制度的问题。

第二节 “左”倾错误的发展与纠“左”的努力

1957 年整风反右运动开展后，党在指导思想上逐渐发生了“左”的错误。“大跃进”和人民公社化运动的发动，使这种“左”的错误不断发展。面对这些运动造成的严重影响，毛泽东和中共中央进行了纠“左”的努力。

---

① “一条线”，就是从中国经日本到中东到西欧，最后到美国这样一个纬度；周围的国家叫“一大片”。

一、整风运动的开展与反右派斗争扩大化

（一）整风运动

整风是中国共产党在历史上创造的一种加强自身建设的行之有效的方法。这次整风运动，是在三大改造基本完成，社会主义制度基本建立后，处于执政地位的中国共产党要担负建设社会主义国家历史任务的关头，进行的一次整风运动。

1957年4月27日，中共中央发出《关于整风运动的指示》，《指示》提出：由于党已经在全国范围内处于执政的地位，得到广大群众的拥护，有许多同志就容易采取单纯的行政命令的方法去处理问题，而有一部分立场不坚定的分子，就容易沾染旧社会作风，形成一种特权思想，甚至用打击压迫的方法对待群众。因此有必要在全党进行普遍、深入的反对官僚主义、宗派主义和主观主义的整风运动。《指示》规定：整风运动的指导思想是毛泽东2月在扩大的最高国务会议上和3月在中央召开的宣传工作会议上代表中央所作的两个报告，整风运动的主题是正确处理人民内部矛盾。5月1日，《人民日报》公布这个指示，标志着全党范围内整风运动正式开始。

整风初期，毛泽东大力倡导并告诫全党要正确对待党外人士的公开批评，认为这对于改进党和政府的工作极为有益，能否正确对待这些批评，是关系整风成败的关键。5月4日，中共中央发出《组织党外人士继续对党的缺点错误展开批评》的指示，认为各种党外人士参加的会议上和报纸刊物上所开展的关于人民内部矛盾的分析和对于党政所犯错误缺点的批评，对于党和人民政府改正错误，提高威信，极为有益，应当继续展开，深入批评，不要停顿或间断。①

5月8日至6月3日，中共中央统战部邀请民主党派和无党派人士举行了13次座谈会。5月15日至6月8日，中央统战部和国务院第八办公室联合召开了25次工商界座谈会。各级党政机关和高等学校、科学研究机构、文化艺术单位的党组织也纷纷召开各种形式的座谈会和小组会，听取党内外群众的意见，欢迎大家“鸣”“放”。在上述各种座谈会上，与会的民主党派和无党派人士积极响应中共中央的号召，畅所欲言，对党和政府提出了大量的批评、意见和建议。这些意见绝大部分是正确的、中肯的。

整风初期，运动的发展比较健康。但是随着运动的深入，社会上的各种批评意见急剧升温，出现了未曾料到的复杂情况。除了对党的工作作风中的官僚主义、宗派主义、主观主义的各种具体表现及危害的大量批评意见之外，有许多意见涉

① 参见《毛泽东文集》第7卷，人民出版社1999年版，第296页。

及对党的领导地位，对社会主义基本制度、对党的对内对外方针政策、对新中国成立以来历次政治运动等重大问题的根本评价。进入5月中旬以后，在报纸杂志上发表的言论、报道和评论中，有些内容似乎给人一种中国共产党的各级领导发生了严重问题并已经发生危机的印象。

上述现象引起了党中央、毛泽东的高度警惕。5月15日，毛泽东开始写作题为《走向反面》的文章，后将题目改为《事情正在起变化》，于6月12日署名“中央政治研究室”印发中共党内高级干部阅读。这篇文章标志着中共中央、毛泽东的整风指导思想正在发生重大变化，运动的主题从正确处理人民内部矛盾转向对敌斗争，由党内整风转向反击右派。6月8日，《人民日报》发表社论《这是为什么？》，中共中央发出《关于组织力量准备反击右派分子进攻》的内部指示，标志着反右派斗争正式开始。从此，全国迅速发起了反击右派的运动。

（二）反右派斗争的经过及其严重扩大化

反右派斗争开始后，中共中央和毛泽东连续发出指示，《人民日报》也接连发表社论，对反击右派运动进行部署和指导，进一步发动全党和全国人民投入到运动中。6月19日，《人民日报》发表经过补充和修改的《关于正确处理人民内部矛盾的问题》，增加了阶级斗争很激烈、社会主义和资本主义之间谁胜谁负的问题还没有真正解决的论述。它提出的判断政治生活言行是非的六条标准，成为划定右派的政策界限和批判右派的理论依据。7月1日，《人民日报》发表毛泽东起草的社论《文汇报的资产阶级方向应该批判》，标志着反右派斗争的进一步升级。

7月，中共中央在青岛召开省市委书记会议，进一步部署反右派斗争的工作。会议期间，毛泽东提出两个主要观点：一是将资产阶级右派定性为“反动派”“反革命派”，认为他们同人民的矛盾是敌我矛盾；一是将批判右派说成是一场在政治战线上和思想战线上的伟大的社会主义革命。此后，中共中央发出一系列指示，要求把运动推向地县、市区、大厂矿和中小学教职工，以及少数民族地区，反右派斗争进一步在全国范围内广泛展开。

1957年9月20日至10月9日，中共中央召开八届三中全会，重点讨论了整风运动和反右派斗争的方针政策与具体部署问题。毛泽东在会议讲话中断言，工人阶级与资产阶级的矛盾、社会主义与资本主义的矛盾是整个过渡时期的主要矛盾。[①]这就改变了中共八大关于国内主要矛盾变化的正确论断。会后，反右派斗争实际转

---

① 参见逄先知、金冲及主编：《毛泽东传（1949—1976）》（上），中央文献出版社2003年版，第717页。

入后期处理阶段，但由于在城乡基层主要是在中小学教师中继续抓右派，被划为“右派”的人数急剧增多。10月15日中共中央发出《关于划分右派分子的标准的通知》。此时，省市级以上党政机关、大专院校、科技界、文艺界和民主党派中，绝大部分被划为右派的人们早已被划定，并被批斗过了。后来，被划为右派的人绝大多数都受到较重的处分。至1958年夏季，整风和反右派斗争结束。反右派斗争持续约一年之久，全国被划为右派的达55万多人，斗争被严重扩大化了。

（三）反右派运动期间人民代表大会制度和人民政协制度的实施状况

1957年召开的第一届全国人民代表大会第四次会议的中心任务是确定当时的工作方针，确定1957年的国民经济计划和国家预算。但会议是在反右派斗争的高潮中举行的，混淆政治行为的阶级界限的错误也波及各级人民代表大会，特别是全国人民代表大会。根据法律的规定，全国人民代表大会的代表在全国人民代表大会上，对政府、最高人民法院和最高人民检察院的工作提出批评和建议，是宪法赋予的职权，依法受法律保护。但在反右派斗争中，一些发言被当作反对共产党和社会主义制度的言论加以批判。会议不但错误地把反右派斗争作为一个重要内容，而且于6月28日开始集中批判人大代表中的右派分子。按照宪法及有关法律的规定，全国人民代表大会每次会议都要听取和审议政府工作报告、最高人民法院和最高人民检察院的工作报告，并要求通过相应的决议，给予评价并提出要求。但1958年召开的一届全国人大五次会议对这三个报告都没有听取和审议。这不仅使人民代表和人民群众失去了解政府、最高人民法院和最高人民检察院的工作并进行监督的权利和机会，而且对这些报告有时审议，有时不审议这样一种事实，一定程度上弱化了人大的地位和作用。

反右派斗争也给政协工作带来了冲击。中共开展整风运动后，政协组织各方面人士向执政党和政府提出批评建议，充分发挥政协议政场所的作用。然而在少数右派的进攻下，中央夸大估计了当时的形势，混淆了两类不同性质的矛盾，开展了一场反右派斗争运动，其中也有不少政协委员被错划为“右派”分子。这一错误，不仅伤害了部分政协委员的积极性，而且使整个政协工作，尤其是参政议政工作受到冲击。

全党整风和反右派斗争的事实表明，在生产资料私有制的社会主义改造基本完成后，国内确实存在反对党的领导和社会主义制度的敌对势力，坚决反击极少数右派分子的猖狂进攻，借以教育广大党员和人民群众，是正确的和必要的；在当时的历史条件下，反右派斗争在全国人民中间澄清了根本的大是大非，稳定了新建立的社会主义制度。如果放弃这种斗争，不在问题发生的范围内鲜明地击退极少数右派分子的进攻就会造成思想上和政治上的严重混乱。然而，在反右派斗争中，随意扣右派帽子和进行批斗的做法，以及全国性开展政治运动的方式，既违背了中国共产党的民主集中制原则，也违背了中共八大确定的加强法制建设的初衷。同时，由于错误估计了国内形势，混淆了敌我矛盾和人民内部矛盾的界限，再加上难以摆脱革命战争年代形成的阶级斗争思维，反右派斗争不可避免地发生了严重扩大化的错误。

反右派斗争的严重扩大化，使党探索适合中国情况的建设社会主义道路的良好开端受到挫折。国家的民主法制建设开始走下坡路，执政党的建设也受到消极影响，人民代表大会、政治协商会议和民主党派的作用逐渐萎缩，经济、思想文化生活中的一些正确的方针政策和有益探索也受到批判。反右派斗争还改变了中共八大对社会主要矛盾的论断，提出了无产阶级和资产阶级、社会主义道路和资本主义道路的矛盾是中国社会主要矛盾的观点，并断言社会主义社会存在“两个剥削阶级”，从而为后来阶级斗争的扩大化提供了理论基础。

二、“大跃进”的发动与人民公社化运动的兴起

（一）“大跃进”运动的发动

发动“大跃进”运动有其特殊的历史背景。从国际上来看，1957 年超额完成第一个五年计划，使中国共产党在国际共产主义运动中赢得了较高的声誉，也增强了中共中央、毛泽东要尽快改变落后面貌的雄心壮志。1957 年 11 月，毛泽东在苏联访问期间出席了纪念十月革命 40 周年庆祝会和世界各国共产党、工人党代表会议。在会上，一些社会主义国家的领导人提出了各自的赶超目标。[①] 赫鲁晓夫宣布苏联可以在 15 年后超过美国，毛泽东随即宣布中国要在 15 年或者更多一点的时间里，在钢铁和主要工业品产量方面超过英国。从国内来讲，“大跃进”运动是在批评反冒进[②] 和酝酿、制定社会主义建设总路线的过程中发动起来的。1957 年

---

① 在一个时期内，集中国家的各方面资源和力量，着重在工业、国防和科学技术等方面，实施追赶世界发达国家的发展战略，这往往是工业不发达和欠发达国家在实现现代化过程中的带有某些必然性的选择。这种赶超式的发展战略，第二次世界大战前曾经在处于帝国主义国家封锁包围之下的苏联得以施行并初见成效，为其夺取卫国战争的胜利奠定了物质基础。战后，经过经济恢复和调整，苏联领导人重新提出在较短时间内赶上和超过美国的经济发展战略。莫斯科会议期间，由于对世界局势作出了两大阵营和平竞赛的判断，并肯定这种赶超式的发展战略，一些社会主义国家的领导人也提出了各自的赶超目标。

② 针对社会主义建设事业蓬勃发展中出现的一些超过实际可能的急躁冒进现象，1956 年 6 月 20 日，《人民日报》根据中央政治局会议精神，发表了题为《要反对保守主义，也要反对急躁情绪》的社论，指出反对急躁冒进的正确态度和方法。社论为动员全党尤其是各级领导干部重视在经济工作中纠正急躁冒进倾向起了重要推动作用。这样，经过几个月的努力，经济建设上的一股来势很猛的盲目冒进势头初步得到遏制。

10月27日，《人民日报》为此发表题为《建设社会主义农村的伟大纲领》的社论，在中共中央机关报上提出了“跃进”的口号。12月12日，《人民日报》发表社论《必须坚持多快好省的建设方针》，发出了“把一九五八年的各项计划指标订得尽可能先进些”的号召。各地区、各部门纷纷召开会议，批评“右倾保守”思想。从中央到地方普遍修改原订的发展计划，制定各自的“跃进”计划，提出了新的高指标。由于广大干部群众的努力，农田水利建设取得了很大的成绩，但也出现了一些浮夸和蛮干的情况。1957年冬至1958年春掀起的农业生产高潮，拉开了“大跃进”运动的序幕。

1958年上半年，党中央召开了一系列会议，开展反“反冒进”的斗争，为“大跃进”的发动扫清了障碍。1月11日至22日，南宁会议批判“反冒进”，会议所形成的《工作方法六十条》，以“不断革命”和打破平衡论的理论观点，批判国民经济必须在综合平衡中发展的方针。[①]2月18日，中共中央召开政治局扩大会议，继续批判“反冒进”。3月8日至26日，成都会议继续批判“反冒进”。

1958年5月5日到23日，中共八大二次会议召开，会议正式制定了“鼓足干劲、力争上游、多快好省地建设社会主义”的总路线，标志着“大跃进”运动的正式发动。刘少奇代表中央委员会所作的工作报告，着重阐述了建设社会主义总路线的基本点：调动一切积极因素，正确处理人民内部矛盾；巩固和发展社会主义的全民所有制和集体所有制，巩固无产阶级专政和无产阶级的国际团结；在继续完成经济战线、政治战线和思想战线上的社会主义革命的同时，逐步实现技术革命和文化革命；在重工业优先发展的条件下，工业和农业同时并举；在集中领导、全面规划、分工协作的条件下，中央工业和地方工业同时并举，大型企业和中小型企业同时并举；通过这些，尽快地把我国建设成为一个具有现代工业、现代农业和现代科学文化的伟大的社会主义国家。[②]社会主义总路线及其基本点，集中反映了党中央、毛泽东对探索适合中国情况的建设社会主义道路的思考和认识；反映了党和广大人民群众迫切要求改变中国经济文化落后状况的普遍愿望。但是，由于这条总路线是在批评“反冒进”的过程中形成的，是在急躁冒进、急于求成的思想指导下制定的，因而也存在严重缺陷。这主要是片面强调经济建设的发展速度，过分夸大人的主观意志和主观努力的作用，忽视了经济建设所必须遵循的客观规律和量力而行、实事求是的原则。

① 参见《建国以来重要文献选编》第11册，中央文献出版社2011年版，第34—51页。
② 参见《建国以来重要文献选编》第11册，中央文献出版社2011年版，第263页。

8月17日至30日，中共中央政治局在北戴河举行扩大会议，中心议题是当年的钢铁生产和建立人民公社的问题。会议号召全党全民为生产1070万吨钢而奋斗，通过了《中共中央关于在农村建立人民公社问题的决议》等文件。由于对国内经济形势，特别是农村形势作了不切合实际的估计，从而把“大跃进”迅速推向高潮，以高指标、瞎指挥、浮夸风、“共产风”为主要标志的“左”倾错误严重地泛滥开来。工业领域的“大跃进”主要表现为全民大炼钢铁；在农业领域，主要表现为全国竞放粮食高产“卫星”，出现农作物产量指标的严重浮夸；文化工作、教育工作也被纳入“大跃进”中，在“文化革命”“教育革命”的号召下，不少地方提出人人能读书，人人能写会算，人人看电影，人人能唱歌，人人能绘画，人人能舞蹈，人人能表演，人人能创作的要求。理论界、科技界、体育界、卫生界等也都提出各自的“跃进”计划，纷纷投入到“大跃进”的浪潮中。

（二）人民公社化运动的兴起

人民公社化运动最初是由高级农业生产合作社的小社并大社引起的。这本是出于兴修水利、搞农田基本建设的需要，但在“大跃进”的背景下，却演变成不顾客观条件、争相推动农业集体生产组织向所谓高级的形式过渡的一场普遍的群众性运动。当时，毛泽东等中央领导人认为，农业合作化的规模和公有化程度，已经不适应生产力发展的要求；由规模较小的合作社合并而成大社，是农业生产“大跃进”的有效组织形式。

1958年8月召开的北戴河会议正式决定在全国农村建立人民公社。会议通过的《中共中央关于在农村建立人民公社问题的决议》，认为把规模较小的农村生产合作社合并和改变成为规模较大的、工农商学兵合一的、政社合一的、集体化程度更高的人民公社，是农村生产飞跃发展、农民觉悟迅速提高的必然趋势，“是指导农民加速社会主义建设，提前建成社会主义并逐步过渡到共产主义所必须采取的基本方针”。决议规定了公社的名称、规模、体制等问题：“大社统一定名为人民公社”；“公社的组织规模，就目前说，一般以一乡一社、两千户左右较为合适”；公社“实行政社合一”，所有制“在目前还是以采用集体所有制为好”，在不久的将来实行全民所有制。[①] 会后，全国形成人民公社化运动的热潮。在不到两个月的时间里，全国农村实现了人民公社化。

① 参见《建国以来重要文献选编》第11册，中央文献出版社2011年版，第384—388页。

三、纠正“左”倾错误的努力及其中断

（一）纠正“左”倾错误及其挫折

1958年秋冬之际，“大跃进”和人民公社化运动给国家经济和社会生活造成的一系列消极影响逐渐显现出来。自1958年11月第一次郑州会议到1959年7月庐山会议前大约9个月的时间里，中国共产党通过整顿人民公社所有制关系和降低过高的工农业生产指标，努力纠正“左”倾错误，国家严峻的形势因而有所缓和，社会主义建设道路的探索也取得一些新的进展。

1958年11月2日至10日，毛泽东主持召开由中央和省市部分负责人参加的第一次郑州会议。针对“共产风”造成的农村混乱，毛泽东批评了急于由集体所有制向全民所有制、由社会主义向共产主义过渡的错误倾向，认为人民公社还是集体所有制，同全民所有制不能混同。他批评急于过渡是剥夺农民，主张有计划地大力发展社会主义商品生产。此会议标志着中共中央对“大跃进”和人民公社化运动中“左”倾错误的察觉和初步纠正。

11月21日至27日，中共中央在武汉召开政治局扩大会议（即武昌会议），继续批评急于过渡的思想。会议提出要压缩空气，调整了一些原来定得过高的生产指标。经过两个月的工作，“共产风”、浮夸风有了明显收敛，刹住了急于搞两个过渡的“共产风”。11月28日至12月10日，中共八届六中全会在武昌召开。会议通过《关于人民公社若干问题的决议》，认为人民公社基本上仍然是集体所有制的经济组织，不应当无根据地宣布“立即实行全民所有制”，甚至“立即进入共产主义”；强调生产关系一定要适应生产力的性质，所有制的过渡必须以生产力的发展为基础。[①] 全会通过了压缩高指标的《关于1959年国民经济计划的决议》，但由于未能摆脱高估产的迷误，高指标的压缩很不彻底。其后的事实证明，这些指标仍然是脱离实际的，因而在实践中是很难实现的。

1959年2月27日至3月5日，中共中央在郑州召开政治局扩大会议（即第二次郑州会议），会议制定了《关于人民公社管理体制的若干规定（草案）》，一定程度上否定了原先设想的“一大二公”的大公社体制。3月25日至4月1日，中共中央政治局扩大会议在上海召开。会议检查了中共八届六中全会以来人民公社的整顿工作，讨论了公社整顿中提出的问题，形成了《关于人民公社的十八个问题》的会议纪要。4月2日至5日，中共八届七中全会在上海召开，讨论和通过

---

① 参见《关于人民公社若干问题的决议》，《人民日报》1958年12月19日。

《1959年国民经济计划草案》，继续降低了一部分工业产量的计划指标。随后，4月18日至28日召开的二届全国人大一次会议，批准了八届七中全会建议和1959年度国民经济计划，将这些生产指标正式公布。上述会议的召开进一步推动了纠"左"的进程。

经过几个月的努力，工农业的生产指标，特别是钢、煤、粮、棉四大指标都有所压缩。这一方面说明纠"左"工作取得了成绩，另一方面也说明在中共中央工作的不少同志经过"大跃进"运动后逐步地走向实事求是，能够较为冷静地分析工农业生产的可能性。然而，纠"左"的努力是在1958年关于"大跃进"和人民公社的"左"倾思想的大框架内进行的，从而使得"左"倾错误得不到彻底纠正，国家的形势得不到根本好转，为后来政策的反复埋下了伏笔。

在前一阶段纠"左"的基础上，1959年7月2日至8月1日，中央政治局扩大会议在江西庐山召开。会议原定议题是总结1958年以来工作中的经验教训，统一全党的认识，调整指标，继续纠正"左"倾错误，以实现1959年的继续跃进。毛泽东在会议开始时提出读书、当前形势、今后任务、党内团结等问题，要求大家进行讨论。7月3日至10日，会议按六个大区进行小组讨论，气氛轻松愉快，这段时间被称为"神仙会"。7月14日，彭德怀致信毛泽东，表达了他对1958年以来"左"倾错误及其经验教训的意见，引起会议的转向。16日，毛泽东以"彭德怀同志的意见书"的标题，批示将信印发给与会者讨论。在讨论中，一些人基本赞同信中的意见，黄克诚、周小舟、张闻天等人发言表示同意彭德怀对形势的看法，也有人指责这封信的观点。毛泽东不能容许对社会主义建设总路线、"大跃进"和人民公社这"三面红旗"的否定。7月23日，他在大会上讲话，认为彭德怀的信表现了"资产阶级的动摇性"，是"向党进攻"，是"右倾机会主义的纲领"。此后，会议转为对彭德怀、黄克诚、张闻天、周小舟等人进行揭发批判。8月2日至16日，中共八届八中全会在庐山召开，此次会议是接续中央政治局扩大会议举行的。会议对彭德怀、黄克诚、张闻天、周小舟等人进行批判，并讨论调整了1959年经济计划指标。全会通过了《关于以彭德怀同志为首的反党集团的错误的决议》《关于撤销黄克诚同志中央书记处书记的决定》《为保卫党的总路线、反对右倾机会主义而斗争》和《中国共产党第八届中央委员会第八次全体会议公报》等文件，会议决定将彭德怀、黄克诚、张闻天、周小舟同志分别调离国防部、中央书记处、外交部和省委第一书记等工作岗位，保留他们的中央委员、中央候补委员、政治局委员、政治局候补委员的职务，以观后效。根据八届八中全会决议，"反右倾机会主义"斗争逐步推向了全党和全国。随着"反右倾"运动的全面展开，大批干部、党员遭到批判，越来越多的“右倾机会主义分子”和“右倾机会主义反党集团”被揪出来。

庐山会议及其后的“反右倾”运动，使党在经济工作中的“左”的指导思想进一步发展，对国民经济形势的估计也更加脱离实际。根据中央的部署和要求，全党全国又很快掀起了1960年经济建设新的“大跃进”。连续发动的“大跃进”、搞“穷过渡”，使得高指标、瞎指挥、浮夸风、“共产风”愈演愈烈，国民经济的正常秩序遭到破坏，国民经济比例失调；加上农业上连年的自然灾害，苏联政府单方面撕毁合同等因素，中国国民经济在1960年前后陷入了新中国成立以来最为严重的困难局面。“大跃进”第三年的经济状况已经很困难了，尤其是农副产品供应不足，“大跃进”也难以为继。1960年6月，中共中央政治局在上海召开扩大会议，初步总结几年来的经济工作。会议期间，毛泽东写了《十年总结》一文，简要回顾了新中国成立以来经济建设的发展过程，总结了“大跃进”和人民公社化运动中的某些经验教训。《十年总结》表明毛泽东和全党逐步对“大跃进”错误进行了更深入的思考。

（二）“大跃进”和人民公社化运动的政治影响

“大跃进”和人民公社化运动，是新中国探索建设社会主义道路过程中遭受的一次严重挫折。这场运动对中国的影响是多方面的，从政治上来看主要有以下几个方面。

从指导思想来看，“大跃进”是对社会主义认识，以及短期内建成社会主义的认识上出现了偏差而导致的结果。毛泽东发动“大跃进”的初衷是希望以最快的建设速度改变中国贫穷落后的面貌，使国家发展强大起来，以自立于世界民族之林。这也是当时全国大多数民众的普遍愿望。但是，经济建设有它所必须遵循的不以人们主观意志为转移的客观规律，生产力的发展也需要有一个积累的过程。由于受过去经济文化长期落后等诸多条件的限制，国民经济发展的速度不可能像想象的那么快，国家的贫困落后面貌也不可能在短时间内从根本上得到改变。党中央、毛泽东不愿意走苏联的老路，决心“以苏为鉴”探索适合本国国情的发展道路。然而，由于缺乏领导经济建设的经验，也没有搞明白“如何建设社会主义”，仅凭良好的主观愿望出发，夸大主观意志和主观努力的作用，提出了一些超越历史发展阶段的目标和方针、政策，造成了实际工作中违反自然规律和经济规律的情况。同时，由于全党缺乏领导经济建设的经验，对于掌握经济规律和科学知识的必要性认识不足，搬用革命战争年代大搞群众运动、开展政治和军事斗争的经验来从事社会主义经济建设。再加上经过1957年反右派斗争后，执政党的民主集中制原则受到破坏，这一切使得凭主观愿望和意志办事、头脑发热、急于求成的“大跃进”和人民公社化的发动难以避免了。

从党内政治生活来看，“大跃进”运动的迅速发展与党内权力过分集中、民主生活不正常、“一言堂”、说假话、强迫命令等不良作风的盛行密切相关。随着人民公社化和“大跃进”运动，中国的政治经济体制发生了很大变化。社会主义改造基本完成后，随着国内主要矛盾已经转变，经济建设已经成为国家的主要任务。1956 年，中国行政管理体制开始了若干以简政放权为中心的改革试验和设计。在执政党和国家最高决策层中划分一、二线；酝酿实行国家主席和中共中央主席的分任制等。这些是适应国家由战争和大规模阶级斗争环境向和平建设环境转变而采取的正确步骤。但是，这种尝试被 1958 年“大跃进”和人民公社化运动中断了。结果出现了权力过分集中的倾向。党政不分和政企不分以及权力集中于个人的问题这些不适应经济建设时期的弊端，在“大跃进”中未得到解决，反而强化了。党组织明显的权力化、行政化，过多地包办了行政事务及各种具体业务。1958 年提倡“书记挂帅”是党组织包揽一切，个人决定重大问题的进一步发展，也是“大跃进”中发生违背经济规律和瞎指挥、强迫命令的重要原因。党内领导层的民主生活不正常，“家长制”“一言堂”作风盛行，加之缺乏科学求实的态度，往往把工作中的意见分歧，把能否完成许多脱离实际的高指标和工作任务，都说成严重的政治问题。在这种情况下，党内不同意见难以提出和坚持，而支持甚至迎合的主张却容易得到赞扬，导致党内滋长了浮夸虚报、说假话、强迫命令等不良作风。

从政治体制来看，人民公社化运动改变了中国的基层建制。人民公社化运动是新中国成立以来农村生产关系和社会基层组织的一次重大变革。这次变革严重脱离了当时生产力的实际水平，可以说是一次在超前向共产主义过渡的错误理论指导下的错误实践。人民公社，其基本特点是“一大二公”。所谓“大”，就是公社的规模远比农业社要大。所谓“公”，人民公社实行政社合一，它既是一个经济单位，又是一级政权机构，既负责组织全社农林牧副渔业生产，又要管理工农商学兵政党各方面工作。人民公社划分为若干个生产大队，生产大队又划分为若干个生产队，实行三级管理。公社统管全社的生产安排、劳力调配、物资调拨、产品分配和经济核算，生产大队负责生产管理和部分经济核算，生产队则只是一个具体组织生产的基本单位。人民公社实行供给制和工资制相结合的分配制度。人民公社还大力推行“组织军事化、行动战斗化、生活集体化”的劳动组织方式和生产方式。人民公社普遍兴办公共食堂、幼儿园、托儿所、缝纫组、理发室、公共浴室、幸福院、农业中学、红专学校等，把农民引向集体化生活。综上所述，人民公社实际改变了新中国原有的基层政权设置和管理形式。

从民主法制建设来看，新中国的民主法制建设进程遭受挫折。人民代表大会制度的作用和地位被大大地削弱。一方面是人民代表大会没有按期听取和审议有关政府工作报告，也就没有可能依法对该项工作进行监督。第二届全国人大共举行了四次会议。这四次会议都没有听取和审议最高人民法院和最高人民检察院的工作报告。第二、三、四次大会都没有听取和审议政府工作报告。人民代表大会也没能依法决定重大问题。发展国民经济的第二个五年计划，以及“大跃进”和人民公社化运动都是必须由全国人大决定的重大问题，但是都没有经过全国人大的决定便作为国家意志加以实行。此外，1959 年 4 月召开的第二届全国人民代表大会第一次会议还通过了《关于撤销司法部、监察部的决议》。1959 年 6 月 20 日，第二届全国人民代表大会常务委员会第四次会议通过《关于批准国务院调整直属机构的决议》，批准国务院撤销法制局，原法制局的任务改由国务院秘书厅管理。上述部门撤销，使新中国的法制建设进程遭受挫折。

社会主义建设总路线及其基本点，正确的一面是反映了广大人民群众迫切要求改变中国经济文化落后的普遍愿望，其缺点是忽视了客观的经济规律。“大跃进”和人民公社化运动，则是由于对社会主义建设经验不足，对经济发展规律和中国经济基本情况认识不足，更由于毛泽东、中央和地方不少领导同志在胜利面前滋长了骄傲自满情绪，急于求成，夸大了主观意志和主观努力的作用，没有经过认真的调查研究和试点，就轻率发动的，因而产生了不良后果。

第三节　国家政治关系的调整

面对“大跃进”和人民公社化运动造成的严重经济困难，中共中央和毛泽东开始对国家政治关系进行调整。通过对党内关系的调整、党政关系及统一战线的调整，以及民族宗教问题的调整，国内政治形势开始有所好转。

一、党内关系的调整

“大跃进”所造成的严重困难，促使党在认真调查研究的基础上，对当时推行的各方面的政策进行大幅度调整，以寻求摆脱困境的途径和办法。1960 年 10 月，中共中央发出指示，着手部署整风整社，坚决扫除“共产风”、浮夸风、强迫命令风、生产瞎指挥和干部特殊化等“五风”。11 月，党中央又发出《关于农村人民公社当前政策问题的紧急指示信》，要求全党用最大努力坚决纠正“共产风”。[①]1960年12月24日至1961年1月13日，中共中央在北京召开工作会议，主要讨论1961年国民经济计划，同时总结农村整风整社试点经验和纠正“五风”问题。中央工作会议后，1961年1月14日至18日召开的中共八届九中全会，又决定对国民经济实行“调整、巩固、充实、提高”的八字方针，表明国民经济建设由“大跃进”转入调整阶段。这次调整，首先是从整顿人民公社、调整农村政策开始的。接着，又进行了城市、商业、工业、科技、教育等方面的调整。其中，国家政治关系的调整是一项重要的内容。

（一）大兴调查研究之风，恢复实事求是的传统

在1960年12月到1961年1月的中共中央工作会议和八届九中全会上，毛泽东提出对一切工作都要做到情况明、决心大、方法对；号召大兴调查研究之风，一切从实际出发；要求1961年要搞一个实事求是年。此后，毛泽东派田家英、胡乔木、陈伯达各带一个调查组分赴浙江、湖南、广东农村调查。毛泽东、刘少奇、周恩来、朱德、陈云等中央领导人，以及中央和各中央局，国务院各部门及各省、市、自治区党政负责人，也纷纷下去，深入到县、社、队进行调查研究，了解各地对人民公社问题、公共食堂问题、农村政策等问题的反映。

在调查研究基础上，这一阶段召开的一系列会议也体现了与“大跃进”时期明显不同的新气象，体现了反思“大跃进”运动，全方位调整的态度和决心。1962年1月11日至2月7日召开的七千人大会期间，刘少奇所作的报告评价了1958年以来党的工作和社会主义建设的成绩与缺点，着重分析了造成严重困难和出现严重工作失误的原因，初步总结了“大跃进”以来经济工作上的基本经验教训。刘少奇认为，当前经济困难的原因，一方面是连续3年的自然灾害的影响，另一方面，在很大程度上，是由于我们工作上和作风上的缺点和错误所引起的，有些地方是“三分天灾，七分人祸”。报告认为，产生错误的原因，一方面是由于在建设工作中经验不足；另一方面是由于几年来党内不少领导同志不够谦虚谨慎，背离了党的实事求是和群众路线的传统作风，削弱了民主集中制原则，这就妨碍了党及时尽早地发现问题和纠正错误。2月21日至23日召开的西楼会议，实事求是地分析了当时农业减产、市场紧张、物价上涨和当年财政预算有大量赤字的情况，发现七千人大会对当前困难形势仍然估计不足。5月7日至11日召开的五月会议，进一步正视和分析了国民经济的严重困难形势，制定了大幅度调整国民

① 参见《建国以来重要文献选编》第13册，中央文献出版社2011年版，第582—595页。

经济的具体方针、办法和措施，成为扭转国民经济困难形势的一次关键性会议。

（二）倡导发扬民主集中制，反对分散主义

1月30日，毛泽东在七千人大会上讲话，中心话题是民主集中制问题。他说："看起来，我们有些同志，对于马克思、列宁所说的民主集中制，还不理解"，"民主集中制是上了我们的党章的，上了我们的宪法的，他们就是不实行"。[①] 毛泽东还说，要解决人民内部的矛盾，就是要使用批评和自我批评的方法。但是，如果没有充分的民主生活，没有真正实行民主集中制，就不可能实行批评和自我批评这种方法。毛泽东强调不论党内党外，都要有充分的民主生活，都要认真实行民主集中制。他认为，要克服我们现在面临的困难，不实行民主是不行的。

2月6日，邓小平在七千人大会上讲话，中心问题是发扬党的优良传统。他认为，当时党的生活是有严重缺陷的，造成严重缺陷的原因有多种。这几年指标过高，要求过急，既助长了分散主义，又助长了命令主义，民主集中制也就有了相当大的削弱。有许多事情，形式上似乎比过去更集中，但在实际上，分散主义的现象却是很严重的。

七千人大会上，毛泽东、邓小平对民主集中制问题所作的论述，可以说达到了那个年代的较高水平，其基本观点对今天健全民主集中制仍有重要意义。

（三）领导同志主动进行自我批评，强化党内民主作风

七千人大会期间，毛泽东还谈了批评和自我批评问题。他认为，批评和自我批评的方法，是解决人民内部矛盾、充分发扬民主的唯一正确的方法。毛泽东还带头作自我批评说："凡是中央犯的错误，直接的归我负责，间接的我也有份，因为我是中央主席。""第一负责的应当是我。"[②] 邓小平、周恩来分别代表中央书记处和国务院作了自我批评。朱德在山东组全体会上讲了纠正"左"的偏向问题。由于中央领导人带头认真总结几年来的经验教训，特别是带头作了自我批评，大会充分发扬了民主，让人讲话，出现了1957年反右派运动以来少有的党内民主生活的良好气氛。大会以务实的精神，围绕过去几年的工作，归纳出4条错误、16条经验教训。毛泽东谈到要认识和掌握社会主义经济建设的规律，要认识到社会主义建设的长期性。刘少奇明确提出"左"不比右好，有"左"反"左"，有右反右。

（四）进行党员干部的甄别平反工作，加强党内团结

在1958年"拔白旗"、1959年"反右倾"等运动中，许多人遭到错误批判

---

① 《建国以来重要文献选编》第15册，中央文献出版社2011年版，第95、97页。

② 《建国以来重要文献选编》第15册，中央文献出版社2011年版，第101页。

和处分，积极性受到了严重打击。1961 年 5 月 21 日至 6 月 12 日，中共中央召开工作会议，讨论“平反与处分”问题。毛泽东在会上提出 1959 年不该把“反右倾”斗争搞到群众中去，要对几年来批判和处分错了的党员和干部甄别平反。6 月 15 日，中共中央在《关于讨论和试行〈农村人民公社工作条例（修正草案）〉》的指示中，明确要求在农村“为着发扬民主，有必要对于最近几年来，受过批判和处分的干部和党员，实事求是地加以甄别”。“今后在不脱产干部和社员群众中间，不许再开展反对右倾或者‘左’倾的斗争，禁止给他们戴政治帽子。”[①] 1962 年七千人大会作出决定：为在斗争中处理错了的党员、干部平反。1962 年 4 月 27 日，中共中央发出《关于加速进行党员、干部甄别工作的通知》，要求认真迅速地开展甄别平反。[②]

经过甄别平反以后，党员干部的思想水平大大提高，党内团结大大加强，干群关系更加密切，有力地推动了社会主义建设事业。

二、党政关系及统一战线工作的调整

（一）调整党政关系

通过总结“大跃进”运动的教训，中共中央对党政不分的弊病有所认识，在领导体制、党政关系方面进行了一些调整。第一，制定一系列工作条例，一定程度上实行党政分工合作。1961 年 5 月至 9 月，中共中央先后制定的许多工作条例，在不改变党的统一领导的前提下，对地方、基层、企事业单位党组织与行政机构的分工作了某些规定和调整。条例的出台，不仅对国民经济的调整起了积极作用，而且对于扭转党政不分、政企不分、以党代政的偏向，理顺党政关系，保证行政机关正常行使权力，减少党的各级组织对行政工作的干预具有重要的意义。第二，强调发挥各级人民代表大会的职能，改变以党代政的状况。各级党的组织注意发挥各级人民代表大会的作用，减少对人民代表大会的干预。中共中央还作出规定，在省、市、自治区一级的人民代表大会的代表中，共产党员最多不能超过 50%；在县（市）区一级的代表中，共产党员最多不能超过 60%。

20 世纪 60 年代初期党政关系的调整，主旨是加强党对各项事业的领导，达到全党都要有统一的政策，全国都要有统一的计划的目的。但这一时期党政关系的理顺是有限的，党政职能并没有科学地加以区分，企事业的重大问题一般还是

① 《建国以来重要文献选编》第 14 册，中央文献出版社 2011 年版，第 333、334 页。
② 参见《建国以来重要文献选编》第 15 册，中央文献出版社 2011 年版，第 303—304 页。

由党委讨论决定。尽管如此，对于扭转“大跃进”运动以来造成的管理混乱、制度松弛的现象以及恢复党内正常的民主生活仍具有重要意义，保证了国家政策、计划的贯彻执行，有利于顺利实现国民经济的调整。

（二）调整政法关系

这段时期，刘少奇开始关注政法战线的工作。他在看了《公安工作简报》第6期后致信公安部部长指出，从1959年以来有许多地方公安机关，甚至公社大队等用长期拘留、长期劳改、劳教等方式，实际上逮捕了许多人，饿死和折磨死了一些人。而这些是你们不能够控制的，没有统计的，或者统计不确实。1961年，这种情况还没有完全停止。[①]1962年3月17日，刘少奇又同罗瑞卿、王任重等谈公安工作，指出：这四年的经验教训多得很，你们要好好总结，主要经验是混淆两类矛盾。混敌为我的也有，但主要是混我为敌。[②]

4月下旬，中央政法小组准备召开全国政法工作会议，进一步总结政法工作的经验教训。4月28日，刘少奇召集会议，听取公安部部长、最高人民法院院长等汇报公安、政法工作和会议准备的情况，对总结四年来政法战线的经验教训，改进政法工作的问题，谈了许多重要意见。邓力群接受了刘少奇交代的任务，花了一个月的时间调查研究，听取了政法部门的汇报，并按照刘少奇谈话精神同他们一起讨论、研究政法工作中涉及的各种问题。与此同时，组织《红旗》杂志的几个同志编了一份参考资料——《关于无产阶级专政和无产阶级民主的几个问题》，摘录了马克思、恩格斯、列宁、斯大林的有关论述。[③]然后，写出了《中央政法小组关于一九五八年以来政法工作的总结报告》初稿，报送刘少奇。

刘少奇看后谈了对报告的意见。他认为：这几年的政法工作，就问题方面来说，总的经验教训是混淆了两类不同性质的矛盾，主要是误我为敌，打击面过宽。就是说随随便便、马马虎虎，没有把两类不同性质的矛盾清楚地、严格地、细致地区分开来。又没有严格区分处理两类不同性质矛盾的两种不同的方法。这几年的错误，主要是用处理敌我问题的办法去处理人民内部矛盾。用对付敌人的专政的办法来处理自己人的问题，处理劳动人民的问题，这是个根本错误。要严格区分两类不同性质的矛盾，还要严格区分处理两类不同性质矛盾的两种不同的方法。

① 参见《刘少奇年谱（1898—1969）》（下），中央文献出版社1996年版，第551页。
② 参见《刘少奇年谱（1898—1969）》（下），中央文献出版社1996年版，第550—551页。
③ 这份资料共五部分：（1）无产阶级专政是对剥削者实行专政，在人民内部实行人民民主。（2）无产阶级专政和党的领导的关系。（3）健全国家的民主制度。（4）加强国家的监察工作和法制建设。（5）坚决同国家机关中的官僚主义作斗争。于1962年6月25日作为《红旗编辑部参考资料》内部印发。

搞错了，就要犯大错误。过去对矛盾性质认识错了的也有，但主要是错在用处理敌我矛盾的方法去处理人民内部矛盾。[①]

按照刘少奇的指示，中央政法小组起草了《关于一九五八年以来政法工作的总结报告》,《总结报告》严肃地揭露政法工作中发生的一些缺点和错误及其后果，提出严格区分两类不同性质的矛盾，严格区分两类不同性质的矛盾的处理办法及其基本政策，提出要严格遵守国家的宪法、法律、法令，逐步制定迫切需要的法律，健全人民民主专政的法制。坚决镇压反革命分子的破坏，确实保证社会的治安秩序。加强党对政法工作的领导。1962 年 10 月，全国政法工作会议召开，彭真批示作为会议文件印发该报告。这样,《关于一九五八年以来政法工作的总结报告》又作了一些小的修改，就作为“全国政法会议文件之七”于 1962 年 10 月 22 日印发给参加全国政法工作会议的同志。这个文件澄清了许多糊涂观念，对全国的政法工作起了好的作用。

（三）调整统一战线方面的工作

新中国成立后，各民主党派和民主人士积极参政议政，献计献策，与中国共产党团结奋斗，在社会主义建设事业中发挥了巨大作用。但是，一段时间以来由于“左”倾思想的影响，中央在这方面的工作有所削弱，党和民主党派、民主人士的联系大大减少。反右派斗争扩大化、党内开展“反右倾”运动，再加上“教育革命”、学术思想批判、“拔白旗”、破权威等的冲击，严重损害了党同民主党派、民主人士合作共事的关系。中共中央领导人、中央统战部觉察到这一问题，提出要注意克服不重视与非党人士合作，要改善和加强与党外人士的合作。自 1959 年以后，政协全国委员会在推动各民主党派、各界人士积极参加国家政治生活和社会主义建设，继续进行政治思想教育工作方面，做了不少工作，对调整关系，加强团结，活跃统一战线内部的民主生活，促进国内安定团结的政治局面，发挥了统一战线组织特有的作用。

在阶级斗争趋于缓和的形势下，1959 年 4 月 17 日至 29 日，中国人民政治协商会议第三届全国委员会第一次会议在北京举行。会议期间，委员们列席了第二届全国人民代表大会第一次会议，会议讨论通过了政治决议、关于常委会工作报告的决议和关于提案审查的决议。从该届会议起，中国人民政治协商会议与全国人民代表大会同期召开，全国政协委员列席全国人民代表大会会议，与人民代表共商国是。

---

① 参见《刘少奇选集》下卷，人民出版社 1985 年版，第 450 页。

1962年3月21日，刘少奇主持召开最高国务会议，向与会者详细介绍了七千人大会和西楼会议的基本内容，并且坦诚地说明了1958年以来工作中的缺点错误，以及产生这些错误的原因、教训。他分析产生这些错误的责任在中国共产党，主要责任在中共中央。3月23日，全国政协三届三次会议在北京举行，4月18日，周恩来在会上作了《我国人民民主统一战线的新发展》的报告。报告指出：进入了社会主义建设阶段，人民民主统一战线的任务就更重了，……要团结一切可以团结的力量，动员更多可以动员的因素，来参加社会主义建设，扩大我们的民主生活。为了更好地实行民主集中制，周恩来认为，应该在统一战线内部，提倡在"六条标准"的原则下发表各种不同的意见，彼此讨论、研究、切磋，以求得更好的认识，求得更符合于真理，不断推动我们的事业前进。[①]4月27日，中共中央发出《关于加速进行党员、干部甄别工作的通知》，在党内同时也在党外人士中进行了甄别平反工作。

1962年4月23日至5月21日，中共中央统战部在北京召开全国统战工作会议。会议肯定了各民主党派这几年取得的进步，同时根据新的形势，确定当前统战工作的中心任务是：调整关系，发扬民主，加强团结，充分使用，耐心教育，充分调动一切积极因素，协同一致克服当前困难，争取社会主义建设的新胜利。统战工作会议还提出要做好对在政治运动中受到伤害的中共党外人士的甄别平反工作，对摘去"右派"帽子的人和还戴着帽子的人的安置工作，对被划为"右派"分子的人的家属和子女在上学、就业、生活等方面不要歧视。

到1962年，大部分被划为"右派"分子的人都摘掉了帽子，他们及其家属、子女的政治处境和工作、生活安排有所改善。针对侨务工作中比较突出的"海外关系"问题，1962年5月31日，中共中央批转中央华侨事务委员会党组的报告，明确指出"海外关系"的提法不妥当，要求有关单位和省市有步骤地妥善处理错误批斗、歧视归侨干部的一系列问题。

三、少数民族地区的民主改革及民族宗教政策的调整

少数民族地区的民主改革是以土地改革为主要内容的改变生产资料所有制形式的社会变革，其目的在于废除各种特权和压迫、剥削关系，建立平等互助的新型社会主义社会关系。而社会主义改造则是在民主改革的基础上，消灭私有制，建立社会主义集体所有制和全民所有制，把各族人民引上社会主义的道路，发展

---

① 参见《周恩来统一战线文选》，人民出版社1984年版，第431—433页。

生产力。

对少数民族地区的民主改革，中央采取了“慎重稳进”的方针，以防止过急过火的行为出现。新中国成立后少数民族地区的民主改革，大致贯彻了实事求是、因地制宜、分类指导、区别对待的原则。在中央的统一领导下，各级地方党委和政府，深入调查研究，在充分了解地方少数民族情况的基础上，使民主改革有序开展。到1956年底，除西藏以外的少数民族地区农村的社会主义改造大体完成。发展程度不同的少数民族地区通过民主改革和社会改造，实现了跨越式的发展，共同迈进了社会主义社会。

（一）西藏地区的民主改革

西藏地区的民主改革历时较长，中间经历了维护民族团结、平定武装叛乱的斗争。1956年7月1日，西藏向中央人民政府提交了关于西藏实行民主改革的报告。鉴于西藏上层人士的思想状况和民主改革的条件尚未成熟，9月4日，中共中央在对西藏民主改革的重要批示中指出：“西藏地区的民主改革，必须是和平改革”，一定要对西藏上层做好准备工作以后再进行。对于改革的时间，准备推迟到第三个五年计划期内再考虑。然而，随着民主改革的要求日益高涨，西藏上层统治集团中的反动的民族分裂主义分子，从1957年起不断扩大叛乱活动，企图永远维持政教合一的封建农奴制度，图谋把西藏从祖国分裂出去。在西藏各族各界人民的支持下，人民解放军平叛部队平息了叛乱。1961年底，西藏境内的残余叛乱武装被全部肃清。

西藏平叛取得胜利，加速了西藏民主化的进程。1959年7月，西藏自治区筹备委员会第二次全体会议通过了《关于进行民主改革的决议》,《决议》提出：“当前西藏的中心任务是：彻底肃清残余的叛乱分子，充分发动群众，在全区实行民主改革”[①]。按照中央的决策，从1959年至1961年，西藏用两年的时间实现了全区的民主改革。根据西藏地区的实际情况，民主改革主要分为两步走：第一步是进行三反（反对叛乱、反对乌拉[②]、反对奴役）、两减（减租减息）；第二步进行土地分配。与此同时，根据农村、牧区、寺庙和城镇的不同情况，采取不同的步骤和做法。西藏民主改革推翻了政教合一的封建农奴制度，百万农奴和奴隶翻身解放，成为国家和西藏地方的主人。

民主改革的进行和西藏社会各方面的进步，为实行民族区域自治进一步创造

① 《关于进行民主改革的决议》,《人民日报》1959年7月21日。

② 乌拉：藏语音译，意为徭役、差役。

了条件。经过充分酝酿，民族区域自治得到全面推进。1965年9月，西藏自治区正式成立。加上此前成立的内蒙古自治区、新疆维吾尔自治区、广西壮族自治区、宁夏回族自治区，至此新中国五个省级自治区全部成立。

已经建立的民族区域自治地方，大体上分为三种类型：一类是以一个少数民族聚居的地方为基础建立的自治地方，如宁夏回族自治区；再一类是以一个在少数民族中人口较多的民族聚居的地方为基础，同时又包括一个或几个人口较少的少数民族建立起来的自治地方，如内蒙古自治区、新疆维吾尔自治区、广西壮族自治区等；第三类是以几个少数民族联合建立起来的自治地方，如云南省的元江哈尼族彝族傣族自治县等。不论哪种类型的自治地方，其中都有相当数量的汉族人民在内。

（二）民族宗教政策的调整

1958年以来，民族、宗教工作在某些地区和个别问题上存在一些错误的方面，主要表现为：不重视社会主义革命和社会主义建设过程中的民族问题，忽视民族特点，忽视宗教问题的民族性、群众性和由此而来的长期性，忽视民族地区的经济特点，忽视少数民族的平等权利和自治权利，个别地方还损害了少数民族的这种权利，对团结上层的工作也大大放松了，有的地方采取了严重违反政策的手段。同时，在反对地方民族主义的斗争中，有批判过头、斗争过火的行为。在不少地区，少数民族干部比原来减少了很多，群众正常的宗教活动也受到某种干涉和限制。这些都对民族工作造成严重的困难，使宗教感情、民族关系，乃至党群、干群、军民关系受到严重伤害。

为了解决“大跃进”中违反民族政策，造成民族关系紧张等问题，中共中央西北局于1961年7月召开西北地区民族工作会议。随后，1962年4月21日至5月29日，全国人大民族委员会和国家民族事务委员会在北京召集了全国民族工作会议。会议全面检查了“大跃进”以来执行民族政策、宗教政策、统一战线政策和民族工作中存在的问题，研究解决问题的方针、政策和具体措施。会议认为，过去几年民族工作中所以发生严重的缺点和错误，主要是由于不重视社会主义革命和建设过程中的民族问题。5月15日，会议在给中共中央的报告中提出，要在今后五年内“调整民族关系，加强民族团结，调整各民族内部各民主阶级和阶层间的关系，加强工农联盟，加强同一切爱国民主人士的团结”，并提出了首先要研究解决的十多项比较重大的问题及处理意见。报告要求，“在少数民族地区做好甄别工作”；要求“各自治地方更要注意培养和提拔少数民族干部”，对少数民族上层人士“不应当降低职务而降低了职务的，要恢复原职或安排相当于原来的职务”，“在生活待遇上，一定要和同级党员干部一视同仁，并且应当对他们加以照顾”。[①]6 月 20 日，中共中央批转了这一报告，要求各地有关部门，要认真检查解决民族工作中存在的问题。同时指出：民族问题的彻底解决，是长期的。如果不看到这种长期性，不重视社会主义革命和社会主义建设过程中的民族问题，不照顾民族特点和地区特点，不按党的政策办事，在工作中就势必要犯错误。

这次民族工作会议，比较全面地清理了 1958 年以来在民族工作中的“左”倾错误，调整了民族政策和宗教政策，初步理顺了民族关系，对于增进全国各民族的团结、安定人民生活和促进经济发展，起了重要的积极作用。

这一时期，少数民族经过不同类型的社会改革，实现了社会制度从原始公社制度、奴隶制度、封建农奴制度、封建地主制度到社会主义制度的历史性飞跃，经济社会发生了翻天覆地的变化。

第四节　政治思想领域“左”倾错误的发展

对国际国内形势的严重估计和重提阶级斗争，使政治思想领域“左”倾错误不断发展。城乡社会主义教育运动的开展，以及意识形态领域的政治批判，使国内政治空气变得更加紧张。

一、对国际国内形势的严重估计和重提阶级斗争

经过一段时期的调整，国内形势逐步有所好转。但是，由于上述调整还是在坚持“三面红旗”大框架内进行的，“左”倾错误并没有得到根本纠正。加之中央领导层对形势和政策的看法存在分歧，对阶级斗争的估计过于严重化，使阶级斗争扩大化的问题更加凸显。在克服严重困难，对国民经济进行全面调整并取得重大成就的同时，国内外出现了一系列复杂问题。

在国际上，中苏论战进一步激化。中苏两党出现分歧始于 1956 年苏共二十大后，主要集中在关于如何评价斯大林和苏共二十大提出的通过“议会道路”和平过渡到社会主义的观点这两个问题上。20 世纪 50 年代末 60 年代初，由于苏联不尊重中国主权，要中国在军事外交上服从其“苏美合作，主宰世界”的全球战略需要的事情不断发生，使中苏之间的斗争日趋激烈。1958 年 4 月和 7 月，苏联

① 参见《建国以来重要文献选编》第 15 册，中央文献出版社 2011 年版，第 423—444 页。

先后向中国提出在中国领土上由中苏合建长波电台和共同潜艇舰队的要求，由于上述问题都是涉及中国主权的政治问题，建议遭到中国领导人的拒绝。加上中苏在对待美国问题、中印边界冲突问题上的不同态度，导致中苏分歧已由最初的意识形态领域扩展到现实的国家利益。此后，中苏两党的分歧逐步公开，开始论战，导致中苏关系破裂。

在国内，蒋介石集团趁大陆暂时经济困难，企图在东南沿海地区实施军事进犯计划；新疆发生边民外逃事件；社会上极少数反动分子蠢蠢欲动，企图“变天”；贪污盗窃、投机倒把分子的活动也有所增加，国内一定范围内的阶级斗争在某些方面有些激化。与此同时，由于在阶级斗争问题上“左”倾错误的指导思想并没有从根本上得到纠正，对形势和政策的许多看法在党内和党的领导层中实际上还存在分歧。随着形势逐步好转，党内对当时形势的估计及工作指导上的意见分歧又逐渐发展起来，毛泽东又重新强调阶级和阶级斗争问题。

在这种形势下，中国共产党于 1962 年 9 月 24 日至 27 日召开八届十中全会。在八届十中全会上，毛泽东首先作了关于阶级、形势、矛盾和党内团结问题的讲话。

这次会议主要讨论和研究了经济工作和阶级斗争两方面的问题，阶级斗争问题成为会议的中心议题。根据毛泽东在全会及此前的中央工作会议上阐述的关于社会主义时期阶级和阶级斗争的观点，全会用大部分时间对社会主义社会的阶级斗争问题进行了讨论，对所谓“黑暗风”“单干风”“翻案风”进行了重点批判。“黑暗风”主要针对刘少奇主持召开的西楼会议和五月中央工作会议，被批判为鼓黑暗之劲，鼓缺点错误之劲，把形势看成一片黑暗；“单干风”主要针对邓子恢等人支持农村实行的生产责任制，被批判为搞资本主义单干，是站在地主富农资产阶级的立场上反对社会主义；“翻案风”主要针对彭德怀递交党中央的申诉信，被批判为搞“翻案”活动，配合国际上的反华活动，利用国内经济困难，向中国共产党发起挑战和新进攻。这些原本属于中共党内认识分歧范畴的问题，被当作阶级斗争的反映加以批判。会议决定成立两个专案审查委员会，分别对彭德怀和习仲勋进行审查；宣布撤销黄克诚、谭政的中央书记处书记职务。全会通过的公报断言：在无产阶级革命和无产阶级专政的整个历史时期，在由资本主义过渡到共产主义的整个历史时期（这个时期需要几十年，甚至更多的时间）存在着无产阶级和资产阶级之间的阶级斗争，存在着社会主义和资本主义这两条道路的斗争。会后，一些地方的包产到户等生产责任制的改革实验被迫中断，中共党内的甄别平反工作被迫停止下来。

八届十中全会以后，全国出现一种复杂情况：一方面，政治上“左”倾错误因大抓阶级斗争而严重发展；另一方面，由于刘少奇、周恩来的提议，毛泽东赞成把经济工作放在第一位，不要因强调阶级斗争而放松经济工作，从而维护了调整的基本部署，使全国的调整工作基本上能够按原定计划继续进行。

八届十中全会重提阶级斗争，对后来中国政治的走向产生了严重影响。毛泽东把探索社会主义建设道路中出现的分歧，特别是把解决严重经济困难过程中采取的暂时性措施，认作阶级斗争的对象，定性为两条道路的斗争，是不符合实际的。

全会系统化了党和国家一些领导人 1957 年以来阶级斗争问题上的“左”的观点，把阶级斗争在一定范围内的存在加以扩大化、绝对化，认为国际帝国主义和国内资产阶级的影响是中共党内产生修正主义思想的社会根源。中共八届十中全会是“文化大革命”前中共中央指导思想向“左”的方向转变的关键性会议，成为十年动乱起源的一个重要关节点。实践上，“以阶级斗争为纲”的社会主义教育运动不久开展起来，意识形态领域也开展了一系列大批判运动。

二、城乡社会主义教育运动中“左”的错误的发展

从 1962 年开始，中国的国家安全形势出现了新的变化，中共中央对国际形势的估计也趋于严重化。中苏论战所导致的两国国家关系的恶化，国际反修和国内批判修正主义问题的提出，使中共中央对国内外阶级斗争形势作出了越来越严重的估计。中共八届十中全会以后，毛泽东为了“反修防修”、防止“和平演变”，决定在全国城乡发动一场普遍的社会主义教育运动（简称“社教运动”，也称“四清”运动[①]），开展大规模的阶级斗争。

1963 年 2 月，中共中央在北京召开工作会议，着重讨论在城市中开展“五反”运动和农村社教等问题。在会上，毛泽东提出“阶级斗争，一抓就灵”，要求各地抓紧阶级斗争和社教工作。会议决定以抓阶级斗争为中心，在农村开展以“四清”为主要内容的社会主义教育运动，在城市开展“五反”运动。会后，城市

① 八届十中全会后，一些地区（如湖南、河北等地）进行了整风整社和社会主义教育。河北保定地区进行了“小四清”（即清理账目、清理仓库、清理财务、清理工分）。1963 年 2 月召开的中央工作会议，推荐了湖南省委开展社会主义教育运动和河北保定地区“小四清”的经验。1964 年底至 1965 年 1 月中央工作会议制定的《农村社会主义教育运动中目前提出的一些问题》规定：全国城乡的社教运动一律以“清政治、清经济、清组织、清思想”为内容，城市社教的“五反”（即反对贪污盗窃、反对投机倒把、反对铺张浪费、反对分散主义、反对官僚主义）也改为“四清”。

“五反”首先在中央机关以及部分基层单位展开，农村社教运动开始了试点。

1963年5月7日至12日，毛泽东在杭州召开有部分中央政治局委员和大区书记参加的小型会议，专门讨论农村社教问题。会议讨论和制定了《关于目前农村工作中若干问题的决定（草案）》（即“前十条”）。“前十条”确定了在农村开展社会主义教育运动和党在农村工作中的一系列重要政策，是社会主义教育运动中的第一个纲领性文件。“前十条”对中国国内政治形势作了过分严重的估计，认为当时中国社会出现了严重的尖锐的阶级斗争情况。9月，中共中央又制定了《关于农村社会主义教育运动中一些具体政策的规定（草案）》（即“后十条”）。“后十条”强调要团结95%以上的干部和群众，要依靠基层组织和基层干部，以及对一些极端过火行为加以约束的具体政策，意在从政策上划清一些界限。文件还强调，运动要同生产工作紧密结合，运动的一些措施都应该有利于生产。但它在充分肯定“前十条”关于阶级斗争形势和社教运动性质的论断的基础上，进一步提出了运动要“以阶级斗争为纲”的方针，是“左”倾思想的继续和发展。11月，中共中央发出通知，决定社会主义教育运动实行点面结合，后又派出大批工作队，在全国较大范围内开展了农村社会主义教育运动。

在“以阶级斗争为纲”的方针指导下，有少数地方和单位夸大敌情，严重混淆两类不同性质的矛盾。这些情况上报以后，又进一步影响中央领导人的看法。1964年五六月间，中共中央在北京召开工作会议，讨论社会主义教育运动等问题。毛泽东、刘少奇对整个国内政治形势作出了更为严重的估计，更加强调防止“和平演变”的紧迫性，并要求从反修防修和防止世界大战的总体战略来部署工作。从这种严重估计出发，中共中央决定成立“四清”“五反”指挥部，由刘少奇挂帅，并主持对“后十条”进行修订。9月18日，“后十条”修正草案下发给县以上党委和工作队。此后，在大部分进行社会主义教育运动的地区，工作队取代了基层组织和基层干部，采取“大兵团作战”，搞秘密的“扎根串连”等，集中力量打“阶级斗争的歼灭战”。10月24日，《关于社会主义教育运动夺权斗争问题的指示》下发，要求“凡是被敌人操纵或篡夺了领导权的地方，被蜕化变质分子把持了领导权的地方，都必须进行夺权的斗争”①。中共中央还先后批转了甘肃白银厂夺权经验、“桃园经验”和天津小站地区夺权经验，对全国产生重要影响，严重扩大了对基层干部的打击面，加剧了“左”倾错误的发展。运动中“左”的错误急剧发展，导致打击面过宽、斗争过大，大批干部受到伤害，造成许多冤、假、错案，在农

① 《建国以来重要文献选编》第19册，中央文献出版社2011年版，第266页。

村中出现了相当混乱、动荡和紧张的局面。

1964年12月15日至1965年1月14日，中共中央政治局在北京召开全国工作会议。围绕社会主义教育运动的方针和性质，毛泽东与刘少奇发生严重分歧。刘少奇认为，主要矛盾是“四清”“四不清”的矛盾，党内外矛盾交叉在一起，敌我矛盾和人民内部矛盾交叉在一起，应通过社会主义教育运动解决这些矛盾。毛泽东却认为只有社会主义和资本主义的矛盾才“概括了问题的性质”，并不点名地批评刘少奇主持的“四清”工作是“人海战术”“神秘主义”，其结果是“冷冷清清”。由于毛泽东的批评，刘少奇作了自我批评，并收回自己的意见。1月14日，在毛泽东的主持下，会议形成了《农村社会主义教育运动中目前提出的一些问题》（简称“二十三条”），从而取代“后十条”修正草案，成为指导“四清”的主要文件。“二十三条”包含了纠正“四清”中“左”的做法的内容。它肯定了农村基层干部的大多数是好的和比较好的，规定要尽快地解脱他们，逐步实行群众、干部、工作队三结合，还规定“四清要落实在建设上面”，等等。它的颁布和贯彻，一定程度上纠正了1964年下半年社教运动中“左”的偏差，特别是解脱了一大批干部，使农村一度紧张的局面有所缓和。但从根本上看，“二十三条”在指导思想上发展了“左”倾错误理论：它把无产阶级和资产阶级两个阶级、社会主义和资本主义两条道路的斗争，上升为中国共产党在整个社会主义历史阶段的基本理论和基本实践；特别是它正式地、明确地规定运动的重点“是整党内那些走资本主义道路的当权派”，又认为这种当权派有在幕前的，有在幕后的，支持他们的人，有的在下面，有的在上面，甚至有在省和中央部门工作的一些反对搞社会主义的人。这表明，此时毛泽东关于国内“反修防修”的斗争矛头，不但指向了党内各级干部，甚至指向在中央工作的领导人。这实际为后来的“文化大革命”把斗争矛头集中指向所谓“党内走资派”提供了理论依据。

1964年12月21日至1965年1月4日，第三届全国人民代表大会第一次会议也在北京举行。周恩来总理在会上作了政府工作报告。报告指出，中国国民经济从1961年进入一个调整时期，“我们在经济困难期间，不但没有借一文钱的外债，而且把过去的外债几乎全部还清了”，“不仅如此，这一期间我们还节衣缩食，拿出了相当大的一部分资金和物资支援社会主义兄弟国家和民族主义国家”。[①] 报告根据毛泽东建议明确提出，今后发展国民经济的主要任务，“是要在不太长的历史时期内，把我国建设成为一个具有现代农业、现代工业、现代国防和现代科学技

① 《建国以来重要文献选编》第19册，中央文献出版社2011年版，第410—411页。

术的社会主义强国，赶上和超过世界先进水平”①。这是第一次提出四个现代化的宏伟目标，但这个宏伟任务由于“文化大革命”的发生而没能按计划付诸实施。三届全国人大一次会议的代表名额比上一届增加了一倍半以上，代表人数达3000多人，但会议仍采取了不公开举行的方式。

历时3年多的城乡社会主义教育运动，对于纠正农村干部的多吃多占、强迫命令、欺压群众等作风和农村集体经营中存在的一些问题发挥了一定作用；对于打击贪污盗窃和刹住封建迷信活动等歪风，起到一定的作用。但运动坚持“以阶级斗争为纲”，混淆了两类不同性质的矛盾，使国内的政治空气更加紧张，使不少干部群众受到打击，使各方面工作受到严重影响，一些调整城乡经济的政策也未能认真执行。

三、意识形态领域的政治批判

在社会主义教育运动大规模开展的同时，思想文化领域的“左”倾错误在不断发展，并引发了一系列错误批判。

在意识形态领域，毛泽东认为中共党内已经出现了修正主义。1963年、1964年，毛泽东在同外国党领导人的谈话中，点名批评原中央农村工作部部长邓子恢、中央对外联络部部长王稼祥、中央统战部部长李维汉。在批判中，邓子恢等人关于农村工作的主张被概括为“三自一包”（即主张多留自留地、多搞自由市场、多搞自负盈亏和包产到户），当作“修正主义的国内纲领”；1962年春王稼祥提出的争取对外关系相对和缓的一系列建议，被概括为“三和一少”（即对帝国主义、现代修正主义、各国反动派要和，对各国人民革命的支援要少），当作“修正主义的国际纲领”；李维汉关于统战工作的许多主张，被批判为“阶级斗争熄灭论”和“投降主义”。

基于对西方敌对势力实施“和平演变”的高度警惕，1964年，毛泽东提出培养革命接班人的五项条件②，把它作为“反修防修”和防止“和平演变”的一项重大措施。不久，这五项条件被写进《关于赫鲁晓夫的假共产主义及其在世界历史上的教训》中。虽然这些标准符合党的性质、宗旨，但由于在“左”倾错误思想指导下提出问题，又直接同“反修防修”斗争相联系，从而使挑选接班人的宣传受到阶级斗争扩大化错误理论的影响。

---

① 《建国以来重要文献选编》第19册，中央文献出版社2011年版，第423页

② 培养接班人的五项具体条件，即必须是真正的马克思列宁主义者、全心全意为人民服务、团结绝大多数人一道工作、执行民主集中制和富于自我批评精神。

在强调阶级斗争的思想指导下，文化领域进行了一系列批判。1962 年八九月间召开的北戴河会议和中共八届十中全会对小说《刘志丹》进行了错误的批判。《刘志丹》是工人出版社约请李建彤创作的一部描写刘志丹革命生平的长篇小说。李建彤于 1962 年夏写出小说上半部后，工人出版社印出样书送请有关领导和中宣部审查。同时，有些报刊开始连载部分章节。作者在写出初稿时，请曾担任过陕甘苏维埃政府主席的习仲勋审阅过，习仲勋对作品也提出过修改意见。康生得知此事后，立即要中宣部通知各报刊不准再刊载此小说。接着，在中共八届十中全会上，把它与“翻案风”联系起来进行批判，认为这一作品“是利用宣传刘志丹来宣传高岗”，是替高岗翻案。会上，习仲勋、贾拓夫、刘景范等被指责为小说策划人和幕后指挥者，并把他们打成“反党集团”，进行专案审查。

文艺领域阶级斗争的展开，首先以批“鬼戏”为突破口。1963 年 3 月 29 日，中共中央批转了文化部党组《关于停演“鬼戏”的请示报告》。文化部党组在报告中批评了孟超的新编昆剧《李慧娘》和廖沫沙的文章《有鬼无害论》，并要求全国各地一律停止演出有鬼魂形象的戏。4 月，中国文学艺术界联合会召开了第五届全国委员会第二次扩大会议，贯彻执行毛泽东关于在文艺战线上反对“修正主义”的思想，加强文艺的战斗性，积极参加国内外的阶级斗争。1963 年，全国各大报刊对一批文艺作品展开了声势浩大的批判运动。除了文艺作品外，文艺理论方面还批判了“时代精神汇合论”“中间人物论”和“现实主义深化论”，把有关文艺理论、文艺创作方面的一些观点和主张指责为“资产阶级的文学主张”“同毛泽东文艺思想针锋相对的现代修正主义的文学主张”，许多作者和有关人员受到迫害。

特别是 1963 年和 1964 年对文艺工作的两个批示，更引起了极大的震动。毛泽东对文艺工作的两个批示，一个是 1963 年 12 月 12 日在中宣部一个内部刊物上作的批示，认为文艺界“问题不少，人数很多，社会主义改造在许多部门中，至今收效甚微。许多部门至今还是‘死人’统治着”[①]。在这个批示中，虽然也指出不能低估电影、新诗、民歌、美术、小说的成绩，但主要是强调“其中的问题也不少。至于戏剧等部门，问题就更大了”。批示中还批评“许多共产党人热心提倡封建主义和资本主义的艺术。却不热心提倡社会主义的艺术，岂非咄咄怪事”。[②] 另一个是 1964 年 6 月 27 日在江青送来的中宣部《关于全国文联和各协会整风情况的报告（草稿）》上写的。上一个批示之后，文化部党组立即根据批示的精神检查近几

① 毛泽东:《关于文学艺术的两个批示》,《人民日报》1967 年 5 月 28 日。
② 参见《建国以来毛泽东文稿》第 10 册，中央文献出版社 1996 年版，第 436—437 页。

年的工作，并于1964年3月下旬决定在全国文联和各协会全体干部中进行整风。5月8日，中宣部写出了整风情况的报告草稿。毛泽东看到报告草稿后，便在上面作了批示。他写道："这些协会和他们所掌握的刊物的大多数（据说有少数几个好的），十五年来，基本上（不是一切人）不执行党的政策，做官当老爷，不去接近工农兵，不去反映社会主义的革命和建设。最近几年，竟然跌到了修正主义的边缘。如不认真改造，势必在将来的某一天，要变成像匈牙利裴多菲俱乐部那样的团体。"①

毛泽东的这两个批示，夸大了中国文艺界存在的问题，不符合文艺工作的实际情况，文艺界震动很大。1964年文艺部门两次整风，特别是从1964年7月开始的第二次整风，持续到次年4月，其批判锋芒主要指向文化部和各协会的主要负责人，包括主持文化部工作的副部长齐燕铭、夏衍、陈荒煤和剧协主席兼党组书记田汉、全国文联党组书记阳翰笙、作家协会党组书记邵荃麟等，并全盘否定了新中国成立以来整个文艺工作的方向和路线，直至改组了文化部领导班子。

这场在"左"倾思想指导下的批判，完全颠倒了是非。受批判的绝大多数作品，是20世纪五六十年代创作的优秀的或比较优秀的成果。少数作品在思想内容或艺术手法上有缺点，本应通过正常的文艺批评加以提高。文艺工作在执行党和国家方针政策上的某些缺点、文艺界确实存在的某些不健康倾向，也应当而且可以通过加强领导、开展正常批评、改进工作加以解决。但当时却混淆不同性质的矛盾，把一般工作上的缺点看作是文艺领域两个阶级两条道路的尖锐斗争，又混淆政治问题与文艺问题的界线，把一些不合某种政治框子的作品，包括一些优秀作品，统统划入所谓资产阶级的、修正主义的毒草一类圈子里，其作者或演出者也戴上相应的政治帽子而受到打击迫害。

意识形态领域的错误批判，不久即由文艺领域扩展至哲学社会科学领域。在经济学界，中国科学院经济研究所所长孙冶方对当时流行的社会主义经济理论的一些观点提出了不同意见。他主张，用最小的耗费取得最大的效果应该是社会主义经济活动的最高准则，在计划中要重视价值规律的作用，提倡以资金利润率作为考核企业经营效果的综合指标，强调搞好流通是发展社会化大生产的必要条件，等等。上述主张被康生、陈伯达指责为是鼓吹"利润挂帅"的修正主义观点而受到批判，其所长职务也被撤销。在哲学界，从1964年夏季起，康生直接组织了对中央党校副校长杨献珍"合二而一"论的批判和围攻。杨献珍讲"合二而一"，被说成是鼓吹"阶级调和"，是有意识地适应现代修正主义的需要，适应国内资产阶

① 《建国以来毛泽东文稿》第11册，中央文献出版社1996年版，第91页。

级和封建残余势力的需要，为他们提供“理论武器”，甚至上纲为是对抗社教运动、“同党大唱对台戏”的反党事件。杨献珍被撤销中央党校副校长等职务。在哲学界还对北京大学党委副书记、哲学家冯定所写《共产主义人生观》和《平凡的真理》两书进行无端批判。在历史学界，则对北京大学教授翦伯赞、长期从事太平天国史研究的罗尔纲教授等人的史学观点进行了批判。

这些错误的过火的政治批判，混淆了学术问题和政治问题的界限，把一些学术讨论中的不同意见当作政治问题来处理，无限上纲，搞大批判，不但直接打击了中国文化和学术领域里一批有成就的专家、学者或领导骨干，而且影响所及，伤害了广大知识分子的积极性，并对后来“文化大革命”的发生产生了重要影响。不过，这些错误当时还没有达到支配全局的程度。

思考题：

1. 试述中共八大确立的有关政治方面的方针。
2. 谈谈中共八届九中全会召开的历史背景及其会议的主要内容。
3. 谈谈这一时期少数民族地区民主改革及民族宗教政策调整的概况。

第三章　中国政治发展道路的严重曲折（1966—1976）

1966年，是执行发展国民经济的第三个五年计划的第一年，在中共中央的领导下，经过全党和全国人民团结一致的共同奋斗，中国克服了国民经济的严重困难，社会主义建设开始呈现出一派欣欣向荣的景象。正当大家为重新出现的大好发展势头而备受鼓舞的时候，一场出乎绝大多数人意料的“文化大革命”政治风暴席卷全国，并且持续了十年之久，使社会主义建设事业遭受严重的破坏，给人民带来深重的灾难。

第一节　“文化大革命”对国家社会政治结构的冲击和内乱中稳定局势的努力

“文化大革命”这场内乱是由文化领域的批判开始的，采用了“文化大革命”的形式。内乱发生后，国家政治、经济、文化结构受到剧烈的冲击，同时，严重的动乱也受到党内外不同形式的抵制。经过一系列稳定局势的努力，全国省级革命委员会陆续成立。

一、以“文化大革命”为形式的政治大革命

1965年11月10日，姚文元的文章《评新编历史剧〈海瑞罢官〉》在上海《文汇报》发表，成为毛泽东发动“文化大革命”的导火索。该文针对的是北京市副市长、明史专家吴晗，他在1960年应毛泽东提倡撰写了京剧剧本《海瑞罢官》。姚文元在文章中将《海瑞罢官》一剧中海瑞进行的“退田”“平冤狱”同八届十中全会批判的“单干风”“翻案风”联系起来，攻击《海瑞罢官》反映了资产阶级反对无产阶级专政和社会主义革命的阶级斗争。文章说：在我国已经建立人民公社的情况下，要人民公社“退田”吗？到底哪个阶级有“冤”，他们的“冤”怎么才能“平”呢？1961年，“牛鬼蛇神们刮过一阵‘单干风’、‘翻案风’”，“《海瑞罢官》就是这种阶级斗争的一种形式的反映”。[①] 文章用海瑞罢官影射庐山会议上彭德怀

① 参见姚文元：《评新编历史剧〈海瑞罢官〉》，《文汇报》1965年11月10日。

的申辩信，该申辩信被称为“翻案风”而受到毛泽东指责。姚文元的文章受到毛泽东的重视和支持。

文章发表后，北京的报刊在十多天内未作转载。这加深了毛泽东的怀疑和不满，认为中共北京市委第一书记、市长彭真是吴晗的后台，北京市是“针插不进，水泼不进”的独立王国。1966 年 2 月 3 日，彭真召集文化革命五人小组会议。该小组 1964 年下半年由毛泽东提议成立，彭真任组长，陆定一、康生、周扬、吴冷西为组员。会后拟出《文化革命五人小组关于当前学术讨论的汇报提纲》（后被称为“二月提纲”）。提纲强调不要把学术问题和政治问题完全混同起来，力图把对《海瑞罢官》的批判限制在学术范围内。提纲指出，讨论要坚持实事求是，在真理面前人人平等的原则，要以理服人。对于吴晗这样用资产阶级世界观对待历史和犯有政治错误的人，在报刊上的讨论不要局限于政治问题，要把涉及各种学术理论的问题，充分地展开讨论。如果最后还有不同意见，应当容许保留，以后继续讨论。[①]

2 月 12 日，提纲作为中共中央文件转发全党。但此后不久，斗争的焦点，从对《海瑞罢官》的批判开始转移到对“二月提纲”的否定；斗争的对象，从《海瑞罢官》、“资产阶级学术权威”转移到“支持”“包庇”他们的“党内资产阶级代表人物”“睡在我们身旁的赫鲁晓夫”。对《海瑞罢官》的批判，也就更加直接地和“中央出修正主义”联系起来了。在“二月提纲”制定和转发前后，从 2 月 2 日至 20 日，江青在上海主持召开部队文艺工作座谈会。会后的座谈会纪要诬蔑文艺方面“被一条与毛主席思想相对立的反党反社会主义的黑线专了我们的政”，“现在该是我们专他们的政的时候了”[②]。纪要号召要“坚决进行一场文化战线上的社会主义大革命，彻底搞掉这条黑线”[③]。该纪要经毛泽东审阅修改，后于 4 月 10 日以中共中央文件的形式转发全党。纪要实际上公开了中央领导层由来已久的意见分歧。4 月 9 日至 12 日，中央书记处会议在北京召开，会议批评了彭真，决定起草一个撤销、批判“二月提纲”的党内通知，并决定成立文化革命文件起草小组，即中央文化革命小组的前身。

与此相呼应的，中央接连发生了几起严重政治事件，造成到处都有阶级斗争、中央出了修正主义的错觉。1965 年 11 月 10 日，中共中央办公厅主任杨尚昆因为强加给他的“背着中央私设窃听器”等不实之词被撤销职务。11 月 30 日，叶群受

---

① 参见《毛泽东年谱（1949—1976）》第 5 卷，中央文献出版社 2013 年版，第 555—556 页。

② 《毛泽东年谱（1949—1976）》第 5 卷，中央文献出版社 2013 年版，第 554—555 页。

③ 《毛泽东年谱（1949—1976）》第 5 卷，中央文献出版社 2013 年版，第 555 页。

林彪委托，在毛泽东面前诬告罗瑞卿反对“突出政治”，要夺军权，罗瑞卿因此而受到“反对突出政治”“反对毛泽东思想”“军队中的赫鲁晓夫”等错误批判，并遭到隔离审查。1966 年 4 月 22 日，毛泽东在杭州中央政治局常委扩大会议上严厉指责彭真和北京市委，会后，彭真被停止工作。因为《海瑞罢官》问题，中宣部被指“阎王殿”，中宣部部长陆定一也被横加各种罪名，并被停止了工作。上述事件被联结在一起称作“彭罗陆杨”事件，事件发生后，在党内外引起了强烈的震动。

1966 年 5 月，中共中央政治局扩大会议在北京召开，标志着“文化大革命”正式发动，会议通过的《中国共产党中央委员会通知》（即“五一六通知”）系统阐发了发动“文化大革命”的主要论点。“五一六通知”要求全党“高举无产阶级文化革命的大旗，彻底揭露那批反党反社会主义的所谓‘学术权威’的资产阶级反动立场，彻底批判学术界、教育界、新闻界、文艺界、出版界的资产阶级反动思想，夺取在这些文化领域中的领导权。而要做到这一点，必须同时批判混进党里、政府里、军队里和文化领域的各界里的资产阶级代表人物，清洗这些人，有些则要调动他们的职务。尤其不能信用这些人去做领导文化革命的工作”。通知还指出将要出现资产阶级复辟的危险，“混进党里、政府里、军队里和各种文化界的资产阶级代表人物，是一批反革命的修正主义分子，一旦时机成熟，他们就会要夺取政权，由无产阶级专政变为资产阶级专政。这些人物，有些已被我们识破了，有些则还没有被识破，有些正在受到我们信用，被培养为我们的接班人，例如赫鲁晓夫那样的人物，他们现正睡在我们的身旁，各级党委必须充分注意这一点”。[①] 这个通知集中反映了毛泽东对当时党和国家政治形势的错误估计。之前，毛泽东所提出的建设社会主义的主张因受刘少奇等一些中央领导人的阻挠而无法推行，因而对刘少奇等一些中央领导人的不满和不信任感日益加重，毛泽东将此同他总结的苏联共产党内出了赫鲁晓夫修正主义的教训联系起来。5 月 28 日，按照“五一六通知”关于撤销原来的文化革命五人小组及其办事机构，重新设立文化革命小组的规定，中共中央发出通知，宣告中央文化革命小组正式成立，组长陈伯达，顾问康生，副组长江青、张春桥等，组员王力、关锋、戚本禹、姚文元等。中央文革小组实际上是一个不受中央政治局约束，直接指挥“文化大革命”的机构。

6 月 1 日，毛泽东指示新华社全文播发聂元梓等人攻击北京大学党委和北京市

① 参见《中国共产党中央委员会通知》，《人民日报》1966 年 5 月 17 日。

委的大字报，这对于鼓动“踢开党委闹革命”起了推波助澜的作用。该大字报写道：“反击向党向社会主义向毛泽东思想猖狂进攻的黑帮，这是一场你死我活的阶级斗争，革命人民必须充分发动起来，轰轰烈烈、义愤声讨，开大会、出大字报就是最好的一种群众战斗形式。”[①] 该大字报后被称为“全国第一张马列主义的大字报”。这件事在全国引起强烈反响，许多城市的大、中学校里，学生们纷纷起来造反，在校内贴大字报、开辩论会、对校领导和教师进行批斗，校内开始出现无政府状态，继而发生了学校停课、工厂停产等严重混乱现象。

此后，围绕派工作组问题的分歧以及工作组的最终撤出，进一步削弱了党对运动的领导。6 月 3 日，刘少奇主持召开中央政治局常委扩大会议，经讨论决定，北京市委向大、中学校派出工作组。随后，全国大部分省、市、自治区和中央部委陆续仿效派出了工作组。工作组力图使运动在党的领导下有序进行。但是，工作组的进驻引起了一些造反学生的不满，随着运动的发展，刘少奇、邓小平等同中央文革小组之间的分歧也日益尖锐。中央文革小组向中央建议全国大中学校、机关单位在适当时候成立文化革命小组，领导文化革命运动。7 月 26 日，中央政治局召开扩大会议，决定撤销工作组。7 月 28 日，北京市委正式发出《关于撤销各大专院校工作组的决定》。撤出工作组这一重要步骤，削弱了党对运动的领导，并最终导致全国出现“天下大乱”的局面。

1966 年 5 月，中共中央政治局扩大会议后，“文化大革命”主要在学校及意识形态领域的一些部门发动起来了。

二、毛泽东发动“文化大革命”的政治设想

“文化大革命”是毛泽东发动和领导的。对于“文化大革命”这一全局性的、长时间的“左”倾严重错误，毛泽东负有主要责任。毛泽东发动“文化大革命”的主观愿望，是为抵御帝国主义“和平演变”的图谋，消除官僚主义和特权思想等现象，防止国内资本主义复辟，并为人民群众参与对国家事务的监督和管理寻找一条途径。新中国成立后，他曾为此做过多次尝试。

然而，1957 年以后，毛泽东在社会主义社会阶级斗争问题上的错误日益发展，直至 60 年代中期，在“以阶级斗争为纲”的指导思想支配下，毛泽东对当时国内阶级斗争形势以及党和国家的政治状况作出严重的错误估计，这是他发动“文化大革命”的重要原因。

---

① 《北京大学七同志一张大字报揭穿了一个大阴谋》，《人民日报》1966 年 6 月 2 日。

毛泽东对政治形势的错误估计有一个发展的过程。

1957 年的反右派运动改变了八大对国内主要矛盾的判断。反右派运动是一场给党和国家带来了许多不幸的后果的运动。但在当时，这场运动却被认为是一场大规模的群众性的阶级斗争。毛泽东说："在我国社会主义革命时期，反共反人民反社会主义的资产阶级右派和人民的矛盾是敌我矛盾，是对抗性的不可调和的你死我活的矛盾。"[①] 他认为这场斗争是政治战线上和思想战线上的伟大的社会主义革命。

在同年召开的八届三中全会上，毛泽东断定两个阶级、两条道路的矛盾，是中国社会的主要矛盾，这就使错误理论得到了进一步的升级。这一主要矛盾的观点确立后，抓阶级斗争就逐步成为中国政治生活、社会生活以及经济生活的主题，以阶级斗争扩大化为特征的"左"倾思潮，逐步在党内和社会上急剧发展。

1958 年开始的"大跃进"，企图用搞政治运动的方法尽快推动生产力发展。运动初期，"左"倾思潮泛滥，给各方面工作带来了恶果，党内外各种矛盾激化。毛泽东对持不同看法的彭德怀等发动批判，提出了共产党内存在阶级斗争的观点，使"左"倾理论观点又一次重大升级。此后，毛泽东对于阶级斗争的注意力，越来越转向党内，这已经蕴含着发生"文化大革命"的因素。

1962 年 9 月召开的中共八届十中全会前，毛泽东多次进行讲话，他告诫全党"千万不要忘记阶级斗争"。八届十中全会提出反"黑暗风""单干风""翻案风"，认为这就是在党内、在上层出现的修正主义，并提出党如何对待国内党内的修正主义问题。

八届十中全会后，在城乡开展了社会主义教育运动。结果抓出了许多所谓的阶级敌人，揭露出许多所谓的阶级斗争现象。党中央和毛泽东因此认为："当前中国社会中出现了严重的尖锐的阶级斗争情况。"[②]1965 年 1 月，毛泽东提出：这次运动的重点，"是整党内走资本主义道路的当权派"[③]。这就进一步把阶级斗争的重点转移到中国共产党内和党的领导机关，这也为进行一个阶级推翻另一个阶级的"文化大革命"，提供了理论政策的依据。

在阶级斗争扩大化理论和实践的影响下，到 1965 年，毛泽东对国内阶级斗争得出了一个严重的判断：农村政权有三分之一以上不在我们手里；工厂企业里一个相当大的多数，领导权不在马克思主义者和工人群众手里；学校是知识分子独

① 《建国以来毛泽东文稿》第 6 册，中央文献出版社 1992 年版，第 543 页。
② 《建国以来毛泽东文稿》第 10 册，中央文献出版社 1996 年版，第 303 页。
③ 《毛泽东年谱（1949—1976）》第 5 卷，中央文献出版社 2013 年版，第 463 页。

霸的一统天下；文学艺术界的大多数已经跌到修正主义的边缘；中国存在一个吸工人血的官僚主义者阶级，党内存在走资本主义道路的当权派；党里、政府里和军队里已经混进了一大批资产阶级代表人物和反革命修正主义分子。

面对这样的现实危险，毛泽东进一步提出“中央出了修正主义怎么办”的问题。1965 年 10 月 10 日，毛泽东在同大区第一书记和大军区司令员谈话时说：“如果中央出了修正主义，应该造反。”[①]1966 年 5 月 5 日，毛泽东在会见阿尔巴尼亚党政代表团时说：“我们是黄昏时候了，所以现在趁着还有一口气的时候，整一整这些资产阶级复辟。”[②]

对形势的严重误判也使毛泽东对接班人问题特别警惕。1966 年 6 月 10 日，毛泽东对越南领导人胡志明说：“我们都是七十以上的人了，总有一天被马克思请去。接班人究竟是谁，是伯恩斯坦、考茨基，还是赫鲁晓夫，不得而知。要准备，还来得及。总之，是一分为二，不要看现在都是喊‘万岁’的。”[③]

1966 年 7 月 8 日，毛泽东在给江青的信中说：“全世界一百多个党，大多数的党不信马列主义了，马克思、列宁也被人们打得粉碎了，何况我们呢？”中国的反党分子“他们是要整个打倒我们的党和我本人”。[④]面对这样严重的“修正主义”形势，毛泽东认为，只有充分发动群众，依靠群众的力量，才有胜利的可能。因此，展开全国全面的阶级斗争，造成天下大乱之势，把一切“牛鬼蛇神”彻底扫除，最终达到天下大治。这就是“文化大革命”。

毛泽东用来发动和领导“文化大革命”的主要论点，后来被概括成为所谓“无产阶级专政下继续革命的理论”。这些理论及其实践严重背离了客观实际，明显脱离了毛泽东思想的轨道，并被他重用的林彪、江青、康生等人所利用。毛泽东把阶级斗争扩大化和绝对化，并要在人民掌权的情况下，再来一个“天下大乱”，以达到“天下大治”，这违反马克思主义理论，是完全错误的。他所说的修正主义的含义是模糊的，他所强调指出的党内和党的领导层出了修正主义也是不符合事实的。

三、政治领导结构的变化和抵制动乱的斗争

对于“文化大革命”的发动，中央一些主要领导人、党政各级领导及广大学

① 《毛泽东年谱（1949—1976）》第 5 卷，中央文献出版社 2013 年版，第 534 页。
② 《毛泽东年谱（1949—1976）》第 5 卷，中央文献出版社 2013 年版，第 584 页。
③ 《毛泽东年谱（1949—1976）》第 5 卷，中央文献出版社 2013 年版，第 592 页。
④ 参见《建国以来毛泽东文稿》第 12 册，中央文献出版社 1998 年版，第 72 页。

生、教师，多数人还是很不理解的，党内外对混乱局面的忧虑不断增加，“左”倾方针在党内受到相当大的抵制。因此，毛泽东决定对“文化大革命”作进一步的发动，党和国家的政治领导结构开始逐步发生变化，但随着“文化大革命”的推进，也出现了抵制动乱的斗争。

1966 年 8 月 1 日至 12 日，毛泽东主持召开党的八届十一中全会，会议着重讨论派工作组问题。毛泽东在会上指责工作组阻碍、镇压群众运动。8 月 7 日，会议印发毛泽东 8 月 5 日写的《炮打司令部——我的一张大字报》，大字报指责从中央到地方的一些领导同志“站在反动的资产阶级立场，实行资产阶级专政，将无产阶级轰轰烈烈的文化大革命运动打下去，颠倒是非，混淆黑白，围剿革命派，压制不同意见，实行白色恐怖，自以为得意，长资产阶级的威风，灭无产阶级的志气，又何其毒也！”大字报还针对过去在社会主义建设问题上的争论说：“联系到一九六二年的右倾和一九六四年形‘左’而实右的错误倾向，岂不是可以发人深醒的吗？”[①]大字报虽没点名，但所指是刘少奇，表明毛泽东下决心要改变刘少奇接班人地位。从 8 月 12 日全会改组的中央领导机构名单看，政治局常委排名依次为：毛泽东、林彪、周恩来、陶铸、陈伯达、邓小平、康生、刘少奇、朱德、李富春、陈云。林彪列为第二位，刘少奇降到第八位。全会没有重新选举中央副主席，但以后只把林彪称为中央副主席，刘少奇、周恩来、朱德、陈云的副主席职务都不再提及。8 月 8 日，全会通过《中国共产党中央委员会关于无产阶级文化大革命的决定》（简称“十六条”），这成为“文化大革命”的指导方针。关于“文化大革命”的目的，《决定》指出：“在当前，我们的目的是斗垮走资本主义道路的当权派，批判资产阶级的反动学术‘权威’，批判资产阶级和一切剥削阶级的意识形态，改革教育，改革文艺，改革一切不适应社会主义经济基础的上层建筑，以利于巩固和发展社会主义制度”。关于“文化大革命”的方法，《决定》指出：“要信任群众，依靠群众，尊重群众的首创精神。要去掉‘怕’字。不要怕出乱子。”要“敢”字当头，“要充分运用大字报、大辩论这些形式，进行大鸣大放，以便群众阐明正确的观点，批判错误的意见，揭露一切牛鬼蛇神”。[②]会议闭幕时通过的公报号召全党和全国人民把“文化大革命”进行到底。中共八届十一中全会，是中共中央在法定程序上确认了“文化大革命”的发动。

为进一步消除发动“文化大革命”的阻力，也出于防止“和平演变”的考虑，

---

① 《建国以来毛泽东文稿》第 12 册，中央文献出版社 1998 年版，第 90 页。

② 参见《中国共产党中央委员会关于无产阶级大革命的决定》，《人民日报》1966 年 8 月 9 日。

毛泽东支持红卫兵运动，并使红卫兵运动席卷全国。在中共八届十一中全会召开的当天，毛泽东给清华大学附属中学红卫兵写信，表示对他们的支持。8 月 18 日，毛泽东在首都百万群众庆祝大会上接见红卫兵。到 11 月 26 日止，毛泽东在北京先后 8 次接见红卫兵和大中学校师生，总共 1100 多万人次。8 月 18 日的接见大会是运动发展的一个重要转折点，此后，红卫兵冲出了校园，把“革命造反”迅速扩展到全社会。这些红卫兵在“造反有理”的号召下，以简单、粗暴、蛮横的行动打击他们认定的“牛鬼蛇神”。城市的街道、商店、医院、学校等地方许多有影响的老名称、老字号招牌被统统取消或砸掉，到处发生抄家、打人、砸文物、烧“坏书”、剪长发、剪烫发等严重违法行为。党政机关的各部门几乎都因派出过工作组而遭到红卫兵的冲击，许多负责人被野蛮地揪斗和毒打。红卫兵运动迅速蔓延到天津、上海、广州等大中城市直至全国各地。1966 年 9 月初，中共中央、国务院发出关于组织外地师生免费来京参观“文化大革命”的通知。各地红卫兵纷纷涌入北京搞“大串连”。“大串连”运动随即遍及全国城乡，推动红卫兵运动达到高潮，这是造成社会动乱的又一严重步骤。“大串连”产生巨大的辐射作用，从中央到地方，各级党政领导机关纷纷被围攻，相当多的党政负责人遭到攻击，有的被野蛮揪斗甚至失去人身自由，社会秩序处于失控状态。全国形势日趋混乱。

“批判资产阶级反动路线”的提出，引发社会矛盾的大爆发。《红旗》杂志在 1966 年国庆节发表社论，社论说：“要不要批判资产阶级反动路线，是能不能贯彻执行文化革命的十六条，能不能正确进行广泛的斗批改的关键。”对“资产阶级反动路线”的批判，把矛头集中地对准各级党政领导机关及其负责人，攻击他们“执行错误路线”。中央和地方的许多党政领导干部受到批斗，机关工作普遍陷于瘫痪、半瘫痪状态。此后，造反的群众从不同的目的出发，打着反对“走资本主义道路的当权派”和“资产阶级反动路线”的旗号，提出各自的要求。10 月 9 日至 28 日，北京召开中央工作会议，这次会议的主题为批判“资产阶级反动路线”，目的是要打通中央各部门和各地方负责干部的思想。会议期间，刘少奇、邓小平被迫按照毛泽东《炮打司令部——我的一张大字报》的口径作出书面检查，对所犯“路线错误”承担责任。林彪在会上讲话说：“革命的群众运动，它天然是合理的。尽管群众有个别的部分、个别的人，有‘左’有右的偏差，但群众运动的主流总是适合社会的发展的，总是合理的。”这就全盘肯定群众运动的自发性，为无政府主义思潮提供了理论依据。这样，除了原来打倒“走资本主义道路当权派”的旗号外，又打出彻底批判“资产阶级反动路线”的旗号，群众运动的冲击面更大了，并最终引发了社会矛盾的大爆发。但 10 月后，由“批判资产阶级反动路线”引发的造反浪潮突破了八届十一中全会关于“文化大革命”的重点是大中城市的文化教育单位和党政领导机关的规定，在工厂、农村陆续建立群众造反组织，开展大鸣、大放、大字报、大辩论（简称“四大”），在厂矿、社队之间进行串连等做法也合法化，“文化大革命”全面地扩展到工农业生产领域，这严重干扰了国民经济的正常运行。

在夺权风暴席卷全国的同时，也发生了反对动乱的抗争。就在“文化大革命”的动乱冲击大江南北的同时，对这场运动的不满和怀疑也在一些干部群众中不断加强。11 月 13 日和 29 日，中央军委的几位副主席陈毅、叶剑英、徐向前等，在北京工人体育场召开的十万人大会上，批评“文化大革命”以来的种种极端做法。他们说：这样打击面太宽、太大，发展下去非常令人担心；人民解放军不能乱，一定要有秩序。陈毅、叶剑英等人的讲话不久即被江青指责为“镇压群众”，并作为“十一月黑风”加以批判。“五一六通知”提出，夺权斗争的范围主要包括夺学术界、教育界、新闻界、文艺界、出版界等文化领域，也包括党中央直接领导的个别部门和个别地方党组织的改组，如中央宣传部、文化部和中共北京市委等。此后，八届十一中全会通过《关于无产阶级文化大革命的决定》，提出的夺权也主要是指对“文化大革命”的领导权。然而，1967 年 1 月发生了上海“一月夺权”事件，首开由造反派组织夺取各级党政领导权的先例。1967 年 1 月初，以上海国棉十七厂王洪文等为头头的上海一批造反派组织，在张春桥、姚文元策划下，夺取了上海市委、市人委的领导权，开了由造反派组织夺取各级党政领导权的先例。2 月 5 日，在张春桥等人的指使下，成立了“上海人民公社”，后更名为上海市革命委员会。上海“一月夺权”，拉开了全国范围“打倒一切”“全面夺权”的序幕，并引发了无政府主义狂潮，全国发生无数武斗和大规模流血事件，工业、交通受到严重冲击，广大城镇居民正常的生活秩序被打乱。全国性动乱的急剧蔓延，引起了一直为动乱局面深深忧虑的老一辈革命家的严重关注，他们与中央文革小组爆发了尖锐的冲突。1967 年 1 月 19 日、20 日，中央军委在北京京西宾馆召开碰头会。会上，江青、康生、陈伯达等继续鼓吹军队应和地方一样搞运动。叶剑英、徐向前、聂荣臻等坚决不同意。叶剑英说：谁想搞乱军队，绝不会有好下场。徐向前也说：我们搞了一辈子军队，人民的军队，难道就叫他们几个毁了吗？这就是所谓“大闹京西宾馆”事件。2 月 16 日，周恩来在中南海怀仁堂主持召开政治局常委碰头会。会上，围绕要不要党的领导、要不要广大老干部、要不要稳定军队等根本性问题展开激烈争论。谭震林、陈毅、叶剑英、李富春、李先念、徐向前、聂荣臻等对中央文革小组的错误做法提出了强烈的批评。

谭震林责问张春桥："什么群众，老是群众群众，还有党的领导哩！不要党的领导，一天到晚，老是群众自己解放自己，自己教育自己，自己搞革命。这是什么东西？这是形而上学！你们的目的，就是要整掉老干部。"陈毅说："历史不是证明了到底谁是反对毛主席吗？以后还要看，还会证明。斯大林不是把班交给了赫鲁晓夫，搞修正主义吗？"李先念说："就是从《红旗》十三期社论开始，那样大规模在群众中进行两条路线斗争，还有什么大串连，老干部统统打掉了。"这件事当时被称作"大闹怀仁堂"事件。然而，这次抗争却被诬称为"二月逆流"而遭到压制。随后不久，中央政治局停止了活动，中央文革小组实际上取代了中央政治局的职能。

四、解放军、工人宣传队的政治领导和革命委员会的成立

按照毛泽东原先的设想，从上海"一月夺权"开始的全国范围的夺权活动，在 1967 年 2、3、4 月就要看出眉目来。然而，动乱局势的发展却出人意料。许多地方发生大规模武斗，局势发展到几乎失控的地步。为稳定局势，毛泽东采取了一系列非常措施，派人民解放军实行"三支两军"，派工人宣传队进入学校等。经过 1967 年初至 1968 年 10 月历时 20 个月的社会大动乱，在中共八届十二中全会前夕，各省、市、自治区相继成立了革命委员会。

全面夺权使各级党组织和政府失去了应有的权威，难以正常工作。此时国内唯一能在一片混乱中成为一股稳定力量的，只有中国人民解放军。1967 年 1 月 14 日，中共中央发出《关于不得把斗争锋芒指向军队的通知》，扭转了前期出现的冲击军队领导机关、揪斗军队领导干部的倾向。当时的报刊连续发表社论、文章，反复传达毛泽东的指示，主要是实现无产阶级革命派大联合，实行革命群众组织的负责人、人民解放军当地驻军的代表、革命领导干部组成的"三结合"。1 月 23 日，中共中央、国务院、中央军委、中央文革小组发布《关于人民解放军坚决支持革命左派群众的决定》。1 月 28 日，毛泽东批发《中央军委命令》，命令共八条，亦称《八条命令》。它在肯定"文化大革命"和"必须坚决支持真正的无产阶级革命派"的前提下，对人民解放军指战员作了若干限制性规定。命令的下发，对于保持军队的稳定起了有益的作用。3 月 19 日，中央军委发出《关于集中力量执行支左、支农、支工、军管、军训任务的决定》（简称"'三支两军'决定"）。据此，大批解放军指战员投入"三支两军"，介入地方夺权斗争，并且承担起支援地方工农业生产的任务。全国绝大多数省、市、自治区，中央、国务院各部委，一些重要的铁路、厂矿等部门和单位，都实行了军事管制。按照毛泽东

的期望，要实行“大联合”，实行军队代表、革命干部代表和革命群众代表“三结合”，“三支两军”的中心是“支左”。然而，随着解放军越来越深地介入“文化大革命”，自身也就陷入矛盾之中。各地几乎都存在自命为“左派”的多个群众组织，谁是“左派”？依据什么标准确定“左派”？这些问题难以判定。一旦支持了一派，总又立刻引起另一派或几派的攻击，而且部队内部意见往往也不一致。各种因素注定了“支左”从一开始就陷入深刻的矛盾之中。“三支两军”工作至1972年8月结束。人民解放军执行“三支两军”任务，特别是军管和军训这两项措施，在当时混乱的情况下，对维护生产和局势的稳定发挥了积极作用，减少了工农业生产和人民生命财产的损失。但是，由于“文化大革命”的指导思想是完全错误的，“三支两军”在这样的大前提下实际上是无法控制整个动荡局面的。在“三支两军”工作中产生出的许多错误，也给部队的思想、作风和组织建设以及军队和地方的关系带来一些消极的后果。

在“夺权”的过程中，各地形成了互相对立的两个或几个大的造反派组织，发生无数的纠纷，甚至酿成残酷的武斗。1967年五六月间，四川、浙江、广西、安徽、陕西、云南、河南等省区都发生了武斗流血事件。与此同时，中央文革小组也制造了无数的事端，6月到8月，中央文革小组煽动北京和外地的造反派组织成立“揪刘火线”，聚集上万人围困中南海。7月间，湖北武汉爆发了震惊全国“七二〇事件”。当时担任国务院副总理兼公安部部长的谢富治和中央文革小组成员王力，在武汉公开支持一派、打击一派，引起群众不满。20日，一部分群众和军人冲入东湖宾馆打伤王力，并把他揪走。林彪、江青等人借机编造出武汉发生了“一个彻头彻尾的反革命事件”的谣言，随即在新华社新闻稿上提出“坚决打倒军内一小撮走资本主义道路当权派”。7月22日，江青表示赞成“文攻武卫”口号。8月7日，谢富治提出“砸烂公检法”。同日，中央文革小组成员王力煽动夺外交部大权。8月22日，在北京发生了火烧英国代办处的严重涉外事件。1968年，面对乱局，中共中央、国务院、中央军委、中央文革小组7月先后发布“七三”布告、“七二四”布告，要求频发恶性事件的广西和陕西等地立即停止武斗。布告的发表，使国内紧张局势得到明显缓解。1968年夏，北京等地的一些大专院校里，学生组织发生流血冲突。7月27日，根据毛泽东的指示，首都工人毛泽东思想宣传队数万名队员进入清华大学，宣传制止武斗，收缴武器，拆除工事，遭到清华大学“井冈山兵团”武力抵抗，致使五名工宣队队员惨遭杀害，另有数百人受伤。7月28日凌晨，毛泽东召见聂元梓、蒯大富等红卫兵组织头头。谈话中，毛泽东指出：我是讲你们脱离群众，你们脱离了工人、农民、战士、学生的大多数。“你们再搞，就是用工人来干涉”[①]。8月25日，中央发出《关于派工人宣传队进学校的通知》。到8月底，首都59所高校全部有工人宣传队进驻。此后，各城市的大、中、小学普遍进驻了工宣队和一些军宣队。中央采取的这一系列措施，有力地平息了武斗，在一定程度上抑制了动乱，社会秩序、生产秩序开始逐渐恢复。

在“全面夺权”的过程中，革命委员会逐步建立起来。1968年9月5日，西藏、新疆两个自治区的革命委员会同时成立，全国29个省、市、自治区（除台湾省外）相继成立了革命委员会。革委会的成立，从1967年1月上海夺权算起，历时20个月。除各个省、市、自治区外，中央和国务院各部委、各基层党政机关、企事业单位、农村人民公社等，也陆续成立了革命委员会。按照毛泽东的指示，革委会内部实行“三结合”的体制，即一是有革命干部的代表，二是有军队的代表，三是有革命群众的代表。革委会强调年龄上的“老、中、青三结合”，革委会内部“党的核心小组”为同级党的领导部门，由革委会的主要党员负责人组成。这样，革委会集党、政大权于一身，形成党政合一、无限集权的“一元化”领导体制，成为在各项工作中推行“文化大革命”路线的工具。9月7日，《人民日报》《解放军报》发表社论《无产阶级文化大革命的全面胜利万岁》，社论对革委会作出了高度评价。社论说：“把被他们篡夺了的那一部分党、政、财、文大权夺回到无产阶级手中，这是一场资产阶级企图复辟和无产阶级反复辟的严重斗争，是无产阶级革命的继续，是无产阶级反对资产阶级和一切剥削阶级的一场政治大革命”，“全国山河一片红，这极其壮丽的一幕，是夺取文化大革命全面胜利进程中的重大事件，它标志着整个运动已在全国范围内进入了斗、批、改的阶段”。[②]但对革委会的这种评价并不客观。革委会的建立是“打倒一切”“全面夺权”的产物，并未经群众代表选举产生。革委会的主要任务是开展阶级斗争，巩固无产阶级专政，但从随后进行的“在全国范围内完成斗、批、改各个阶段的任务”等工作成效看，并没有真正实现“巩固无产阶级专政”。革委会的组织原则是“实行一元化的领导”，但这种领导体制，与工作重心终归要向经济建设转移的历史趋势是根本不相适应的。从实际效果看，许多革委会由于经常处于纷争和动荡之中，无法正常行使议事办事的职能。因此，革委会体制上的弊端及其成分的严重不纯，成为日后国家政治生活难以长期稳定的重要原因。然而，就当时的情况看，革委会成

① 参见《毛泽东年谱（1949—1976）》第6卷，中央文献出版社2013年版，第175页。
② 《无产阶级文化大革命的全面胜利万岁》，《人民日报》1968年9月7日。

立后，由于有了统一的权力机构，就在一定程度上稳定了“文化大革命”形成的既定格局，相比此前的大动乱局面，也就是一个进步了。

第二节　政治局势的相对稳定及内在矛盾的积累和发展

经过一系列制止动乱的努力，全国动荡的局势初步趋于缓和。1969 年 4 月 1 日至 24 日召开的中共九大使“文化大革命”的错误理论和实践合法化，随后，全国开展了“斗、批、改”运动。正当国家开始恢复正常秩序之际，发生了震惊中外的林彪事件。这一事件客观上宣告了“文化大革命”理论和实践的失败。从“批林整风”运动开始，国家又进入了纠“左”与批“右”的系列曲折。

一、中共九大后“斗、批、改”和一些党政机构的恢复活动

在毛泽东看来，九大的召开是“天下大乱”走向“天下大治”的一个转折点。为了给九大作准备，1968 年 10 月 13 日至 31 日在北京召开中共八届扩大的十二中全会，会议的一项主要内容就是统一对“文化大革命”的认识。毛泽东在开幕式上说：“究竟这个文化大革命要搞还是不要搞？搞的中间，是成绩太少了、问题太多了，还是成绩是主要的、错误有？我的意见，错误是有，而错误的主要责任在中央，在我，而不在地方，也不在军队。”① 这是第一次在党的全会上承认“文化大革命”有错误，但基本前提却是“文化大革命”的成绩是主要的。10 月 31 日全会发表的公报就说：“实践证明，正如毛泽东同志所说的，这次无产阶级文化大革命，对于巩固无产阶级专政、防止资本主义复辟，建设社会主义，是完全必要的，是非常及时的。”这就对“文化大革命”作了全面肯定。10 月 31 日，全会通过决议，批准中央专案组《关于叛徒、内奸、工贼刘少奇罪行的审查报告》，宣布“把刘少奇永远开除出党，撤销其党内外的一切职务”。第二年 11 月 12 日，刘少奇含冤去世。

1969 年 4 月 1 日至 24 日，中国共产党第九次全国代表大会在北京举行。在九大第一次全体会议上，林彪代表中央委员会作政治报告。这个报告的主旨，是要把“文化大革命”的指导理论“无产阶级专政下继续革命的理论”在党的全国代表大会上肯定下来。九大政治报告称这个理论是照耀着中国社会主义革命和社

---

① 逄先知、金冲及主编：《毛泽东传（1949—1976）》（下），中央文献出版社 2003 年版，第 1531 页。

会主义建设航向的“光芒万丈的灯塔”，“是对马克思列宁主义的理论和实践的一个伟大的新贡献”。[①] 报告号召认真搞好“斗、批、改”，把上层建筑领域中的社会主义革命进行到底。4 月 28 日，毛泽东在九届一中全会上讲话。他说：“社会主义革命还要继续。这个革命，还有些事没有做完，现在还要继续做，比如讲斗、批、改。过若干年，也许又要进行革命。看来，无产阶级文化大革命不搞是不行的，我们这个基础不稳固。”[②] 会后，中央军委常委会实际由林彪等操纵下的军委办事组所取代。再往后，中央文革小组也停止了活动。实际上，九大使“文化大革命”的错误理论和实践合法化，加强了林彪、江青、康生等人在党中央的地位。九大在思想上、政治上和组织上的指导方针都是错误的。

九大后进行“斗、批、改”，开展了整党建党等活动。

按照毛泽东的设想，党的九大以后，“文化大革命”即进入“巩固胜利成果”、实现团结的阶段。九大前后到 1970 年九届二中全会之前的各项政治活动，基本都包括在“斗、批、改”这个总任务之中。早在八届十一中全会通过的“十六条”就提出了“斗、批、改”的任务。九大后，毛泽东认为要通过“斗、批、改”运动，清除资产阶级、修正主义的影响，“斗私批修”，巩固和发展“文化大革命”的成果，把无产阶级专政的任务落实到基层，达到“抓革命、促生产、促工作、促战备”的目的，他试图通过“斗、批、改”，达到“天下大治”，并且借此结束“文化大革命”。但是，“斗、批、改”本身就是贯彻“左”倾方针的产物，这也决定了随着“斗、批、改”运动的发展，各种矛盾和助长动乱的因素也会同时滋长。这种互为矛盾的特性表现在“斗、批、改”推进过程中的多项举措中。

“斗、批、改”的一项重要内容是整党建党。整党的一个要求是“吐故纳新”，即“一个无产阶级的党也要吐故纳新，才能朝气蓬勃。不清除废料，不吸收新鲜血液，党就没有朝气”[③]。但是整党运动问题很多，“吐故纳新”事实上为林彪、江青反革命集团和某些造反派打击陷害党员干部打开了方便之门。“吐故纳新”过程中，错误地开除了一部分党员的党籍，许多野心分子、打砸抢分子涌入党内，造成党组织的严重不纯。但是总体来说，这次整党重新建立了从中央到地方的各级党组织，恢复了大多数党员特别是老党员的组织生活。这对于以后抵制各种破坏活动，稳定局势还是起了一定作用。

“斗、批、改”的另一项重要内容是“教育革命”。“文化大革命”开始后，高

① 参见《毛泽东年谱（1949—1976）》第 6 卷，中央文献出版社 2013 年版，第 240 页。
② 《毛泽东年谱（1949—1976）》第 6 卷，中央文献出版社 2013 年版，第 247 页。
③ 《红旗》1968 年第 4 期。

等学校即停止招生，“停课闹革命”长达4年之久。根据毛泽东的一个批语“要从有实践经验的工人、农民中间选拔学生，到学校学几年以后，又回到生产实践中去”[①]，1970年6月，党中央决定在部分高等学校进行试点。实行群众推荐、领导批准和学校复审相结合的办法，招收“工农兵学员”。学制缩短为2年至3年，学习期间的任务，是上大学、管大学、用毛泽东思想改造大学。总体来看，这种“教育革命”使大专院校长期处于混乱状态，教师被置于受改造的地位，很难在教学中发挥主导作用；学员在入学时很大一部分文化程度过低，严重影响教学质量；“走后门”上大学成风；在社会上广泛产生了“读书无用”论，中小学生普遍不用功读书，教育事业遭到很大破坏。当然，应该看到，在当时十分困难的条件下，大多数教师还是恪尽职守，很多学生也还是热爱学习并取得了一定的进步的。

在“斗、批、改”中，掀起了知识青年上山下乡的热潮。知识青年上山下乡早在50年代就已出现，在毛泽东看来，这可以推动青年知识分子与工农相结合，永远不脱离群众，永远不脱离实践。“文化大革命”爆发后，1968年12月22日，《人民日报》刊登毛主席语录：“知识青年到农村去，接受贫下中农的再教育，很有必要。要说服城里干部和其他人，把自己初中、高中、大学毕业的子女，送到乡下去，来一个动员。各地农村的同志应当欢迎他们去。”[②]此后，全国立即掀起知识青年上山下乡的浪潮。“文化大革命”期间，上山下乡知识青年达到1600多万人。一方面，由于这场运动是在“左”的指导思想下开展的，带有较大的局限性，下乡知青在农村一待数年甚至十多年，失去了接受学校教育的机会，整体上造成各行各业人才的断层，给国家的现代化建设带来长远不利的影响。另一方面，知识青年响应号召“到祖国最需要的地方去”，他们在艰苦的环境中受到锻炼，同时对建设和开发贫困落后地区作出了贡献。

“斗、批、改”阶段，还进行了大规模的干部下放劳动。干部参加劳动，本来是毛泽东的一贯主张。1968年5月7日，黑龙江省革委会在庆安县柳河创办“五七干校”，组织大批干部下放劳动。10月5日，《人民日报》报道这件事情的时候，发表了毛主席语录：“广大干部下放劳动，这对干部是一种重新学习的极好机会，除老弱病残者外都应这样做。在职干部也应分批下放劳动。”[③]此后，中央部委和各地纷纷办起“五七干校”，九大之后，全国各地干部下放达到高潮。一方面，

① 《人民日报》1968年7月22日为发表调查报告《从上海机床厂看培养工程技术人员的道路》而写的编者按中用黑体字引用了这段话。

② 参见《建国以来毛泽东文稿》第12册，中央文献出版社1998年版，第616页。

③ 参见《建国以来毛泽东文稿》第12册，中央文献出版社1998年版，第573页。

干部下放是在“左”的指导思想下进行的，有很大的消极影响。例如，许多单位干部下放成为排除异己的手段；下放农村后，这些干部的住房、医疗等都存在许多困难；他们的工作才华，长时期内得不到施展；他们的子女许多也因此失去了在城市学习、工作的机会。另一方面，广大干部（包括为数众多的知识分子）下放到农村，或在“五七干校”接受“再教育”，他们也经受了锻炼，增加了对农村的了解，增强了对农民的感情，也在客观上支援了农村建设。

在“斗、批、改”过程中，国家各级机构开始恢复活动，国民经济出现回升局面。

国务院业务组经过改组后正式形成，为国民经济运转发挥了领导作用。在毛泽东看来，党的重建问题已经解决，应该把考虑重点放在政府的重建方面。1969年7月3日，周恩来将中共中央政治局有关成员会议上商议的中央和国家机关精简方案报送毛泽东。其中，国务院业务组拟由周恩来任组长，李先念、纪登奎为副组长。同日，毛泽东在报告上批示：“原则同意”。由此，国务院业务组经过改组后正式形成，新组建的业务组工作范围和任务几乎包括了国务院的各方面工作，实际上开始起着国务院常务会议的作用。由于中央采取了强有力的措施整顿生产秩序，在国务院业务组的领导下，国民经济在连续两年严重下滑后重新回升。1969年和1970年两年内，一批被停顿的“三五”计划重点工程，特别是三线建设项目重新上马。其中包括成昆、湘黔、襄渝、南疆、青藏（西宁至格尔木段）、阳安、京原、焦枝、枝柳铁路，湖北葛洲坝水利枢纽，秦岭火力发电厂，乌江渡水电站，渭北煤炭基地，湖北江汉油田，陕甘宁地区长宁油田，河南油田，湖北十堰第二汽车厂，四川西昌航天发射基地，西南核燃料生产基地，江西直升机基地，豫西鄂西湘西兵器工业基地，江西九江船舶工业基地，湖北宜昌船用动力工业基地，云南昆明鱼雷基地，等等。这些铁路的修建、水利枢纽的兴建和钢铁基地的建设等，对国民经济的发展起了重要的作用。

随着形势趋于相对稳定和各级革委会相继成立，各级农业领导管理机构也相继恢复或建立。国务院业务组采取了许多措施，先后召开了一系列有关农业的重要会议，初步落实党在农业方面的一些重要政策，抓防汛抗灾，设法调动农民的生产积极性。经过各方面的努力，1970年的全国农业生产，基本实现了国民经济“三五”计划规定的各项指标。社队企业在这段时间内也有发展，社队企业对于吸纳大量农村富余劳动力、增加农民收入、培养生产经营人才、发展农村经济发挥了重要的作用。

科技也取得了重要成就。地下核试验到1969年春又重新开始准备；1970年4

月 24 日，中国成功发射第一颗自行研制的人造地球卫星；7 月 18 日，进行了核潜艇陆上模拟堆启堆实验；12 月 26 日，第一艘核潜艇举行了下水典礼，随后又进行水下和海上实验。

整体而言，1969 年至 1970 年国民经济取得的进展，带有明显的恢复性质。但是，“抓革命、促生产”的这两年，经济建设中也存在不少问题，比如：许多地方还没有完全恢复正常的生产秩序；基本建设规模过大；人民生活改善不多；一些地方出现盲目发展的现象等。

二、林彪反革命集团的覆灭

九大以后，毛泽东希望在九大“团结”“胜利”的旗帜下，进一步推进安定团结的局面，全党、全国人民人心思治，中央为此也采取相应措施恢复国民经济。然而，这一切与林彪、江青等希望通过动乱获取更多权力的野心是存在尖锐矛盾的。

林彪和江青两个反革命集团在“文革”初期互相勾结、密切合作，但二者的关系在九大后却发生了微妙变化，双方开始相互倾轧，愈演愈烈。1970 年 2 月，中央政治局在讨论筹备召开第四届全国人民代表大会和修改宪法的问题时提出，新宪法中应设国家主席一章，并由毛泽东任国家主席。3 月 7 日，毛泽东明确表示：国家体制不要设国家主席、副主席。[①]4 月 11 日，林彪给中央政治局写信，提出设国家主席的意见，并建议毛泽东当国家主席。尽管此后毛泽东一再表示不设国家主席，但是，林彪仍然再三坚持要设国家主席。1970 年 8 月 13 日下午，在宪法工作小组会议上，讨论宪法草案稿的过程中，已获悉毛泽东意见的张春桥提出，应把毛泽东思想“天才地、创造性地、全面地发展了马克思列宁主义”中的三个副词删去。吴法宪不明内情，当场激烈地予以反驳，并说，“要防止有人利用毛主席的伟大谦虚贬低毛泽东思想”。这样，设不设国家主席问题和“天才”问题，就成为两个焦点问题。

1970 年 8 月 23 日，中共九届二中全会在江西庐山召开。会议原本三项议程：（1）讨论修改宪法；（2）讨论国民经济计划；（3）讨论战备问题。这是要为召开第四届全国人民代表大会作准备。这个议程反映了毛泽东在全国范围重建国家正常秩序的意图。会上，林彪在讲话中表示：把毛主席的伟大领袖、国家元首、最高统帅的这种地位，毛泽东思想作为全国人民的指导思想，用法律的形式固定下

① 参见《毛泽东年谱（1949—1976）》第 6 卷，中央文献出版社 2013 年版，第 283 页。

来。[①] 当晚，陈伯达等整理出一份恩格斯、列宁、毛泽东、林彪论述“天才”的语录。8月24日下午，在小组会上，陈伯达、吴法宪、叶群、李作鹏、邱会作在各组同步行动，口径一致地宣讲事先准备好的“天才”语录，要求设国家主席。他们在各组的发言，产生了很大的迷惑作用。8月25日上午，载有陈伯达等人发言的全会第六号简报（即华北组第二号简报）印发并在各组引起强烈反响。与会者纷纷要求把否认毛主席是天才的人“揪出来”，部分中央委员、候补中央委员代表所在省区联名写信给毛泽东和林彪，表示拥护毛泽东当国家主席，九届二中全会的原定议程被完全打乱。25日下午毛泽东主持召开中央政治局常委扩大会。会议决定立即停止讨论林彪的讲话，收回第六号简报。8月31日，毛泽东写了《我的一点意见》，严厉批评陈伯达等“采取突然袭击，煽风点火，唯恐天下不乱，大有炸平庐山，停止地球转动之势”[②]。按照毛泽东的意见，全会宣布对陈伯达进行审查，随后开始“批陈整风”。九届二中全会上的斗争是林彪、江青两个反革命集团长期以来不断积累起来的矛盾的一次总爆发。以毛泽东《我的一点意见》的发表为标志，这场斗争已转化为毛泽东领导的反对林彪反革命集团的斗争。

1970年11月6日，中央发出《关于高级干部学习问题的通知》，要求高级干部学习指定的六本马克思、恩格斯、列宁的书和五本毛泽东的书。这项举措意在配合“批陈整风”。1970年11月16日，党中央发出《关于传达陈伯达反党问题的指示》，指出陈伯达是假马克思主义者、阴谋家、野心家等，号召进行检举揭发。1970年12月22日至1971年1月24日，根据毛泽东的批示，北京军区党委扩大会（又称华北会议）在北京召开。按照毛泽东批示，会议是要北京军区“讨论为何听任陈伯达乱跑乱说”，“是何原因陈伯达成了北京军区及华北地区的太上皇？”[③] 会议揭发批判了陈伯达。1月9日后，参加中央军委座谈会的143人，也并入华北会议。1月24日，中央改组了北京军区。华北会议结束后，中央派人参加中央军委办事组，对林彪反革命集团把持军委办事组“挖墙角”“掺沙子”“甩石头”，进一步削弱了林彪反革命集团。这段时期，毛泽东多次点名批评林彪反革命集团的主要成员，并间接地批评林彪。1970年10月14日，毛泽东在吴法宪的书面检讨上批示：“由几个人发难，企图欺骗二百多个中央委员，有党以来，没有见过”[④]。10月15日，毛泽东在叶群的检讨信上批评叶群等人“不提九大，不提党

① 参见《毛泽东年谱（1949—1976）》第6卷，中央文献出版社2013年版，第322页。
② 《建国以来毛泽东文稿》第13册，中央文献出版社1998年版，第114页。
③ 《建国以来毛泽东文稿》第13册，中央文献出版社1998年版，第161页。
④ 《毛泽东年谱（1949—1976）》第6卷，中央文献出版社2013年版，第347页。

章，也不听我的话。陈伯达一吹，就上劲了。军委办事组好些同志都是如此”[①]。12月18日，毛泽东在会见美国友好人士斯诺时表示，过去这几年有必要搞点个人崇拜，“现在就不同了，崇拜得过分了，搞许多形式主义。如什么‘四个伟大’（伟大导师，伟大领袖，伟大统帅，伟大舵手），讨嫌！”[②]这些讲话针对的是林彪。1971年4月15日至29日，中共中央召开“批陈整风”汇报会。汇报会责令林彪反革命集团的黄永胜、吴法宪、叶群、李作鹏、邱会作作检讨。4月29日，中央发出《关于把批陈整风运动推向纵深发展的通知》，决定向全体党员传达陈伯达的问题，把“批陈整风”运动扩大到全国基层单位。

九届二中全会后党中央和毛泽东采取的一系列措施，削弱了林彪集团的势力。同时，江青集团的势力得到扩张。林彪反革命集团眼见自己接班人地位不保，决心铤而走险，策划武装政变。1970年11月，林彪之子林立果把在空军司令部办公室成立的以其为首，有周宇驰、刘沛丰、于新野等参加的反革命小组织起名为“联合舰队”。1971年3月21日至24日，林立果在上海秘密据点召集“联合舰队”主要成员制定了武装政变计划，代号为《“571”工程纪要》。8月15日至9月12日，毛泽东到湖北、湖南、江西、浙江、上海等地视察，同各地党、政、军负责人进行谈话。毛泽东在谈话中强调，“希望你们要搞马克思主义，不要搞修正主义，要团结，不要分裂，要光明正大，不要搞阴谋诡计”[③]。他说：有人看到我年纪老了，快要上天了，他们急于想当主席，要分裂党，急于夺权。毛泽东还批评了林彪主持军委工作以来提出的一些口号和做法，如“一句顶一万句”“一好带三好”等。毛泽东还提出要李先念也参加军委办事组，考虑再增加一些人，“掺沙子”。打听到关于毛泽东行程中同沿途各地负责人的谈话情况后，林彪反革命集团决定提前采取行动。9月8日，林彪下达了武装政变的手令：“盼照立果、宇驰同志传达的命令办”。并由林立果、周宇驰对江腾蛟和空军司令部副参谋长王飞以及“联合舰队”的其他骨干分子进行具体部署。与此同时，为另立中央或叛逃国外，林立果还指使人于10日从空军司令部索取了有关飞行、通讯的各种资料。正在南方巡视的毛泽东敏锐地觉察到一些非同寻常的迹象。果断改变行程，打乱了林立果等人的政变计划。林彪等乘飞机出逃时，于9月13日凌晨在蒙古温都尔汗附近机毁人亡。林彪反革命集团武装政变阴谋被彻底粉碎。

林彪事件的发生，出乎绝大多数人意料，在全国引起极大震动，使不少的干

① 《毛泽东年谱（1949—1976）》第6卷，中央文献出版社2013年版，第349页。
② 《建国以来毛泽东文稿》第13册，中央文献出版社1998年版，第174页。
③ 《建国以来毛泽东文稿》第13册，中央文献出版社1998年版，第242页。

部和群众对“文化大革命”进行深思。林彪事件客观上宣告了“文化大革命”理论和实践的破产。

三、纠“左”与批“右”的曲折

1971年9月18日，中共中央发出《关于林彪叛国出逃的通知》。9月29日，中央宣布，令林彪反革命集团的主要成员黄永胜、吴法宪、李作鹏、邱会作离职反省，彻底交代。10月3日，中央决定成立由叶剑英主持的中央军委办公会议，在中央军委领导下负责军委日常工作，撤销军委办事组。同日，成立以周恩来为首的中央专案组，彻底审查林彪反革命集团问题。10月6日，中共中央发出通知，扩大传达林彪叛党叛国事件。10月24日，中共中央发出通知，将林彪事件向全国普遍传达。10月以后，随着揭露林彪集团反革命政变斗争的材料陆续批发，按照毛泽东的布置，在全国范围内开始了“批林整风”运动。

“批林整风”的主要内容包括：揭批林彪集团抢班夺权、策划谋杀毛泽东发动反革命政变和叛国外逃的罪行；揭批林彪集团宣扬“天才论”等唯心史观和形而上学；结合批林，还要求学习马列主义的六本书，并且下发了毛泽东写的《我的一点意见》等材料。在“批林整风”期间，周恩来多次讲话提出必须批判极左思潮和无政府主义的问题。他说：“要批透极左思潮”。1972年10月，《人民日报》《光明日报》根据周恩来的意见，发表了多篇批判极左思潮的文章。但是，批极左思潮触及了江青反革命集团的利益，遭到了他们的强烈反对。10月至11月间，张春桥在上海市委常委会上说，当前有一股“右倾翻案风”，有一种否定“文化大革命”的思潮，“不管四面八方刮来什么风，上海都要顶住”。这样，围绕批极左与反对批极左的问题，以周恩来为代表的广大干部、群众与江青集团之间的斗争，不可避免地尖锐化了。同时，由于集中批判极左思潮势必会产生从根本上否定“文化大革命”的可能性，因此，毛泽东在这个问题上支持了江青集团。12月17日，他在谈话中说：“极左思潮，少批一点吧”，“是极右，修正主义，分裂，阴谋诡计，叛党叛国”。[①] 此后，“批林整风”就只准批林彪“极右”，批极左思潮不得不中断。“批林整风”运动的开展，对于提高干部群众对“左”倾错误危害性的认识，有一定的积极作用。但由于该运动是在肯定“文化大革命”的前提下进行的，因此，其作用是有限的。尽管如此，纠“左”的努力在政治上还是取得了一定的进展。

① 《毛泽东年谱（1949—1976）》第6卷，中央文献出版社2013年版，第458页。

一是解放了一批在“文化大革命”中遭受错误打击的老干部。林彪事件后，毛泽东直接过问了一些高级干部的落实政策工作。1971 年 11 月，毛泽东与成都地区负责人谈话，当着叶剑英的面，他说：“你们再不要讲他‘二月逆流’了。‘二月逆流’是什么性质？是他们对付林彪、陈伯达、王关戚。”1972 年 4 月，《人民日报》发表题为《惩前毖后，治病救人》的社论。社论强调，经过长期革命斗争锻炼的老干部是党的宝贵财富，要求积极落实中央关于干部工作的指示。10 月，毛泽东参加陈毅的追悼会，他对陈毅的夫人说：“陈毅是个好同志。”这个评价包含着解放老干部的意味。1973 年 12 月 21 日，毛泽东在同参加中央军委会议的同志谈话时，提出要给贺龙、“杨、余、傅”和罗瑞卿平反。在毛泽东、周恩来的直接过问下，谭震林、王稼祥、廖汉生、杨勇、苏振华、林枫、吴冷西等一批干部陆续被解放。二是民族工作进行了一些调整。1972 年一二月间，中共中央、国务院在北京召开宁夏固原地区工作座谈会，会议提出要认真落实党的民族政策。3 月，中央派出调查组赴宁夏、内蒙古、新疆、西藏、云南、青海、广西等少数民族地区，调查了解民族政策执行情况和当地群众生活、生产中存在的问题。整个 1972 年间，党的民族政策得到一定程度的恢复，一些错案得以纠正，在“文化大革命”中受到严重破坏的民族关系得到初步改善。三是全国政协的工作也得到一定恢复。1972 年 10 月，在周恩来过问下，政协建立了各民主党派和无党派人士学习领导小组。12 月，全国政协机关成立临时领导小组，恢复了机关的部分日常工作。

林彪事件后的一段时间里，与林彪反革命集团既相互勾结又相互争斗的江青等人，一度十分被动，但是，由于毛泽东担心批极左会全面否定“文化大革命”，1972 年下半年，江青反革命集团借批判“极右”和反击“右倾翻案”开始全力进行反扑。1973 年 5 月 20 日至 31 日，中共中央在北京召开工作会议，为召开党的十大作准备。会上传达了毛泽东的一些指示，毛泽东的指示强调：只注意生产，不注意上层建筑、路线，不对，指出要注意培养青年干部等。这显然针对批判极左思潮。这次会议使批判极左思潮的正确方向发生了进一步扭转。按照毛泽东的意见，王洪文、华国锋、吴德参加政治局工作，张春桥主持起草十大文件，江青反革命集团的势力进一步扩张。

1973 年 8 月 24 日至 28 日，中国共产党第十次全国代表大会在北京召开，毛泽东主持了这次大会。大会的议程有三项：周恩来代表中央委员会作政治报告；王洪文代表中央委员会作关于修改党章的报告，并向大会提出《中国共产党章程（草案）》；选举中国共产党第十届中央委员会。周恩来向大会宣读的政治报告是张春桥主持起草的。报告继续肯定九大路线，肯定无产阶级“文化大革命”，肯定“无产阶级专政下继续革命”的理论。关于林彪反革命集团，报告没有把林彪事件同“文化大革命”联系起来，而是认为：林彪反党集团的存在，证明了社会主义历史阶段始终存在阶级、阶级矛盾和阶级斗争。“林彪反党集团的垮台，并不是党内两条路线斗争的结束”，这样的斗争“还会出现十次、二十次、三十次”。[①] 关于主要任务，报告强调：“要继续搞好批林整风”；“坚持无产阶级专政下的继续革命，团结一切可以团结的力量，努力把我国建设成一个强大的社会主义国家”；“向全党、全军和全国人民进行阶级斗争和路线斗争教育”。[②] 王洪文向大会作关于修改党章的报告。报告把“天下大乱，达到天下大治，过七八年又来一次”认定为“客观规律”，宣称“还要进行多次象无产阶级文化大革命这样的政治大革命，才能不断巩固无产阶级专政，夺取社会主义事业的新胜利”。[③] 大会通过的新党章沿袭了九大党章的“左”倾内容。大会选出了第十届中央委员会。一批久经考验的、在“文化大革命”中备受打击和排斥的老干部，如邓小平、王稼祥、谭震林、乌兰夫、李井泉、李葆华、廖承志等，被选进中央委员会。但与此同时，江青反革命集团重要成员都进入中央政治局，王洪文当上了中共中央副主席，张春桥进入中共中央政治局常委。十届一中全会后，江青、张春桥、姚文元、王洪文在中央政治局内结成“四人帮”，江青反革命集团的势力得到加强。总体来看，在极左思潮再次抬头的背景下，党的十大不论是在思想路线、政治路线还是在组织路线上，都继续了九大的“左”倾错误。

第三节 1975年整顿与“文化大革命”的结束

历经曲折，广大干部群众人心思定，然而，“批林批孔”运动再次引发动乱。为使国家逐步恢复正常秩序，1975年，邓小平在毛泽东、周恩来的支持下开始进行整顿，形势显著好转，但因涉及系统纠正“文化大革命”的错误，整顿终遭挫折。1976年1月8日，周恩来逝世，清明前后，爆发了纪念周恩来、反对“四人帮”的四五运动。同年9月9日，毛泽东逝世，江青反革命集团加紧了夺权阴谋，10月6日，中央政治局毅然粉碎了江青反革命集团，结束了“文化大革命”。

---

① 国防大学党史党建政工教研室：《“文化大革命”研究资料》下册，1988年，第24页。
② 国防大学党史党建政工教研室：《“文化大革命”研究资料》下册，1988年，第26—27页。
③ 参见国防大学党史党建政工教研室：《“文化大革命”研究资料》下册，1988年，第29页。

一、"批林批孔"运动和江青反革命集团"组阁"图谋的破产

林彪事件发生后，毛泽东意识到已有越来越多的人对"文化大革命"产生了怀疑。但他坚持认为发动"文化大革命"是完全必要的，对于反修防修、巩固社会主义制度具有重要而深远的意义。在深入揭批林彪反革命集团的过程中，毛泽东曾几次谈到评法批儒的问题。1973 年 7 月 4 日，毛泽东在同王洪文、张春桥谈话中谈到一个观点，认为林彪的思想根源来源于儒家，认为林彪是"尊孔反法"的。[①]8 月 5 日，毛泽东对江青说：历代有作为、有成就的政治家都是法家，他们都主张法治，厚今薄古；而儒家则满口仁义道德，主张厚古薄今，开历史倒车。毛泽东把"批林"同"批孔"联系到一起，把"批林"引上了防止"右倾回潮"、反对"复辟倒退"的方向。[②]他的着眼点是针对那些怀疑以至否定"文化大革命"的看法。1973 年 11 月，毛泽东依据不正确的汇报，认为周恩来、叶剑英在当月中旬同基辛格会谈时态度软弱了，提出严厉批评。根据毛泽东的意见，从 11 月 21 日起至 12 月初，中央政治局开了几次会批评周恩来和叶剑英。会上，江青、姚文元等攻击周、叶"丧权辱国""投降主义"。并说这是"第十一次路线斗争"，诬陷周恩来是"错误路线的头子"。会后，江青还向毛泽东提出增补她和姚文元为中央政治局常委的要求，遭到毛泽东拒绝。

"批林批孔"运动开始后，极左思潮再度猖獗。江青反革命集团在清华大学、北京大学成立大批判组，编辑《林彪与孔孟之道》的材料。他们操纵的写作班子，连续发表"批孔""批儒"的文章，借古喻今，把攻击的矛头一步步指向周恩来。1974 年 1 月 12 日，王洪文、江青建议毛泽东把北京大学、清华大学大批判组汇编的《林彪与孔孟之道（材料之一）》转发全国。18 日，中共中央以一号文件转发这份材料。中央一号文件下发后，1 月 24 日、25 日，江青又先后在中央军委机关和驻京部队、中央和国家直属机关召开"批林批孔"动员大会。江青指使两校大批判组的组织者迟群、谢静宜在大会上讲话。会上，迟群等大谈所谓"反复辟"问题，鼓吹修正主义仍然是当前的主要危险，并提出"批林批孔"要联系"走后门"，江青等借此题目攻击坚持纠正"左"倾错误的周恩来和一些老干部，别有用心。3 月，在中央政治局召开的一次会议上，王洪文指责 1972 年开展的批极左思潮实际上是"批文化大革命"，以攻击周恩来。北京大学、清华大学大批

---

① 参见《毛泽东年谱（1949—1976）》第 6 卷，中央文献出版社 2013 年版，第 485 页。
② 参见《毛泽东年谱（1949—1976）》第 6 卷，中央文献出版社 2013 年版，第 490 页。

判组根据江青的命题，写了《孔丘其人》等文章，用影射手法，从出身到作风、到行为特征，甚至“重病在身”等攻击周恩来。江青声称现在“有很大的儒”，并暗示“大儒”就是周恩来，煽动要“揪现代大儒”“批党内大儒”。据当时的中央政治局委员吴德回忆：“‘批林批孔’实际搞成‘批周公’，即批周总理。政治局对‘批林批孔’运动的方针、步骤都没有讨论过。事后证明，毛主席对他们的具体活动也不完全清楚。”随着“批林批孔”运动的开展，各地局势又出现混乱现象。追随江青等的帮派分子重新集结，兴风作浪，社会上又出现跨行业的联络站、上访团、汇报团一类组织。一些地区，又开始出现冲击省委、抢夺武器和严重武斗现象。在“批林批孔”政治运动的冲击下，全国经济出现严重滑坡，人民生活受到严重影响。

毛泽东虽然支持开展“批林批孔”运动，但他对可能引起新的动乱的因素极为关注，因此对江青等人的这些做法并不完全同意，对他们作过严厉批评。根据毛泽东的意见，党中央于四五月间先后发出通知，规定“批林批孔”运动在党委统一领导下进行，不要成立战斗队一类群众组织，也不要搞跨行业、跨地区一类的串连。这些要求对抑制社会混乱起到一定作用。7 月 1 日，中共中央发出《关于抓革命、促生产的通知》，指出要揭发批判停工停产的幕后操纵者。7 月 17 日，毛泽东召集中央政治局会议，会上毛泽东批评江青，告诫她“不要搞成四人小宗派”，并当众宣布：“她并不代表我，她代表她自己。”“总而言之，她代表她自己。”①7 月，根据毛泽东意见，中共中央为杨成武、余立金、傅崇碧平反。根据毛泽东指示，9 月 29 日，中共中央通知，为贺龙平反。11 月 6 日，毛泽东在长沙会见外宾后听取李先念关于国民经济情况的汇报时提出“把国民经济搞上去”②。这些举措对减轻“四人帮”借“批林批孔”造成的破坏产生了积极的影响。

10 月 4 日，毛泽东在圈阅王洪文报送的关于召开四届人大的报告时，指示工作人员打电话给王洪文，要王向政治局传达：提议邓小平出任国务院第一副总理。③1974 年 10 月 11 日，中共中央发出通知，宣布近期召开第四届全国人民代表大会，文件传达了毛泽东在武汉所提出的：“无产阶级文化大革命，已经八年。现在，以安定为好。全党全军要团结。”④ 10 月 18 日，王洪文到长沙向毛泽东汇报

① 参见《建国以来毛泽东文稿》第 13 册，中央文献出版社 1998 年版，第 394 页。
② 《建国以来毛泽东文稿》第 13 册，中央文献出版社 1998 年版，第 410 页。
③ 参见《毛泽东年谱（1949—1976）》第 6 卷，中央文献出版社 2013 年版，第 549 页。
④ 《建国以来毛泽东文稿》第 13 册，中央文献出版社 1998 年版，第 402 页。

说：北京现在大有庐山会议的味道。总理虽有重病，但昼夜忙着找人谈话，经常去总理那里的有邓小平、叶剑英、李先念等。他们来往这样频繁，是和四届人大的人事安排有关。王洪文还向毛泽东吹捧江青、张春桥、姚文元。毛泽东听后当即批评王洪文：有意见当面谈，这么搞不好！要跟小平同志搞好团结。又说，你回去要多找总理和剑英同志谈。不要跟江青搞在一起，你要注意她。[①]10 月 20 日，毛泽东让人转告周恩来和王洪文：总理还是我们的总理，如果他身体可以，由他和洪文同志一起跟各方商量，提出一个人事安排的名单。邓做第一副总理兼总长，这是叶剑英的意见，我赞成照他的意见办。还说：王洪文、张春桥、姚文元三人不要跟在江青后面批东西。11 月间，江青多次给毛泽东写信，提出她对党政领导人事安排的意见，而毛泽东则告诫她“不要多露面，不要批文件，不要由你组阁（当后台老板）”，“人贵有自知之明”。[②] 并指出：“你的职务就是研究国内外动态，这已经是大任务了。”[③] 从 12 月 23 日到 27 日，毛泽东同周恩来、王洪文进行了多次谈话。谈话中，毛泽东说：“四人帮”不要搞了，要团结，不要搞宗派，搞宗派要摔跤的。在批评“四人帮”的同时，毛泽东称赞邓小平政治思想强，人才难得，还提议二中全会补他为常委、副主席，并担任军委副主席、国务院第一副总理、总参谋长三个职务。毛泽东多次批评江青等人，重申由周恩来主持党中央和国务院的日常工作，重新重用邓小平，这就挫败了江青的“组阁”阴谋，保证了四届全国人大一次会议的顺利召开。

1975 年 1 月 8 日至 10 日，中国共产党第十届中央委员会第二次全体会议在北京举行。会议讨论了四届全国人大一次会议的准备工作。决定将《中华人民共和国宪法修改草案》《关于修改宪法的报告》《政府工作报告》和全国人民代表大会常务委员会、国务院成员候选人名单提请全国人民代表大会讨论。这次会议追认邓小平为中共中央政治局委员、选举邓小平为中共中央副主席、中央政治局常委。1975 年 1 月 13 日至 17 日，四届全国人大一次会议在北京举行。大会的议程是：修改宪法，通过政府工作报告，选举和任命国家机关领导工作人员。朱德主持大会开幕会议。周恩来作政府工作报告，重申 1964 年 12 月三届全国人大一次会议政府工作报告里提出的“两步设想”：第一步，用 15 年时间，即在 1980 年以前，建成一个独立的比较完整的工业体系和国民经济体系；第二步，在 20 世纪内，全面实现农业、工业、国防和科学技术的现代化，使中国国民经济走在世界

① 参见《毛泽东年谱（1949—1976）》第 6 卷，中央文献出版社 2013 年版，第 552 页。
② 《建国以来毛泽东文稿》第 13 册，中央文献出版社 1998 年版，第 394 页。
③ 《建国以来毛泽东文稿》第 13 册，中央文献出版社 1998 年版，第 374 页。

的前列。四届全国人大重新提出实现四个现代化的宏伟目标，重新燃起广大群众心中的希望。大会批准了政府工作报告。大会选举产生了以朱德为委员长的全国人大常委会，选举产生了以周恩来为总理，邓小平、张春桥、李先念、陈锡联、纪登奎、华国锋等 12 人为副总理的国务院。江青一伙夺取国家最高权力的企图完全失败。

二、1975 年的整顿和挫折

四届全国人大一次会议闭幕后，邓小平担任中共中央副主席和政治局常委、中央军委副主席兼总参谋长，并主持国务院工作。在毛泽东、周恩来支持下，邓小平开始大刀阔斧地对各方面工作进行整顿。

邓小平选择铁路作为整顿的突破口。“文化大革命”以来，铁路系统因派性斗争等问题，正常的运输秩序遭到破坏，邓小平下决心以铁路整顿作为关系全局的突破口。他多次约铁道部部长万里向他汇报情况，研究解决铁路问题，还从体制、干部管理、运输生产上提出整顿的要求，并强调要用最快的速度、最坚决的措施，迅速扭转形势。2 月 25 日至 3 月 8 日，中央召开全国省、市、自治区主管工业的书记会议，着力解决铁路运输问题。邓小平在会上指出，当前的薄弱环节是铁路。铁路运输的问题不解决，生产部署统统打乱，整个计划都会落空。解决铁路问题的办法是要加强集中统一领导，建立必要的规章制度，增强组织性纪律性。他并强调要在全体职工面前讲清楚派性问题，对闹派性的人要再教育。3 月 5 日，中央发出《关于加强铁路工作的决定》。《决定》指出：铁路实行以铁道部领导为主的管理体制；建立健全必要的规章制度，加强组织性纪律性；对少数派性严重，经批评教育仍不改正的领导干部和派头头，要及时处理。为整顿铁路，万里提出了“安全正点，畅通无阻，四通八达，当好先行”的要求。工业书记会议结束后，万里会同江苏省委负责人首先到了徐州市。徐州市大街小巷贴出了江苏省革命委员会通告，正告徐州市大搞打砸抢的极少数人，限在两天内退出强占的一切公用房屋、抢走的车辆和其他公共财物；策划和指挥上述破坏活动的为首分子，必须立即到公安机关检查交代自己的违法犯罪行为。随后，对搞打砸抢的帮派核心人物采取了措施。在铁路整顿工作中，鉴于徐州战略地位重要及问题异常突出，整顿铁路首先解决的是徐州问题。万里和江苏省、徐州市负责人来到以“乱”而著称全国的徐州铁路分局，召开群众大会，传达中共中央《关于加强铁路工作的决定》，发动群众，要求消除派性，并为受到错误批判和处理的干部、群众平反。仅半个月时间，徐州铁路分局生产开始好转，4 月份提前 3 天完成了国家计划。徐州地区问题的解决，为整顿全国铁路提供了经验、增强了信心。徐州铁路整顿取得初步成效后，万里又率工作组解决南昌、昆明、郑州等分局的问题。到4月底，堵塞严重的几个铁路局的所辖路段全部疏通，全国20个铁路局中有19个超额完成计划。随后，全国铁路形势在4个月内得到改观。

铁路的整顿，也带动了工业的整顿。7月17日中共中央转发的国务院《关于今年上半年工业生产情况的报告》指出：3月以来，原油、原煤、发电量、化肥、水泥、内燃机、纸及纸板、铁路货运量等，5、6月份创造了历史上月产的最高水平。1975年全国工农业总产值比上年增长11.9%。其中，工业增长15.1%，农业增长4.6%。

军队、国防科技、科技部门、文艺界等方面的整顿也陆续展开，分别取得了明显的成绩。军队整顿是整顿中一个重要环节。1月25日，邓小平在就任总参谋长后首次召开的总参机关团以上干部会上讲话指出，总参谋部、总政治部、总后勤部本身首先要整顿。2月5日，中共中央发出通知，取消军委办公会议，成立中共中央军委常委会，在毛泽东、党中央领导下处理军委日常工作。6月24日至7月15日，中央军委召开扩大会议，主要解决编制问题，研究安排超编干部问题。邓小平指出：军队要解决"肿、散、骄、奢、惰"的问题；要抓编制、抓装备，还要抓战略；要把训练放在战略问题的一个重要位置上。国防科技的整顿也同时展开。1975年3月，中央任命张爱萍为国防科委主任，加强了国防科技的领导力量，并批准了国家计委、国防科委等单位《关于发展我国卫星通信工程的报告》。4月2日至14日，邓小平用5个半天的时间出席中央军委常委会议，听取国防工业重点企业的汇报，解决装备问题。6月30日，中共中央和毛泽东批发了国防科委《关于解决七机部问题的报告》。在中央和军委的支持下，国防科委在整顿中果断清除了各种帮派组织，撤销了"文化大革命"中产生的"指挥部""运动办""帮促办"等临时机构，恢复了党的各级工作机构。1975年下半年，国防尖端武器的研制连续取得成绩。7月2日，国务院、中央军委决定成立导弹工业总局。7月26日，中国成功发射一颗人造地球卫星；10月27日，中国第17次地下核试验爆炸成功；11月26日，中国成功发射返回式遥感人造地球卫星，成为继美、苏之后第三个掌握回收卫星技术的国家；12月16日，中国又成功发射一颗人造地球卫星。科技部门也进行了整顿。7月，中央派胡耀邦主持科学院工作，胡耀邦等人起草了《关于科技工作的几个问题（汇报提纲）》，《汇报提纲》指出科学技术也是生产力。强调要引进国外的先进技术和设备，重视和加强理论研究工作。邓小平赞同《汇报提纲》所提的观点和加强科研工作的各项措施。文艺界也进行了调整。邓小平提出，文艺要搞“百花齐放”，不要“一花独放”，还有一个“百家争鸣”的问题。在他的支持下，一批文艺界人士的信件转呈毛泽东。

整顿全面推开的过程中，在邓小平直接领导下，7 月 5 日成立国务院政治研究室，在思想理论方面有力地配合了各个领域的整顿。按照邓小平的指示，政研室在建立之初，配合整顿，起草、撰写一些重要文件和文章。其中，政研室撰写的《论全党全国各项工作的总纲》指出，要识破假马克思主义的政治骗子，“他们打着反修正主义的旗号搞修正主义，打着反复辟的旗号搞复辟，把党的好干部和先进模范人物打下台，篡夺一些地方和一些单位的领导权”。文章阐述了毛泽东把国民经济搞上去的指示，指出：“只讲政治，不讲经济，只讲革命，不讲生产，一听到要抓好生产，搞好经济建设，就给人家戴上‘唯生产力论’的帽子，说人家搞修正主义。这种观点是根本站不住脚的。”文章提出：“革命就是解放生产力，革命就是促进生产力的发展。我们中国共产党人，要对革命负责，也要对生产负责。”

7 月 25 日，毛泽东对遭到江青等反对的影片《创业》编剧的来信批示，建议通过发行，以利调整党的文艺政策。[①] 此后，中共中央批准《人民文学》《诗刊》等杂志恢复出版，对一批影片解禁放映，还出版了鲁迅著作和其他少数文艺作品，使文艺界的状况开始有所好转。在邓小平主持中央日常工作不到一年的时间里，进行的整顿卓有成效。整顿有力地冲击了极左思潮，使“四人帮”在中央领导层和军队的影响受到遏制和削弱。1975 年的形势也明显好转，整顿促进了“四五”计划的最终完成，国民经济转向回升，一些地区的武斗受到抑制，大部分地区社会秩序趋于稳定。

但是，整顿逐渐涉及“文化大革命”的指导思想，最终受到阻挠而被迫中断。1975 年下半年以后，毛泽东的健康状况已严重恶化，他接触的人很少，对实际情况的了解也很缺乏，他同中央政治局委员之间通过联络员来保持联系，毛泽东的侄子毛远新担任了毛泽东同中央政治局之间的非正式联络员。9 月 27 日和 11 月 2 日，毛远新两次向毛泽东汇报说：自己感到社会上有股风，就是对“文化大革命”怎么看，是肯定还是否定，成绩是七个指头还是错误是七个指头，有分歧。他特别提出：小平同志的讲话，很少讲“文化大革命”的成绩，很少提批刘少奇的修正主义路线。这些话引起了毛泽东的重视，他逐渐开始动摇了对邓小平的信任。

---

① 参见《毛泽东文集》第 8 卷，人民出版社 1999 年版，第 444 页。

此前 8 月至 10 月间，清华大学党委副书记、副校长刘冰等人两次给毛泽东写信，揭发清华大学党委书记迟群、副书记谢静宜在工作作风和思想意识等方面存在的一些问题，信是通过邓小平转送的。毛泽东看信后指责这两封信的动机不纯，代表了一批对“文化大革命”不满的人。他说：“他们信中的矛头是对着我的”，而“小平偏袒刘冰”。[①] 这两件事都触动了毛泽东最敏感的问题，他不能容忍有人要否定“文化大革命”。清华大学传达了毛泽东这次讲话后，开始了“批邓、反击右倾翻案风”。先后批判刘冰、教育部部长周荣鑫、科学院负责人胡耀邦等，最后批到邓小平。运动向其他大专院校及全国各地扩散，一些学校相继开展了“教育革命大辩论”，这使整顿走向低潮。11 月 15 日，邓小平致信毛泽东，提出由已经回京的王洪文接替他主持中央日常工作。毛泽东当时批示：“暂时仍由小平同志主持，过一会再说。”[②] 他随后希望由邓小平主持作一个肯定“文化大革命”的决议，用来统一认识，总的评价是“三七开，七分成绩，三分错误”。邓小平却委婉拒绝了。11 月下旬，中共中央在北京召开有 130 多名党政军领导干部参加的打招呼会议，会上宣读了经毛泽东审阅批准的文件《打招呼的讲话要点》。文件说：“清华大学出现的问题绝不是孤立的，是当前两个阶级、两条道路、两条路线斗争的反映。这是一股右倾翻案风”；“要向一些同志打个招呼，以免这些同志犯新的错误”。[③] 此后，所谓“批邓、反击右倾翻案风”的运动从北京逐渐扩大到全国。邓小平主持的整顿至此中断。

总体来看，1975 年的整顿是在“文化大革命”的历史背景下进行的，毛泽东支持邓小平主持党和国家的工作，进行整顿，是希望邓小平在肯定“文化大革命”的前提下，实现安定团结，把国民经济搞上去。但是，究竟以阶级斗争为纲还是以经济建设为纲，这个问题不可能长期回避下去。随着各方面整顿的展开，势必终将触及“文化大革命”的“左”倾错误，终究是要发展到对这些错误进行系统的纠正。由于这种发展趋势逐渐显现，整顿最终为毛泽东所不容。

三、四五运动与粉碎江青反革命集团的胜利

1976 年 1 月 8 日，党和国家的主要领导人之一、中国人民解放军的主要创建人之一周恩来逝世。噩耗传来，全国沉浸在极度的悲痛之中。周恩来逝世后，谁来担任国务院总理，成为国内外瞩目的焦点。本来，早已主持国务院工作的邓小

① 参见《建国以来毛泽东文稿》第 13 册，中央文献出版社 1998 年版，第 486 页。
② 《建国以来毛泽东文稿》第 13 册，中央文献出版社 1998 年版，第 497 页。
③ 《建国以来毛泽东文稿》第 13 册，中央文献出版社 1998 年版，第 505 页。

平是当然人选，但“批邓”使这种选择已无可能。1 月 20 日，邓小平致信毛泽东，提请解除其主持中央日常工作的责任。毛泽东表示可以减少工作，但不脱离工作。此后，邓小平不再主持中央工作。1 月 28 日，毛泽东提议由华国锋主持中央日常工作。2 月 2 日，中共中央发出通知，决定由华国锋任国务院代总理。华国锋这年 55 岁，“文化大革命”前他在湖南做地方工作，1971 年调国务院业务组工作，后任中央政治局委员、国务院副总理兼公安部部长。在这样的关键时刻，毛泽东没有让“四人帮”掌握领导权，这为日后顺利地粉碎“四人帮”起了至关重要的作用。

在“批邓、反击右倾翻案风”的推进中，“四人帮”夺权的野心不断膨胀。“批邓、反击右倾翻案风”运动随后在全国继续展开，经毛泽东批准，从 2 月下旬起，中共中央召集各省、市、自治区和各大军区负责人会议，“继续打招呼”。会议传达了由毛远新整理的自 1975 年 10 月至 1976 年 1 月毛泽东关于“批邓、反击右倾翻案风”的多次谈话。在毛泽东的这些谈话中，他重申阶级斗争是纲，并说：“文化大革命是干什么的？是阶级斗争嘛。”他强调：“搞社会主义革命，不知道资产阶级在哪里，就在共产党内，党内走资本主义道路的当权派。走资派还在走。”[①] 他还说：小平他这个人是不抓阶级斗争的，历来不提这个纲。3 月 3 日，中央印发这个材料，“批邓、反击右倾翻案风”运动在全国强行推进。“四人帮”是“批邓、反击右倾翻案风”运动的鼓吹者和积极推动者。他们将“实现四个现代化”说成是鼓吹“阶级斗争熄灭论”和“唯生产力论”，给邓小平扣上“党内最大的不肯改悔的走资本主义道路的当权派”等罪名。“四人帮”大力鼓吹“反击右倾翻案风”，包藏着他们企图夺取党和国家最高领导权的野心。他们早在毛泽东决定由华国锋主持中央日常工作之前，就曾着手准备在打倒邓小平之后，由王洪文重新主持中央日常工作，由张春桥主持国务院工作。“四人帮”还把老干部视为他们夺取最高领导权的障碍，提出老干部是“民主派”，“民主派”就是“走资派”的荒谬公式，不遗余力地宣传“资产阶级就在共产党内”。但是，不断开展政治运动的观点已经很难再为广大干部和群众所接受。大多数地区和单位对“批邓”反应冷淡，明显表现出反感和抵触。随着“文化大革命”破坏性后果的不断暴露，人民群众对“四人帮”的愤怒已不可遏制。

在为周恩来治丧期间，“四人帮”等人作出种种规定阻挠人民群众的悼念活动。1 月 9 日，关于如何组织悼念文章，姚文元答复新华社说：“悼词尚未发表，现在不组

---

① 参见《建国以来毛泽东文稿》第 13 册，中央文献出版社 1998 年版，第 486—487 页。

织。悼词发表后是不是组织反应，仍应再请示”。1月14日，是周恩来追悼大会的前一天，《人民日报》却在头版头条刊出《大辩论带来大变化》的专题报道，竟然说全国人民当时最关心的是清华大学“反击右倾翻案风”的大辩论。这篇文章故意破坏悼念的气氛，激起了群众的强烈义愤。2月13日，“四人帮”的写作班子又在《光明日报》发表《孔丘之忧》一文，说什么“让旧制度的‘哭丧妇’抱着孔丘的骷髅去忧心如焚，呼天号地吧”，暗讽悼念周恩来的广大群众。但是，首都群众从3月底开始，在人民英雄纪念碑前敬献花圈、花篮，张贴传单，朗诵诗词，悼念周恩来，痛斥“四人帮”。这些诗词很快被群众争相传抄，迅速流传。4月4日清明节的悼念活动达到高潮。北京和外地来京的群众，前往天安门广场的达200多万人次，整个广场出现了共和国历史上前所未有的“花山诗海”。人们高喊“打倒野心家、阴谋家”等口号，锋芒直指“四人帮”。4月4日晚，中央政治局会议（邓小平、叶剑英、李先念未参加）在江青等人的左右下，把天安门广场发生的事情定为反革命事件，决定当晚开始清理天安门广场的花圈、诗词和标语；布置民兵和公安人员围住人民英雄纪念碑，阻止群众再去送花圈和集会；调动卫戍部队“在二线准备”。4月5日晚9时30分，1万多民兵和警察奉命手持木棍进入广场，驱赶和逮捕滞留在广场的群众。4月6日凌晨，天安门事件被定性为“反革命暴乱性质”。4月7日，重病中的毛泽东听了汇报后，同意公开发表由“四人帮”组织炮制的《人民日报》记者关于天安门事件的所谓“现场报道”，并且提议两点：（1）任命华国锋为党中央第一副主席、国务院总理；（2）撤销邓小平党内外一切职务，保留党籍，以观后效。这两点建议经中央政治局通过后，在4月7日晚由中央人民广播电台向全国广播。在随后的一段时期，“四人帮”将“批邓、反击右倾翻案风”运动进一步升级。

4月18日，《人民日报》发表《天安门广场事件说明了什么？》的社论，号召“把批判邓小平、反击右倾翻案风的斗争推向新高潮”。4月28日，《人民日报》发表“梁效”的文章《邓小平与天安门广场反革命事件》，公开点名批判邓小平，说邓小平“是党内最大的不肯改悔的走资派”。5月18日，《人民日报》发表“梁效”的文章《党内确实有资产阶级——天安门广场反革命事件剖析》，进一步进行了论证。这一时期，报刊上连篇累牍地发表“批邓”文章，反复宣传“资产阶级就在共产党内”。这场在北京天安门广场发生的人民群众大规模悼念周恩来的事件，被称作“天安门事件”，这一时期在全国各地发生的人民群众悼念周恩来的活动，被统称为四五运动。以天安门事件为中心的抗议运动，是人民群众反对“四人帮”倒行逆施的集中表现，鲜明地表现了人心的向背。

1976年下半年，正当“批邓、反击右倾翻案风”喧嚣正盛的时候，接踵而来发生了几件大事：7 月 6 日，朱德委员长病逝；7 月 28 日，河北唐山发生里氏 7.8 级地震；9 月 9 日，中国共产党、中国人民解放军、中华人民共和国的主要缔造者，中国各族人民的伟大领袖毛泽东逝世。毛泽东逝世后，"四人帮"加紧了夺取党和国家最高领导权的阴谋活动。9 月 11 日，王洪文撇开中央办公厅值班室，在中南海另设值班室，并通知各省、市、自治区党委，重大问题要及时向他们设立的值班室请示报告。"四人帮"暗地对上海的亲信作了许多布置，并且布置清华大学、北京大学、新华社等单位的一些人给江青写"效忠信""劝进信"。王洪文拍好了准备在全国悬挂的标准像。"四人帮"还伪造了一个"按既定方针办"的所谓毛主席临终嘱咐。但他们过高估计了自己的力量，事实上，"四人帮"在人民群众中早已极端孤立，他们更无法控制人民解放军，追随他们的，只有极少数造反起家的分子和打砸抢分子。从 9 月 11 日开始，华国锋同叶剑英、李先念等通过多种渠道，采取多种形式，互通信息，反复研究，认为同"四人帮"的斗争已超出正常的党内矛盾和党内斗争的范围，在征得中央政治局多数同志的同意后，决定对"四人帮"采取隔离审查措施。10 月 6 日晚，宣布对江青、王洪文、张春桥、姚文元进行隔离审查。至此，中共中央政治局执行党和人民的意志，毅然粉碎了江青反革命集团，结束了动乱局面。10 月 14 日，中共中央公布粉碎"四人帮"的消息，举国上下一片欢腾。中国人民在经历了十年磨难和挫折之后，终于迎来了社会主义现代化事业的新时期。

粉碎江青反革命集团是中央政治局执行党和人民的意志，在非常形势下采取特殊方式进行的一场斗争。粉碎江青反革命集团，实现了党和人民的共同意愿，从危难中挽救了党，挽救了国家，挽救了中国的社会主义事业，为实现党的历史的伟大转折创造了前提。

四、正确认识"文化大革命"错误的性质及其原因

"文化大革命"根本不是任何意义上的革命或社会进步，只是一场由领导者错误发动，被反革命集团利用，给党、国家和各族人民带来严重灾难的内乱。"文化大革命"的发生有着深刻的社会历史原因。

首先，进入社会主义新历史阶段后，执政的中国共产党对于经济文化不发达的中国如何搞社会主义，缺乏理论准备和深入的研究。特别是对于什么是社会主义，怎样建设社会主义这个问题，还没有完全搞清楚。进入社会主义阶段后的一段时间以来，党长期固守的一些所谓社会主义原则，实际上是离开了生产力发展的错误思想和做法；被当作"资""修"而加以反对的一些认识和做法，实际上却

是反而有利于发展社会生产力的有益探索。这些认识和实践中的错误思想和偏差产生的根源，在于马克思主义的某些设想被当作了理论的教条。在中国这样一个经济文化不发达的国家里，在人民民主专政的国家政权建立、社会主义改造完成后，应当把发展社会生产力作为党在社会主义建设时期的中心任务，正确处理社会主义条件下生产力与生产关系、经济基础与上层建筑之间的矛盾。因为没有生产力的发展，人民物质文化生活得不到根本改善，社会主义制度的优越性就不能充分体现出来。

其次，错误分析了社会主义社会的主要矛盾，错误提出“以阶段斗争为纲”。在社会主义改造基本完成之后，党在观察处理政治、经济、文化等方面遇到的新问题时，采取的方法，根据的是以往所积累下来的丰富的阶级斗争经验，沿用的是过去那些行之有效的急风暴雨式的大规模群众运动的做法，这样一来，许多已经不属于阶级斗争的问题又被看作阶级斗争，并进而导致阶级斗争扩大化。“文化大革命”的指导思想“无产阶级专政下继续革命”的理论错误地认为，社会主义制度建立以后，还存在着大规模、全范围的阶级对抗，在党内还存在资产阶级，还存在着一个走资本主义道路的当权派，因为阶级矛盾是社会主要矛盾，所以需要进行一场一个阶级推翻另一个阶级的革命。但实践已经证明，在社会主义基本制度已经建立、无产阶级已经掌握政权的历史条件下，“文化大革命”这种所谓的政治大革命，只能造成社会的动荡和倒退。当然，在社会主义建设时期，由于国内外各种因素的影响，阶级斗争还会在一定范围内长期存在，甚至在某些条件下还会激化，但是，如果将这种形式的阶级斗争无限扩大化，一旦偏离经济建设这个中心任务，只能给党和国家造成深重的灾难。

再次，党的民主集中制和集体领导制度遭到严重破坏，致使党无法依靠制度和集体力量及时发现问题、纠正错误。对于“文化大革命”这一严重错误，毛泽东负有主要责任。本来，民主集中制和集体领导制度，是毛泽东一贯坚持并长期身体力行的优良传统。但是，由于对毛泽东的个人崇拜鼓吹到狂热程度，毛泽东逐渐脱离实践、脱离群众，主观主义和个人专断作风日益严重，党的权力过分集中于个人，党中央的集体领导被实际取代，这就使党和国家难于防止“文化大革命”的发动和发展。党内个人崇拜、个人专断现象的产生，有着复杂的社会历史背景。由于中国长期封建制度的影响，加上党对肃清封建遗毒缺乏足够重视，封建主义的影响在党内长期存在，并多方侵蚀着党的肌体，加上国际共产主义运动中没有正确解决领袖与党之间的关系产生的偏差，对党也有着消极影响，最终导致民主集中制和集体领导制度遭到严重破坏。因此，必须坚定不移地推进政治体制改革，坚持民主集中制和集体领导原则，要加强组织和制度上的保障，防止个人专断，防止“文化大革命”这类错误政治运动的再次发生。

思考题：

1. 如何理解“文化大革命”是严重的、全局性的错误？
2. 毛泽东为什么会错误发动“文化大革命”？
3. 如何理解“文化大革命”的危害性、影响及历史启示？

第四章　拨乱反正与中国政治发展新时期（1976—1982）

粉碎“四人帮”后，中共中央对“四人帮”进行了组织上的清算和思想上的揭批。通过开展真理标准问题的讨论，冲破了“两个凡是”的束缚。中共十一届三中全会重新确立了马克思主义的实事求是的思想路线和以经济建设为中心的政治路线，制定了改革开放的伟大决策，确立了以邓小平同志为核心的党的第二代中央领导集体。会后进行了大规模的拨乱反正，有步骤地解决了新中国成立以来的许多历史遗留问题和实际生活中出现的新问题。中共十一届六中全会通过《关于建国以来党的若干历史问题的决议》，完成了党在指导思想上拨乱反正的历史任务。以中共十一届三中全会的召开为标志，中国特色社会主义政治发展道路开始形成。

第一节　拨乱反正的展开

粉碎“四人帮”后，拨乱反正工作有序展开。通过揭批“四人帮”和抵制“两个凡是”错误方针，开展真理标准问题的讨论以及初步纠正冤假错案等，中国政治生活逐步恢复正常。

一、揭批“四人帮”和抵制“两个凡是”错误方针

“四人帮”曾长期控制舆论阵地，大搞拉帮结派，在党内外造成了极其恶劣的影响。如果不把“四人帮”的反革命罪行彻底清算，把他们的帮派体系摧垮，就不能肃清他们在各方面的流毒和影响，就不能巩固已经取得的胜利成果。因此，清除“四人帮”的帮派势力，稳定局势，保持社会安定，是1976年10月后摆在党和国家面前的首要任务。中共中央政治局提出了既要解决问题，又要稳定局势的方针，规定了揭批“四人帮”运动的指导方针和具体步骤，成立了审查“四人帮”的专案组，在全国开展了深入揭批“四人帮”的运动。

揭批“四人帮”运动通过学习中共中央文件、撰写批判文章、召开批判大会等方式开展起来。在揭发批判中，把“四人帮”和林彪两个反革命集团联系起来，把揭批“四人帮”罪行同清查他们的帮派体系、整顿各级领导班子结合起来，同

恢复国民经济、促进安定团结结合起来。揭批“四人帮”的群众运动前后经历了三个阶段。

1976 年 12 月 10 日，中共中央发布《王洪文、张春桥、江青、姚文元反党集团罪证（材料之一）》，这是运动第一阶段开始的标志。这一阶段主要是揭露“四人帮”拉帮结派、企图篡党夺权、危害人民的罪行。《人民日报》先后发表了《“四人帮”的要害是篡党夺权》《彻底揭发批判“四人帮”》两篇社论，引导全党和全国人民将运动的焦点集中到“四人帮”篡党夺权的问题上。各报刊刊载了大量的揭批文章。

1977 年 3 月 6 日，中共中央下发“四人帮”罪证“材料之二”——《“四人帮”的反革命面目及其罪恶历史》，运动进入第二阶段。这一阶段主要揭露“四人帮”的反革命目的和罪恶历史。《人民日报》、《解放军报》和《红旗》杂志发表了一系列批判文章，分别驳斥了“四人帮”对 1975 年整顿中的三个著名文件《关于科技工作的几个问题》《论全党全国各项工作的总纲》《关于加快工业发展的若干问题》的诬陷。在思想认识初步统一的基础上，1977 年 7 月，中共十届三中全会通过了《关于王洪文、张春桥、江青、姚文元反党集团的决议》，决定开除王、张、江、姚四人的党籍，撤销其党内外一切职务。

1977 年 9 月 23 日，中共中央下发“四人帮”罪证“材料之三”——《“四人帮”在各个领域散布的反动谬论》，运动进入第三阶段。这一阶段比较深入地揭批了“四人帮”在“文化大革命”中散布的一系列谬论，初步分清了他们搞乱的理论是非、思想是非和政策是非。广大干部群众还揭批了“四人帮”的种种极左表现，特别是理论界点名批判了张春桥的《论对资产阶级的全面专政》和姚文元的《论林彪反党集团的社会基础》两篇文章，打开了揭批斗争的新局面。

在揭批“四人帮”的同时，中共中央对“四人帮”帮派体系作了清查。从 1977 年 1 月起，中共中央陆续对受“四人帮”影响较深的云南、辽宁、甘肃、安徽等省的领导班子进行改组，对一些党政军重要领导部门作了必要的调整和加强。8 月，中共十一大又明确了清查工作的领导方针和步骤。但是，一些与“四人帮”关系密切的人千方百计转移斗争方向，打击陷害清查积极分子；一些犯了错误或严重错误的人也有顾虑，或设法捂盖子，或避重就轻，致使清查工作遇到很大的阻力。

中共中央及时指出，只有把揭批查紧密结合起来，这一工作才能更好地深入下去。各地采取了坚决措施，清查“四人帮”的帮派体系，同时还对“文化大革命”中的打砸抢问题进行了清查，使揭批“四人帮”运动继续深入。河北保定地区是“文化大革命”期间派性严重、武斗不断的地区之一。1976 年 11 月 9 日，中共中央、国务院、中央军委专门发出了关于解决保定地区问题的布告，指出：保定问题长期不能解决，根子就在“四人帮”。并重申要立即无条件停止武斗。11 月 15 日，中共中央解决保定问题领导小组在保定召开大会，传达有关文件。通过半个月的强大政治攻势，未开一枪，就收缴数以万计的枪支，逮捕了 21 名罪行严重、民愤极大的打砸抢首恶分子，制止了武斗。

1978 年，全国性的清查工作基本结束，揭批“四人帮”运动取得了决定性的胜利。“四人帮”帮派体系土崩瓦解，全国各地因武斗引起的动乱被制止。到 1978 年 8 月，在全国 29 个省、市、自治区（除台湾省外）的主要负责人中，查出同“四人帮”有牵连而被撤职的有 9 人，同时纠正了部分冤假错案。

在运动的目的基本实现的情况下，1978 年 12 月，中共十一届三中全会及时果断地结束了全国性的揭批“四人帮”的群众运动。

随着揭批“四人帮”运动的深入，为天安门事件平反和让邓小平复出这两件事情，很快就成为全党和全国人民的强烈要求。粉碎“四人帮”后，华国锋很快改变了邓小平的处境，并考虑在适当时机让邓小平复出问题，但他认为，如果仓促让邓小平复出，会被一些人说成是背离毛泽东和毛泽东思想。因此，他对邓小平复出采取“往后拖”的办法。在 1977 年 1 月 6 日的中央政治局会议上，华国锋正式、明确提出，要让邓小平复出，但要经过适当步骤，做到“瓜熟蒂落，水到渠成”。

在此前后，以华国锋为首的中共中央的公开做法还是揭批“四人帮”，“连带批邓”，但在一些具体问题的处置上已经在为邓小平复出作准备。比如：1976 年 12 月，中央决定恢复邓小平阅读中央文件的权利；邓小平突发急病，得到精心治疗；邓小平病情好转后，中央将他接到玉泉山，华国锋、叶剑英、李先念、汪东兴等前往看望，并向他通报了粉碎“四人帮”的经过；邓小平病愈出院后，中央安排他和家人一起住到西山军委疗养地休养；中央正在编选的《毛泽东选集》第 5 卷，恢复了毛泽东对邓小平肯定评价的内容；等等。

1977 年 1 月，人民群众为纪念周恩来逝世一周年举行悼念活动，在声讨“四人帮”的同时，又一次强烈要求为天安门事件平反。悼念活动中，广大群众通过集会、演讲、刷大标语、写大字报等形式，肯定 1975 年邓小平主持整顿的成绩，表达要求邓小平出来工作的迫切愿望，对“文化大革命”的错误和毛泽东晚年的错误也开始公开提出批评。在这种情况下，2 月 7 日，《人民日报》发表经中央政治局批准的社论《学好文件抓住纲》。社论在强调“抓纲治国”的同时，明确提出“两个凡是”的方针：“凡是毛主席作出的决策，我们都坚决维护；凡是毛主席的指示，我们都始终不渝地遵循。”“两个凡是”的提出，理所当然遭到干部、群众的反对。当时在国务院研究室工作的邓力群发现这是个重大问题，向王震谈了自己的看法。王震同意，并在军队召开的一次会上公开说“两个凡是”不正确。

1977 年 3 月 10 日至 22 日，中共中央召开工作会议，华国锋在会上重申“两个凡是”，并在会议开始时，给各组组长打招呼，希望各组讨论的时候不要触及邓小平出来工作和天安门事件平反这“两个敏感问题”。但是，这两个问题是当时人们最为关注的，也是一批老同志正准备提出的。

3 月 13 日，陈云向他所在的西南组递交了书面发言，对天安门事件提出四点看法，肯定地说：“邓小平同志与天安门事件是无关的。为了中国革命和中国共产党的需要，听说中央有些同志提出让邓小平同志重新参加党中央的领导工作，是完全正确、完全必要的，我完全拥护。”① 王震发言复述了毛泽东、周恩来对邓小平的评价，充分肯定了邓小平 1975 年重新出来工作时所取得的巨大成绩和天安门广场事件。他们的发言，得到王诤、耿飚、姚依林等人的明确支持，叶剑英、李先念也赞成他们的意见。但是，由于中央领导层中的阻力，他们的发言没能登上会议简报。

对党内外的呼声，华国锋是重视的。3 月 14 日，华国锋在会上讲话时着重强调要捍卫毛泽东思想，高举毛主席的伟大旗帜。根据这一指导思想，他一方面继续强调：确有极少数反革命分子制造了“天安门广场反革命事件”，认为“批邓、反击右倾翻案风，是伟大领袖毛主席决定的，批是必要的”。另一方面，华国锋又表示：群众到天安门悼念周总理，是合乎情理的。还表示，经过调查，邓小平同志根本没有插手天安门事件。邓小平同志的问题应当解决，但是要有步骤，要有一个过程，在适当的时机让邓小平同志出来工作。华国锋宣布了中央政治局会议的决定。中央政治局的意见是，经过党的十届三中全会和党的第十一次全国代表大会，正式作出决定，让邓小平同志出来工作，这样做比较适当。

3 月 10 日，邓小平给华国锋、叶剑英和中共中央写信，对华国锋 3 月 14 日在中央工作会议上的讲话和代表中央政治局宣布的在适当时机、通过一定程序让他出来工作的决定作出回应。邓小平在信中说：“我感谢中央弄清了我同天安门事件没有关系这件事，我特别高兴，在华主席的讲话中，肯定了广大群众去年清明

① 《陈云文选》第 3 卷，人民出版社 1995 年版，第 230 页。

节在天安门的活动是合乎情理的。至于我个人的工作，做什么，什么时机开始工作为宜，完全听从中央的考虑和安排。”针对“两个凡是”，邓小平在信中指出：“我们必须世世代代地用准确的完整的毛泽东思想来指导我们全党、全军和全国人民，把党和社会主义的事业，把国际共产主义运动的事业，胜利地推向前进。”邓小平在信中提出：“如果中央认为恰当，我建议将我这封信，连同去年十月十日的信[①]，印发党内。”[②]

华国锋、叶剑英等同意邓小平向党内转发他的信的建议，同时提出了一些修改意见。随后汪东兴、李鑫受华国锋委托看望邓小平。邓小平对他们讲：“两个凡是”不行。按照“两个凡是”，就说不通为我平反的问题，也说不通肯定 1976 年广大群众在天安门广场的活动“合乎情理”的问题。毛泽东同志说，一个人只要做工作，没有不犯错误的。他自己也犯过错误。一个人讲的每句话都对，一个人绝对正确，没有这回事情。邓小平又说：马克思、恩格斯没有说过“凡是”，列宁、斯大林没有说过“凡是”，毛泽东同志自己也没有说过“凡是”。我给中央写信，提出“我们必须世世代代地用准确的完整的毛泽东思想来指导我们全党、全军和全国人民，把党和社会主义事业，把国际共产主义运动的事业，胜利地推向前进”，这是经过反复考虑的。毛泽东思想是个思想体系。我们要高举旗帜，就是要学习和运用这个思想体系。[③]

邓小平不同意对 4 月 10 日的信再作修改。华国锋等人也没有再提什么要求。5 月 3 日，中共中央即将邓小平这封信连同他 1976 年 10 月 10 日的信转发至县团级。中共中央这样做，实际上是向全党通报了邓小平即将复出的信息。

这时，一些报刊发表了有关天安门事件真相、认定天安门事件是革命事件的文章。“童怀周”编印的《天安门革命诗抄》铅印出版，人们争相购买，在社会上引起巨大反响。中央电视台为“童怀周”制作了题为《敢傲严寒绽春蕾》的电视节目。国外记者对此纷纷报道。广大干部群众要求邓小平复出的呼声更加高涨了。在这样的情势下，1977 年 7 月 17 日，中共十届三中全会通过《关于恢复邓小平同志职务的决议》，恢复邓小平中共中央委员、中央政治局委员、中央政治局常委、中共中央副主席、中共中央军委副主席、国务院副总理、中国人民解放军总参谋长的职务。邓小平复出，对“两个凡是”是一个重大突破。

---

① 1976 年 10 月 10 日，邓小平致信汪东兴转华国锋并中共中央，表示坚决拥护党中央一举粉碎“四人帮”的果断行动，拥护党中央关于由华国锋担任党中央主席和军委主席的决定。

② 《邓小平年谱（1975—1997）》（上），中央文献出版社 2004 年版，第 157 页。

③ 参见《邓小平年谱（1975—1997）》（上），中央文献出版社 2004 年版，第 159—160 页。

二、初步纠正冤假错案和政治生活逐步恢复正常

在揭批“四人帮”的斗争中，落实干部政策、清理冤假错案的工作也开始进行了。

1976年12月5日，中共中央通知指出：凡纯属反对“四人帮”的人，已拘捕的，应予释放；已立案的，应予销案；正在审查的，解除审查；已判刑的，取消刑期予以释放；给予党团籍处分的，应予撤销。次年8月召开的中国共产党第十一次全国代表大会政治报告进一步指出：“干部是我们党的宝贵财富。对过去审查干部中遗留的一些问题，应当严肃认真地尽快妥善处理。可以工作而没有分配工作的，要尽快分配适当工作。年老体弱不能工作的，也要妥善安排。少数人需要作出审查结论的，应尽快作出。‘四人帮’强加于人的一切诬蔑不实之词，应予推倒。”[①] 依照这一方针，清理了一些冤假错案，解放了一批干部。但由于“两个凡是”的禁锢，工作进展甚慢，引起干部群众的强烈不满。

为了扫清拨乱反正的障碍，1977年12月10日，中共中央任命胡耀邦为中央组织部部长。胡耀邦上任之后，把平反冤假错案作为冲破“两个凡是”、拨乱反正的突破口。面对“积案如山，步履艰难”的严峻形势，他对中组部约法三章：第一，要恢复党的优良传统和作风，扫除“门难进，脸难看，话难听，事难办”的恶习，将组织部门办成党员之家、干部之家；第二，任何人不得阻拦找胡耀邦的受冤挨整的老同志，任何人不得扣压或擅自代行处理寄给胡耀邦的信件；第三，成立由陈野苹、贾素珍等组成的老干部接待组。

为解放干部、平反冤假错案，中组部发出了一系列文件，在报刊上发表了数十篇文章，仅《组工通讯》就刊出了30多期近10万字的政策评论。3月21日至4月24日，中组部分三批召开了中央、国家机关和部分省、市、自治区研究疑难案件座谈会，胡耀邦提出了落实干部政策的四条标准：（1）没有结论的，尽快作出结论，结论不正确的，要实事求是改正过来；（2）没有分配工作的要适当分配工作，年老体弱不能坚持正常工作的要妥善安排；（3）去世的要作出实事求是的结论，把善后工作做好；（4）受株连的家属、子女问题要解决好。总的方针是实事求是，方法是群众路线。

1978年9月中旬，邓小平在东北谈了高举毛泽东旗帜和坚持实事求是的问题。与此同时，在中共中央办公厅9月召开的全国信访工作会议上，胡耀邦也指

① 《中国共产党第十一次全国代表大会文件汇编》，人民出版社1977年版，第61页。

出：对待一切案件，都要尊重客观事实。他提出了“两个不管”的原则：凡是不实之词，凡是不正确的结论和处理，不管是什么时候、什么情况下搞的，不管是哪一级组织，什么人定的、批的，都要实事求是地改正过来。邓小平、胡耀邦的讲话，推动了落实干部政策和平反冤假错案的工作。

中央组织部依靠广大干部群众，顶住压力，从 1977 年到 1978 年，先后为被“四人帮”诬蔑为“三株大毒草”的三篇文章[①]恢复了名誉；领导了对全国“右派”的摘帽和改正工作（至 1978 年 11 月，尚未摘帽的 10 万余名“右派”给予摘帽）；分配和安置了中央、国家机关干部 5344 名（截至 1978 年 7 月，占中央和国家机关 53 个单位原有待分配干部的 87.2%）；查处并撤销了 9 名同“四人帮”篡党夺权阴谋有牵连的省、市、自治区的主要负责人的职务（截至 1978 年 8 月）；调整了 14 个省、市、自治区和 23 个部委局的领导班子；公开纠正了刘冰等人写“诬告信”这一错案。1978 年一年，中组部直接办理和复查平反了 130 多名副省、副部级以上干部的大案要案。大批在“文化大革命”中被打倒的中央和地方的领导干部重新走上领导岗位。受到冤屈的各条战线的专家、劳动模范、先进工作者，也恢复了名誉，逐渐走上工作岗位。

中共十一届三中全会前，平反冤假错案的工作取得了一定的成绩。但由于“两个凡是”的干扰，这项工作还只是开了个头，大规模的平反工作到十一届三中全会后才开展起来。

“文化大革命”严重影响了中国科学教育事业的正常发展，邓小平恢复工作后，选择了科技教育作为正本清源、拨乱反正的突破口，自告奋勇抓科技、教育，表示愿当大家的“后勤部长”。1977 年恢复了高等学校招生考试制度，推翻了对“文化大革命”前 17 年教育工作所作的“两个估计”。

1978 年召开了全国科学大会，扭转了林彪、“四人帮”造成的严重混乱局面，实现了教育科技领域的拨乱反正。此外，恢复了全国文联和中国作家协会、中国戏剧家协会、中国音乐家协会、中国电影工作者协会和中国舞蹈工作者协会五个文艺协会，新闻、广播、电视和出版事业，卫生、体育和其他各项文化工作，也得到了恢复和发展，并逐步走上正轨。与此同时，先后召开了全国人大和全国政协会议，国家恢复了正常的政治生活。

1978 年 2 月 26 日至 3 月 5 日，第五届全国人民代表大会第一次会议提前在

---

① 指 1975 年邓小平领导整顿期间形成的三个文件：《关于加快工业发展的若干问题》《科学院工作汇报提纲》《论全党全国各项工作的总纲》。

北京召开，3456名代表出席了大会。大会通过了修改后的《中华人民共和国宪法》，通过了关于政府工作报告的决议，通过了中华人民共和国国歌，新国歌仍采用《义勇军进行曲》的曲谱，但修改了歌词；审议同意了《1976—1985年发展国民经济十年规划纲要（草案）》；会议选举叶剑英为全国人民代表大会常务委员会委员长，宋庆龄、聂荣臻、刘伯承、乌兰夫、吴德、韦国清、陈云、郭沫若、谭震林、李井泉、张鼎丞、蔡畅、邓颖超、赛福鼎·艾则孜、廖承志、姬鹏飞、阿沛·阿旺晋美、周建人、许德珩、胡厥文共20人为副委员长；选举江华为最高人民法院院长，黄火青为最高人民检察院检察长；决定华国锋为国务院总理，邓小平、李先念、徐向前、纪登奎、余秋里、陈锡联、耿飚、陈永贵、方毅、王震、谷牧、康世恩、陈慕华共13人为副总理，还决定郭沫若为中国科学院院长、胡乔木为中国社会科学院院长。与前届人大相比，五届全国人大常委会和国务院领导成员中，“文化大革命”期间涌现出的造反派代表人物没有了，一批德高望重的老干部重新回到领导岗位。

动员全国各族人民团结起来，为建设社会主义的现代化强国而奋斗，是这次会议的主题。在政府工作报告中，华国锋总结了粉碎“四人帮”以来16个月的工作，全面系统地提出了建设社会主义现代化强国的任务、方针、政策和措施。报告提出：中国人民在新的发展时期的总任务，就是要“在本世纪内把我国建设成为农业、工业、国防和科学技术现代化的伟大的社会主义强国”。报告认为，揭批“四人帮”仍然是当前和今后一个时期的头等大事，在揭批“四人帮”的斗争中，要有领导有步骤地开展打击阶级敌人的破坏活动、打击资本主义势力的猖狂进攻。实现四个现代化是重大的经济任务，更是十分紧迫的政治任务。由于受“左”的指导思想的影响，报告对当时国民经济比例失调的严重情况估计不足，提出了一些过高的不切实际的口号和目标。

叶剑英作了《关于修改宪法的报告》。大会一致通过的《中华人民共和国宪法》包括4章60条，它对1975年宪法作了修改，恢复和保持了1954年、1975年宪法好的原则和制度，用根本大法的形式规定了全国人民在新时期的总任务，但宪法中“左”的痕迹还较明显。

这次大会把在20世纪内将中国建设成为社会主义的现代化强国看成是新时期的新长征，但对中国到1985年要达到的目标作了过于乐观的设想。

在召开五届全国人大一次会议的同时，1978年2月24日至3月8日，全国政协第五届委员会第一次会议在北京举行。出席会议的委员达1862人，人数之多，代表之广泛，前所未有。会议指出，在新的历史条件下，全国政协的基本任务是要加强全国各族人民的大团结，发展工人阶级领导的以工农联盟为基础的，团结广大知识分子和其他劳动群众，团结爱国民主党派、爱国人士、台湾同胞、港澳同胞和海外侨胞的统一战线，团结一切可以团结的力量，化消极因素为积极因素，反对国内外敌人，进一步巩固人民民主专政，为把中国建设成为社会主义现代化强国而奋斗。会议选举邓小平为第五届全国政协主席，乌兰夫、韦国清、彭冲、赵紫阳、郭沫若、宋任穷、沈雁冰、许德珩、欧阳钦、史良、朱蕴山、康克清、季方、王首道、杨静仁、张冲、帕巴拉·格列朗杰、周建人、庄希泉、胡子昂、荣毅仁、童第周共 22 人为副主席。

从五届全国人大和政协五届全国委员会开始，两会召开的时间、程序、讨论的主要内容等基本成为定规。

为了调动一切积极因素，进行社会主义建设，党和政府加强了对台、港、澳的工作，加强了对少数民族和边疆地区的工作。中央对台工作领导小组要求各省、市、自治区党委（除西藏外）都要成立对台工作小组，力争用和平的方式解放台湾。1978 年中央成立港澳小组，协助中央掌管港澳工作。1978 年 6 月 21 日至 7 月 2 日，中央组织部和国家民族事务委员会召开了少数民族干部工作座谈会。年底，中央批准统战部《关于争取达赖集团和外逃藏人回归问题的请示报告》，规定了对他们的基本方针是：爱国一家，爱国不分先后，积极争取，既往不咎。凡愿回归的，一律欢迎；回来不走的，负责妥善安置；回来又要走的，礼送出境。“文化大革命”中被严重破坏的统战工作逐步得到恢复。

妇联、工会、共青团等群众组织也相继恢复正常活动。

1978 年 9 月 8 日至 17 日，中国妇女第四次全国代表大会在北京召开。大会选举康克清为全国妇联主席。新的妇联机构成立后，继续深入揭批“四人帮”，肃清其流毒和影响；组织广大妇女学习马列主义、毛泽东思想，掌握科学文化知识；落实党的各项方针政策，调动广大妇女群众的积极性；关心妇女疾苦，维护妇女权益，同歧视、迫害妇女和损害妇女权益的行为作斗争；此外，在培养接班人、加强各族妇女团结、加强同各国妇女的团结合作和友好往来等方面积极开展工作。

1978 年 10 月 11 日至 21 日，中华全国总工会召开第九次全国代表大会。邓小平代表中共中央、国务院致词。邓小平指出：揭批“四人帮”的斗争“在全国广大范围内已经取得决定性的胜利，我们已经能够在这一胜利的基础上开始新的战斗任务”。实现四个现代化，“这是一场根本改变我国经济和技术落后面貌，进一步巩固无产阶级专政的伟大革命。这场革命既要大幅度地改变目前落后的生产力，就必然要多方面地改变生产关系，改变上层建筑，改变工农业企业的管理方式和国家对工农业企业的管理方式，使之适应于现代化大经济的需要”。“工会要教育全体会员积极参加企业的管理。”“工会要努力保障工人的福利”，“要为工人的民主权利奋斗”。[①]大会正式否定了林彪、“四人帮”强加的“工运黑线统治”的谬论，明确肯定了新中国成立以来中国工人运动和工会工作，明确了新时期工人阶级的历史使命和工会工作的基本方针、任务，选举产生了全国总工会第九届执行委员会委员，倪志福当选为全国总工会主席。大会号召全国职工，加快步伐，为实现新时期的总路线和总任务，在20世纪内把中国建成农业、工业、国防和科学技术现代化的社会主义强国而奋斗。

1978年10月16日至26日，中国共产主义青年团举行了第十次全国代表大会。李先念代表中共中央、国务院致词。大会全面总结了共青团九大以来中国青年在斗争中成长的基本经验，根据新时期的总路线和总任务，明确提出了当前和今后一个时期青年的光荣使命和加强共青团建设的任务。大会选举韩英为共青团中央书记处第一书记。这次大会，对中国青年运动的发展，对培养造就大批又红又专的无产阶级革命事业接班人，对加速实现中国社会主义的四个现代化，都具有极其重要的意义。在共青团十大筹备期间，8月19日，中共中央还批准撤销学校红卫兵组织。10月27日，共青团十届一中全会又决定撤销红小兵组织，恢复了已停止活动11年之久的少年先锋队组织。

中国人民解放军将揭批“四人帮”运动与加速军队的革命化、现代化建设结合起来，把教育训练摆上战略地位，开展了学习雷锋、学习“硬骨头六连”的活动。为了端正军队建设的指导思想，1977年12月至1978年6月，先后召开了中共中央军委全体会议、中国人民解放军后勤工作会议和政治工作会议，成立了中国人民解放军军事学院、政治学院、后勤学院。通过一系列措施，加强了党对军队的领导，恢复和发扬人民军队的优良传统，初步克服了军队中存在的不良现象。部队的军事训练加强了，军事技术和战斗力提高了，军队建设出现了新的局面。

三、开展真理标准问题的大讨论

粉碎“四人帮”的头两年，在恢复和发展国民经济、科技、教育领域以及平反冤假错案等方面虽取得进展，但由于在指导思想上受到“两个凡是”的严重束缚，党和国家的工作从总体上说仍处于在徘徊中前进的局面。因而，不推倒“两个凡是”的错误方针，不恢复党的正确思想路线，就不可能进行全面的、卓有成

① 参见《邓小平文选》第2卷，人民出版社1994年版，第135—138页。

效的拨乱反正，国家就不可能出现人们所期望的充满朝气与生机的新局面。

在党内首先旗帜鲜明地批评“两个凡是”、倡导实事求是的是邓小平。1977年7月，他在中共十届三中全会的讲话中，再次强调要完整地准确地理解毛泽东思想，要善于学习、掌握和运用毛泽东思想的体系来指导各项工作，只有这样才不至于割裂、歪曲毛泽东思想，损害毛泽东思想。他特别强调要把毛泽东倡导的实事求是的作风恢复起来。8月，他在中共十一大闭幕词中，又着重强调了要恢复和发扬实事求是的传统的问题。邓小平批评“两个凡是”，积极倡导和恢复实事求是的优良作风，成为解放思想、在思想战线上拨乱反正的先导。

中共十一大后，一些老一辈无产阶级革命家为纪念毛泽东逝世一周年撰写文章，总结党的历史经验，有针对性地着重阐述恢复和发扬实事求是优良传统的重大意义。

1977年9月5日，《人民日报》发表了聂荣臻题为《恢复和发扬党的优良作风》的文章。文章中说：“要搞好党的作风，最重要的是恢复和发扬毛主席为我们党树立的实事求是、群众路线和民主集中制的优良传统和作风。这些优良传统和作风，是毛主席建党学说中带根本性质的问题，也是毛泽东思想体系中带根本性质的问题，应当引起全党同志的高度重视。”文章对毛泽东的《实践论》和《矛盾论》作了深入的分析，认为：“《实践论》的思想，也就是实事求是的思想。实践是第一性的，实际生活、现实事物，是第一性的。我们的一切正确思想，归根结底，只能从实践中来，从实际经验中来，并且必须回到实践中去，通过实际经验的检验。《矛盾论》讲的是客观世界的矛盾及其在我们头脑中的反映。我们的思想要符合客观实际，就必须实事求是地分析客观存在的矛盾，反映客观存在的矛盾。客观世界充满了矛盾，充满了变化，我们的思想必须如实地反映这种矛盾和变化；一切正确思想，都以时间、地点、条件为转移，否则就变成形而上学。”文章指出：“坚持实事求是的作风，就要坚持用正确的态度对待马克思列宁主义、毛泽东思想。”学习和运用马克思列宁主义、毛泽东思想，一定要掌握精神实质，学习它的立场、观点和方法，把基本原理当作行动指南，不要把马克思列宁主义、毛泽东思想的一些词句当作脱离时间、地点和条件的教条。“坚持实事求是的作风，就要反对说空话，特别要反对说假话。”①

1977年9月19日，徐向前在题为《永远坚持党指挥枪的原则》的文章中回顾了党指挥枪的历史，批判了张国焘等人以枪指挥党的错误，并指出要“完整地、

① 参见聂荣臻：《恢复和发扬党的优良作风》，《人民日报》1977年9月5日。

准确地领会和掌握马克思列宁主义、毛泽东思想，提高识别真假马克思主义、分清路线是非的能力，同一切背离马克思列宁主义、毛泽东思想，背离党的正确路线的言行作坚决的斗争”。①

1977 年 9 月 28 日，《人民日报》发表了陈云的文章《坚持实事求是的革命作风》。陈云指出：“实事求是，这不是一个普通的作风问题，这是马克思主义唯物主义的根本思想路线问题。我们要坚持马克思列宁主义，坚持毛泽东思想，就必须坚持实事求是。”文章认为：如果我们离开了实事求是的革命作风，我们就离开了马列主义、毛泽东思想，而成为脱离实际的唯心主义者，我们的革命工作就要陷于失败。“是否坚持实事求是的革命作风，实际上是区别真假马列主义、真假毛泽东思想的根本标志之一。”文章还尖锐地指出：“由于‘四人帮’的影响，今天还有这样一些领导机关，这样一些党员干部，在他们中间，主观主义、形式主义的作风，不是少了而是多了，毛主席长期倡导的那种深入群众进行调查研究、根据实际情况解决具体问题的实事求是精神，却不是多了而是少了。报刊上有些文章还是不懂得区别马列主义、毛泽东思想的字句和实质，还不是满腔热情去完整地准确地宣传毛泽东思想的实质，用它作为具体分析具体问题的指南。”②

这些论述和宣传实事求是的文章，虽然没有直接批判“两个凡是”，但都是针对“两个凡是”的，它引起了理论工作者和广大干部群众的共鸣，得到了他们的赞同。邓小平等老一辈无产阶级革命家对实事求是优良传统的大力倡导，是对“两个凡是”错误观点的有力批评，进一步引起人们对“两个凡是”观点的质疑。这就引发了 1978 年下半年的真理标准问题的大讨论。

1977 年 3 月，胡耀邦被任命为中央党校副校长并主持工作。1977 年 5 月，他针对“文化大革命”造成的思想混乱，在全校整风会议的讲话中就提出，要把被“四人帮”颠倒了的是非“重新颠倒过来”，并引导学员深入讨论实事求是的思想原则问题。1978 年 5 月 10 日，在胡耀邦的支持和审定下，中央党校内部刊物《理论动态》第 60 期刊登了《实践是检验真理的唯一标准》一文。5 月 11 日，《光明日报》以特约评论员的名义公开发表，新华社全文转发。随后，《人民日报》及全国绝大多数省、市、自治区报纸也都陆续转载。

这篇文章指出，检验真理的标准只能是社会实践。理论与实践的统一，是马克思主义的最根本的原则。任何理论都要不断接受检验。凡是科学的理论，都不

① 参见徐向前：《永远坚持党指挥枪的原则》，《人民日报》1977 年 9 月 19 日。
② 参见陈云：《坚持实事求是的革命作风》，《人民日报》1977 年 9 月 28 日。

会害怕实践的检验。马克思主义理论的宝库并不是一堆僵死不变的教条，它要在实践中不断增加新的观点、新的结论，抛弃那些不适合新情况的个别旧观点、旧结论。如果躺在马列主义、毛泽东思想的现成条文上，甚至拿现成的公式去限制、宰割、剪裁无限丰富的飞速发展的实践，是错误的。文章特别指出，当前仍然存在着“圣经上载了的才是对的”这种错误倾向，这是“四人帮”加在人们身上的精神枷锁，要有勇气加以打碎。它强调，凡经实践证明是错误的或者不符合实际的东西，就应当改变，不应再坚持。

这篇文章从理论上根本否定了“两个凡是”的错误方针，在全国引起强烈的反响，得到广大党员、干部和人民群众的支持。但是，1978 年 5 月 18 日，在中央召开的部分宣传和新闻单位负责人会议上，这篇文章被指责为“实际上把矛头指向毛主席思想”。当天，各省主管宣传的负责同志还被告知：对《实践是检验真理的唯一标准》一文，不要以为《人民日报》转载了，新华社发了，就成了定论。

对《实践是检验真理的唯一标准》一文的观点，邓小平等给予了坚决有力的支持。6 月 2 日，邓小平在全军政治工作会议上批评了把坚持实事求是等说成是“犯了弥天大罪”的奇谈怪论，批评了“两个凡是”的观点。邓小平强调指出，马列主义、毛泽东思想的基本原则，我们任何时候都不能违背。但是，一定要实事求是，从实际出发，理论和实践相结合。“实事求是，是毛泽东思想的出发点、根本点。”他针对压制真理标准讨论的错误意见，强调指出：“我们也有一些同志天天讲毛泽东思想，却往往忘记、抛弃甚至反对毛泽东同志的实事求是、一切从实际出发、理论与实践相结合的这样一个马克思主义的根本观点，根本方法。不但如此，有的人还认为谁要是坚持实事求是，从实际出发，理论和实践相结合，谁就是犯了弥天大罪。他们的观点，实质上是主张只要照抄马克思、列宁、毛泽东同志的原话，照抄照转照搬就行了。要不然，就说这是违反了马列主义、毛泽东思想，违反了中央精神。他们提出的这个问题不是小问题，而是涉及到怎么看待马列主义、毛泽东思想的问题。”邓小平特别指出：“我们讲实事求是，讲新的发展时期，讲新的历史条件，就要讲破和立。破，在当前和今后一个时期就是要深入揭批‘四人帮’，要联系揭批林彪，肃清他们的流毒和影响。立，就是要完整地准确地掌握毛泽东思想体系，在新的历史条件下，恢复和发扬我党我军的优良传统和作风。”①

次日，《人民日报》以《邓副主席精辟阐述毛主席实事求是光辉思想》为题，详细介绍了邓小平的讲话。邓小平这次讲话，被作为中央文件下发，对真理标准

① 《邓小平文选》第 2 卷，人民出版社 1994 年版，第 114、121—122 页。

问题的讨论和实际工作起到了巨大的促进作用。

6 月 24 日，《解放军报》《人民日报》同时发表经罗瑞卿主持修改的《解放军报》特约评论员文章《马克思主义的一个最基本的原则》，系统地从理论上回答了对真理标准提出的责难。文章列举了林彪、“四人帮”对理论与实践的关系根本颠倒的事实，论述了“理论指导实践的过程，同时也就是实践检验理论，而使理论得到补充、纠正、丰富和发展的过程”，阐述了实践的重要地位。文章认为：“究竟应该怎样对待马列主义、毛泽东思想，这确实不是一个小问题。这里涉及一个是真捍卫毛泽东思想还是假捍卫毛泽东思想的问题。”[①]

随着真理标准问题讨论的不断展开和深入，邓小平对一些给这场讨论制造障碍的人进行了批评。7 月 21 日，邓小平对中宣部部长张平化说：不要再下禁令、设禁区了，不要再把刚刚开始的生动活泼的政治局面向后拉。[②]8 月 19 日，邓小平又在讲话中说：我说过《实践是检验真理的唯一标准》这篇文章是马克思主义的，是驳不倒的，我是同意这篇文章的观点的，但有人反对，说是反毛主席的，帽子可大啦。[③]9 月 16 日，邓小平在听取吉林省委汇报时指出，“两个凡是”不是高举毛泽东思想的旗帜，而是损害。11 月，邓小平通过对谭震林的《井冈山斗争的实践与毛泽东思想的发展》一文的批示，严肃地批评了《红旗》杂志对真理标准问题讨论的消极态度。批示写道：我看这篇文章好，至少没有错误。我改了一下，如《红旗》不愿登，可以送《人民日报》登。为什么《红旗》不卷入？应该卷入。可以发表不同观点的文章。看来不卷入本身可能就是卷入。[④]

邓小平的支持，有力地推动了真理标准问题讨论在全国的展开和深入。到 1978 年下半年，真理标准问题讨论逐渐进入高潮。从 7 月开始，各省的省委书记和省长、中国人民解放军各大军区的主要负责人也纷纷表明对真理标准问题的态度，使真理标准讨论很快就越出了理论界的范围，影响到当时的实际工作。

10 月和 11 月，中国人民解放军的 11 个大军区、5 个兵种和 3 个军委直属大单位的领导干部，也都通过报纸公开表明了自己支持真理标准讨论的立场和态度。

在这次大讨论中，自然科学界许多学者也通过座谈会、撰写文章等形式，用自然科学史上大量事例和自身经验，说明科学原理是通过实践不断检验才最后确立起来的。

---

① 参见《马克思主义的一个最基本的原则》，《人民日报》1978 年 6 月 24 日。
② 参见《邓小平年谱（1975—1997）》（上），中央文献出版社 2004 年版，第 345 页。
③ 参见《邓小平年谱（1975—1997）》（上），中央文献出版社 2004 年版，第 359 页。
④ 参见《邓小平年谱（1975—1997）》（上），中央文献出版社 2004 年版，第 444 页。

据不完全统计，1978 年下半年，报刊上发表专文 650 多篇，关于真理标准问题的讨论会，不包括中央单位，仅地方上就召开了 70 余次。

真理标准问题的大讨论，形成了一场广泛而深刻的思想解放运动，冲破了“两个凡是”的禁区，打碎了个人崇拜的精神枷锁，使长期以来禁锢人们思想的僵化局面被冲破，极大地促进了人们的思想解放，对提高全党、全国人民的思想水平和识别问题的能力，起了重要的作用。这次大讨论为全面地实现拨乱反正，顺利地实现党和国家工作重点的转移，创造了重要条件，为实现伟大的历史性转折，开辟中国特色社会主义道路作了思想上的重要准备。

第二节　国家政治生活在改革开放中步入正轨

中共十一届三中全会作出了改革开放的伟大决策。此后，国家政治生活在改革开放中步入正轨。平反冤假错案工作进入新的更大规模阶段，第二个历史决议的通过标志着党在指导思想上拨乱反正的完成。

一、中共十一届三中全会作出改革开放的伟大决策

为了进一步推动真理标准问题的讨论向前发展，形成广泛的思想解放运动，1978 年 9 月，邓小平离开北京，先去了四川、广东，后又视察了东北三省以及唐山和天津等地，发表了一系列重要谈话。邓小平的这些谈话，涉及了社会主义建设的方方面面。其中在东北谈话的一个最重要的内容就是着眼于发展生产，实现“四化”。他明确提出，应在适当的时候结束全国性的揭批“四人帮”的群众运动，把党和国家的工作重点转到四个现代化建设上来。围绕党的工作重心转移，邓小平对经济体制改革、政治体制改革和对外开放问题作了许多重要指示和深刻论述。国家经济政治发展的客观形势，也要求中国共产党正确地总结新中国成立以来的历史经验，根据新的形势制定出正确的路线、方针、政策。中共十一届三中全会肩负起了这一历史重任。

为准备中共十一届三中全会，1978 年 11 月至 12 月，中共中央召开了工作会议。会议原定议题是讨论《关于加快农业发展速度的决定》和《农村人民公社工作条例（试行草案）》；商定 1979 年、1980 年两年国民经济计划的安排；讨论李先念在国务院务虚会上的发言。在讨论这些议题前，中央决定，先讨论 1979 年 1 月起把全党工作着重点转移到现代化建设上来这一关系全局的问题。会上，陈

云等提出，为了实现工作重点的转移，必须解决党内外关注的“文化大革命”中发生的一些重大政治事件和“文化大革命”前遗留下的一些重大历史问题。11月12日，陈云率先提出，对有些影响大或涉及面广的问题，需要中央考虑作出决定，以发展安定团结的政治局面，保证党的工作重点顺利转移。他列举了包括所谓“薄一波等61人叛徒集团案”等6个亟待解决的历史问题。陈云的发言得到与会者的热烈响应，代表们围绕陈云提出的坚持有错必纠方针解决历史遗留问题进行讨论，还提出了“一月风暴”“二月逆流”“批邓、反击右倾翻案风”等许多“文革”中的重大是非问题，要求中央作出正确的结论；对“两个凡是”的错误方针、两年来领导工作中的失误，提出了中肯的批评；对真理标准问题讨论、党的优良传统的恢复和农业方针等提出了建议和意见。这就使讨论经济工作的会议变成了纠正“左”倾错误、进行拨乱反正的会议。

在与会者的强烈要求下，11月25日，中央政治局郑重决定为天安门事件、“二月逆流”、“薄一波等61人叛徒集团案”平反，撤销中央关于“批邓、反击右倾翻案风”的有关文件，纠正过去对彭德怀、陶铸、杨尚昆等所作的错误结论，决定撤销中央专案组，康生、谢富治问题由中央组织部审查，地方性重大事件一律由各省、市、自治区实事求是地予以处理。这次会议在实际进行中突破了预定计划，在时间上，由原定的20多天延长到了36天；在内容上，实际上主要集中讨论四大问题：重大的历史遗留问题、对几个中央负责人的批评意见、真理标准讨论的问题和中央人事的调整问题。这种突破，使得会议取得了历史性的巨大胜利，产生了划时代的意义。

在12月13日的闭幕会上，华国锋就“两个凡是”问题作了自我批评，对关于真理标准问题的讨论也作了肯定。邓小平发表《解放思想，实事求是，团结一致向前看》的著名讲话，提出和阐述了关系到党和国家前途命运的几个重大问题。讲话指出，解放思想是当前的一个重大政治问题。民主是解放思想的重要条件。处理遗留问题为的是向前看。要研究新情况，解决新问题。如果现在再不实行改革，我们的现代化事业和社会主义事业就会被葬送。要允许一部分地区、一部分企业、一部分工人农民，由于辛勤努力成绩大而收入先多一些，生活先好起来。讲话总结了真理标准问题大讨论，批评了“两个凡是”和个人崇拜，明确了党的主要任务和前进方向。这篇讲话是对“文革”以来党和国家的历史与现实深刻反思的一个重要成果，是在“文化大革命”结束以后，中国面临向何处去的重大历史关头，冲破“两个凡是”的禁锢，开辟新时期新道路、开创建设中国特色社会主义新理论的宣言书。这篇讲话，为中共十一届三中全会提出了基本的指导思想，实际上成为十一届三中全会的主题报告。

1978 年 12 月 18 日至 22 日，中共中央召开了十一届三中全会。全会的中心议题是讨论把全党的工作重点转移到社会主义现代化建设上来；审议通过有关农业问题的两个文件和 1979 年、1980 年两年国民经济计划安排；讨论人事问题和选举成立中央纪律检查委员会；讨论国际形势和外交工作；审查和解决历史遗留问题。由于工作会议已作了充分的酝酿和准备，全会顺利地完成了各项议程，取得了巨大的成就。

这次会议解决的主要问题是：第一，重新确立了党的马克思主义的思想路线。全会否定了“两个凡是”的错误方针，高度评价了关于真理标准问题的讨论，确定了解放思想、实事求是的思想路线。第二，重新确立了马克思主义的政治路线。全会毅然抛弃“以阶级斗争为纲”这个不适用于社会主义社会的“左”的错误方针，把党和国家的工作重心转移到经济建设上来。在确定工作中心转移的同时，作出了实行改革开放的伟大决策，奠定了新时期中国共产党基本路线的基础。第三，重新确立了正确的组织路线。全会提出要健全社会主义民主和加强社会主义法制的任务，审查和解决了中共历史上一批重大冤假错案和一些重要领导人的功过是非问题，纠正了过去对彭德怀、陶铸、薄一波、杨尚昆等所作的错误结论。十一届三中全会增选陈云为中央政治局委员、政治局常委、中央委员会副主席；增选邓颖超、胡耀邦、王震为中央政治局委员；增补一些资历老的同志为中央委员，以后提请中共十二大追认。选举产生了以陈云为首的中央纪律检查委员会。经过这次全会，实际形成了以邓小平为核心的中央领导集体。[①]

中共十一届三中全会“从根本上冲破了长期‘左’倾错误的严重束缚，端正了党的指导思想，重新确立了马克思主义的思想路线、政治路线和组织路线”[②]，开始了党在社会主义建设时期由严重挫折、徘徊到走向成功的伟大转变。这是共和国历史上全局性、根本性的伟大转折。思想、政治、组织等领域的全面拨乱反正是从这次全会开始的；伟大的社会主义改革开放，由这次全会揭开序幕；建设中国特色社会主义的新道路，以这次全会为起点；当代中国的马克思主义——邓小平理论，在这次全会前后开始逐步形成和发展起来。中共十一届三中全会标志“中国从此进入了社会主义事业发展的新时期”[③]。

---

① 参见《十四大以来重要文献选编》(上)，人民出版社 2011 年版，第 3—4 页。

② 《十二大以来重要文献选编》(上)，人民出版社 2011 年版，第 7 页。

③ 《江泽民同志在纪念党的十一届三中全会召开二十周年大会的讲话》，《人民日报》1998 年 12 月 19 日。

中共十一届三中全会之所以能实现历史性的伟大转折，主要在于：第一，中国共产党曾经有过正确的马克思主义思想路线、政治路线和组织路线，这是全会得以实现伟大转折的历史前提；第二，“文化大革命”把“左”倾错误推向了极端，它促使党与人民醒悟与反思，并提出新时期正确的方针政策；第三，关于真理标准问题的讨论为实现转折作了充分的思想理论准备；第四，邓小平、陈云等老一辈无产阶级革命家的艰苦努力，推动并直接促成了转折的实现。

二、四项基本原则的提出和坚持

粉碎“四人帮”后，社会上和中共党内出现一些新的思想动向：一方面，在一部分人中，仍然存在着思想僵化或半僵化状态，阻碍着中共十一届三中全会路线的贯彻；另一方面，极少数“四人帮”的党羽，利用中共发扬民主的机会和“文化大革命”给党和国家造成的困难，宣扬无政府主义和资产阶级自由化的主张，反对社会主义制度，反对共产党的领导，反对无产阶级专政的政权，反对毛泽东思想的指导地位，从右的方面歪曲和反对中共十一届三中全会的路线。这两种思想倾向的蔓延和影响，造成了一部分人的思想混乱。根据中共十一届三中全会的决定，为了总结理论宣传战线的经验教训，研究全党工作重心转移后理论宣传工作的根本任务，并在此基础上进一步统一思想认识，1979 年 1 月至 4 月，中共中央召开理论工作务虚会。鉴于会上出现思想混乱的情况，受中共中央委托，3 月 30 日，邓小平在会上发表了题为《坚持四项基本原则》的重要讲话。

邓小平在讲话中将中国共产党一贯所强调的思想政治方面的原则，科学地概括为“四项基本原则”。他在讲话中明确指出：“我们要在中国实现四个现代化，必须在思想政治上坚持四项基本原则。这是实现四个现代化的根本前提。这四项是：第一，必须坚持社会主义道路；第二，必须坚持无产阶级专政；第三，必须坚持共产党的领导；第四，必须坚持马列主义、毛泽东思想。”他提醒全党注意那种怀疑四项基本原则的思潮在一小部分人中蔓延，他指出：“我们必须一方面继续坚定地肃清‘四人帮’的流毒，帮助一部分还在中毒的同志觉悟过来，并且对极少数人所散布的诽谤党中央的反动言论给予痛击；另一方面用巨大的努力同怀疑上面所说的四项基本原则的思潮作坚决的斗争。这两种思潮都是违背马列主义、毛泽东思想的，都是妨碍我们的社会主义现代化建设事业的前进的。”邓小平还论述了四项基本原则是完整的指导原则，论述了它的核心。他指出：坚持四项基本原则的核心，是坚持共产党的领导。并强调，每个共产党员都不允许在这个根本立场上有丝毫的动摇。他郑重提出：“如果动摇了这四项基本原则中的任何一项，那就动摇了整个社会主义事业，整个现代化事业。”[①] 他尖锐地指出，如果不采取有力的措施坚持四项基本原则，三中全会的方针政策就要落空，四个现代化建设就要落空。四项基本原则永远是我们立国、治国、强国之本。

这次会议对“两个凡是”和思想僵化现象继续进行了尖锐的批评，对多年来被林彪、“四人帮”和“左”倾指导思想歪曲了的重大理论问题，要求按照马克思主义的观点，予以纠正。会议还要求继续解放思想，实事求是，把解放思想同坚持四项基本原则统一起来。

会后，广大干部和群众逐渐从过去盛行的个人崇拜和教条主义的精神枷锁中解放出来，党内外的思想越来越活跃，出现了努力研究新情况、解决新问题的生动景象。这次会议有力地促进了中共十一届三中全会确立的思想路线和政治路线的正确贯彻。

1981 年 6 月，中共十一届六中全会决议对四项基本原则进一步明确规定，指出：四项基本原则，是全党团结和全国各族人民团结的共同政治基础，也是社会主义现代化建设事业顺利发展的根本保证。一切偏离四项基本原则的言论和行动都是错误的，一切否定和破坏四项基本原则的言论和行动都是不能容许的。

1982 年通过的《中华人民共和国宪法》对四项基本原则又作了记载和肯定，将无产阶级专政改为人民民主专政，并明确规定，中国人民将继续坚持四项基本原则，为实现新时期的根本任务而奋斗。

1987 年 10 月，中共十三大把四项基本原则作为重要内容写进了党在社会主义初级阶段的基本路线中，即：领导和团结全国各族人民，以经济建设为中心，坚持四项基本原则，坚持改革开放，自力更生，艰苦创业，为把我国建设成为富强、民主、文明的社会主义现代化国家而奋斗。

1992 年 10 月 18 日，中共十四大把建设有中国特色社会主义的理论和党的“一个中心、两个基本点”的基本路线正式载入党章。

三、冤假错案的平反和历史遗留问题的解决

中共十一届三中全会后，党和国家按照实事求是、有错必纠的原则加快了平反冤假错案的步伐。平反冤假错案工作进入新的更大规模阶段。

第一，复查和平反了一批“文化大革命”中和“文化大革命”前涉及党和国家领导人以及各个部门领导人的冤假错案。1979 年 2 月 17 日，中共中央发

---

① 《邓小平文选》第 2 卷，人民出版社 1994 年版，第 173 页。

出《关于为彭真同志平反的通知》，“文化大革命”初期强加给彭真的一切诬蔑不实之词都被推翻。3月28日，中共中央发出《关于为“杨、余、傅事件”平反的通知》，推翻强加在杨成武、余立金、傅崇碧等身上的一切诬陷不实之词。6月8日，中共中央转发中央组织部的报告，为中共中央宣传部原部长陆定一平反，恢复名誉。8月25日，中共中央为八届中央政治局候补委员、遵义会议后任中央总书记的张闻天在北京举行追悼会，为其平反，恢复“中国共产党优秀党员、老一辈无产阶级革命家”的名誉。1980年1月10日，中共中央发出《关于为谭震林同志平反的通知》。2月25日，中共中央发出通知，为所谓“习仲勋反党集团”案平反。7月24日，中共中央发出《关于为萧华同志平反的通知》。7月28日，中共中央批转总政治部《关于黄克诚同志的复查结论》，宣布给黄克诚彻底平反，恢复名誉。10月23日，中共中央书记处批准中央办公厅《关于为原中央办公厅和杨尚昆等同志平反问题的请示报告》。

第二，复查和平反了“文化大革命”中和“文化大革命”前受到错误批判或诬陷的中央领导机关和部门的冤假错案。1979年2月12日，国家体委根据中共中央有关精神，宣布推翻强加给体育系统“独立王国”的罪名，推倒强加给贺龙的一切诬陷不实之词，一切受到牵连迫害的同志一律彻底平反。2月28日，新华社报道，中共中央宣传部批准文化部党组的决定，对林彪、“四人帮”制造的“旧文化部”“帝王将相部、才子佳人部、外国死人部”大错案彻底平反。并指出不存在所谓的“文化黑线”和以周扬、夏衍、田汉、阳翰笙为代表的“黑线代表人物”问题。凡受到这一错案牵连和遭到诬陷、打击的人，一律予以彻底平反。3月2日，中国人民解放军总政治部作出《关于“总政阎王殿”冤案彻底平反的决定》，一系列与之相关的冤假错案都得到了彻底平反。4月2日，总政治部又召开大会，宣布中共中央、中央军委3月21日通知，彻底平反“总政阎王殿”“谭政反党宗派集团”等冤案。3月9日，中共中央对外联络部发出《关于所谓“三和一少”、“三降一灭”问题平反的通报》，指出康生一伙强加给中联部和整个外事战线的这些罪名，完全是诬陷不实之词，必须推翻。

第三，复查和平反了“文化大革命”中和“文化大革命”前地方性事件中的重大冤假错案。1979年1月4日，中共中央转发上海市委《关于解决所谓“一月革命”问题的请示报告》，指出：所谓“一月革命”是林彪、江青等从上海打开缺口，搞乱全国，进行全面夺权阴谋活动的一个严重步骤。为此而被公开点名批判的陈丕显、曹荻秋、魏文伯、杨西光等，和所有受到迫害的群众组织、干部群众，以及与此相关联而形成的一切冤假错案，一律予以彻底平反。3月2日，经中共中央批准，中共北京市委作出《关于“三家村”冤案的平反决定》，撤销原中央专案组对邓拓、吴晗、廖沫沙的错误结论，恢复邓拓、吴晗的党籍，并给廖沫沙恢复组织生活。8 月 2 日，经中共中央批准，北京市委决定为“三家村反党集团”冤案平反，恢复邓拓、吴晗、廖沫沙的政治名誉。其他这一类得到平反的冤假错案还有：武汉“七二〇事件”、内蒙古“新内人党”和云南“沙甸事件”等。

第四，复查和平反了“文化大革命”中和“文化大革命”前历次政治运动中涉及的民主党派、爱国民主人士、知名人士的冤假错案。1979 年 2 月 22 日，被林彪、陈伯达、“四人帮”以及戚本禹造谣诬蔑、捏造罪名，迫害致死的历史学家、北京大学原副校长翦伯赞的追悼会，在北京八宝山举行。全国政协副主席杨静仁主持，北京大学校长周培源致悼词，推倒强加给他的一切诬陷不实之词，为他平反昭雪，恢复他“著名的马克思主义史学家”的名誉。4 月 26 日，中共上海市委在上海为著名翻译家傅雷举行追悼会，为他平反昭雪。9 月 14 日，经中共中央批准，教育部在北京大学宣布，北京大学原校长马寅初的“新人口论”以及他的“国民经济要综合平衡”等观点是正确的，对于过去强加在他身上的“一贯反对党、反对社会主义、反对马克思列宁主义”等一切诬蔑不实之词，一律予以推翻。1980 年 9 月 29 日，中共中央批转公安部、最高人民检察院、最高人民法院提出的《关于“胡风反革命集团”案件的复查报告》，为胡风案件平反。其他一些著名人士的历史冤案，也都得到了平反昭雪。

第五，复查和平反了“文化大革命”中的“反革命案件”、刑事案件所涉及的冤假错案。“文化大革命”10 年中，全国以“反革命”定罪而冤杀错杀的情况十分突出。中共十一届三中全会后，按照中央有关规定，各地都全面复查了“文化大革命”中的这些案件，对属于冤假错案的都实事求是地予以纠正，给予平反。比较典型的，在全国有较大影响的案子，如在“文化大革命”中因与林彪、“四人帮”斗争而遭到杀害的共产党员张志新和史云峰、遇罗克等，都得到平反昭雪，恢复名誉。

在大规模平反冤假错案的工作中，影响最大的事件是为原中共中央副主席、中华人民共和国国家主席刘少奇平反昭雪。

粉碎“四人帮”后，党内就有许多人向中央建议，对刘少奇的冤案进行复查。中共十一届三中全会后，要求为刘少奇冤案平反的呼声更加强烈。1979 年 2 月，中共中央决定，由中央纪律检查委员会和中央组织部联合对刘少奇一案进行复查。11 月，中央纪律检查委员会和中央组织部联合复查组经过认真周密的核查，证明“文化大革命”中，以中共中央名义作出的《关于叛徒、内奸、工贼刘少奇罪行的审查报告》是江青、康生、谢富治一伙利用伪证写成的，报告强加给刘少奇的种种罪名，没有一项是符合事实的。

1980 年 2 月 23 日至 29 日，中共十一届五中全会在北京召开，会议一致通过了《关于为刘少奇同志平反的决议》。决议指出：（1）撤销中发〔68〕152 号文件（即八届十二中全会公报）中加给刘少奇的罪名和对他的处理决议，相应地撤销中发〔68〕155 号文件（即原审查报告）。恢复刘少奇作为伟大的马克思主义者和无产阶级革命家、党和国家的主要领导人之一的名誉。（2）在适当的时间，由中共中央商同全国人大常委会，为前中共中央副主席、中华人民共和国主席刘少奇举行追悼会。（3）过去因刘少奇问题受株连的人和事，都应当由有关主管部门实事求是地进行复查和澄清，凡属冤假错案，一律予以平反。（4）中央这个决议和附件，发至基层党支部，并按照先党内、后党外的步骤，传达到全体党员和全国人民群众，以消除过去对刘少奇的错误处理所造成的影响。

5 月 17 日，中共中央、全国人大、国务院、中央军委、全国政协等在北京为刘少奇举行隆重的追悼会。华国锋、叶剑英、邓小平、李先念、陈云、宋庆龄以及首都各方面代表一万多人参加了追悼会。追悼会由华国锋主持，邓小平代表中共中央致悼词，彻底推倒强加在刘少奇身上的种种罪名，郑重地为他平反昭雪，恢复名誉。这起新中国成立以来最大的冤案得到彻底平反。

为调动全社会的积极因素，切实加快社会主义现代化建设事业，中共十一届三中全会后，中央在大规模平反冤假错案的同时，还采取措施调整各方面的社会关系。

第一，为地主、富农分子摘帽子和解决地、富子女成分问题。1979 年 1 月 11 日，中共中央作出《关于地主、富农分子摘帽问题和地、富子女成分问题的决定》。《决定》指出：除极少数坚持反动立场，至今还没有改造好的以外，凡是多年来遵守政府法令、老实劳动，不做坏事的地主、富农分子，一律摘掉帽子，给予农村人民公社社员的待遇。地主、富农家庭出身的农村人民公社社员，他们本人的成分一律定为公社社员，享有同其他社员一样的待遇。地主、富农家庭出身的社员的子女，他们的家庭出身应一律为社员，不应再作为地主、富农出身。[①] 仅此一个决定，全国先后就有大约 440 多万人被摘掉地主、富农的帽子；有大约 2000 多万人结束了 30 年来备受歧视的生活。这是一件深得人心的决策，其影响重大而深远。

---

① 《关于地主、富农分子摘帽问题和地、富子女成分问题的决定》，《人民日报》1979 年 1 月 29 日。

第二，为1957年被错划“右派”分子的人进行改正。1977年底，中央提出并着手为错划“右派”平反。1978年春，中央在烟台专门召开会议研究为错划“右派”平反问题并形成文件——《关于全部摘掉右派分子帽子的请示报告》。中央转发了这个文件（1978年11号）。1979年2月，中共中央组织部和中共中央统战部召开全国右派复查改正工作经验交流会，会上第一次提出：“改正错划的右派，就是改正我们在反右派斗争中的错误”，“无论哪一级组织或哪一个人批准定案的，凡是错了的都要改正”。随后，全国各省、市、自治区，以及地、市、县都召开了相应的会议，贯彻中央精神，落实中央政策。到1981年上半年，改正工作基本结束。全国共改正54万多人的“右派”问题，占原划右派总数55万人的98%。同时，给其中失去公职的27万人，重新恢复或安排了工作、安置了生活，对一部分原来工作安排不当的人，重新作了调整。这项工作，对于恢复和发扬党的实事求是的优良传统，调动广大人民群众的积极性，具有重要意义。

第三，为1959年以来被定为“右倾机会主义分子”或“右倾错误”的人平反改正。这件事，随着中共十一届三中全会彭德怀问题的平反昭雪，已经开了一个好头。1979年7月13日，中共中央发出《关于对被定为右倾机会主义分子的平反、改正问题的通知》，指出：在1959年以来的“反右倾”斗争中，因反映实际情况或在党内提出不同意见，被定为右倾机会主义分子或右倾错误的人，一律平反改正。本人及家属子女的档案中，有关“反右倾”斗争的材料，一律销毁。一切搞错了的人和事，都必须毫不动摇地加以纠正。这一决定使一大批党员、干部，卸下了压在心头20年之久的“右倾”包袱，获得了政治上、精神上的解放。

第四，为国民党起义、投诚人员落实政策，对居住在大陆的台湾同胞及去台人员在大陆的亲属落实政策。1979年11月1日，中共中央为“对去台（湾）人员在大陆亲属政策”发出通知，指出：对去台人员在大陆的亲属，应在政治、经济、社会生活等方面，一视同仁，平等相待，不得歧视；大陆和台湾亲友之间正常的通信、通电，任何人不得干预；去台人员在大陆的亲属，遭到林彪、“四人帮”政治陷害的，一律平反，迫害致死的，应予昭雪。

第五，把小商、小贩、小手工业者及其他劳动者从原工商业者中区别出来。1979年11月12日，中共中央批转中央统战部等6个部门《关于把原工商业者中的劳动者区别出来问题的请示报告》。《报告》指出：1956年对私营工商业实行按行业公私合营时，有一大批小商小贩、小手工业者以及其他劳动者被带进公私合营企业，把他们统称为私方人员，按资产阶级工商业者对待，这是不妥当的，应该把他们从原资产阶级工商业者中区别出来，明确他们本来的劳动者成分。按照这一报告的精神，经过一年多的工作，到 1981 年 11 月，全国共有 70 多万小商、小贩、小手工业者及其他劳动者被从原工商业者中区别出来，恢复了作为社会主义劳动者的身份，从而妥善解决了 1956 年社会主义改造中这个遗留下来的问题，卸掉了这一部分人的包袱，调动了他们的积极性。接着，又明确肯定，原工商业者已经成为社会主义社会中的劳动者，其成分一律改为干部或工人。

第六，认真落实知识分子政策，注意改善知识分子的工作条件和生活条件。国家开始建立学位制度，恢复评定学术和技术职称，抓紧培养、选拔专业人才。一批闲散在社会上的科技人员得到安置。

第七，支持各民主党派恢复活动，发展组织，推动它们在国家政治生活、经济建设和文教科技领域积极发挥作用。

第八，认真落实民族政策。1980 年到 1981 年，中共中央书记处先后召开西藏、云南、新疆和内蒙古等省区问题的会议，认真解决落实党的民族政策等方面的问题。中共中央和一些地方还先后为被定为“地方民族主义分子”的人摘掉帽子。

第九，认真落实宗教政策。1982 年 3 月，中共中央书记处发出关于社会主义时期宗教问题的文件，阐明党在宗教问题上的基本观点和基本政策，在这前后，爱国宗教组织的活动得到恢复，各地的寺堂庙观陆续修复和开放。

第十，重申党的侨务政策，保护和褒扬侨胞爱祖国、爱故乡的热情，鼓励他们为支援祖国和家乡的建设作贡献。

上述这些政策的调整和落实，有效地调动了社会各阶层人员的积极性，为促进社会的安定团结，巩固和发展爱国统一战线，推动社会主义现代化建设的发展，奠定了必不可少的社会基础和群众基础。

在平反冤假错案的同时，1980 年 9 月 20 日五届全国人大常委会第十六次会议决定，成立最高人民检察院特别检察厅和最高人民法院特别法庭，检察、审判林彪、江青反革命集团案主犯；任命最高人民检察院检察长黄火青兼任特别检察厅厅长，最高人民法院院长江华兼任特别法庭庭长。会议决定特别法庭公开进行审判，特别法庭的判决为终审判决。

公安部从 1980 年 4 月下旬开始对林彪、江青反革命集团在押犯进行侦查、预审，侦查终结后，移送到最高人民检察院。最高人民检察院特别检察厅对公安部移送的案卷材料、证据进行审查，并讯问了被告，确认林彪、江青反革命集团罪行严重，证据确凿，于 11 月 5 日向最高人民法院特别法庭起诉。起诉书指出：以林彪、江青为首的反革命集团主犯林彪、江青、康生、张春桥、姚文元、王洪文、陈伯达、谢富治、叶群、黄永胜、吴法宪、李作鹏、邱会作、林立果、周宇驰、江腾蛟等，在“文革”中互助勾结，狼狈为奸，凭借其地位和权力，施展阴谋诡计，利用合法的和非法的、公开的和秘密的、文的和武的各种手段，有预谋地诬陷、迫害党和国家领导人，企图篡党夺权，推翻无产阶级专政的政权，给国家、民族造成了难以估量的灾难。起诉书列举了他们的四大罪状：（1）诬陷、迫害党和国家领导人，策动推翻无产阶级专政的政权；（2）迫害、镇压广大干部、群众；（3）谋害毛泽东主席，策动反革命武装政变；（4）策动上海武装叛乱。共48条罪行。根据《中华人民共和国刑法》第九条关于适用法律的规定，特别检察厅确认10名罪犯触犯了《中华人民共和国刑法》，分别犯有颠覆政府、分裂国家罪，组织领导反革命集团罪，反革命宣传煽动罪，刑讯逼供罪，非法拘禁罪，应依法追究刑事责任。起诉书还指出，依照《中华人民共和国刑事诉讼法》第十一条第五项的规定，对已死亡的林彪、康生、谢富治、叶群、林立果、周宇驰不再追究刑事责任。这次起诉的全是10名主犯触犯刑律的反革命罪，不涉及工作中的错误，包括路线错误。

1980年11月20日，特别法庭开庭公审10名主犯，开庭42次，进行法庭调查和法庭辩论，先后有49名证人和被害人出庭作证，对873件证据进行了认真的审查。1981年1月25日，特别法庭作出判决：江青、张春桥死刑，缓期2年执行，剥夺政治权利终身（1983年1月25日最高人民法院刑事审判庭作出裁决，对两人的死缓依法减为无期徒刑，剥夺政治权利终身不变）；王洪文无期徒刑，剥夺政治权利终身；姚文元有期徒刑20年，剥夺政治权利5年；陈伯达、黄永胜、江腾蛟有期徒刑18年，剥夺政治权利5年；吴法宪、李作鹏有期徒刑17年，剥夺政治权利5年；邱会作有期徒刑16年，剥夺政治权利5年。

对林彪、江青反革命集团的公审具有重大意义：第一，通过公审充分揭露了林彪、江青反革命集团的罪行和反动本质。第二，有力地打击了敌人，伸张了正义，平息了民愤，有利于调动人民的积极性，促进了政治上的进一步安定团结。第三，充分体现了法律面前人人平等的原则。第四，恢复了法律的尊严，维护了法律的权威，树立了一个依法办事，依法治国的范例。

四、指导思想上拨乱反正的完成

中共十一届三中全会前后，党进行了指导思想和各条战线的拨乱反正工作，对“文化大革命”进行否定，对中华人民共和国成立以后十七年的一些历史问题重新评价，这就导致了党内和党外有些同志对社会主义和中国共产党产生了一些疑惑，对毛泽东的一生功绩和思想的正确性也有种种不正确的想法。如何看待新中国成立以后中国共产党的历史，如何评价“文化大革命”，如何评价毛泽东的功过，如何评价毛泽东思想，成为当时中国政治生活中的一个大问题。

随着各条战线拨乱反正工作的深入开展，迫切要求党对新中国成立以来的历史经验进行系统、深刻的总结，对一系列重大历史问题、现实问题和理论问题，作出明确的决议，以统一全党全军和全国人民的思想认识，团结一致，为建设社会主义现代化强国而奋斗。

为了从根本上纠正“左”的和右的错误倾向，把全党和全国人民的思想统一到三中全会的路线上来，中共十一届四中全会一致认为有必要对党在新中国成立后这一时期的历史作出决议，认真反思新中国成立以来党走过的历史道路，科学地总结党在这一时期的历史经验。1979 年 9 月，叶剑英代表中共中央、全国人大常委会、国务院在庆祝新中国成立 30 周年大会上的讲话中，对新中国成立以来的历史作了初步的总结，肯定了 30 年来的成就，初步分析了“文化大革命”及其以前的“左”倾错误，总结了“文化大革命”的主要教训。

在邓小平、胡耀邦的主持下，从 1979 年 11 月起，中共中央开始着手起草《关于建国以来党的若干历史问题的决议》。起草小组由胡乔木负责。在决议的起草过程中，从 1980 年 3 月到中共十一届六中全会，邓小平多次谈过对决议稿的起草和修改的意见。这些意见成为起草决议的“总的原则，总的指导思想”，主要有三条：第一，确立毛泽东同志的历史地位，坚持和发展毛泽东思想。这是最核心的一条。第二，对建国 30 年来历史上的大事，哪些是正确的，哪些是错误的，要进行实事求是的分析，包括一些负责同志的功过是非，要作出公正的评价。第三，通过这个决议对过去的事情作个基本的总结，宜粗不宜细。总结过去是为了引导大家团结一致向前看。争取在决议通过以后，党内、人民中间思想得到明确，认识得到一致，历史上重大问题的议论到此基本结束。

邓小平认为，决议的中心是两个问题，第一，毛泽东同志的功绩是第一位，还是错误是第一位？第二，建国 32 年，特别是“文化大革命”前 10 年，成绩是主要的，还是错误是主要的？是漆黑一团，还是光明是主要的？并且指出：“决议中最核心、最根本的问题，是坚持和发展毛泽东思想。党内党外、国内国外需要我们对这一问题加以论证，加以阐述，加以概括。”

决议在起草过程中，曾经过全党高级干部 4000 人的讨论、政治局扩大会议的讨论、十一届六中全会预备会议的讨论等多次讨论和修改，反复征求、吸取了各方面的意见后最后定稿。

经过反复讨论、认真修改，1981 年 6 月 27 日至 29 日，中共十一届六中全会一致通过了《中国共产党中央委员会关于建国以来党的若干历史问题的决议》。

《决议》分 8 个部分，即建国以前 28 年历史的回顾；建国 32 年历史的基本估计；基本完成社会主义改造的 7 年；开始全面建设社会主义的 10 年；"文化大革命"的 10 年；历史的伟大转折；毛泽东同志的历史地位和毛泽东思想；团结起来，为建设社会主义现代化强国而奋斗。《决议》从马克思主义的辩证唯物观和历史唯物观出发，对建国 32 年来党的重大历史事件，特别是"文化大革命"作出了正确的总结，科学地分析了在这些事件中党的指导思想的正确和错误，分析了产生错误的主观因素和社会原因。指出，党在新中国成立后的历史，总的说来是我们党在马列主义、毛泽东思想指导下，领导全国各族人民进行社会主义革命和建设并取得巨大成就的历史。由于经验不多，党在对形势的分析和国情的认识上有主观主义的偏差，犯过把阶级斗争扩大化和经济建设上急躁冒进的错误，包括"文化大革命"这样全局性的、长时间的严重错误。这就使我们没有取得本来应该取得的更大成就。

《决议》实事求是地评价了毛泽东的历史地位，充分论述了毛泽东思想作为党的指导思想的伟大意义。指出：毛泽东是伟大的马克思主义者，是伟大的无产阶级革命家、战略家和理论家。就他的一生来看，他对中国革命的功绩远远大于他的过失。他的功绩是第一位的，错误是第二位的。

《决议》将毛泽东晚年的错误与他的正确思想加以区别，指出毛泽东思想是马克思列宁主义在中国的运用和发展，是被实践证明了的关于中国革命的正确的理论原则和经验总结，是中国共产党集体智慧的结晶。强调指出：毛泽东思想是我们党的宝贵的精神财富，将长期指导我们的行动。我们必须继续坚持毛泽东思想，并以符合实际的新原理和新结论丰富和发展毛泽东思想。

《决议》肯定了三中全会以来逐步确立的适合中国情况的建设社会主义现代化强国的正确道路，对三中全会以来的路线、方针、政策作出了初步概括，进一步指明了中国社会主义事业和党的工作继续前进的方向。

《决议》既对多年来的"左"倾错误和毛泽东晚年的错误作了科学的分析，又坚决地维护了毛泽东思想的科学体系和毛泽东的历史地位，从而统一了全党和全国人民的思想认识，维护了全党和全国人民的团结，为社会主义事业的健康发展提供了根本保证。《决议》的通过，标志着中国共产党在指导思想上的拨乱反正胜利完成。①

---

① 参见《十二大以来重要文献选编》（上），人民出版社 2011 年版，第 8 页。

中共十一届六中全会还同意华国锋辞去党中央主席和军委主席职务的请求，在此之前，1980 年 8 月至 9 月间召开的五届全国人大三次会议决定赵紫阳接任华国锋担任国务院总理；选举胡耀邦为中央委员会主席（1980 年 2 月，胡耀邦当选为新设立的中央书记处总书记，他当选为主席后，兼任总书记，十二大后不再设立党的主席）；改选华国锋、增选赵紫阳为副主席；选举邓小平为中央军委主席；增选习仲勋为中央书记处书记。由中央主席和副主席胡耀邦、叶剑英、邓小平、赵紫阳、李先念、陈云、华国锋 7 人组成中央政治局常委会。这为改革开放的展开奠定了更加坚实的组织基础。

思考题：

1. 试述真理标准问题大讨论的重要意义。
2. 试述中共十一届三中全会的历史地位。
3. 试述党的指导思想拨乱反正是如何完成的。

第五章　开辟中国特色社会主义政治发展道路（1982—1992）

邓小平在中共十二大开幕词中首次提出“走自己的道路，建设有中国特色的社会主义”，中共十二大明确提出了“努力建设高度的社会主义民主”的任务。中共十三大正式确立党在社会主义初级阶段的基本路线，还明确提出：“进行政治体制改革，就是要兴利除弊，建设有中国特色的社会主义民主政治。改革的长远目标，是建立高度民主、法制完备、富有效率、充满活力的社会主义政治体制。”中共十三届四中全会以后，中共中央提出了12条有深远指导意义的原则，对中国特色社会主义基本制度和社会主义现代化建设的基本指导原则作出明确规定。20世纪80年代至90年代初，中国共产党带领全国人民在推进改革开放中，经受住了各种风险的考验，逐步开辟出了一条中国特色社会主义政治发展道路。

第一节　制定中国特色社会主义建设纲领和初步展开政治体制改革

中共十二大制定了全面开创社会主义现代化建设新局面的宏伟纲领，开启了中国特色社会主义建设的新征程。政治体制改革在废除干部领导职务终身制、转变政府职能、政社分设与村民自治等方面初步展开。

一、中国特色社会主义建设纲领的制定

为了总结粉碎“四人帮”以来，特别是中共十一届三中全会以来的经验教训，进一步肃清“文化大革命”的消极影响，制定全面开创社会主义现代化建设新局面的宏伟纲领，1982年9月，中共召开了十二大。这次大会提出“把马克思主义的普遍真理同我国的具体实际结合起来，走自己的路，建设有中国特色的社会主义”的思想，确定了分两步走、在20世纪末实现国民生产总值翻两番的目标。

早在20世纪60年代，中共中央就提出要在20世纪末实现四个现代化，把中国建设成为伟大的社会主义强国。粉碎“四人帮”后，中共中央又重申了这一奋斗目标。1979年，邓小平根据新时期的现实，实事求是地调整20世纪末实现四个现代化的发展目标，首次使用“小康”这一概念。1980年，邓小平开始筹划

两个“十年翻两番”的战略，他认为：“对于我们的建设事业说来，八十年代是很重要的，是决定性的。这个十年把基础搞好了，加上下一个十年，在今后二十年内实现中国式的四个现代化，就可靠，就真正有希望。”[①]1982 年 8 月，邓小平会见联合国秘书长德奎利亚尔时说：“我们面临发展和摆脱落后的任务。我们摆在第一位的任务是在本世纪末实现现代化的一个初步目标，这就是达到小康的水平。”[②]“如果能实现这个目标，我们的情况就比较好了。更重要的是我们取得了一个新的起点，再花三十年到五十年时间，接近发达国家的水平。”“从现在到本世纪末是一个阶段，再加三十至五十年，就是说我们希望至少有五十年到七十年的和平时间。”[③]这次谈话表明邓小平已经初步形成了“两个阶段分三步走”的发展战略。这就为中共十二大制定全面开创社会主义新局面的宏伟纲领和各项方针政策奠定了基础。

中共十二大还强调指出，在建设高度的物质文明的同时，一定要努力建设高度的社会主义精神文明；强调了社会主义物质文明建设和精神文明建设都要靠继续发展社会主义民主来保证和支持。社会主义民主的建设必须同社会主义法制的建设紧密地结合起来，使社会主义民主制度化、法律化。中共十二大通过的新党章，规定党中央不设主席只设总书记，规定中央和省一级设顾问委员会作为新老干部交替的过渡性机构。大会选举产生了中共十二届中央委员会，胡耀邦担任中共中央总书记；还选举产生了中央顾问委员会、中央纪律检查委员会。

中共十二大是一次全面开创社会主义现代化建设新局面的大会。这首先表现在邓小平致的开幕词第一次明确提出“建设有中国特色的社会主义”的崭新命题。他指出：“把马克思主义的普遍真理同我国的具体实际结合起来，走自己的道路，建设有中国特色的社会主义，这就是我们总结长期历史经验得出的基本结论。”他说，我们的现代化建设，必须从中国的实际出发。无论是革命还是建设，都要注意学习和借鉴外国经验。但是，照抄照搬别国经验、别国模式，从来不能得到成功。他强调，中国的事情要按照中国的情况来办，要依靠中国人民自己的力量来办。他针对改革开放以来出现的新情况新问题明确指出：“我们坚定不移地实行对外开放政策，在平等互利的基础上积极扩大对外交流。同时，我们保持清醒的头脑，坚决抵制外来腐朽思想的侵蚀，决不允许资产阶级生活方式在我国泛滥。”[④]

① 《邓小平文选》第 2 卷，人民出版社 1994 年版，第 241 页。
② 《邓小平文选》第 2 卷，人民出版社 1994 年版，第 416—417 页。
③ 《邓小平文选》第 2 卷，人民出版社 1994 年版，第 417 页。
④ 《邓小平文选》第 3 卷，人民出版社 1993 年版，第 2—3 页。

建设有中国特色的社会主义是邓小平从中国的实际出发，在总结中国社会主义建设正反两方面经验的基础上，对什么是社会主义，怎样建设社会主义的科学回答。这个重要命题的提出，成为中国新时期改革开放和现代化建设的指导思想，为中国的发展指明了根本方向和道路。这次大会制定的全面开创社会主义新局面的宏伟纲领和各项方针政策，揭开了中国社会主义现代化建设的历史新篇章。一大批德才兼备、比较年轻的党员领导干部第一次参加中央委员会，担负起中央的领导工作；一大批德高望重的老同志从第一线退出，参加了中央顾问委员会的工作，在中共最高领导层进一步实现了新老结合和交替。中共十二大还决定用三年时间，有计划有步骤地进行整党，使党风根本好转。

中共十二大的召开，标志着拨乱反正任务的结束和全面开创社会主义现代化建设新局面的开始。

二、政治体制改革任务的提出

中国在改革开放一开始，就提出了政治体制改革的任务。1978 年 12 月，邓小平在《解放思想，实事求是，团结一致向前看》的著名讲话中明确指出："为了保障人民民主，必须加强法制。必须使民主制度化、法律化，使这种制度和法律不因领导人的改变而改变，不因领导人的看法和注意力的改变而改变。"① 这个讲话触及了政治体制改革的问题，实际上拉开了中国政治体制改革的序幕。1979 年，邓小平在规划中国改革的总体战略目标时指出："我们的国家已经进入社会主义现代化建设的新时期。我们要在大幅度提高社会生产力的同时，改革和完善社会主义的经济制度和政治制度，发展高度的社会主义民主和完备的社会主义法制"，"建设高度的社会主义精神文明"。② 这就明确提出了改革和完善社会主义政治制度的任务。

1980 年 8 月 18 日，邓小平发表了关于《党和国家领导制度的改革》的重要讲话。这篇讲话对中国政治体制改革，特别是作为其关键领域的党和国家领导制度的改革作了系统深入而又精辟明确的论述。其主要思想和观点是：（1）中国政治体制存在严重弊端。（2）政治体制的严重弊端是党和国家工作出现错误的根本原因。（3）政治体制改革很有必要，也很紧迫。（4）政治体制改革主要是要解决如下问题：一是改变权力过分集中的现象；二是解决党政不分，以党代政的问题；

① 《邓小平文选》第 2 卷，人民出版社 1994 年版，第 146 页。
② 《邓小平文选》第 2 卷，人民出版社 1994 年版，第 208 页。

三是健全民主集中制，实行集体领导和个人分工负责相结合的制度；四是解决好新老领导干部交接班的问题。此外，邓小平还强调，在改革党和国家领导体制方面，要特别注意“肃清封建主义残余影响”，因为“上面讲到的种种弊端，多少都带有封建主义色彩”。[①] 这篇讲话，为政治体制改革指明了方向和目标，规定了原则，奠定了理论基础，成为中国政治体制改革的一个纲领性文献。

随着经济体制改革全面展开，政治体制改革的步伐也明显加快。从 1985 年下半年到 1987 年上半年间，邓小平多次指出，必须把政治体制改革提到议事日程，反复强调进行政治体制改革的必要性和紧迫性。他说：“政治体制改革同经济体制改革应该相互依赖，相互配合。只搞经济体制改革，不搞政治体制改革，经济体制改革也搞不通。”[②] “现在经济体制改革每前进一步，都深深感到政治体制改革的必要性。不改革政治体制，就不能保障经济体制改革的成果，不能使经济体制改革继续前进，就会阻碍生产力的发展，阻碍四个现代化的实现。”[③] 邓小平一方面强调政治体制改革必须与经济体制改革相适应，另一方面明确提出政治体制改革必须具体化，要进行总体设计，要有一个蓝图。中共十二届六中全会把政治体制改革摆到了社会主义现代化建设总体布局的战略地位。邓小平对中国在社会主义初级阶段历史条件下以政治体制改革为主要内容的政治发展作出了原则性的阐述，并指出：“我们政治体制改革总的目标是三条：第一，巩固社会主义制度；第二，发展社会主义社会的生产力；第三，发扬社会主义民主，调动广大人民的积极性。”[④]1986 年 9 月，中共中央成立中央政治体制改革研讨小组，开始了总体方案的酝酿和设计。1987 年 10 月，中共十二届七中全会原则同意了《政治体制改革总体设想》，决定将这一设想的基本内容写入中共十三大报告中。

处理好党政关系是政治体制改革的首要问题，其目的就是要加强和改善党的领导。1986 年 9 月 3 日，邓小平指出：“进行政治体制改革的目的，总的来讲要消除官僚主义，发展社会主义民主”，“处理好法治和人治的关系，处理好党和政府的关系。党的领导是不能动摇的，但党要善于领导，党政需要分开，这个问题要提上议事日程”。[⑤] 十天以后，邓小平进一步说：“党政要分开，这涉及政治体制改革。党委如何领导，应该只管大事，不能管小事。”他说：“改革的内容，首先

① 参见《邓小平文选》第 2 卷，人民出版社 1994 年版，第 334 页。
② 《邓小平文选》第 3 卷，人民出版社 1993 年版，第 164 页。
③ 《邓小平文选》第 3 卷，人民出版社 1993 年版，第 176 页。
④ 《邓小平文选》第 3 卷，人民出版社 1993 年版，第 178 页。
⑤ 《邓小平文选》第 3 卷，人民出版社 1993 年版，第 177 页。

是党政要分开，解决党如何善于领导的问题。这是关键，要放在第一位。第二个是权力要下放，解决中央和地方的关系，同时地方各级也有一个权力下放的问题。第三个是精简机构，这和权力下放有关。”[①]

经历了“文化大革命”的政治灾难之后，中国共产党深刻地认识到中国政治体制存在着严重的弊端。正是因为“文化大革命”的惨痛教训，促使邓小平始终以巨大的政治勇气，克服各种阻力，旗帜鲜明地把党政关系问题列为当代中国政治体制改革的头号课题。邓小平树立的政治体制改革这面旗帜，为全面构建面向世界、面前未来、面向现代化的政治体制提供了强大的理论依据。

三、干部领导职务终身制的废除

在拨乱反正的过程中，中国开始了党和国家领导制度的改革。干部制度首先迈出了改革的步伐。

干部领导职务终身制是指干部终身担任领导职务，不受年龄、健康、任期等条件的限制。干部领导职务终身制，在中国过去虽然没有明文规定过，但党和国家的领导人实际上存在着领导职务终身制的问题。这也是国际社会主义运动中许多共产党没有解决好的一个重大制度问题。

干部领导职务终身制是封建主义残余在干部制度上的一种反映，对党的干部队伍建设和党内政治生活民主化危害极大。它造成了权力过分集中，妨碍党的集体领导制度的贯彻执行；造成了领导班子老化，不利于新生力量的选拔和成长；更不利于党员、群众对干部进行有效的推荐、选举、监督和罢免。

“文化大革命”结束后，拨乱反正和大规模平反冤假错案工作逐步展开，新中国成立以来因历次运动遭受迫害的干部纷纷走上各级领导岗位。由于从反右运动到“文化大革命”结束持续了近 20 年，原来的年轻人早已进入中年，中年人也变成了老年人。面对改革开放和四个现代化建设事业的繁重使命，中国干部队伍主要存在两个方面问题：一方面，干部队伍严重老化，力不从心；另一方面，因无位子，年轻干部又上不来。

为了废除实际上存在的干部职务终身制和逐步更新领导班子，1980 年 4 月 23 日，中共中央政治局会议通过了《关于丧失工作能力老同志不当十二大代表和中央委员会候选人的决定》。《决定》要求，凡年事已高，丧失工作能力和生活自理能力的老同志，不能当中央的十二大代表和中央委员会候选人。这是干部制度改

① 《邓小平文选》第 3 卷，人民出版社 1993 年版，第 177 页。

革的一个重要步骤。

为了改变领导干部兼职、副职过多的状况，1980 年 9 月，五届全国人大三次会议接受华国锋辞去国务院总理的请求，接受邓小平等辞去国务院副总理、聂荣臻等辞去全国人大常委会副委员长的请求。1981 年开始，国务院开始进行机构改革，到 1982 年 4 月，国务院原有 52 个部委简化为 41 个部委。据 38 个部委的统计，除兼职的部长、主任外，正副部长、正副主任原为 505 人，现为 167 人，平均年龄由 64 岁变为 58 岁，具有大学文化程度的由 37% 提高到 52%。据 28 个部委统计，司局级机构减少 32%，正副司局长减少 53%，正副司局长平均年龄由 60 岁变为 54 岁，有大学文化程度的由 36% 提高到 49%。

1982 年 2 月，中共中央和国务院建立了老干部离退休制度，作出了《关于建立老干部退休制度的决定》。中共中央和国务院首先从企业中开始试行领导干部任期制，并逐步推广到党政机关职能部门。此外，还建立了辞职、免职、奖惩等制度。这些都对废除干部领导职务终身制产生了积极的作用，使一批经过考验的中青年干部先后走上了领导岗位。1985 年有 64 位年龄偏大的同志请求不再担任中央委员会委员、候补委员，37 位年龄偏大的同志请求不再担任中央顾问委员会委员，30 位年龄偏大的同志请求不再担任中央纪律检查委员会委员。中共中央领导机构在十二大开始新老交替后，又在年轻化的进程中迈出了很大的一步。

考虑到当时的实际情况，中共十二大建立了中央顾问委员会，作为废除领导职务终身制的过渡性机构。

中共中央顾问委员会是以邓小平为代表的中国共产党人在特殊的历史条件下，为解决干部系统吐故纳新、新老合作与交替而创造的一个过渡性的组织形式。邓小平提出设顾问最早是从军队开始的。早在 1975 年 7 月 14 日，邓小平就在中央军委扩大会议上讲了在军队设顾问组的问题。他指出："设顾问是一个新事物，是我们军队现在状况下提出的一个好办法。设顾问，第一关是谁当顾问，第二关是当了顾问怎么办？""顾问组的组长，不参加党委，可以列席党委会，好同顾问组通气。其他待遇不变，但是配汽车、秘书要变一变。""顾问也有权，就是建议权。顾问要会当，要超脱。不然，遇事都过问，同级党委吃不消。设了顾问，究竟会有什么问题，等搞年把子再来总结经验。"① 当时，邓小平提的顾问制度并未完全行得通，虽然道理大家都明白，但却没人愿意当顾问。后来，由于邓小平再次被打倒，设顾问的事情便被搁置。

① 《邓小平文选》第 2 卷，人民出版社 1994 年版，第 23—24 页。

1977 年，邓小平第三次出来工作，在解决了党的政治路线和思想路线后，就着手解决组织路线问题。一次，邓小平在中央党、政、军机关副部长以上干部会议上讲道："现在我们搞四个现代化，急需培养、选拔一大批合格的人才。这是一个新课题，也是对老同志和高级干部提出的一个责任，就是要认真选好接班人。老干部现在大体上都是六十岁左右的人了，六十岁出头的恐怕还占多数，精力毕竟不够了，不然为什么有些同志在家里办公呢？为什么不能在办公室顶八小时呢？我们在座的同志中能在办公室蹲八小时的确实有，是不是占一半，我怀疑。我们老同志的经验是丰富的，但是在精力这个问题上应该有自知之明。就以我来说，精力就比过去差得多了，一天上下午安排两场活动还可以，晚上还安排就感到不行了。这是自然规律，没有办法。"①

邓小平接着说："粉碎'四人帮'以来，我们把老同志都陆续请回来了，并且大体上恢复了原来的或者相当于原来的职务。这样，我们的干部就多起来了。把老同志请回来是完全必要的，是非常正确的。现在我们面临的问题，是缺少一批年富力强的、有专业知识的干部。而没有这样一批干部，四个现代化就搞不起来。我们老同志要清醒地看到，选拔接班人这件事情不能拖。否则，搞四个现代化就会变成一句空话。"② 邓小平清醒地看到顾问制度只是一个出路，要真正解决问题不能只靠顾问制度，重要的是要建立退休制度。

从 1980 年起，邓小平即开始做退休的准备工作。1980 年 8 月，中央政治局召开了扩大会议，邓小平在《党和国家领导制度的改革》讲话中说：中央"正在考虑再设立一个顾问委员会（名称还可以再考虑），连同中央委员会，都由党的全国代表大会选举产生"。"这样，就可以让一大批原来在中央和国务院工作的老同志，充分利用他们的经验，发挥他们的指导、监督和顾问的作用。同时，也便于使中央和国务院的日常工作班子更加精干，逐步实现年轻化。"③

1981 年，华国锋辞职时，党内外一致要求邓小平出任党中央主席，甚至连一些外国领导人也通过各种渠道表达了此种愿望。邓小平力排众议，推荐年轻的同志主持党和国家领导工作。7 月 2 日，中共十一届六中全会刚落幕没几天，邓小平便在各省、市、自治区党委书记座谈会上提到设顾问委员会以容纳一些老同志的设想，并说："这是为后事着想。"1982 年 1 月 13 日，邓小平在中央政治局会议上谈到要老同志让路，让中青年干部上来接班的问题时，把它比喻为"一场革

① 《邓小平文选》第 2 卷，人民出版社 1994 年版，第 221 页。
② 《邓小平文选》第 2 卷，人民出版社 1994 年版，第 221 页。
③ 《邓小平文选》第 2 卷，人民出版社 1994 年版，第 339 页。

命”，并疾呼：这场“革命”不搞，让老人、病人挡住比较年轻、有干劲、有能力的人的路，不只是四个现代化没有希望，甚至于要涉及亡党亡国的问题。真正考虑成熟并下定决心设立顾问委员会是在中共十二大召开前夕。1982 年 2 月 18 日，邓小平在会见柬埔寨诺罗敦·西哈努克亲王和夫人时说，干部老化问题已到了非解决不可的地步了。

1982 年 9 月 6 日，中共十二大通过了新的《中国共产党章程》，新党章的第三章第二十二条里明确了中顾委的组成原则和职能作用：党的中央顾问委员会是中央委员会政治上的助手和参谋。中共十二大上，邓小平出任中央顾问委员会主任。会上，邓小平说：中央顾问委员会是个新东西，是根据中国共产党实际成立的，是解决我们这个老党、老人实现新旧交替的一种组织形式。目的是使中央委员会年轻化，同时让老同志退出一线后继续发挥一定的作用，顾问委员会就是这样一个组织。

1987 年中共十三大召开前，邓小平、陈云、李先念等人共同约定“一齐退下来，而且是一退到底。即退出中央委员会，不再担任任何职务。彭真、邓颖超、徐向前、聂荣臻也要求‘全退’”。后来，经过中央政治局反复讨论，并征求多方意见，决定邓小平、陈云、李先念三人“半退”，即退出中共中央委员会，但仍担任一定职务。邓小平担任中央军委主席，陈云担任中顾委主任，李先念担任全国政协主席；彭真、邓颖超、徐向前、聂荣臻“全退”，即退出中共中央委员会，不再担任任何职务。中共十三大，在三老“半退”、四老“全退”的带动下，中央和各省、市、自治区又有一批老干部退出第一线的领导岗位，增选为中顾委委员和各省、市、自治区的顾问委员会委员，一批年轻干部走上了一线领导岗位。

打破领导干部职务终身制，建立干部退休制度，使一大批老干部退出了一线，选拔了一大批年轻的领导干部充实到各级领导岗位，解决了“文革”后干部年龄普遍偏大、队伍后继无人的问题；结束了其他社会主义国家同样存在的干部任职终身制问题；有利于干部队伍向着革命化、年轻化、知识化、专业化方向前进。

四、转变政府职能的改革

改革开放后，在行政体制改革方面，非常重要的一项是领导体制由过去名义上的委员会制改为行政首长个人负责制。新中国成立以来历届地方政府的组织形式都是“委员会”，1949 年至 1954 年称“人民政府委员会”“军管会”。1954 年的一届全国人大公布了地方组织法，称“人民委员会”，1967 年至 1980 年的“临时权力机构”为“革命委员会”。1979 年五届全国人大二次会议决定改“革命委员会”为“人民政府”，从1980年起施行。

为适应经济体制改革、对外开放的要求，从1982年开始，首先从国务院做起，自上而下地展开各级机构改革。1982年开始的行政体制改革主要是：在国务院机构改革和干部人事制度建设方面，改革了国务院领导体制。减少了副总理的人数，设置了国务委员，由国务院总理、副总理、国务委员和秘书长组成国务院常务会议；精简了国务院机构，裁减合并了一批经济部门，大大减少了直属机构。

这次改革以精兵简政为原则，较大幅度地撤并了经济管理部门，并将其中一些条件成熟的单位改革成了经济组织。1981年，国务院的工作部门有100个，为新中国成立以来的最高峰。臃肿的管理机构已不能适应改革开放和经济社会发展的需要，亟待改革。为此，1981年12月五届全国人大四次会议的政府工作报告提出，从国务院各部门首先做起进行机构改革，限期完成。1982年3月8日，五届全国人大常委会第二十二次会议通过了全国人大常委会关于国务院机构改革问题的决议。根据国务院部署，第一批先行一步的有12个单位：电力工业部、水利部、商业部、全国供销合作总社、粮食部、国家进出口管理委员会、对外贸易部、对外经济联络部、国家外国投资管理委员会、化学工业部、煤炭工业部和纺织工业部。以后，其他部门陆续确定了方案，付诸实施。

这次改革，在领导班子方面，明确规定了各级各部的职数、年龄和文化结构，减少了副职，提高了素质。在精简机构方面，国务院各部委、直属机构、办事机构从100个减为61个；省、自治区政府工作部门从50至60个减为30至40个；直辖市政府机构稍多于省政府工作部门；城市政府机构从50至60个减为45个左右；行署办事机构从40个左右减为30个左右；县政府部门从40多个减为25个左右。在人员编制方面，国务院各部门从原来的5.1万人减为3万人；省、自治区、直辖市党政机关人员从18万人减为12万余人；市县机关工作人员约减20%；地区机关精简幅度更大一些。改革之后，国务院各部委正副职是一正二副或者一正四副，领导班子平均年龄也有所下降，部委平均年龄由64岁降到60岁，局级平均年龄由58岁降到54岁。

这次改革历时3年，范围包括各级党政机关，是新中国成立以来规模较大、目的性较强的一次建设和完善行政体制的努力。这次改革，对于废除领导干部职务终身制、精简各级领导班子、加快干部队伍年轻化建设步伐，产生了积极的影响。

为适应经济体制改革及社会各项事业发展的需要，20世纪80年代初开始，中共中央、国务院及中央有关部委还相继作出了关于科学技术体制、教育体制、艺术表演团体、体育体制、卫生工作的改革决定，对科技、教育、文化、卫生、体育等事业的改革提出了一些原则要求。在实际改革中，重点从以下几方面进行了积极的探索和改革：一是调整机构设置，初步理顺教育、科技、艺术表演、卫生、体育等管理体制；二是通过放权让利等措施，扩大了事业单位的自主权，提高了事业单位的经营意识和能力；三是调整了事业单位财政关系，允许部分事业单位实行企业化管理；四是通过立法明确事业单位的法人地位；五是强化事业单位的机构编制管理；六是根据"管少、管好、管住"的原则，适当下放了事业单位组织人事管理权限；七是恢复了职称评审工作，开始推行专业技术职务聘任制；八是在推进党政机关机构改革的同时，对事业单位后勤社会化也进行了探索与初步改革。

五、政社分设与村民自治的兴起

改革开放后，逐步推行的农村家庭联产承包责任制，不仅引发了中国农村社会经济的深刻变革，而且还促使了中国政社合一的乡村基层建制逐步被乡政村治体制所取代：乡（镇）成为基层政权机构；村民委员会建立起来并逐步成为村民自治单位。

20 世纪 70 年代后期，基本否定家庭经营、对集体经济管得过死、分配制度过于追求平均的人民公社体制已严重脱离中国生产力发展的实际，不利于激发农民的生产热情，无法满足农村发展的要求。1978 年，四川广汉县向阳公社成立了工商联合公司，在公司内部实行工效结合、惩奖挂钩的目标责任制，工商联合公司实际上取代了公社的经济职能。1980 年 6 月 18 日，向阳摘下人民公社的牌子，将公社一分为三：乡党委、乡政府、农工商总公司，率先在全国冲破了人民公社管理体制。

人民公社体制是 1958 年人民公社化运动的产物。到 1978 年改革开放前，全国人民公社总数达到 54000 多个。对改变人民公社体制这个复杂问题，邓小平的态度很明确：第一，对人民公社 20 多年来的实践结果不满意；第二，倾向于尽快探索出一条改变人民公社体制的路子。

经过实践的探索和认识的深化，1982 年 12 月，五届全国人大通过的《中华人民共和国宪法》，对乡村基层政权作了如下明确规定：乡、民族乡和镇是我国最基层的行政区域，乡镇行政区域内的行政工作由乡镇人民政府负责，乡镇人民政府实行乡长、镇长负责制。乡镇长由乡镇人民代表大会选举产生。[①] 这就宣告了延

① 参见《十二大以来重要文献选编》（上），人民出版社 2011 年版，第 207—211 页。

续24年的原乡村政社合一的人民公社体制历史的终结。1982年12月，中共中央政治局讨论通过的《当前农村经济政策的若干问题》，明确规定了改革人民公社体制的途径。文件指出："人民公社的体制，要从两方面进行改革。这就是，实行生产责任制，特别是联产承包制；实行政社分设。"[①]1983年10月，中共中央、国务院正式发出了《关于实行政社分开建立乡政府的通知》，全国各地普遍开始了恢复建立乡政权的工作。到1984年底，政社分设工作基本完成，全国共建乡85200多个，建区公所8100多个。鉴于大多数地区乡的规模偏小，1985年又着手进行撤区并乡工作，到1986年底，全国的乡数由85200多个减少到58400余个，撤并了32000多个。[②]

1982年宪法有关村民委员会的规定，实际上是对农民在自我管理方面造成的既成事实给予法律上的承认。早在1980年1月，广西壮族自治区宜山县三岔公社合寨大队（今宜州市屏南乡合寨村）的村民，鉴于实行承包责任制后，很多事情没人管，耕牛经常被盗，社会治安混乱的情况，为了治安联防，果作等6个生产队的村民，自动组织起来，选举村委会，制定村规民约。村委会成立以后，村民实行自我管理。稍后，四川、河南、山东等省的一些农村地区也陆续出现了村民委员会式的组织。当时各地的村委会名称并不统一，有的称"村管会"，有的称"议事会"，也有的称"治安领导小组"。

包括合寨在内的广西一些地方村民这种自我管理、自我服务的体制，非常适应当时农村以包产到户为主要形式的经济体制。1982年宪法明确了村民委员会的性质、基本任务、组织设置、选举等有关事宜，确立了村民委员会在中国的法律地位。

为了落实1982年宪法有关村民自治的内容，1987年11月24日六届全国人大常委会第二十三次会议通过了《中华人民共和国村民委员会组织法（试行）》，并于1988年6月1日开始试行。村组法（试行）使1982年宪法关于村民自治的规定更加具体化。

1988年6月1日，村民委员会组织法试行时，全国已经建立了90多万个村民委员会。但这时的村民委员会大都是将原来的生产大队改为村民委员会，生产队改名为村民小组，村委会的干部也多是由乡镇政府指定或任命，基本上没有实行宪法和有关政策规定的以民主选举为核心内容的自治。因此，村民委员会实际

---

① 《十二大以来重要文献选编》（上），人民出版社2011年版，第211页。

② 参见戴钧良：《行政区划50年回顾与总结》，《中国方域：行政区划与地名》1999年第5期。

上还不具备村民自治的意义。村民委员会组织法的试行，全国才开始进入具有真正自治意义的村委会建设阶段。

第二节 推进民主和法制建设

改革开放后，中国民主与法制建设不断推进，三大政治制度继续坚持与完善，1982 年宪法颁布实施，行政法制建设及司法机关建设取得新成就。与此同时，“一国两制”和爱国统一战线也得到新的发展。

一、三大政治制度的坚持与完善

改革开放后，人民代表大会制度进入了一个新的重要的历史发展阶段。1979 年重新修订的地方人大和地方政府组织法，规定县级以上地方各级人民代表大会设立常务委员会，这对于健全人民代表大会制度具有重要的意义。1982 年宪法为加强和完善人民代表大会制度作出了一系列重要规定。该年还重新修订了全国人民代表大会组织法、国务院组织法，多次修订地方组织法和选举法，制定了全国人民代表大会议事规则、全国人大常委会议事规则，使有关人民代表大会制度建设的法律逐步完善。改革和完善了各级人民代表大会的选举制度；扩大了全国人大常委会的职权，把原来属于全国人大的部分职权交由常委会行使，加强了它的组织；健全了地方各级人大的组织体系，赋予省级以及省会市、较大市的人大及其常委会一定的立法权；制定会议制度、审议通过议案的程序等工作制度，完善国家权力机关的运行机制；制定代表法，保证各级人大代表行使代表的职权。

全国人民代表大会每届五年，如期召开。1983 年 6 月召开六届全国人大一次会议。大会通过了关于政府工作报告的决议，通过了关于 1983 年国民经济和社会发展计划报告的决议，关于 1982 年国家决算的决议，批准了《关于 1983 年国民经济和社会发展计划的报告》《关于 1982 年国家决算的报告》。大会还通过决议，批准五届全国人大常委会所作的工作报告、最高人民法院工作报告、最高人民检察院工作报告。通过了全国人民代表大会民族委员会、法律委员会、财政经济委员会、教育科学文化卫生委员会、外事委员会、华侨委员会六个专门委员会的组成人员。会议还审议并批准成立国家安全机关。会议选举李先念为中华人民共和国主席，乌兰夫为副主席，彭真为全国人大常委会委员长，决定赵紫阳为国务院总理，选举邓小平为中华人民共和国中央军事委员会主席，选举郑天翔为最高人民法院院长、杨易辰为最高人民检察院检察长。1988 年 3 月至 4 月，召开七届全国人大一次会议。会议通过了政府工作报告，审议和原则上批准了国务院机构改革方案，通过了《中华人民共和国宪法修正案》《中华人民共和国全民所有制工业企业法》《中华人民共和国中外合作经营企业法》等。会议决定设立海南省，并建立海南经济特区；决定成立澳门特别行政区基本法起草委员会，负责澳门特别行政区基本法的起草工作；选举杨尚昆为中华人民共和国主席、王震为副主席，万里为全国人大常委会委员长；任命李鹏为国务院总理，选举邓小平为中央军事委员会主席。这两次会议对于促进中国社会主义物质文明和精神文明的建设，对于加强社会主义民主和法制，都产生了深远的影响。

随着经济、政治、文化事业和对外关系的发展，越来越多的人不断汇集到统一战线中来。新时期统一战线“发展成为全体社会主义劳动者、拥护社会主义的爱国者和拥护祖国统一的爱国者的最广泛的联盟”①。1982 年 9 月，中共十二大提出了中国共产党同各民主党派“长期共存、互相监督、肝胆相照、荣辱与共”的 16 字方针，成为新时期爱国统一战线的基本方针。在这一方针的指导下，中国共产党领导的多党合作与政治协商制度不断完善，在这期间如期召开了两届全国政协会议。中国人民政治协商会议第六届全国委员会第一次会议于 1983 年 6 月 4 日至 22 日在北京召开。邓颖超致开幕词和闭幕词。这次会议选举了第六届全国政协的领导人员，选举邓颖超为中国人民政治协商会议第六届全国委员会主席。会议通过了《中国人民政治协商会议第六届全国委员会第一次会议决议》。决议指出，今后五年中各级政协要把协助有关部门发展以经济建设为中心的各项建设事业，实现中国共产党第十二次全国代表大会提出的三个根本好转，作为自己的重要任务。人民政协要充分发扬民主，广开言路，通过多种方式和多种渠道，开展民主协商。要认真贯彻执行“长期共存、互相监督、肝胆相照、荣辱与共”的方针，发扬密切联系群众的优良传统，进一步发挥政治协商和民主监督的作用。中国人民政治协商会议第七届全国委员会第一次会议于 1988 年 3 月 24 日至 4 月 10 日在北京举行。会议选举了中国人民政治协商会议第七届全国委员会领导人。李先念当选为中国人民政治协商会议第七届全国委员会主席。会议原则通过了全国政协七届一次会议政治决议。决议要求人民政协各级组织充分发挥自己的特点和优势，团结一切可以团结的力量，调动一切积极因素，同心同德，群策群力，维护与发展安定团结的政治局面，为推进中国的社会主义现代化建设事业作出不懈的努力。

① 《邓小平文选》第 2 卷，人民出版社 1994 年版，第 203 页。

各民主党派和无党派爱国人士在国家政治生活中的作用进一步发挥。在各级人大代表、各级政协委员中，民主党派与无党派爱国人士的人数不断增加，在各级政府中，民主党派与无党派爱国人士也占有相当大的比例，1989 年底全国担任县以上政府领导职务的非共产党员干部 781 人，其中有 14 人担任省部级领导职务。各民主党派的领导人参加了关于国家领导机构人事安排的协商，参与领导了宪法和政协章程的修订工作，他们对国家许多重大决策，都参加了讨论并提出了很好的建议，对中国共产党的作风建设，国家机关和工作人员的廉政建设，实行了有效的监督。各民主党派与无党派民主人士在引进外资和开发人才资源方面，在促进祖国统一和团结爱国侨胞方面，发挥了极其重要的作用。同时，各民主党派也得到了发展，到 1989 年底全国共有民主党派成员 33.7 万人，地方组织 1666 个，基层组织 1.4 万多个。

为了实现各民族平等、团结和共同繁荣，宪法和法律不仅切实保障各少数民族在国家政治、经济、社会、文化各个领域，同汉族一样平等地享有宪法、法律规定的所有权利和自由，而且还对少数民族的权利和利益予以特殊保护。1982 年宪法再次以根本大法的形式，确立了民族区域自治制度。各少数民族聚居的地方实行区域自治，设立自治机关，行使自治权。1984 年 5 月，六届全国人大二次会议通过了《中华人民共和国民族区域自治法》。该法的颁布，进一步推动了中国民族区域自治制度的实施和发展。

在中国，人民当家作主是从两方面体现的：一方面，全体人民通过民主选举的各级人民代表大会，行使国家权力；另一方面，在基层实行群众自治，由群众直接行使民主权利。

1982 年宪法规定，城市和农村按居民居住地区设立的居民委员会或村民委员会是基层群众性自治组织；居民委员会和村民委员会的主任、副主任及委员由居民选举。这是发展基层直接民主的重大措施。1987 年 11 月，全国人大通过了《中华人民共和国村民委员会组织法（试行）》，规定村民委员会是自我管理、自我教育、自我服务的基层群众性自治组织。1988 年全国共有 1093 个县级单位进行了试点工作。实行村民自治，是中国社会主义民主的伟大创举。城市居民自治制度，早在 20 世纪 50 年代就已建立。改革开放后，城市居民委员会得到恢复和发展。1989 年 12 月，全国人大常委会通过了《中华人民共和国城市居民委员会组织法》，进一步明确了居民委员会是基层群众性自治组织，规定居民委员会的主任、副主任和委员由居民选举产生，向居民会议负责并报告工作。城市居委会在城市社会生活中，在推进社区服务，改善居民的生活条件，协助维护社会治安等方面发挥了重要作用。此外，还广泛推行了企业民主管理。1986 年，中共中央、国务院颁发了《全民所有制工业企业职工代表大会条例》，规定职工代表大会是企业实行民主管理的基本形式，是职工实行民主管理的权力机构。1988 年 4 月，七届全国人大一次会议通过《中华人民共和国全民所有制工业企业法》，以法律的形式肯定了上述规定。1991 年，国务院颁布了城镇集体所有制企业条例，对集体企业的民主管理作出了具体规定。这种以自治形式体现出的民主制度是人民代表大会制度的重要基础。

二、1982 年宪法的修订实施与法制建设的新成就

1979 年 9 月，五届全国人大二次会议决定成立宪法修改委员会，着手对存在着重大缺陷、不能适应形势需要的 1978 年宪法全面修改。宪法修改委员会提出的宪法修改草案，经过反复研究、讨论、修改，于 1982 年 12 月 4 日在五届全国人大五次会议正式通过，颁布实行。

1982 年颁布的《中华人民共和国宪法》，共 138 条。它继承和发展了 1954 年宪法的基本原则，既深刻总结了中国社会主义发展的丰富经验，又注意吸取国际的经验；既考虑到当时的现实，又考虑到发展的前景，体现了全国人民的共同意志和根本利益。它用国家根本大法的形式，对国家的政治制度、经济制度，对公民的基本权利和义务，对国家机构的设置和职权等重大问题，都作了明确的规定。其重要特征有五个：

第一，体现了社会主义的根本性质。宪法充分反映了中共十二大阐明的社会主义的三个方面的本质特征：生产资料公有制和按劳分配；工人阶级和劳动人民的政权；社会主义精神文明。它以四项基本原则作为总的指导思想，规定了中华人民共和国是工人阶级领导的，以工农联盟为基础的人民民主专政的社会主义国家。宪法规定，“中国共产党领导的多党合作和政治协商制度将长期存在和发展”，恢复了 1949 年制定的共同纲领和 1954 年宪法“人民民主专政”的用语，明确规定，“今后国家的根本任务是集中力量进行社会主义现代化建设”，国家总任务的实现必须“在马克思列宁主义、毛泽东思想指引下”，规定“加强社会主义精神文明的建设”，国家提倡五爱教育，规定“在人民中进行爱国主义、集体主义和国际主义、共产主义的教育，进行辩证唯物主义和历史唯物主义的教育，反对资本主义的、封建主义的和其他的腐朽思想”，公开将马列主义及精神文明建设载入宪法，这不仅是对宪法的历史性发展，也是宪法坚持社会主义基本特征的鲜明表现。

第二，体现了发展社会主义民主，加强社会主义法制的精神。宪法规定，一

切权力属于人民，人民行使权力的机关是全国人大和地方各级人大。人民依照法律规定，通过各种途径和形式，管理国家事务，管理经济、文化和社会事务。宪法以约 80 个条文规定了按照民主集中制建立的国家机构。增强全国人大常委会的地位，扩大常委会的职权，使之行使国家立法权、人事任免权、监督权和重大事务的决定权。宪法规定的基本权利表现了广泛性、平等性、真实性的特点。宪法还规定了一系列发展民主的新措施，主要有：（1）全国人大常委会的组成人员不得兼任行政、审判、检察等机关的职务；（2）国家领导人连续任职不得超过两届（10 年）；（3）国务院，各部、委等国家行政机关实行首长负责制；（4）全国人大常委会设立委员长会议；（5）恢复了国家主席的设置，还把中央军委作为国家机构的组成部分列入宪法，改变农村人民公社的政社合一的体制，设立乡政权，扩大基层直接民主，县级以下人大代表直接选举产生，在基层设立居民委员会、村民委员会作为群众自治组织，等等。

宪法在完善人民代表制度的同时，还致力于发展代表制民主以外的各种形式，例如宪法规定：人民通过各种途径和形式，管理国家事务，管理经济和文化事业，管理社会事务。宪法对国有企业的职工代表大会，集体经济组织的民主管理，以及城乡基层群众性自治组织都作了相关规定，等等。宪法把公民的基本权利和义务列为第二章，显示了对民主、自由与人权的重视。

宪法的法制精神集中表现在宪法序言及第五条。宪法规定："国家维护社会主义法制的统一和尊严。""一切法律、行政法规和地方性法规都不得同宪法相抵触。""一切国家机关和武装力量、各政党和各社会团体、各企业事业组织都必须遵守宪法和法律。一切违反宪法和法律的行为，必须予以追究。""任何组织或者个人都不得有超越宪法和法律的特权。""中华人民共和国公民在法律面前一律平等。"

第三，体现了民族团结和国家统一的精神。宪法拟定了在少数民族居住区实行民族区域自治、对台湾等个别地方设立特别行政区新内容的条文。宪法确认"中华人民共和国是全国各族人民共同缔造的统一的多民族国家"。宪法指出："在维护民族团结的斗争中要反对大民族主义，主要是大汉族主义，也要反对地方民族主义。"规定"各民族一律平等"。"保障各少数民族的合法的权利和利益，维护和发展各民族的平等、团结、互助关系。禁止对任何民族的歧视和压迫，禁止破坏民族团结和制造民族分裂的行为"。为了使少数民族能同全国人民一起，平等地决定和管理全国性的大事，宪法规定在全国人大中，"各少数民族都应当有适当名额的代表"。全国人大常委会的组成人员中，应当有适当名额的少数民族代表。为了保证少数民族管理本民族地方性事务的权利，宪法规定："各少数民族聚居的地方实行区域自治，设立自治机关，行使自治权"。宪法第三章第六节集中对民族自治地方的自治机关作了详细的规定。宪法还规定，"各民族都有使用和发展自己的语言文字的自由，都有保持或者改革自己的风俗习惯的自由"，"各民族公民都有用本民族语言文字进行诉讼的权利。人民法院和人民检察院对于不通晓当地通用的语言文字的诉讼参与人，应当为他们翻译"。在民族地区应当用当地通用的语言审理案件。起诉书、判决书、布告等文书应用当地通用的文字。为了促进全国各民族共同繁荣，宪法规定："国家从财政、物资、技术等方面帮助各少数民族加速发展经济建设和文化建设事业"，并帮助少数民族培养干部和各种专门人才。实现祖国统一，必须解决历史遗留的台湾问题、香港问题、澳门问题。宪法规定："台湾是中华人民共和国的神圣领土的一部分。完成统一祖国的大业是包括台湾同胞在内的全中国人民的神圣职责。"采用"一国两制"，成立特别行政区，以和平的方式解决台、港、澳问题是我们国家的基本国策。"国家在必要时得设立特别行政区。在特别行政区内实行的制度按照具体情况由全国人民代表大会以法律规定。"特别行政区是直辖于中央的地方行政区域，应由全国人大"决定特别行政区的设立及其制度"。由于宪法规定中国是社会主义国家，而台港澳则可以成立特别行政区，不实行社会主义的制度和政策。为此，它必须有宪法授权，把特别行政区作为例外来处理。宪法第三十一条、第六十二条的有关规定为特别行政区的建立及其制度提供了宪法依据，使它具有合宪性。

第四，贯穿着改革开放精神。宪法规定，中国各族人民将"不断完善社会主义的各项制度"，要"完善经济管理体制和企业经营管理制度，实行各种形式的社会主义责任制，改进劳动组织，以不断提高劳动生产率和经济效益，发展社会生产力"。在对外开放方面，宪法规定："中华人民共和国允许外国的企业和其他经济组织或者个人依照中华人民共和国法律的规定在中国投资，同中国的企业或者其他经济组织进行各种形式的经济合作。""它们的合法的权利和利益受中华人民共和国法律的保护。"这个条文规定的内容是中国开放政策的充分体现。

第五，体现了实事求是、从实际出发的精神。宪法确认"我国正处于社会主义初级阶段"，中国的战略目标是把中国建设成为"高度文明、高度民主的社会主义国家"。针对中国正处于社会主义初级阶段的实际，宪法规定国营经济是国民经济中的主导力量，集体经济是中国农村中的主要经济形式，国营经济和集体经济都是社会主义公有制，是中国社会主义经济制度的基础。城乡劳动者个体经济，是社会主义公有制的补充，国家保护个体经营者的合法权利。国家通过经济计划的综合平衡和市场调节的作用，保证国民经济按比例的协调发展。1988 年又对宪法作了修改，肯定了私营经济的地位，允许土地使用权依法转让。针对“文革”时期出现的不正常现象，宪法规定“禁止非法剥夺或者限制公民的人身自由”，“公民的人格尊严不受侵犯。禁止用任何方法对公民进行侮辱、诽谤和诬告陷害”。针对我们还不能完全做到保证人人有活干的实际情况，宪法规定“国家通过各种途径，创造劳动就业条件，加强劳动保护，改善劳动条件，并在发展生产的基础上，提高劳动报酬和福利待遇”。

根据宪法，在中国，共产党是执政党，各民主党派，既不是执政党，也不是反对党，而是中国共产党领导下的参政党。中国的政党不仅包括执政党，而且包括参政党；从政权方面看，根据宪法规定设立的政权机构主要包括人大、政府、军队、法院、检察院五大组织系统。此外，政协、工会、共青团、妇联这些组织系统，不属于宪法规定的政权机构，却在不同程度上履行了政权机构的某些职能。因此，不应该简单将它们排除在政权组织系统之外。

1982 年宪法的颁布实施，对于发扬社会主义民主，健全社会主义法制，对于整个国家的长治久安，全国各族人民安居乐业，对于开创社会主义现代化建设和改革开放的新局面，起着极其重要的保证作用，成为中国在新的历史时期治国安邦的总章程。

与此同时，为适应新时期的加强立法工作的需要，全国人大先后通过了一大批基本的、重要的法律和法规，改革和完善了立法制度，建立健全了立法程序。1979 年 1 月至 1991 年 12 月，全国人大及其常委会通过的法律 112 部，通过的有关法律问题的决议、决定 52 个，通过的修改、补充法律的决定 21 个。[①] 审议通过了宪法修正案和 96 件法律、10 件补充修改法律的决定、43 件有关法律问题的决定，共计 150 件。构成中国法律体系的 7 个法律门类（宪法和国家机构法、民商法、行政法、经济法、社会法及劳动法、刑法、诉讼及非诉讼程序法）初具规模。全国人大分别于 1990 年、1993 年制定了香港特别行政区基本法、澳门特别行政区基本法，为香港、澳门的回归、实施“一国两制”提供了法律保障。

为适应社会主义现代化建设、经济体制改革和对外开放的需要，中国把制定有关经济建设和改革开放方面的法律作为立法工作的重点。比如，1988 年宪法修正案共两条，全是有关经济制度的。宪法第十一条增加规定：“国家允许私营经济

---

① 参见《中华人民共和国全国人民代表大会及其常务委员会大事记（1949—1993）》，法律出版社 1994 年版，第 872—903 页。

在法律规定的范围内存在和发展。私营经济是社会主义公有制经济的补充。国家保护私营经济的合法的权利和利益，对私营经济实行引导、监督和管理。”宪法第十条第四款“任何组织或者个人不得侵占、买卖、出租或者以其他形式非法转让土地”修改为“任何组织或者个人不得侵占、买卖或者以其他形式非法转让土地。土地的使用权可以依照法律的规定转让”。[①]这一修正使中国以社会主义公有制为主体、多种经济成分并存和共同发展的经济格局得以构成。在六届和七届全国人大及其常委会任期内制定的96件法律中，有关经济方面的法律43件，有关对外开放的法律10件。为了妥善地解决改革开放中许多新问题，六届全国人大三次会议还通过了常委会提出的关于授权国务院在经济体制改革和对外开放方面可以制定暂行的规定或者条例的决定。这是从中国实际出发加强法制建设的一项重要措施。

加强了行政法制建设。1979年以来制定了许多有关行政执法方面的法律法规，建立了对行政权力行使的监督机制（主要包括国家权力机关的监督、行政诉讼、行政复议、审计、行政监察、国家赔偿等），对依法保护公民、法人和其他组织的合法权益，监督和促进行政机关依法行政、改进执法，起了积极作用。1989年，全国人大通过《中华人民共和国行政诉讼法》，使依法行政的法治意识开始形成。

加强了司法机关建设，改革和完善了司法制度。1978年5月，检察机关开始重建。法院和公安机关也开始整顿、充实和加强，健全组织机构。1979年7月，五届全国人大二次会议通过的《中华人民共和国刑法》《中华人民共和国刑事诉讼法》，填补了刑事立法的空白，迈出了法制建设的重要一步。七届全国人大四次会议修改了民事诉讼法（试行）。从1979年起，中国恢复重建了律师制度，律师事业也不断发展，律师队伍不断壮大。

法制宣传得到重视和加强，全民法制观念和法治意识显著提高。从1979年下半年到1982年，全国司法行政机关集中力量宣传了刑法、刑事诉讼法这两部与人民群众密切相关的基本法律。随后，在1981年开展的严厉打击刑事犯罪活动和1982年开展的严厉打击经济犯罪活动中，在1982年宪法颁布前后，各级司法行政机关结合典型案例，大力宣传有关法律，教育广大人民群众学法用法。1985年11月，六届全国人大常委会作出了《关于在公民中普及法律常识的决议》，由此开始了在亿万人民群众中普及法律常识、开展法制宣传教育的第一个五年计划。

---

① 孙琬钟、张春生、吴念祖主编：《中华人民共和国法律释义全书》第1卷，中国言实出版社1996年版，第24页。

“一五”普法初步完成了全民族的法律启蒙教育，广大公民初步填补了法律知识的空白；广大干部逐步树立了依法办事的观念；促进了各项事业的依法管理。全民普法这一伟大创举，使社会主义法制之根，逐步扎入广大人民群众这一肥沃的土壤之中。在“一五”普法后期，依法治厂、依法治校、依法治村、依法治乡、依法治市以及各行业的依法治理活动，不同程度地开展起来。1991 年，七届全国人大常委会又通过了深入和继续开展法制宣传教育的决议，实施在公民中开展法制教育的第二个五年规划。通过学习宪法和法律基本知识，人们的法律意识普遍增强。各级领导干部学法用法，依法管理国家事务、经济和文化事业、社会事务的水平有所提高。

三、“一国两制”和爱国统一战线的新发展

20 世纪 70 年代初的中美关系正常化，恢复中国在联合国的合法席位和中日关系的正常化，为解决台湾问题创造了重要的条件。80 年代以后，在新的形势下，以邓小平同志为核心的第二代中央领导集体，从国家和民族的根本利益出发，在毛泽东、周恩来关于和平解放台湾思想的基础上，确立了“和平统一”的大政方针，创造性地提出了“一国两制”的科学构想，并在此基础上形成了“和平统一、一国两制”的基本方针。

中共十一届三中全会公报在提及台湾问题时，首次以“台湾回到祖国怀抱，实现统一大业”代替了以往“解放台湾”的提法。1979 年元旦，全国人大常委会发表《告台湾同胞书》，郑重宣布了关于台湾回归祖国、实现国家统一的大政方针。这是新时期中国共产党和中国政府对台方针政策的重要宣示，标志着对台方针政策的重大转变。1981 年 9 月 30 日，叶剑英对新华社记者发表谈话，进一步阐述了台湾回归祖国、实现和平统一的九条方针政策。1982 年 1 月 11 日，邓小平说:“九条方针是以叶剑英名义提出来的，实际上就是‘一个国家，两种制度’。”这是邓小平首次提出“一个国家，两种制度”的概念。1982 年 12 月，五届全国人大五次会议通过《中华人民共和国宪法》，其中第三十一条规定：“国家在必要时得设立特别行政区。在特别行政区内实行的制度按照具体情况由全国人民代表大会以法律规定。”[①] 这一条所载明的“建立特别行政区”，指的就是“一国两制”。这表明，“一国两制”已载入中国的根本大法，实行“一国两制”有了宪法的保证。

---

① 中共中央台湾工作办公室、国务院台湾事务办公室编:《中国台湾问题》，九州出版社 1998 年版，第 66—69 页。

1989 年 6 月，中共十三届四中全会公报郑重宣布："中国共产党十一届三中全会以后，提出了和平统一祖国的方针和一个国家，两种制度的构想，这是我们的基本政策。"①

"一国两制"的基本内容是，在一个中国的前提下，国家的主体坚持社会主义制度；香港、澳门、台湾是中国不可分割的组成部分，它们保持原有的资本主义制度长期不变，在国际上代表中国的只能是中华人民共和国政府。"一国两制"构想是邓小平最初为解决台湾问题提出来的，后来被成功地运用于解决香港和澳门问题。

香港、澳门问题属于历史上遗留下来的帝国主义强加于中国的一系列不平等条约产生的问题。恢复中国政府对香港和澳门行使主权，是需要同英国和葡萄牙政府谈判的，这是一个外交问题。但在香港、澳门回到祖国怀抱后，国家对这两个地区实行什么政策，则是中国的内政问题。

新中国成立后，一再庄严声明，香港和澳门是中国的领土，不承认帝国主义强加给中国人民的不平等条约，主张对于这一历史遗留下来的问题，在条件成熟的时候，经过谈判和平解决；在未解决之前维持现状。②1960 年，中央明确提出了"长期打算，充分利用"的港澳工作方针，并从政治上稳定香港，经济上支持香港。

1979 年 3 月，香港总督麦理浩访问北京，试探中国关于解决香港问题的立场和态度。邓小平对他表示：我们历来认为，香港主权属于中华人民共和国，但香港又有其特殊地位。在一个相当长的时期内，香港还可以搞它的资本主义，而我们搞我们的社会主义。③这说明，中国已经把香港问题纳入了"一国两制"的构想之中。

中英两国政府关于解决香港问题的谈判分为两个阶段，第一阶段从 1982 年 9 月英国首相撒切尔夫人访华至 1983 年 6 月，双方主要就原则和程序问题进行会谈。第二阶段从 1983 年 7 月至 1984 年 9 月，两国政府代表团就具体问题进行了 22 轮会谈。

1982 年 9 月 24 日，邓小平会见了英国首相撒切尔夫人。针对撒切尔夫人关于三个不平等条约仍然有效等言论，邓小平指出："我们对香港问题的基本立场是明确的，这里主要有三个问题。一个是主权问题；再一个问题，是一九九七年

---

① 中共中央台湾工作办公室、国务院台湾事务办公室编：《中国台湾问题》，九州出版社 1998 年版，第 69 页。

② 参见《评美国共产党的声明》，《人民日报》1963 年 3 月 8 日。

③ 参见《邓小平年谱（1975—1997）》（上），中央文献出版社 2004 年版，第 500—501 页。

后中国采取什么方式来管理香港，继续保持香港繁荣；第三个问题，是中国和英国两国政府要妥善商谈如何使香港从现在到一九九七年的十五年中不出现大的波动。”邓小平指出“主权问题不是一个可以讨论的问题”，表示“香港现行的政治、经济制度，甚至大部分法律都可以保留”，“香港仍将实行资本主义”，并“建议达成这样一个协定，即双方同意通过外交途径开始进行香港问题的磋商。前提是一九九七年中国收回香港，在这个基础上磋商解决今后十五年怎样过渡得好以及十五年以后香港怎么办的问题”。[①] 通过这次谈话，双方同意通过外交途径就解决香港问题进行商谈。

历时两年的中英两国政府关于香港问题的谈判最终圆满结束。1984 年 12 月 19 日两国政府在北京正式签署了关于香港问题的联合声明，中国政府声明：“中华人民共和国政府决定于一九九七年七月一日对香港恢复行使主权。”英国政府声明：“联合王国政府于一九九七年七月一日将香港交还给中华人民共和国。”1985 年 5 月 27 日，两国政府在北京互换批准书，中英联合声明正式生效。

香港问题的圆满解决具有重大的意义，它表明“一国两制”的方针是完全正确的，对于推动台湾回归祖国，实现祖国的统一大业产生了深远的影响；同时，消除了香港内外关于香港前途的各种疑虑，有利于保持香港的长期稳定和繁荣。香港问题的解决还为和平解决国家间的历史遗留问题提供了新的经验，为促进世界和平与发展发挥了积极的作用。

从中英联合声明正式生效之日起，香港进入了长达 12 年的过渡期，制定香港基本法就成为过渡期内必须完成的一项最重要的任务。经过努力，1990 年 4 月 4 日，七届全国人大三次会议正式通过了《中华人民共和国香港特别行政区基本法》及其三个附件，以及香港特别行政区区旗、区徽图案。会议还通过了《全国人民代表大会关于香港特别行政区基本法的决定》及其他一系列有关决定。

1979 年 2 月，中国与葡萄牙正式建交。虽然在建交公报中只字未提澳门问题，但双方达成了《澳门地位秘密协议》。其中明确规定：澳门目前是在葡萄牙国管理之下的中国领土，将于日后交还中国，至于日期及交还方式，可在将来适当时期由两国政府通过谈判解决。[②]

1986 年 6 月 30 日，中葡两国政府关于澳门问题的谈判在北京举行，经 4 轮会谈，就全部有关澳门协议的文件达成了共识。1987 年 4 月 13 日，中葡两国政

① 参见《邓小平文选》第 3 卷，人民出版社 1993 年版，第 12—15 页。
② 参见《中国改革开放史》，辽宁人民出版社 2002 年版，第 156—157 页。

府在北京正式签署了《中华人民共和国政府和葡萄牙共和国政府关于澳门问题的联合声明》。1988 年 1 月 15 日，联合声明开始生效，澳门进入过渡时期。澳门问题的解决，完全符合包括澳门同胞在内的全体中国人民的愿望和利益，既有利于澳门的稳定发展，也有利于祖国的现代化建设事业。

邓小平提出的“一国两制”构想，使香港、澳门问题得以顺利解决，也使海峡两岸的人民对和平解决台湾问题增加了信心和希望，促使海峡两岸关系有了新的发展。虽然这种发展主要还是在民间，但发展的范围已逐步拓宽。进入 20 世纪 90 年代后，两岸交流人员每年已达到百万人次，并由文化、科技、教育、体育、卫生，扩展到经济领域。

中共十一届三中全会后，统一战线也进入了爱国统一战线新的发展阶段。1979 年 2 月，中共中央批准了中共中央统战部《关于建议为全国统战、民族、宗教工作部门摘掉“执行投降主义路线”帽子的请示报告》，撤销了 1964 年强加给李维汉的所谓“长期以来在统一战线、民族、宗教工作方面坚持一条反党、反中央、反毛主席的修正主义路线，反对无产阶级专政，反对社会主义革命，向资产阶级和封建农奴主投降，严重损害了党的事业”的罪名，明确指出，给统一战线工作和民族、宗教工作扣上“执行投降主义、修正主义路线”的罪名，是完全没有根据的，应一律推倒。

1979 年 6 月 15 日，全国政协五届二次会议开幕，邓小平作了题为《新时期的统一战线和人民政协的任务》的开幕词，阐明了中国新时期统一战线的性质、任务、范围和方针政策，成为新时期统一战线工作的纲领性文件。在中共中央领导下，党的各级组织部门、统战部门积极落实各项统战政策，妥善处理历史遗留问题，在全国复查平反了大量冤假错案，并采取措施调整各方面的社会关系。认真落实知识分子政策，明确提出知识分子是工人阶级的一部分。支持民主党派恢复活动，推动他们在国家政治生活、经济建设和文教、科技等领域积极发挥作用。中国共产党同各民主党派在共同致力于社会主义的总目标下，结成了一种新型的社会主义政党关系。1982 年中共十二大提出了党同民主党派实行“长期共存、互相监督、肝胆相照、荣辱与共”的方针。1987 年中共十三大提出把完善中国共产党领导下的多党合作和政治协商制度作为政治体制改革的一项重要内容。1989 年，根据邓小平的提议，制定了《中共中央关于坚持和完善中国共产党领导的多党合作和政治协商制度的意见》。在 1993 年八届全国人大一次会议通过的宪法修正案中，明确规定：“中国共产党领导的多党合作和政治协商制度将长期存在和发展。”这样，就使中国共产党领导的多党合作和政治协商制度走向规范化、制度化，有了明确的法律依据。

1980 年到 1981 年，中央书记处先后召开西藏、云南、新疆和内蒙古等省、自治区工作的会议，认真解决落实党的民族政策等方面的问题。1982 年 3 月，中共中央又制定了《关于我国社会主义时期宗教问题的基本观点和基本政策》，科学分析了宗教在历史上发生、发展和消亡的客观规律，系统阐明了党对宗教问题的基本观点和基本政策。这是中国共产党在宗教工作方面一个重要的马克思主义的文件。

在新的历史时期，爱国统一战线得到了空前的发展并形成了两个范围的联盟：一个是大陆范围内由全体社会主义劳动者和拥护社会主义爱国者组成的、以爱国主义和社会主义为政治基础的联盟；另一个是大陆范围外以爱国和拥护祖国统一为政治基础、团结台湾同胞、港澳同胞和海外侨胞的联盟。这就改变了过去统战工作主要在大陆范围内做工作的旧格局，形成了“立足大陆、三个面向”（面向台湾、面向港澳、面向世界）开放型的新格局。

新时期爱国统一战线在党的基本路线的指引下，发扬党的统战工作的优良传统，围绕经济建设这个中心，在充分发挥统一战线中各界群众的爱国主义、社会主义的积极性、主动性、创造性方面，在为我们党和政府广交朋友、广纳群言、广求善策方面，在为促进政治稳定、促进改革开放、促进经济发展、促进社会进步、促进祖国统一、促进世界和平与发展等方面，不断作出贡献。

1979 年 9 月，邓小平将新时期统一战线称为“革命的爱国的统一战线”，1981 年中共十一届六中全会通过的《关于建国以来党的若干历史问题的决议》把“革命的爱国的统一战线”提法改为“爱国统一战线”。统一战线由过去四个阶级的联盟发展成为工人阶级领导的工农联盟为基础的全体社会主义劳动者、拥护社会主义的爱国者和拥护祖国统一的爱国者组成的，包括台湾同胞、港澳同胞和海外侨胞在内的最广泛的联盟。在中共中央的正确领导下，经过全党各级组织、统战部门以及统一战线各方面成员的共同努力，统一战线在为 80 年代的经济建设、统一祖国、反对霸权主义维护世界和平的三大任务服务中，取得了显著成绩，开创了统战工作的新局面。根据实事求是、有错必纠的原则，统一战线各项政策得到落实，妥善处理了大量历史遗留问题。中国共产党领导的多党合作和政治协商制度不断完善，各民主党派、工商联和各界无党派人士在社会主义两个文明建设、改革开放和统一祖国的伟大事业中作出了有益的贡献，平等团结、互助友爱的社会主义民族关系得到进一步加强，中共同爱国信教群众和宗教界人士的团结得到发展。统一战线内部爱国主义、社会主义的一致性更为增强，统一战线的范围空前扩大，形成了大陆范围内以爱国主义和社会主义为政治基础的团结全体劳动者与爱国者，以及大陆范围外以爱国和拥护祖国统一为政治基础的团结台湾同胞、港澳同胞、海外侨胞的广泛联盟。在1989年制止动乱和平息反革命暴乱的斗争中，各民主党派、工商联等人民团体和各界无党派人士经受了考验，尽管出现了一些问题，但从总体上说表现是好的，为稳定全国局势作出了贡献。

第三节　进一步推动政治体制改革和维护政局稳定

中共十三大的召开进一步推进了政治体制改革的进程。1989年政治风波后，中共中央对政治体制改革部署进行了重大调整。中共十三届四中全会产生了以江泽民为核心的党的第三代中央领导集体。中国特色社会主义政治发展道路逐步形成。

一、政治体制改革的进一步推进

中国经过9年的改革，国民生产总值、国家财政收入、城乡居民平均收入都翻了一番，创造了新中国成立以来经济实力增长最快、人民得到实惠最多的历史时期。随着生产的发展，长期困扰中国的一些严重的社会经济问题，有的开始解决，有的找到了解决的途径。但是，社会主义现代化建设的艰巨任务，还摆在全党和全国人民面前。形势的发展要求中国共产党对中国社会所处的历史阶段作出科学的判断，制定党的基本路线，加快和深化改革，解决改革中出现的新问题。

1987年10月至11月，中共召开了第十三次全国代表大会。这次大会的第一个历史性贡献就是比较系统地论述了社会主义初级阶段理论。大会认为，中国社会已经是社会主义社会，我们必须坚持而不能离开社会主义。中国的社会主义社会还处在初级阶段。我们必须从这个实际出发，而不能超越这个阶段。社会主义初级阶段是中国在建设社会主义长过程中的一个特定的历史阶段，它不是泛指任何国家进入社会主义都会经历的起始阶段，而是特指中国在生产力落后、商品经济不发达的条件下建设社会主义必然要经历的历史阶段。中国从20世纪50年代生产资料私有制的社会主义改造基本完成，到社会主义现代化的基本实现，至少需要上百年时间，都属于社会主义初级阶段。这个阶段既不同于1949年到1956年中国社会主义经济基础尚未奠定的过渡时期，也不同于已经实现社会主义现代化的阶段。在社会主义初级阶段中，主要矛盾是人民日益增长的物质文化需要同落后的社会生产之间的矛盾。阶级斗争在一定范围内还会长期存在，但已经不是主要矛盾。党和国家的主要任务和工作重点是发展生产力，搞社会主义现代化建设。中国正处在社会主义初级阶段这一科学论断，为正确理解新中国成立以来的成功与失败提供了一把钥匙，也为实行改革开放、建设有中国特色社会主义提供了有力的理论武器。

中共十三大提出的社会主义初级阶段理论，是中共十一届三中全会之后在中国社会主义建设实践的基础上，党对社会主义和中国国情再认识的成果和总结。中共十一届六中全会通过的《关于建国以来党的若干历史问题的决议》，首次提出了“我国的社会主义制度还是处在初级的阶段”。中共十二大报告进一步提出，“我国的社会主义社会还处在初级发展阶段”，并指出这个阶段的根本特征是“物质文明还不发达”。随着全面改革的展开，中共十二届六中全会通过的《关于社会主义精神文明建设指导方针的决议》，以社会主义初级阶段为立论依据，论述了精神文明建设的战略地位和根本任务等问题，为社会主义初级阶段理论的系统形成奠定了基础。

这次大会的第二个历史性贡献就是制定了党在社会主义初级阶段的基本路线。中共十三大根据中国处在社会主义初级阶段理论，制定的在社会主义初级阶段的基本路线是：领导和团结全国各族人民，以经济建设为中心，坚持四项基本原则，坚持改革开放，自力更生，艰苦创业，为把我国建设成为富强、民主、文明的社会主义现代化国家而奋斗。它的全部内容：一是讲领导，中国共产党是领导和团结全国各族人民的核心。二是讲党和国家工作中心，必须是经济建设。三是讲基本国策和社会主义前进的动力。要实现经济建设为中心必须坚持四项基本原则，坚持改革开放这两个基本点。坚持四项基本原则和坚持改革开放这两个基本点，相互贯通，相互依存，统一于建设有中国特色的社会主义的实践。四是讲实现的目标，即通过自力更生、艰苦创业，建设一个富强、民主、文明的社会主义现代化国家。这条主要内容被概括为“一个中心，两个基本点”的基本路线是中共十一届三中全会路线的继续和发展，是根据中国国情制定的一条马克思主义的正确路线。

中共十三大还规定了“三步走”的经济发展战略，提出了加快和深化改革中心任务。这次大会正式确定了到21世纪中叶的“三步走”经济发展战略。经济发展的第一步是实现国民生产总值比1980年翻一番，基本解决人民的温饱问题；第二步是实现到20世纪末国民生产总产值再翻一番，人民生活达到小康水平；第三步是到21世纪中叶，人均国民生产总值达到中等发达国家的水平，人民生活比较富裕，基本实现现代化。

“三步走”经济发展战略是中共十二大以来开始酝酿形成的。1982 年召开的中共十二大，根据中国基本国情，正确估量了国民经济水平和发展可能性，制定了今后“两步走”的长期战略目标和步骤，即从 1981 年到 20 世纪末的 20 年，前 10 年主要是打好基础，积蓄力量，创造条件，后 10 年要进入一个新的经济振兴时期。1984 年 10 月，邓小平在谈话中又提出了更长远的发展设想，加上了在 21 世纪再发展 50 年的第三步。“三步走”经济发展战略的制定，标志着在中国特色社会主义建设理论的指导下，中国的国民经济发展，形成了一个适合中国国情的战略蓝图。此后的国民经济各个五年计划和中期规划，都是以此为依据制定的。

中共十三大全面、系统地阐明了中国政治体制改革的紧迫性、目的、对象、原则、长远目标与近期目标等，对中国的政治体制改革进行了全面部署，提出要建立高度民主、法制完备、富有效率、充满活力的社会主义政治体制。其整体设想的主要思想是：政治体制改革的目的是在党的领导下和社会主义制度下更好地发展社会主义生产力，充分发挥社会主义制度的优越性，创造比资本主义更高更切实的民主。进行政治体制改革，就是要兴利除弊，建设有中国特色的社会主义民主政治。改革的长远目标，是建立高度民主、法制完备、富有效率、充满活力的社会主义政治体制。改革的近期目标是促进经济体制改革和对内对外开放，建立有利于提高效率、增强活力和调动各方面积极性的领导体制。政治体制改革，只能遵循党的实事求是，一切从实际出发的原则。从中国的国情出发，充分考虑中国仍处于社会主义初级阶段的经济、政治、文化等方面的特点，科学地设计改革的内容、方法和步骤。中国的政治体制改革不是改变社会主义的根本制度，必须坚持社会主义方向，通过消除具体制度上存在的弊端，使社会主义制度更加完善。政治体制改革不是削弱和取消党的领导，而是更好地改善和加强党的领导。在中国这样经济文化比较落后、人口众多的国度里，只有坚持中国共产党的领导和社会主义方向，才能保证社会主义安定团结和稳定发展。

在中共十三大关于政治体制改革的思想指导下，在经济改革成果的推动下，中国政治体制改革全面启动，逐步深入，呈现出良好的发展势头：1987 年全国人大通过了《村民委员会组织法（试行）》，迈出了基层民主实践的一大步；1988 年，“以转变政府管理职能为关键”的政府机构改革启动，并开始起草《国家公务员条例》，同时开始进行党政分开的尝试；1989 年，全国人大通过《中华人民共和国行政诉讼法》，使依法行政的法治意识开始形成。在这一时期，中国在加强人大立法权与监督权、改进选举制度、建立社会协商与对话机制等多方面都有所建树。政治体制改革成为当时学术界、理论界探讨、研究、宣传的最热点问题。

在推动政治体制改革，深化经济体制改革的大背景下，1988 年国务院决定再次进行机构改革。这次改革以转变政府职能为重点，其历史性贡献是首次提出了“转变政府职能是机构改革的关键”这一命题。

1988 年初，国务院制定了机构改革方案，同年 4 月，七届全国人大一次会议通过了国务院机构改革方案。这是一次弱化专业经济部门分钱、分物、直接干预企业经营活动的职能，以达到增强政府宏观调控能力和转向行业管理目的的改革。规定了政府的经济管理部门要从直接管理为主转变为间接管理为主，强化宏观管理职能，淡化微观管理职能。其内容主要是合理配置职能，科学划分职责分工，调整机构设置，转变职能，改变工作方式，提高行政效率，完善运行机制，加速行政立法。改革的重点是那些与经济体制改革关系密切的经济管理部门。改革采取了自上而下，先中央政府后地方政府，分步实施的方式进行。由于后来一系列复杂的政治经济原因，这一命题在实践中没有及时“破题”；再加上治理、整顿工作的需要，原定于 1989 年开展的地方机构改革暂缓进行。

中共十三大对政治体制改革特别是在党政关系方面进行了大胆的探索，作出了比较系统的理论论述和制度安排。十三大报告明确指出，政治体制改革的关键首先是党政分开，这个问题不解决，其他各项改革措施就难以展开。报告还把党政分开明确界定为“党政职能分开”，指出党政分开的目的就是要通过划清党组织和国家政权的职能，理顺党组织与人民代表大会、政府、司法机关、群众团体、企事业单位和其他各种社会组织之间的关系，做到各司其职，并且逐步走向制度化。报告强调了党政分开的重要性和必要性，指出只有党政分开，才能更好地实现党的领导作用，提高党的领导水平，才能保证做到“党要管党”，才能使党驾驭矛盾，总揽全局，真正发挥协调各方的作用，才能使党组织较好地行使监督职能，有效地防止和克服官僚主义。报告阐述了党政分开的原则和措施，突出强调了党的领导是政治领导，即政治原则、政治方向、重大决策的领导和向国家政权机关推荐重要干部，指出党对国家事务实行政治领导的主要方式是“使党的主张经过法定程序变成国家意志，通过党组织的活动和党员的模范作用带动广大人民群众，实现党的路线、方针、政策”。[①] 报告还针对中央、地方、基层的不同情况，对实行

① 参见《十一届三中全会以来党的历次全国代表大会中央全会重要文件选编》(上)，中央文献出版社 1997 年版，第 469—473 页。

党政分开的不同方式作了具体规定。十三大报告既凝聚了全党的集体智慧，也体现了邓小平的一贯思想，因此才有1989年政治风波后邓小平关于十三大政治报告“一个字都不能动”① 的说法。

1989年政治风波之后，中央继续坚持改革开放政策的同时，对前一时期的政治体制改革部署进行了重大调整，也对党政关系改革的路径作出了新的选择。主要表现是，把政治体制改革的主要任务由原来的重点解决党政领导体制权力过分集中问题，实行党政分开和进一步下放权力等，调整为强调保持和发挥社会主义制度的特点和优势，着重完善人民代表大会制度、中国共产党领导的多党合作和政治协商制度等。② 重新恢复政府各部门的党组、纪检组，恢复已撤销的中央和地方各级政法委员会等。党政关系问题被分解，并纳入党和国家的相关制度建设当中。

二、1989年政治风波的平息

正当中国人民沿着有中国特色的社会主义道路继续前进之时，国际国内的形势又呈现复杂局面。国际敌对势力与国内资产阶级自由化分子相互勾结，企图使社会主义国家“和平演变”，党内少数高级领导干部反对资产阶级自由化旗帜不鲜明，态度不坚决，对于实际存在的右的错误倾向，没有进行有力的斗争。1986年底，发生了波及不少城市的学潮，少数人趁机打砸抢、侮辱妇女、破坏社会治安，一些人公开呼喊反对宪法、反对四项基本原则的口号，有的地方甚至出现了堵塞公共交通，人们不能正常学习、工作和生活的现象。这种情况的出现，是中国在改革开放的特殊条件下，资产阶级自由化思潮侵入，政治思想战线软弱混乱的结果。1987年1月，胡耀邦因此引咎辞去中共中央总书记职务。

粉碎“四人帮”、结束“文化大革命”以后，出现了资产阶级自由化的思潮，这种思潮以西方资产阶级自由主义思想为理论武装，以全盘西化为目标，其根本宗旨就是要把中国的社会主义制度演变为资本主义制度。邓小平一针见血地指出他们的本质是打着拥护改革开放的旗帜，要把中国的现行政策引导到走资本主义道路。在1986年的学潮以后，邓小平认为反对资产阶级自由化同实现四个现代化将是并行的，将贯穿社会主义现代化的整个过程，要搞50至70年。

时任中共中央总书记的赵紫阳对反对资产阶级自由化的斗争实际采取消极对

① 《邓小平文选》第3卷，人民出版社1993年版，第296页。

② 参见《十一届三中全会以来党的历次全国代表大会中央全会重要文件选编》（下），中央文献出版社1997年版，第162页。

待的态度，一度收敛的资产阶级自由化思潮重新泛滥开来；对党风、社会风气趋于恶化的状况和干部中滋长的相当严重的腐败现象，也没有采取有力措施加以遏制和解决，党的威信和战斗力下降；加上物价大幅度上涨、经济秩序混乱、治理整顿出现困难，这些都引起了群众强烈不满。一些人利用这些情况，要求取消四项基本原则，实行资本主义制度，宣扬思想多元化。1988 年末到 1989 年初，这些人以各种形式，在北京等大城市，举行要根本改变国家制度的政治集会、政治上书和其他活动，逐渐形成一种反动的政治势力。国外敌对势力也加紧推行“和平演变”战略，通过各种渠道对中国施加影响。这样，终于在 1989 年 4 月 15 日到 6 月 4 日，发生了动乱和在北京的反革命暴乱。

导致“八九风波”的主要原因是：党内腐败现象的滋长蔓延；社会主义民主和法制不健全，缺乏必要的法律约束和民主监督机制；社会分配不公，贫富分化严重；1988 年仓促进行的价格、工资改革，引起了物价飞涨，出现挤兑抢购风潮，严重影响了人民生活。另外，一些人别有用心的策划煽动，以及国外敌对势力积极对华推行“和平演变”战略等，也是导致“八九风波”的因素。

胡耀邦的去世是“八九风波”的导火线。1989 年 4 月 15 日，胡耀邦因心脏病逝世。胡耀邦为党和人民做了大量的工作，尤其是在“文化大革命”结束后，在纠正“左”的错误，平反冤假错案等方面作出了历史性的贡献，各界人士为胡耀邦逝世非常悲痛，对他表示沉痛哀悼。极少数人却以悼念胡耀邦为借口，散布胡耀邦是受政治迫害而致死的谎言，使北京一些高校的悼念活动很快发展成为政治性的示威游行。一时间，攻击党和国家主要领导人，攻击党的领导和社会主义制度的大小字报和标语口号大量出现，还连续发生了聚众冲击中南海新华门的严重事件，出现了占领天安门广场的非法行动和更大规模的非法游行示威。他们还成立了“高等学校学生自治联合会”（简称“高自联”）等非法组织，煽动群众，激化对立情绪，使动乱迅即向全国扩展。在西安、长沙、成都等地都发生了严重的打、砸、抢、烧等犯罪活动。在此期间，动乱制造者们通过学潮提出了彻底否定 1987 年中共中央对胡耀邦辞职的处理、彻底否定反对资产阶级自由化、为在反资产阶级自由化中受过批评和处分的人平反等带纲领性的政治要求。

4 月 24 日，中央决定成立制止动乱小组，尽快平息这场有计划、有组织的反党反社会主义的政治动乱。次日上午，邓小平发表重要讲话，完全赞同和支持中央的决定，对动乱的性质作了深刻分析。4 月 26 日，《人民日报》发表了《必须旗帜鲜明地反对动乱》的社论，明确指出了 4 月 15 日以来各地发生的是一场动乱，其实质是要从根本上否定中国共产党的领导，否定社会主义制度，是摆在全党和全国各族人民面前的一场严重的政治斗争，号召大家“为坚决迅速地制止这场动乱而斗争”。社论帮助不少学生看清了这场斗争的性质，形势开始趋向平稳。但5月4日，赵紫阳发表与中共中央的方针完全不同的谈话，从根本上否定了中央关于极少数人已经在制造动乱的正确判断，并且把中央内部的分歧公开暴露于世，起到了分裂党的恶劣作用，也使局势骤然逆转，动乱重新走向高潮。

在北京的影响和错误的舆论导向下，各地已经平稳的局势重又紧张起来。5月13日，一些人抛出早已准备好的“绝食宣言”，在天安门广场发动了一场历时7天，前后有3000多人参加的所谓绝食活动。在所谓绝食期间，上街游行声援的学生和群众与日俱增，举世瞩目的中苏高级会晤也因此而受到严重干扰。全国各大城市及一些中小城市游行人数也急剧增加。为了防止事态进一步恶化，在北京市警力严重不足、已无法维持正常的生产、工作、交通和生活秩序的情况下，国务院根据宪法授予的权力，决定从5月20日10时起在北京部分地区实行戒严。6月3日晨，在戒严部队按既定计划继续进入警戒目标的过程中，一伙暴徒在全城发动了疯狂的打、砸、抢、烧、杀等破坏活动。在此紧急关头，中共中央、国务院、中央军委命令驻守在首都周围的戒严部队强行开进，平息反革命暴乱。6月4日晨，天安门广场清场完毕。发生在北京的反革命暴乱被粉碎。北京的局势很快平稳下来，其他大中城市也很快恢复了正常秩序。

平息动乱和反革命暴乱，保卫了中国革命的胜利果实，巩固了中国的社会主义阵地和十年改革开放的成果，“捍卫了社会主义国家政权，维护了人民的根本利益，保证了改革开放和现代化建设继续前进”①。

三、中国特色社会主义政治发展道路的开辟

1989年6月，中共十三届四中全会在北京召开。全会选举江泽民为中央委员会总书记，增选了中央政治局常委，这标志着以江泽民同志为核心的第三代中央领导集体的建立。全会决定撤销赵紫阳所担任的党内一切领导职务。9月4日，邓小平郑重地向中共中央政治局提交了请求退休的报告。11月，中共十三届五中全会接受了邓小平辞去中央军委主席职务的请求。邓小平身体力行地废除领导干部职务终身制，在第二代中央领导集体向第三代中央领导集体顺利过渡中，对于保持党和国家稳定起了关键作用。

---

①《十四大以来重要文献选编》(上)，人民出版社2011年版，第7页。

中共十三届四中全会是在党和国家命运面临抉择的严重时刻召开的，对中国特色政治发展道路的开辟产生了重大影响。这次全会强调："要继续坚决执行十一届三中全会以来的路线、方针、政策，继续坚决执行十三大确定的'一个中心，两个基本点'的基本路线，四项基本原则是立国之本，必须毫不动摇，始终一贯地加以坚持，改革开放是强国之路，必须一如既往地贯彻执行，绝不回到闭关锁国的老路上去。"[①] 这表明，这次全会虽然对中央领导核心作了重大人事调整，但是，中共十一届三中全会以来的路线和基本政策没有变。

坚定不移地坚持十一届三中全会制定的基本路线不动摇还表现在中共中央随后主持制定的国民经济和社会发展的中长期规划当中。为了抓住历史机遇，努力实现现代化建设的第二步战略目标，把国民经济的整体素质提高到一个新水平，1990 年 12 月 25 日至 30 日，中共中央在北京举行十三届七中全会，审议并通过《中共中央关于制定国民经济和社会发展十年规划和"八五"计划的建议》。《建议》提出了 1991 年至 2000 年中国国民经济和社会发展的基本任务和方针政策，强调坚定不移地走建设有中国特色的社会主义道路，是实现第二步战略目标的根本保证。《建议》认为，中共从十一届三中全会开始，经过十二大和十三大，根据马克思主义普遍真理同中国具体实际相结合的原则，在深刻总结历史的和当前的实践经验的基础上，作出了中国处于社会主义初级阶段的科学论断，形成了以经济建设为中心、坚持四项基本原则、坚持改革开放的基本路线，以及一系列行之有效的方针政策，全党对建设有中国特色社会主义的基本理论和基本实践取得了共同认识。《建议》将建设有中国特色社会主义的基本理论和基本实践概括为 12 条原则，其中第一条就是——坚持工人阶级领导的以工农联盟为基础的人民民主专政，不断完善人民代表大会制度，不断完善共产党领导的多党合作和政治协商制度，不断巩固和发展最广泛的爱国统一战线，努力加强社会主义民主和社会主义法制建设。12 条原则的提出，标志着中共中央对建设有中国特色的社会主义在认识上的进一步深化。12 月 30 日，江泽民在全会闭幕会上的讲话中明确指出：建设有中国特色的社会主义是一篇大文章。全党同志特别是党的高级干部，都要把心思用在这里，经过实践，集思广益，继续把这篇大文章做好。他说："党的十一届三中全会以来，包括党的十二大、十三大，总结我们的经验，集中到一点，就是把马克思主义普遍真理同我国的具体实际结合起来，走自己的道路，建设有中国特色的社会主义。十多年来我国各方面发生的巨大变化，取得的巨大成

① 《十三大以来重要文献选编》（中），人民出版社 2011 年版，第 203 页。

就，充分证明我们的路走对了。今后十年，我国的国民经济和社会发展，我们的各项事业，都必须坚定不移地继续沿着这条道路前进，使这条道路越走越宽广。把马克思主义普遍真理同我国具体实际结合起来，是一件具有根本意义而又很不容易的事情。社会主义在中国所以具有旺盛的生命力和强大的凝聚力，就在于这种结合；有中国特色的社会主义，也只有在这种结合的过程中才能形成、丰富和发展。”①

1991 年 7 月 1 日是中国共产党成立 70 周年的日子，在前一天召开的庆祝大会上，江泽民发表讲话，第一次提出建设有中国特色社会主义的经济、政治、文化。讲话中明确指出：“有中国特色社会主义的政治，必须坚持工人阶级领导的、以工农联盟为基础的人民民主专政，不能削弱和放弃人民民主专政；必须坚持和完善人民代表大会制度，不能搞西方那种议会制度；必须坚持和完善中国共产党领导的多党合作和政治协商制度，不能削弱和否定共产党的领导，不能搞西方那种多党制。我们应该牢牢把握有中国特色社会主义政治的这些基本要求，不断加强社会主义民主和法制建设，发展安定团结、生动活泼的政治局面，保证人民当家作主和国家长治久安。”②讲话还指出：“我们要进一步有领导有步骤地推进政治体制改革。努力建立健全一套民主的科学的决策制度和程序，充分走群众路线，广泛听取各方面的意见，做到集思广益。继续推进机构改革，实行精兵简政，提高各级领导机关和职能部门的工作效率，克服官僚主义。充分发挥工会、共青团、妇联等群众团体的作用。加强城乡基层单位的民主建设。进一步健全社会主义法制，加强对群众特别是各级干部的法制教育，做到有法可依、有法必依、执法必严、违法必究，切实保障人民群众依法管理国家事务、经济事务、社会事务的权利和其他民主权利，保证各项事业在社会主义法制的轨道上健康发展。”③江泽民在讲话中明确提出“三个必须”和“四个不能”，并将它作为中国特色社会主义政治的基本要求，规定了中国特色社会主义建设的基本方向。

“八九风波”后形成的新的中共中央领导集体，经受住了政治风波带来的来自国际国内各个方面的严峻考验，领导和带领全国人民坚持把马克思主义基本原理同中国具体实际和时代特征相结合，既坚持以毛泽东为代表的党的第一代中央领导集体开创的社会主义政治制度，又坚持 1978 年中共十一届三中全会以来制定的基本路线不动摇，并在开拓进取实践中创新和发展，逐渐形成中国特色社会主义

① 《十三大以来重要文献选编》（中），人民出版社 2011 年版，第 778—779 页。
② 《十三大以来重要文献选编》（下），人民出版社 2011 年版，第 177—178 页。
③ 《十三大以来重要文献选编》（下），人民出版社 2011 年版，第 179—180 页。

政治发展道路与中国特色政治发展理论，成为中国特色社会主义道路与中国特色社会主义理论体系的重要组成部分。

思考题：

1. 简述《党和国家领导制度的改革》的主要内容和历史作用。
2. 简述 1982 年宪法的地位与作用。
3. 简述中共十三大的历史意义。

第六章　中国特色社会主义政治的跨世纪发展（1992—2002）

中共十三届四中全会后，以江泽民同志为核心的党的第三代中央领导集体，带领全党全国各族人民坚持以邓小平理论和“三个代表”重要思想为指导，全面推进党的建设新的伟大工程，进一步加强社会主义民主政治建设，提出并实施依法治国基本方略。党的领导水平和执政能力不断提高，社会主义民主和法治建设继续加强，中国特色社会主义政治建设进入新的发展阶段。

第一节　改革开放新阶段与中国特色社会主义政治发展

从 1992 年初邓小平发表南方谈话到 2002 年 11 月中共十六大召开前的 10 年，是中国改革开放的新阶段。在这一阶段，中国特色社会主义政治建设得到新发展。

一、邓小平发表南方谈话

20 世纪 80 年代末 90 年代初，国际风云突变，世界动荡不安。东欧社会主义国家“改革”非但没有成功，反而发生剧变。接着，世界上第一个社会主义国家苏联解体，国际共产主义运动遭遇空前挫折。从国内来看，1989 年政治风波的发生，加上经济体制中一些深层次矛盾的显露，使中国改革和发展遇到某些暂时困难。在这种形势的影响下，一些人的思想出现困惑。有人对社会主义前途缺乏信心，对中国改革开放产生疑虑。有人对中国改革开放提出姓“资”还是姓“社”的问题，担心搞市场经济、创办经济特区、发展非公有制经济等会导致资本主义。这些疑虑和担心归结起来，就是党的“一个中心、两个基本点”的基本路线还要不要坚持，中国改革开放还要不要坚持。这是党在当时首先要解决的问题。面对复杂的国际国内局势，在中国改革开放的关键时刻和重要关头，邓小平于 1992 年 1 月 18 日至 2 月 21 日，以 88 岁高龄先后视察武昌、深圳、珠海、上海等地并发表重要谈话，为中国改革开放注入新的生机和活力。

邓小平南方谈话的内容，主要集中在以下几个方面：

第一，提出要坚持改革开放的路线、方针、政策不动摇。针对人们对中国改革开放的担心和疑虑，邓小平旗帜鲜明地指出：“要坚持党的十一届三中全会以来的路线、方针、政策，关键是坚持‘一个中心、两个基本点’。不坚持社会主义，不改革开放，不发展经济，不改善人民生活，只能是死路一条。基本路线要管一百年，动摇不得。只有坚持这条路线，人民才会相信你，拥护你。谁要改变三中全会以来的路线、方针、政策，老百姓不答应，谁就会被打倒。”他还说：“在这短短的十几年内，我们国家发展得这么快，使人民高兴，世界瞩目，这就足以证明三中全会以来路线、方针、政策的正确性，谁想变也变不了。说过去说过来，就是一句话，坚持这个路线、方针、政策不变。”①

第二，明确回答在什么是社会主义以及怎样建设社会主义问题上，长期困扰和束缚人们思想的许多重大理论问题。针对人们对中国改革开放提出的姓“资”还是姓“社”的问题，邓小平一针见血地指出：“改革开放迈不开步子，不敢闯，说来说去就是怕资本主义的东西多了，走了资本主义道路。要害是姓‘资’还是姓‘社’的问题。判断的标准，应该主要看是否有利于发展社会主义社会的生产力，是否有利于增强社会主义国家的综合国力，是否有利于提高人民的生活水平。”关于计划与市场的关系及社会主义的本质，他指出：“计划多一点还是市场多一点，不是社会主义与资本主义的本质区别。计划经济不等于社会主义，资本主义也有计划；市场经济不等于资本主义，社会主义也有市场。计划和市场都是经济手段。社会主义的本质，是解放生产力，发展生产力，消灭剥削，消除两极分化，最终达到共同富裕。”②

第三，提出要抓住时机，发展经济，强调发展才是硬道理。邓小平说：“对于我们这样发展中的大国来说，经济要发展得快一点，不可能总是那么平平静静、稳稳当当。要注意经济稳定、协调地发展，但稳定和协调也是相对的，不是绝对的。发展才是硬道理。”他认为：“从我们自己这些年的经验来看，经济发展隔几年上一个台阶，是能够办得到的。”“从国际经验来看，一些国家在发展过程中，都曾经有过高速发展时期，或若干高速发展阶段。日本、南朝鲜、东南亚一些国家和地区，就是如此。现在，我们国内条件具备，国际环境有利，再加上发挥社会主义制度能够集中力量办大事的优势，在今后的现代化建设长过程中，出现若干个发展速度比较快、效益比较好的阶段，是必要的，也是能够办到的。我们就是要有这个雄心壮志！”③

第四，提出要坚持两手抓，两手都要硬。邓小平强调在抓改革开放的同时，

① 《邓小平文选》第3卷，人民出版社1993年版，第370、371页。
② 《邓小平文选》第3卷，人民出版社1993年版，第372、373页。
③ 参见《邓小平文选》第3卷，人民出版社1993年版，第376—377页。

要抓打击各种犯罪活动，建设社会主义精神文明。他指出："打击各种犯罪活动，扫除各种丑恶现象，手软不得。""开放以后，一些腐朽的东西也跟着进来了，中国的一些地方也出现了丑恶的现象，如吸毒、嫖娼、经济犯罪等。要注意很好地抓，坚决取缔和打击，决不能任其发展。""在整个改革开放过程中都要反对腐败。对干部和共产党员来说，廉政建设要作为大事来抓。还是要靠法制，搞法制靠得住些。总之，只要我们的生产力发展，保持一定的经济增长速度，坚持两手抓，社会主义精神文明建设就可以搞上去。"①

第五，提出正确政治路线要靠正确组织路线来保证，中国的事情能不能办好，社会主义和改革开放能不能坚持，经济能不能快一点发展起来，国家能不能长治久安，从一定意义上说，关键在人。说到底，关键是我们共产党内部要搞好。邓小平指出："中国要出问题，还是出在共产党内部。对这个问题要清醒，要注意培养人，要按照'革命化、年轻化、知识化、专业化'的标准，选拔德才兼备的人进班子。我们说党的基本路线要管一百年，要长治久安，就要靠这一条。真正关系到大局的是这个事。""就是要选人民公认是坚持改革开放路线并有政绩的人，大胆地放进新的领导机构里，使人民感到我们真心诚意搞改革开放。人民，是看实践。人民一看，还是社会主义好，还是改革开放好，我们的事业就会万古长青！"②

第六，指出社会主义经历一个长过程发展后必然代替资本主义，这是社会历史发展不可逆转的总趋势，但道路是曲折的。针对有人对社会主义前途缺乏信心，邓小平坚信："世界上赞成马克思主义的人会多起来的，因为马克思主义是科学。"他说："从一定意义上说，某种暂时复辟也是难以完全避免的规律性现象。一些国家出现严重曲折，社会主义好像被削弱了，但人民经受锻炼，从中吸收教训，将促使社会主义向着更加健康的方向发展。因此，不要惊慌失措，不要认为马克思主义就消失了，没用了，失败了。哪有这回事！"③

邓小平南方谈话精辟地分析国际国内形势，科学总结中共十一届三中全会以来党的基本实践和基本经验，从理论上深刻回答了长期困扰和束缚人们思想的许多重大认识问题，对中国社会主义现代化建设事业产生了重大而深远的影响。南方谈话是邓小平在1978年中央工作会议上发表的《解放思想，实事求是，团结一致向前看》重要讲话之后，把改革开放和现代化建设推进到新阶段的又一个解放思想、实事求是的宣言书。

---

① 《邓小平文选》第3卷，人民出版社1993年版，第378—379页。
② 参见《邓小平文选》第3卷，人民出版社1993年版，第380、381页。
③ 《邓小平文选》第3卷，人民出版社1993年版，第382、383页。

二、中共十四大的召开与邓小平建设有中国特色社会主义理论指导地位的确立

1992 年 10 月 12 日至 18 日，中国共产党第十四次全国代表大会在北京召开。这次大会以邓小平南方谈话精神为指导，认真总结中共十一届三中全会以来 14 年的实践经验，对动员全党和全国各族人民进一步解放思想，把握有利时机，加快改革开放和现代化建设步伐，夺取有中国特色社会主义事业更大胜利进行战略部署。大会审议通过江泽民代表中共十三届中央委员会所作的《加快改革开放和现代化建设步伐，夺取有中国特色社会主义事业的更大胜利》的报告，通过关于《中国共产党章程（修正案）》的决议，选举产生新一届中央委员会和中央纪律检查委员会。大会通过中央委员会工作报告的决议，同意不再设立中央顾问委员会的建议，并高度评价中央顾问委员会工作。

会议确立邓小平建设有中国特色社会主义理论在全党的指导地位。报告指出，改革开放以来，我们党之所以能够取得历史性成就，根本原因是在 14 年的伟大实践中，坚持把马克思主义基本原理同中国具体实际和时代特征相结合，逐步形成和发展了建设有中国特色社会主义的理论。报告把这一理论的主要内容概括为 9 个方面：

在社会主义的发展道路问题上，强调走自己的路，不把书本当教条，不照搬外国模式，以马克思主义为指导，以实践作为检验真理的唯一标准，解放思想，实事求是，尊重群众的首创精神，建设有中国特色的社会主义。

在社会主义的发展阶段问题上，作出中国还处在社会主义初级阶段的科学论断，强调这是一个至少上百年的很长的历史阶段，制定一切方针政策都必须以这个基本国情为依据，不能脱离实际，超越阶段。

在社会主义的根本任务问题上，指出社会主义的本质是解放生产力，发展生产力，消灭剥削，消除两极分化，最终达到共同富裕。强调现阶段中国社会的主要矛盾是人民日益增长的物质文化需要同落后的社会生产之间的矛盾，必须把发展生产力摆在首要位置，以经济建设为中心，推动社会全面进步。判断各方面工作的是非得失，归根到底，要以是否有利于发展社会主义社会的生产力，是否有利于增强社会主义国家的综合国力，是否有利于提高人民的生活水平为标准。科学技术是第一生产力，经济建设必须依靠科技进步和劳动者素质的提高。

在社会主义的发展动力问题上，强调改革也是一场革命，也是解放生产力，是中国现代化的必由之路，僵化停滞是没有出路的。经济体制改革的目标，是在

坚持公有制和按劳分配为主体、其他经济成分和分配方式为补充的基础上，建立和完善社会主义市场经济体制。政治体制改革的目标，是以完善人民代表大会制度、共产党领导的多党合作和政治协商制度为主要内容，发展社会主义民主政治。同经济、政治的改革和发展相适应，以“有理想、有道德、有文化、有纪律”为目标，建设社会主义精神文明。

在社会主义建设的外部条件问题上，指出和平与发展是当代世界两大主题，必须坚持独立自主的和平外交政策，为中国现代化建设争取有利的国际环境。强调实行对外开放是改革和建设必不可少的，应当吸收和利用世界各国包括资本主义发达国家所创造的一切先进文明成果来发展社会主义，封闭只能导致落后。

在社会主义建设的政治保证问题上，强调坚持社会主义道路、坚持人民民主专政、坚持中国共产党的领导、坚持马克思列宁主义毛泽东思想。这四项基本原则是立国之本，是改革开放和现代化建设健康发展的保证，又从改革开放和现代化建设获得新的时代内容。

在社会主义建设的战略步骤问题上，提出基本实现现代化分三步走。在现代化建设的长过程中要抓住时机，争取出现若干个发展速度比较快、效益又比较好的阶段，每隔几年上一个台阶。贫穷不是社会主义，同步富裕又是不可能的，必须允许和鼓励一部分地区一部分人先富起来，以带动越来越多的地区和人们逐步达到共同富裕。

在社会主义的领导力量和依靠力量问题上，强调作为工人阶级先锋队的共产党是社会主义事业的领导核心，党必须适应改革开放和现代化建设的需要，不断改善和加强对各方面工作的领导，改善和加强自身建设。执政党的党风，党同人民群众的联系，是关系党生死存亡的问题。必须依靠广大工人、农民、知识分子，必须依靠各民族人民的团结，必须依靠全体社会主义劳动者、拥护社会主义的爱国者和拥护祖国统一的爱国者的最广泛的统一战线。党领导的人民军队是社会主义祖国的保卫者和建设社会主义的重要力量。

在祖国统一的问题上，提出“一个国家、两种制度”的创造性构想。在一个中国的前提下，国家的主体坚持社会主义制度，香港、澳门、台湾保持原有的资本主义制度长期不变，按照这个原则来推进祖国和平统一大业的完成。①

邓小平建设有中国特色社会主义的理论，是在和平与发展成为时代主题的历史条件下，在中国改革开放和社会主义现代化建设的实践过程中，在总结中国社

① 《十四大以来重要文献选编》（上），中央文献出版社 2011 年版，第 9—11 页。

会主义胜利和挫折的历史经验并借鉴其他国家社会主义兴衰成败历史经验的基础上，逐步形成和发展起来的。这个理论第一次比较系统地初步回答了中国这样的经济文化比较落后的国家如何建设社会主义、如何巩固和发展社会主义的一系列基本问题，是马克思列宁主义基本原理与当代中国实际和时代特征相结合的产物，是毛泽东思想的继承和发展，是全党全国人民集体智慧的结晶，是中国共产党和中国人民最可珍贵的精神财富。大会通过的党章修正案，确立邓小平建设有中国特色社会主义理论在全党的指导地位。这是中共十四大的重要历史贡献。

三、中共十五大的召开与邓小平理论指导地位的确立

1997 年 2 月 19 日，中国社会主义改革开放和现代化建设的总设计师邓小平逝世。当天，中共中央发布《告全党全军全国各族人民书》，全面回顾邓小平为中华民族的独立和解放，为中国社会主义现代化事业建立的不朽功勋，号召全党全军和全国各族人民，化悲痛为力量，继承邓小平遗志，在党的基本路线指引下，开拓创新，战胜一切困难，经受住各种风险考验，把社会主义现代化建设不断推向前进。邓小平逝世后，中国共产党能否继续沿着邓小平开辟的中国特色社会主义道路走下去，引起全世界关注。

在 2 月 25 日的追悼大会上，江泽民明确指出，邓小平留给我们的最可宝贵的财富，就是他创立的建设有中国特色社会主义理论和在这个理论指导下制定的党在社会主义初级阶段的基本路线，这是我们必须遵循的行动指南。在跨越世纪的新征途上，更高地举起邓小平建设有中国特色社会主义理论的伟大旗帜，更好地贯彻执行党的基本路线，是我们党中央领导集体坚定不移的决心和信念，也是全党全军全国各族人民的共识和愿望。我们一定要更加自觉地用这个理论武装头脑，统一认识，同心同德，开拓创新，战胜前进道路上的一切困难，排除各种错误倾向的干扰，在任何情况下坚持党的基本路线不动摇。

5 月 29 日，江泽民在中央党校省部级干部进修班毕业典礼上发表重要讲话，再次强调一定要高举邓小平建设有中国特色社会主义理论伟大旗帜。他指出，在社会主义改革开放和现代化建设的新时期，在跨越世纪的新征途上，一定要高举邓小平建设有中国特色社会主义理论的伟大旗帜，用这个理论来指导我们的整个事业和各项工作。这是党从历史和现实中得出的不可动摇的结论。旗帜问题至关紧要。旗帜就是方向，旗帜就是形象。在邓小平逝世后，我们全党特别是高级领导干部，在这个问题上尤其要有高度的自觉性和坚定性。无论遇到什么困难，什么风险，都不能动摇。江泽民的讲话充分表达了把邓小平开创的中国特色社会主

义事业全面推向21世纪的决心和信心，集中反映了全党和全国人民的共同心愿，也为中共十五大的召开从思想上和政治上作了重要准备。

1997年9月12日至18日，中国共产党第十五次全国代表大会在北京举行。大会通过江泽民作的《高举邓小平理论伟大旗帜，把建设有中国特色社会主义事业全面推向二十一世纪》的报告和《中国共产党章程修正案》。

报告指出，中国共产党把马克思列宁主义同中国实际相结合有两次历史性飞跃，产生了两大理论成果。第一次飞跃的理论成果是毛泽东思想。第二次飞跃的理论成果是邓小平理论。这两大理论成果都是党和人民实践经验和集体智慧的结晶。邓小平理论围绕什么是社会主义、怎样建设社会主义这个根本问题，第一次比较系统地初步回答了中国社会主义的发展道路、发展阶段、根本任务、发展动力、外部条件、政治保证、战略步骤、党的领导和依靠力量以及祖国统一等一系列基本问题，指导中国共产党制定了在社会主义初级阶段的基本路线。它是贯通哲学、政治经济学、科学社会主义等领域，涵盖经济、政治、科技、教育、文化、民族、军事、外交、统一战线、党的建设等方面比较完备的科学体系，又是需要从各方面进一步丰富发展的科学体系。邓小平理论是指导中国人民在改革开放中胜利实现社会主义现代化的正确理论。在当代中国，只有把马克思主义同当代中国实践和时代特征结合起来的邓小平理论，而没有别的理论能够解决社会主义的前途和命运问题。邓小平理论是当代中国的马克思主义，是马克思主义在中国发展的新阶段。

邓小平理论之所以能够成为马克思主义在中国发展的新阶段，是因为：

第一，邓小平理论坚持解放思想、实事求是，在新的实践基础上继承前人又突破陈规，开拓了马克思主义的新境界。实事求是是马克思列宁主义的精髓，是毛泽东思想的精髓，也是邓小平理论的精髓。1978年邓小平《解放思想，实事求是，团结一致向前看》这篇讲话，是在“文化大革命”结束以后，中国面临向何处去的重大历史关头，冲破“两个凡是”的禁锢，开辟新时期新道路、开创建设有中国特色社会主义新理论的宣言书。1992年邓小平南方谈话，是在国际国内政治风波严峻考验的重大历史关头，坚持中共十一届三中全会以来的理论和路线，深刻回答长期束缚人们思想的许多重大认识问题，把改革开放和现代化建设推进到新阶段的又一个解放思想、实事求是的宣言书。

第二，邓小平理论坚持科学社会主义理论和实践的基本成果，抓住什么是社会主义、怎样建设社会主义这个根本问题，深刻地揭示社会主义的本质，把对社会主义的认识提高到新的科学水平。新时期的思想解放，关键就是在这个问题上的思想解放。中国社会主义在改革开放前所经历的曲折和失误，改革开放以来在前进中遇到的一些困惑，归根到底都在于对这个问题没有完全搞清楚。拨乱反正，全面改革，从以阶级斗争为纲到以经济建设为中心，从封闭半封闭到改革开放，从计划经济到社会主义市场经济，近 20 年的历史性转变，就是逐渐搞清楚这个根本问题的进程。这个进程，还将在今后的实践中继续下去。

第三，邓小平理论坚持用马克思主义宽广眼界观察世界，对当今时代特征和总体国际形势，对世界上其他社会主义国家的成败，发展中国家谋求发展的得失，发达国家发展的态势和矛盾，进行正确分析，作出了新的科学判断。世界变化很大很快，特别是日新月异的科学技术进步深刻地改变了并将继续改变当代经济社会生活和世界面貌，任何国家的马克思主义者都不能不认真对待。邓小平理论正是根据这种形势，确定我们党的路线和国际战略，要求我们用新的观点来认识、继承和发展马克思主义，强调只有这样才是真正的马克思主义，墨守成规只能导致落后甚至失败。这是邓小平理论鲜明的时代精神。

第四，邓小平理论形成了新的建设有中国特色社会主义理论的科学体系。它是在和平与发展成为时代主题的历史条件下，在中国改革开放和现代化建设的实践中，在总结中国社会主义胜利和挫折的历史经验并借鉴其他社会主义国家兴衰成败历史经验的基础上，逐步形成和发展起来的科学体系。[①]

报告系统论述党在社会主义初级阶段的基本路线和基本纲领，明确指出：建设有中国特色社会主义的政治，就是在中国共产党领导下，在人民当家作主的基础上，依法治国，发展社会主义民主政治。这就要坚持和完善工人阶级领导的、以工农联盟为基础的人民民主专政；坚持和完善人民代表大会制度、共产党领导的多党合作和政治协商制度以及民族区域自治制度；发展民主，健全法制，建设社会主义法治国家。实现社会安定，政府廉洁高效，全国各族人民团结和睦，生动活泼的政治局面。报告强调，建设有中国特色社会主义的经济、政治、文化的基本目标和基本政策，有机统一，不可分割，构成党在社会主义初级阶段的基本纲领。这个纲领，是邓小平理论的重要内容，是党的基本路线在经济、政治、文化等方面的展开，是这些年来最主要经验的总结。

大会通过的党章修正案把邓小平理论确立为党的指导思想，明确规定：中国共产党以马克思列宁主义、毛泽东思想、邓小平理论作为自己的行动指南。作出这个历史性决策，是中共十五大的重要贡献，对此后中国的发展进步产生了极其重大而深远的影响。

---

① 《十五大以来重要文献选编》（上），中央文献出版社 2011 年版，第 9—11 页。

第二节　推进党的建设新的伟大工程

中共十三届四中全会后，以江泽民同志为核心的党的第三代中央领导集体以邓小平理论和“三个代表”重要思想为指导，大力加强党的自身建设，提出党的建设总目标和总任务，加强党的执政能力建设和新形势下党的作风建设，增强和扩大党执政的阶级基础及群众基础，开展党风廉政建设和反腐败斗争，党的建设新的伟大工程得到有力推进。

一、提出党的建设总目标和总任务

1982 年，中共十二大首次提出新时期党的建设总目标和总要求，即把党建设成为领导建设社会主义现代化事业的坚强核心。根据中国共产党所处的历史方位，总结改革开放以来党的建设成功经验，1994 年 9 月，中共十四届四中全会专门研究新形势下党的建设问题，作出《关于加强党的建设几个重大问题的决定》，提出加强党的建设总目标和总任务。这就是：“把党建设成为用建设有中国特色社会主义理论武装起来、全心全意为人民服务、思想上政治上组织上完全巩固、能够经受住各种风险、始终走在时代前列的马克思主义政党。”①

根据这一目标和任务，《决定》在要求继续抓好党的思想建设和作风建设的同时，特别提出在组织建设方面三个需要解决的突出问题：必须进一步坚持和健全民主集中制，特别要注重制度建设，以完备的制度保障党内民主，维护中央权威，保证全党在重大问题上的统一行动；必须进一步巩固和加强数以百万计的党的基层组织，使之成为能够团结和带领群众进行改革开放和现代化建设的战斗堡垒；必须进一步培养和锻炼数以万计的党的中高级领导干部，特别是培养和选拔大批德才兼备的年轻干部，形成坚定地走建设有中国特色社会主义道路、善于研究新情况、解决新问题、干练而充满活力的领导层。

1997 年 9 月召开的中共十五大，把中共十四届四中全会提出的党的建设总目标和总任务进一步概括为：“把党建设成为用邓小平理论武装起来、全心全意为人民服务、思想上政治上组织上完全巩固、能够经受住各种风险、始终走在时代前列、领导全国人民建设有中国特色社会主义的马克思主义政党。”②报告强调，加强党的思想建设，根本的是坚定不移地用邓小平理论武装全党，充分发挥党的思

---

① 《十四大以来重要文献选编》（中），中央文献出版社 2011 年版，第 4 页。
② 《十五大以来重要文献选编》（上），中央文献出版社 2011 年版，第 39 页。

想政治优势；加强党的组织建设，根本的是把党建设成坚强的领导核心，充分发挥党的组织优势；加强党的作风建设，根本的是坚持全心全意为人民服务的宗旨，充分发挥党密切联系群众的优势。这就进一步明确了党的建设总目标，确立了党的思想、组织和作风建设的根本原则，为推进党的建设新的伟大工程进一步指明了方向。大会号召全党要按照新的伟大工程总目标，从思想上、组织上、作风上全面加强党的建设，不断提高领导水平和执政水平，不断增强拒腐防变的能力，以新的面貌和更强大的战斗力，带领人民完成新的历史任务。

二、加强党的执政能力建设，提高党的执政水平

推进党的建设新的伟大工程的重点是，加强党的执政能力建设，不断提高科学判断形势的能力、驾驭市场经济的能力、应对复杂局面的能力、依法执政的能力、总揽全局的能力。以江泽民同志为核心的党的第三代中央领导集体着眼于提高拒腐防变和抵御风险能力这两大历史性课题，通过加强党的思想建设、组织建设和制度建设，改革和完善党的领导方式和执政方式、领导体制和工作制度，党的领导水平和执政水平不断得到提高。

党在思想理论上的提高，是党和国家事业不断发展的思想保证。在加强党的思想建设过程中，以江泽民同志为核心的党的第三代中央领导集体坚持用马克思列宁主义、毛泽东思想、邓小平理论和“三个代表”重要思想武装全体党员，坚持以马克思主义作为自己的世界观和行动指南。同时，要求全体党员干部，特别是党员领导干部在努力改造客观世界的同时改造自己的主观世界，寓改造主观世界于改造客观世界的过程中，用改造主观世界的成效推进改造客观世界的进程，在中国特色社会主义的伟大实践中不断加强党性锻炼。

民主集中制是我们党一贯坚持的根本组织制度和领导制度。党内民主是党的生命，对人民民主具有重要示范和带动作用。在加强党的制度建设过程中，以江泽民同志为核心的党的第三代中央领导集体坚持以保障党员民主权利为基础，以完善党的代表大会制度和党的委员会制度为重点，从改革体制机制入手，建立健全充分反映党员和党组织意愿的党内民主制度，同时按照集体领导、民主集中、个别酝酿、会议决定的原则，完善党委内部的议事和决策机制，进一步发挥党的委员会全体会议作用，完善集体领导下的个人分工负责制。

按照革命化、年轻化、知识化、专业化方针，建设一支能够担当重任、经得起风浪考验的高素质领导干部队伍，是党和国家长治久安的根本大计。在加强党的组织建设过程中，以江泽民同志为核心的党的第三代中央领导集体坚持正确用

人导向，用好的作风选人，选作风好的人，注重在改革和建设实践中考察和识别干部，把那些德才兼备、实绩突出和群众公认的人及时选拔到领导岗位上来，同时加强干部交流，注意把年轻干部放到一些关键岗位、艰苦环境和情况复杂、矛盾突出、困难较多的地方去锻炼和培养。

党的基层组织是党的全部工作和战斗力的基础。基础不牢，地动山摇。以江泽民同志为核心的党的第三代中央领导集体适应新形势新任务的要求，坚持围绕中心、服务大局，拓宽领域、强化功能，扩大党的工作覆盖面，不断提高党的基层组织的凝聚力和战斗力，使党的基层组织成为贯彻“三个代表”重要思想的组织者、推动者和实践者。通过以上措施，有力加强了党的执政能力建设，提高了党的领导水平和执政水平。

三、开展“三讲”教育与加强党风建设

执政党的党风，关系党的形象，关系人心向背，关系党和国家生死存亡。中共十三届四中全会后，以江泽民同志为核心的党的第三代中央领导集体把作风建设摆在党的建设更加突出位置，通过开展以“三讲”为主要内容的党性党风教育、出台《中共中央关于加强和改进党的作风建设的决定》等措施，推动党的作风建设取得明显成效。

1996 年 10 月 10 日，中共十四届六中全会作出决定，要对县处级以上领导干部集中进行一次以讲学习、讲政治、讲正气（简称“三讲”）为主要内容的党性党风教育。1997 年 9 月 12 日，中共十五大报告提出“要继续在县级以上领导干部中深入进行以讲学习、讲政治、讲正气为主要内容的党性党风教育”。1998 年 11 月 21 日，中共中央发出《关于在县级以上党政领导班子、领导干部中深入开展以“讲学习、讲政治、讲正气”为主要内容的党性党风教育的意见》，要求通过“三讲”教育推动县级以上党政领导班子和领导干部深入学习邓小平理论和党的十五大精神，并对这次活动的必要性和重要性、基本原则、方式方法作了明确规定。

按照《意见》要求和部署，“三讲”教育在全党展开。山东、广西、内蒙古及国土资源部、教育部、广电总局、团中央作为试点单位先行开展。1999 年 3 月 19 日，中共中央召开全国“三讲”教育工作会议，决定各省部级单位“三讲”教育分两批进行。列入第一批的有北京、湖北等 16 个省、区、市和最高人民检察院等 70 个中央、国家机关部委办局；列入第二批的有浙江、宁夏等 12 个省、区、市和财政部等 60 个部委办局。中央政治局常委对“三讲”教育高度重视，于 1999 年底专门集中时间进行“三讲”学习，带头查找工作中的不足，开展批评和自我批评，提

出整改措施，有力推动了“三讲”教育的深入开展。在活动开展过程中，中央陆续派出若干巡视组、检查组，对各单位开展“三讲”教育情况进行检查和督导。

省部级单位“三讲”教育结束后，县市级“三讲”教育随即展开。中央政治局常委分赴7个县市，深入调查研究，进行具体指导。到2000年9月底，全国县级以上党政领导班子、领导干部“三讲”教育基本告一段落，开始进入总结提高，深入整改阶段。在整改阶段，参加“三讲”教育的地方和单位按照中央要求，又开展了“回头看”活动，巩固和扩大了“三讲”教育成果。

从1998年11月到2000年底，共有70万县处级以上领导干部参加“三讲”教育活动。这次教育活动进展顺利，发展健康，成效明显，基本达到中央提出的目标要求。通过“三讲”教育，广大领导干部普遍受到一次深刻的马克思主义教育，经受了一次严格的党内生活锻炼，贯彻党的基本路线和民主集中制原则的自觉性得到提高。

在“三讲”教育成果基础上，2001年9月召开的中共十五届六中全会通过《关于加强和改进党的作风建设的决定》。《决定》把党的作风建设总体目标确定为“八个坚持、八个反对”，即：坚持解放思想、实事求是，反对因循守旧、不思进取；坚持理论联系实际，反对照抄照搬、本本主义；坚持密切联系群众，反对形式主义、官僚主义；坚持民主集中制原则，反对独断专行、软弱涣散；坚持党的纪律，反对自由主义；坚持清正廉洁，反对以权谋私；坚持艰苦奋斗，反对享乐主义；坚持任人唯贤，反对用人上的不正之风。

中共十五届六中全会后，从中央领导机关到地方各级党组织，都把加强和改进党的作风建设摆上重要日程，制定具体措施，认真贯彻落实。

第一，坚决克服因循守旧、不思进取、照抄照搬、本本主义的思想作风。面对充满机遇和挑战的21世纪，以江泽民为核心的党的第三代中央领导集体向全党同志特别是各级领导干部提出，要在经济全球化和科技进步日新月异的背景下参与世界竞争，要在各种文明和社会制度相互激荡中建设中国特色社会主义，要在应对各种风险和考验的条件下坚持和改善党的领导，就必须始终站在时代前列，开动脑筋，努力探索，大胆进行理论、制度和科技创新，把马克思主义不断推进到时代的新水平。

第二，坚决克服脱离群众、脱离实际的形式主义、官僚主义歪风。形式主义的要害是，贪图虚名，不务实效，劳民伤财。官僚主义的要害是，脱离群众，脱离实际，做官当老爷。官僚主义引发形式主义，形式主义助长官僚主义，已经成为影响我们事业发展的一大祸害。以江泽民同志为核心的党的第三代中央领导集体决定痛下决心，坚决刹住形式主义、官僚主义这两股歪风，从领导机关、领导干部做起，深入实际、深入群众搞调查研究，不搞不切实际的高指标，不搞虚报浮夸的假政绩，不搞劳民伤财的达标升级活动，不搞沽名钓誉的“形象工程”。同时把评判干部政绩的标准交给群众，把是否得到群众公认，是否取得让群众满意的实实在在的政绩，作为选拔任用干部的重要依据。对那些搞形式主义、官僚主义、不负责任、弄权渎职，给党和人民事业造成严重损害的干部严肃查处。

第三，坚决克服独断专行、软弱涣散和自由主义现象。针对有的领导干部不按民主集中制原则办事，不能自觉接受监督，在重大决策和领导工作中搞“一言堂”，独断专行，家长作风严重；有的领导班子软弱涣散，各自为政，工作不协调，影响班子团结和正确决策；有的地方和部门对上级政策和规定有令不行，有禁不止，搞“上有政策，下有对策”，地方和部门保护主义严重；有的党员和干部无视党的纪律，各行其是，搞自由主义等问题，以江泽民为核心的党的第三代中央领导集体坚持民主集中制原则，强调严明党的纪律，反对独断专行和软弱涣散，以保证决策的正确制定和有效执行，确保党的团结统一和生机活力。

第四，坚决克服以权谋私、贪图享乐等消极腐败现象和用人上的不正之风。针对有的党员领导干部思想堕落，精神颓废，道德沦丧，贪图享受，追求腐朽生活方式；有的领导任人唯亲，拉帮结伙，不搞五湖四海，在选人用人问题上个人说了算，甚至徇私舞弊；有的“谋官不谋事”，千方百计拉关系、找靠山，跑官要官，甚至买官卖官等问题，以江泽民同志为核心的党的第三代中央领导集体，深入研究具有中国特色的预防和治理腐败的治本之策。

通过贯彻《决定》精神，党的作风有了新进步，党群关系和干群关系有了明显改善。

四、增强和扩大党执政的阶级基础及群众基础

中国共产党是中国工人阶级先锋队，同时是中国人民和中华民族的先锋队。中国共产党从诞生之日起，就坚持以工人阶级作为自己的阶级基础。随着改革开放和社会主义现代化建设的不断推进，特别是随着国有企业改革的不断深化，中国工人阶级队伍发生许多新变化。一是工人阶级的外延发生变化，工人阶级队伍不断壮大。二是工人阶级的内涵发生变化。进入知识经济时代，产业结构以工业为主导让位于以知识产业为主导，传统产业工人大大减少，脑力劳动者、技术劳动者、管理劳动者比重大大增加；劳动不再只是人使用劳动工具作用于劳动对象，参与直接生产进程，而大量是处于直接生产过程之外，成为生产的设计者、监督

者和调节者。三是工人阶级的特点发生变化，工人阶级年龄结构不断优化，职工队伍科学文化素质日益提高；产业结构在不断优化，既有从事第二产业的职工，也有从事第三产业的职工。四是随着经济结构战略性调整，一些职工群众的工作岗位发生变化，甚至出现职工下岗现象。

但无论工人阶级队伍发生怎样的变化，中国工人阶级主人翁地位没有变；整个工人阶级是中国先进生产力的主要代表这一事实没有变。因此，执政党要继续保持先进性，就必须继续坚持以工人阶级作为自己的阶级基础，不断增强党执政的阶级基础。在这方面，以江泽民同志为核心的党的第三代中央领导集体采取一系列有效措施，使中国工人阶级队伍不断壮大，思想道德素质和科学文化素质日益提高，工人阶级先进性不断发展，党的阶级基础不断得到增强。

建设中国特色社会主义事业需要最大限度地凝聚社会各方面力量，共同加以推进。因此，党在坚持工人阶级先锋队性质，不断增强党的阶级基础的同时，注重吸收社会其他方面优秀分子入党，以扩大党的群众基础和社会影响力。

改革开放以来，中国社会阶层构成发生新变化，出现了民营科技企业的从业人员和技术人员、受聘于外资企业的管理技术人员、个体户、私营企业主、中介组织从业人员、自由职业人员等社会阶层。而且，许多人在不同所有制、不同行业、不同地域之间流动频繁，人们的职业、身份经常变动。在党的路线方针政策指引下，这些新社会阶层的构成者，通过诚实劳动和合法经营，为发展社会主义社会生产力和其他事业作出了贡献。他们也是中国特色社会主义事业的建设者。

以江泽民同志为核心的党的第三代中央领导集体准确把握时代特征，适应社会发展变化，及时把承认党的纲领和章程、自觉为党的路线和纲领而奋斗、经过长期考验、符合党员条件的社会其他方面优秀分子吸收到党内来，并通过党这个大熔炉不断提高广大党员的思想政治觉悟，从而不断增强我们党在全社会的影响力和凝聚力，扩大了党的群众基础。

在新社会阶层中发展党员，是一项政治性、政策性很强的工作。为此，以江泽民为核心的党的第三代中央领导集体在开展这项工作时，坚持以下原则：一是在吸收新社会阶层的优秀分子入党时坚持标准，严格程序，确保质量。党在吸收私营企业主入党时，注重把考察现实表现同考察入党动机结合起来，严格入党手续，成熟一个，发展一个，严防那些入党动机不纯的人混进党内。二是高度重视在思想上建党，加强对党员教育和管理，不断提高广大党员的思想政治素质。党教育私营企业主党员要模范遵守国家政策法规、守法经营、照章纳税；要坚持党的理想和宗旨，增强党的意识和组织观念，严格履行党员义务，自觉接受党组织监督；要致富不忘回报社会，把税后利润主要用于扩大再生产，热心社会公益事业；要平等对待工人，尊重工人合法权益，真心实意为工人谋福利。三是正确处理在新社会阶层中发展党员与在工人、农民、知识分子、军人和干部中发展党员的关系，继续把工人、农民、知识分子、军人和干部作为发展党员的重点，做好在他们中发展党员的工作。

五、深入开展党风廉政建设和反腐败斗争

中共十三届四中全会后，以江泽民同志为核心的党的第三代中央领导集体把党风廉政建设和反腐败斗争作为关系党和国家生死存亡的大事来抓，“形成了领导干部廉洁自律、查处大案要案、纠正部门和行业不正之风为主要内容的反腐败三项工作格局，形成了党委统一领导、党政齐抓共管、纪委组织协调、部门各负其责、依靠群众支持和参与的反腐败领导体制和工作机制，形成了战略上总体规划、战术上分阶段部署、不断积小胜为大胜的工作路数”[①]。

1993 年 8 月，十四届中央纪委召开第二次全体会议，江泽民在会上发表重要讲话，对加大反腐败斗争力度作出重大决策，此后每年都对党风廉政建设和反腐败斗争进行专门研究，通过中央纪委全会向全党作出部署。

为确保党政领导干部做到廉洁自律，中共中央先后作出一系列规定，如建立党政机关县处级以上领导干部收入申报制度、党和国家机关工作人员在国内公务活动中收受礼品登记制度、国有企业业务招待费使用情况向职工代表大会报告制度等。

与此同时，中共中央、国务院不断健全反腐倡廉工作机构，制定和完善加强党风廉政建设的法规制度。1993 年 1 月，中央纪委、监察部开始合署办公。1995 年 11 月，最高人民检察院反贪污贿赂总局（国家反贪总局）正式成立。1997 年 2 月，中共中央制定《中国共产党纪律处分条例（试行）》。1998 年 11 月，中共中央、国务院印发《关于实行党风廉政建设责任制的规定》。截至 2002 年，全国省部级以上机关共制定党风廉政方面的党内法规及其他规范性文件 2000 余件。[②] 这些法规制度的制定，为推进党风廉政建设和反腐败斗争提供了重要依据。

经过各级党委、政府和纪检监察机关不懈努力，党风廉政建设和反腐败斗争取得重要阶段性成果。从 1992 年 10 月至 1997 年 6 月，全国纪检监察机关共立案 73.1 万多件，结案 67.01 万多件，给予党纪政纪处分 66.93 万多人，其中开除党籍

① 《江泽民文选》第 2 卷，人民出版社 2006 年版，第 550 页。

② 中共中央党史研究室:《中国共产党的九十年》，中共党史出版社、党建读物出版社 2016 年版，第 870 页。

12.15 万多人，被开除党籍又受到刑事处分的 37492 人。在受处分的党员干部中，县（处）级干部 20295 人，厅（局）级干部 1673 人，省（部）级干部 78 人。[①]1997 年 10 月至 2002 年 9 月，全国纪检监察机关共立案 861917 件，结案 842760 件，给予党纪政纪处分 846150 人，其中开除党籍 137711 人。被开除党籍又受到刑事追究的 37790 人。在受处分的党员干部中，县（处）级干部 28996 人，厅（局）级干部 2422 人，省（部）级干部 98 人。[②]

六、提出"三个代表"重要思想

中共十三届四中全会后，以江泽民同志为主要代表的中国共产党人，准确把握时代特征，科学判断中国共产党所处历史方位，深入思考面临的新情况新问题，以马克思主义的巨大勇气进行理论创新，提出"三个代表"重要思想这一系统的科学理论。

2000 年 2 月，江泽民在广东考察工作时指出："总结我们党七十多年的历史，可以得出一个重要结论，这就是：我们党所以赢得人民的拥护，是因为我们党在革命、建设、改革的各个历史时期，总是代表着中国先进生产力的发展要求，代表着中国先进文化的前进方向，代表着中国最广大人民的根本利益"[③]。

2000 年 5 月至 2001 年 6 月，江泽民先后到北京、吉林、黑龙江、上海、江苏、浙江等地进行考察，主持召开近 30 次党建工作座谈会，听取各方面的意见和建议。在考察过程中他强调指出："始终做到'三个代表'，是我们党的立党之本、执政之基、力量之源。按照'三个代表'要求抓党的建设，同新时期党的建设新的伟大工程的总目标、总要求是一致的。推进党的思想建设、政治建设、组织建设、作风建设，都应该贯穿'三个代表'要求。"[④] 在此期间，江泽民还多次从不同角度对新形势下加强和改进党的建设问题进行论述，使"三个代表"重要思想不断得到充实和完善。

2001 年 7 月 1 日，江泽民在庆祝中国共产党成立 80 周年大会上发表讲话，系统阐述"三个代表"重要思想的科学内涵和基本内容，深刻回答新的历史条件下加强和改进党的建设的重大理论和实践问题。他指出，中国共产党 80 年的奋斗历程和基本经验，"归结起来，就是必须始终代表中国先进生产力的发展要求，代

---

① 《中国共产党第十五次全国代表大会文件汇编》，人民出版社 1997 年版，第 93 页。
② 《中国共产党第十六次全国代表大会文件汇编》，人民出版社 2002 年版，第 109 页。
③ 《江泽民文选》第 3 卷，人民出版社 2006 年版，第 2 页。
④ 《江泽民文选》第 3 卷，人民出版社 2006 年版，第 15 页。

表中国先进文化的前进方向，代表中国最广大人民的根本利益”[①]。

始终代表中国先进生产力的发展要求，就是党的理论、路线、纲领、方针、政策和各项工作，必须努力符合生产力发展规律，体现不断推动社会生产力解放和发展的要求，尤其要体现推动先进生产力发展的要求，通过发展生产力不断提高人民群众的生活水平。

始终代表中国先进文化的前进方向，就是党的理论、路线、纲领、方针、政策和各项工作，必须努力体现发展面向现代化、面向世界、面向未来的，民族的科学的大众的社会主义文化的要求，促进全民族思想道德素质和科学文化素质的不断提高，为中国经济发展和社会进步提供精神动力和智力支持。

始终代表中国最广大人民的根本利益，就是党的理论、路线、纲领、方针、政策和各项工作，必须坚持把人民的根本利益作为出发点和归宿，充分发挥人民群众的积极性主动性创造性，在社会不断发展进步的基础上，使人民群众不断获得切实的经济、政治、文化利益。

“三个代表”是统一的整体，相互联系，相互促进。发展先进生产力，是发展先进文化，实现最广大人民根本利益的基础条件。人民群众是先进生产力和先进文化的创造主体，也是实现自身利益的根本力量。不断发展先进生产力和先进文化，归根到底都是为了满足人民群众日益增长的物质文化生活需要，不断实现最广大人民的根本利益。

“三个代表”重要思想，回答了在新的历史条件下建设一个什么样的党、怎样建设党这个重大问题，既坚持了马克思主义基本原理，又反映了当代世界和中国的发展变化对党和国家工作的新要求，继承、丰富和发展了马克思列宁主义、毛泽东思想和邓小平理论，是加强和改进党的建设、推进中国社会主义自我完善和发展的强大理论武器。“三个代表”重要思想的提出，在国内外引起强烈反响，全党和全国上下兴起学习贯彻“三个代表”重要思想的热潮，有力推动了改革开放和现代化建设的跨世纪发展。

第三节　建设社会主义政治文明

发展社会主义民主政治，建设社会主义政治文明，是中国特色社会主义政治

① 《江泽民文选》第 3 卷，人民出版社 2006 年版，第 272 页。

建设的重要内容。中共十三届四中全会后，三大政治制度继续健全和完善，城乡基层民主不断扩大，行政管理体制和机构改革持续推进，政治体制改革迈出新步伐，中国特色社会主义政治建设取得重要进展。

一、三大政治制度继续健全和完善

人民代表大会制度是适合中国国情，保证国家兴旺发达、长治久安的根本政治制度，是人民当家作主、行使管理国家权力的最重要的组织形式。建设社会主义政治文明，发展社会主义民主政治，最重要的是坚持和完善人民代表大会制度，切实加强国家权力机关建设，以利于人民群众参与对国家事务的管理。在中共中央的高度重视下，中国人民代表大会制度得到不断完善和发展。1995年，八届全国人大常委会通过了修改选举法和地方组织法的两个决定。修改后的选举法，缩小了农村与城市每一代表所代表的人口数的比例；规范了地方各级人大代表名额；简化了选民直接选举县、乡两级人大代表的手续，完善了差额选举和提名、确定候选人的程序等。修改后的地方组织法，进一步完善了地方各级人大选举和决定国家机关组成人员的程序；规范了地方各级人大常委会组成人员的名额；规定了乡镇人大设主席、副主席，省、自治区人大常委会可以在地区设立工作机构等。对选举法和地方组织法的这些修改，进一步提高了选举的民主程度，对完善中国选举制度和人民代表大会制度具有重要意义。

中国共产党领导的多党合作和政治协商制度是中国的基本政治制度。1992年10月召开的中共十四大重申完善这项制度是政治体制改革的一项重要内容。[①]1993年3月，八届全国人大一次会议将“中国共产党领导的多党合作和政治协商制度将长期存在和发展”[②]载入宪法，中国多党合作制度有了明确的宪法依据。1994年3月，全国政协八届二次会议审议通过的《中国人民政治协商会议章程（修正案）》第一次把“参政议政”与原来的“政治协商、民主监督”并列为人民政协的主要职能，使人民政协的主要职能得到拓展和延伸，工作视野更加开阔，内容更加丰富。2000年12月，中共中央下发《关于加强统一战线工作的决定》，为新世纪继续坚持、完善和落实中国共产党领导的多党合作和政治协商制度提供了重要的理论政策依据。

民族区域自治制度作为中国的一项基本政治制度，在1992年后得到不断健

① 参见《十四大以来重要文献选编》（上），中央文献出版社2011年版，第24页。

② 《十四大以来重要文献选编》（上），中央文献出版社2011年版，第181页。

全和完善。全国各族人民牢固树立“汉族离不开少数民族，少数民族离不开汉族，少数民族之间也相互离不开”的思想，不断巩固和发展平等、团结、互助的社会主义民族关系。2001 年 2 月，九届全国人大常委会第二十次会议对民族区域自治法进行了修改。这是坚持和完善民族区域自治制度的重大举措，是 21 世纪初中国社会主义民主和法治建设在民族领域取得的一项新成果。修改后的民族区域自治法，对于进一步坚持和完善民族区域自治制度，加快民族自治地方经济和社会发展，进一步巩固和发展平等、团结、互助的社会主义民族关系，具有重要意义。

二、城乡基层民主不断扩大

中共十四大把“加强基层民主建设，切实发挥职工代表大会、居民委员会和村民委员会的作用”[①]，作为推进政治体制改革的重要内容。中共十五大报告进一步指出：“扩大基层民主，保证人民群众直接行使民主权利，依法管理自己的事情，创造自己的幸福生活，是社会主义民主最广泛的实践。城乡基层政权机关和基层群众性自治组织，都要健全民主选举制度，实行政务和财务公开，让群众参与讨论和决定基层公共事务和公益事业，对干部实行民主监督。坚持和完善以职工代表大会为基本形式的企事业民主管理制度，组织职工参与改革和管理，维护职工合法权益。”[②] 在上述方针指导下，各级党委和政府切实发挥村民委员会、居民委员会和职工代表大会的作用，积极稳妥地推进基层民主政治建设。

在村民自治方面，1998 年 4 月，中共中央办公厅、国务院办公厅联合发出《关于在农村普遍实行村务公开和民主管理制度的通知》，对完善民主选举、民主决策、民主管理、民主监督提出具体要求。同年 11 月，九届全国人大常委会第五次会议通过新修订的《中华人民共和国村民委员会组织法》，从法律上进一步确立村民自治作为中国一项政治制度的地位，有力推动了农村基层民主建设进程。2002 年 7 月，中共中央办公厅、国务院办公厅发出《关于进一步做好村民委员会换届选举工作的通知》。[③] 这是推行村民自治以来第一份全面规范村民委员会直接选举工作的重要文件，为进一步加强农村基层民主政治建设提供了重要政策依据。

在居民自治方面，2000 年 11 月，中共中央办公厅、国务院办公厅转发《民政部关于在全国推进城市社区建设的意见》。《意见》对城市社区建设的指导思想、基本原则、主要目标以及社区建设的基本概念、社区建设的内涵、推进社区建设

① 《十四大以来重要文献选编》（上），中央文献出版社 2011 年版，第 25 页。
② 《十五大以来重要文献选编》（上），中央文献出版社 2011 年版，第 28 页。
③ 参见《进一步做好村民委员会换届选举工作》，《人民日报》2002 年 8 月 19 日。

的重要意义、社区建设的主要内容、社会组织和队伍的建设、社区建设的规划和领导等，都作了全面系统的阐述，为社区建设的全面推进指明了方向，开启了城市社区居民自治发展的新阶段。

在企业民主管理方面，1999 年 9 月，中共十五届四中全会作出的《关于国有企业改革和发展若干重大问题的决定》明确提出"发挥工会和职工代表大会在民主决策、民主管理、民主监督中的作用。坚持和完善以职工代表大会为基本形式的企业民主管理制度，实行民主评议企业领导人和厂务公开"①。2001 年 10 月通过的工会法，明确职工代表大会制度是工会维权的两个基本手段之一，规定了企业民主管理的形式、工作机构，并首次规定了妨碍工会组织职工通过代表大会和其他形式依法行使民主权利的法律责任。②这些制度有力地保障了职工在企业管理中的民主权利，促进了基层民主的健康发展。

三、行政管理体制和机构改革持续推进

为适应发展社会主义市场经济的要求，中共十四大报告提出要"按照政企分开和精简、统一、效能的原则，下决心对现行行政管理体制和党政机构进行改革。综合经济部门的工作重点要转到加强宏观调控上来。撤并某些专业经济部门和职能交叉重复或业务相近的机构，大幅度裁减非常设机构。精减机关人员，严格定编定员"③。

根据中共十四大报告精神，国务院行政管理体制和机构改革进入实施阶段。行政管理体制改革的重点是转变政府职能。通过政企分开，把属于企业的权力放给企业，把应该由企业解决的问题，交给企业自己去解决。同时加强宏观调控和监督部门，强化社会管理职能部门，减少具体审批事务和对企业的直接管理，做到宏观管好、微观放开。政府的行政管理职能，转变为主要是统筹规划、掌握政策、信息引导、组织协调、提供服务和检查监督。这为加快建立社会主义市场经济体制创造了重要条件。

在机构改革方面，经过这次改革，国务院组成部委为 41 个，直属机构为 13 个，办事机构为 5 个，一共 59 个，比原有的 86 个减少了 27 个，非常设机构由 85 个减为 26 个，不再设置部委归口管理的国家局，同时完成了精减人员 20% 的

---

① 《十五大以来重要文献选编》(中)，中央文献出版社 2011 年版，第 183 页。
② 参见《中华人民共和国工会法》，《人民日报》2001 年 11 月 1 日。
③ 《十四大以来重要文献选编》(上)，中央文献出版社 2011 年版，第 26 页。

任务。[①]与此同时，地方机构改革也全面推开并取得预期效果。

中共十五大后，深化行政管理体制和机构改革工作继续推进。行政管理体制改革的措施主要包括：解除政府主管部门与所办经济实体和直属企业的行政隶属关系，把一批重点企业下放给地方管理；军队、武警部队和政法机关所办经营型企业全部移交给地方；中央党政机关与所办经济实体和所管理的企业脱钩；取消国有企业的行政级别，管理人员不再享有国家机关干部的行政级别待遇；加强政府综合管理和服务企业的功能，改革行政审批制度，着力解决审批项目和环节繁多、随意性大、职能扭曲等弊端。同时，对招投标制度进行规范，实行公平、公开、公正的招投标办法，使有形建筑市场与政府管理部门脱钩，政府采购部门与集中采购机构分离，形成制约机制。

这次国务院机构改革的重点，是调整和撤销那些直接管理经济的专业部门，加强宏观调控和执法监管部门，按照权责一致的要求，调整部门的职责权限，明确划分部门之间职责分工，完善行政运行机制。经过改革，除国务院办公厅外，国务院组成部门从 40 个减少到 29 个，由政府转交给企业、社会中介组织和地方的职能有 200 多项，在部门之间调整的职能 100 多项，部门内设的司局级机构减少 200 多个，精简了 1/4，机关人员编制总数减少 47.5%，国务院办公厅精简了 50.1%，国务院系统的机关干部从 33000 多人减少到 16000 多人。[②]

1999 年 1 月，中共中央、国务院制定了《关于地方政府机构改革的意见》，7 月，地方政府机构改革正式启动。各省、自治区、直辖市的政府机构按照国务院的精简比例进行了精简，市县一级政府机构按照 20% 的比例进行了精简。通过机构改革和职能转变，各级政府机构的办事效率大幅度提高，为推动社会主义市场经济的发展奠定了坚实基础。

四、政治体制改革迈出新步伐

中共十四大报告指出，同经济体制改革和经济发展相适应，必须按照民主化和法制化紧密结合的要求，积极推进政治体制改革，在发展社会主义民主、健全社会主义法制方面取得明显进展，以巩固和发展稳定的社会政治环境，保证经济建设和改革开放的顺利进行。[③]中共十五大报告进一步指出，推进政治体制改革，必须有利于增强党和国家的活力，保持和发挥社会主义制度的特点和优势，维护

① 《十四大以来重要文献选编》（上），中央文献出版社 2011 年版，第 161—162 页。
② 《十六大以来重要文献选编》（上），中央文献出版社 2011 年版，第 177 页。
③ 参见《十四大以来重要文献选编》（上），中央文献出版社 2011 年版，第 24 页。

国家统一、民族团结和社会稳定，充分发挥人民群众的积极性，促进生产力发展和社会进步。政治体制改革的主要任务是：发展民主，加强法制，实行政企分开、精简机构，完善民主监督制度，维护安定团结。[①]在上述方针指导下，中国政治体制改革迈出新步伐。除政治制度不断健全和完善外，在推进党的领导体制建设方面，形成了党委领导人大在组织人事安排上的主流格局。中共十五大后，党委书记兼任人大常委会主任的现象呈现不断扩展之势。

在完善监督制度方面，为使执法检查制度化、规范化，1993 年 9 月，八届全国人大常委会第三次会议通过了《关于加强对法律实施情况检查监督的若干规定》，对执法检查计划的制定、检查组的组成、检查的方法和步骤、执法检查报告的审议等，都作了较为具体的规定。按照这一规定，全国人大和地方各级人大在履行监督职能时，重点对法律执行情况进行监督检查，保证宪法和法律的有效实施。在工作监督方面，全国人大常委会听取“一府两院”工作报告已形成制度。为充分发挥民主党派民主监督的作用，各级政府聘请大批民主党派成员、无党派人士担任特约监察员、检查员、审计员和教育督导员等职务，对政府工作进行监督。与此同时，群众监督和舆论监督也得到进一步加强。

在干部人事制度改革方面，从 1995 年起，各地逐步试行面向社会公开招考党政领导干部的做法，取得明显成效，一大批德才兼备、年富力强的领导人才脱颖而出。2000 年 6 月，中共中央颁发《深化干部人事制度改革纲要》。这是新中国成立后第一次作出干部人事制度改革的总体规划，标志着中国干部人事制度改革的进一步深化。《纲要》指出，要通过不断推进和深化干部人事制度改革，到 2010 年，逐步建立起一套与建设有中国特色社会主义经济、政治、文化相适应的干部人事制度。基本目标是：建立起能上能下、能进能出、有效激励、严格监督、竞争择优、充满活力的用人机制；完善干部人事工作统一领导、分级管理、有效调控的宏观管理体系；形成符合党政机关、国有企业和事业单位不同特点的、科学的分类管理体制，建立各具特色的管理制度；健全干部人事管理法规体系，努力实现干部人事工作的依法管理，有效遏制用人上的不正之风和腐败现象；创造尊重知识，尊重人才，有利于优秀人才脱颖而出、健康成长的社会环境，实现人才资源的整体开发与合理配置。2002 年 7 月，中共中央正式颁布《党政领导干部选拔任用工作条例》，标志着领导干部选拔工作向制度化、规范化、程序化迈进了一大步。通过深化干部人事制度改革，一支高素质的专业化行政管理干部队伍开始形成。

---

① 参见《十五大以来重要文献选编》(上)，中央文献出版社 2011 年版，第 27 页。

五、祖国统一大业取得重大进展

完成祖国统一大业，是中华民族的根本利益，是全体中国人民包括台湾同胞、港澳同胞和海外侨胞在内的共同愿望。20世纪末，在邓小平“一国两制”方针的指导和推动下，香港、澳门顺利回归，海峡两岸人员往来和经济文化交流不断加强。中国在完成祖国统一大业的道路上迈出重要步伐。

香港进入回归祖国的过渡期后，中英两国政府在解决香港问题上的前期合作基本顺利。1989年后，特别是苏东剧变发生后，英国政府错误地估计了形势，违背中英联合声明规定的双方在香港后过渡时期要加强磋商与合作的精神，在香港平稳过渡问题上设置重重障碍。1991年12月，英方突然宣布更换香港总督。新任总督彭定康上任不久，便公然在其施政报告中抛出要对香港现行政制进行重大改变的“宪制改革”方案，即所谓的“政改方案”。这一方案完全违反中英联合声明中的有关规定，其实质是试图制造一个既成事实，把香港变成独立或半独立的政治实体，以阻挠和对抗中国政府对香港恢复行使主权。

在中国政府反复努力毫无结果的情况下，党中央从确保香港平稳过渡和维持香港长期繁荣稳定大局出发，于1992年底提出“以我为主，两手准备”的方针。在这个方针指导下，中国政府根据香港特别行政区基本法加紧了对香港恢复行使主权和筹建香港特别行政区的有关工作。

1993年7月2日，八届全国人大常委会第二次会议通过决定，设立香港特别行政区筹备委员会预备工作委员会。预委会成员由内地和香港的各方面人士和专家组成，其中香港委员不少于50%。从1993年7月到1996年1月，预委会在成立后的两年半时间内，进行了大量卓有成效的工作。在广泛征求港人和内地有关部门意见的基础上，就未来香港特区的政权建设、经济发展、文化和民生等各方面问题提出了46份比较系统的书面建议和意见，有些还形成了正式文件，为正式建立香港特别行政区筹备委员会打下了良好基础。预委会的有效运转，给港英当局以有力的回击，迫使英国政府调整了对抗政策。在香港过渡期的最后几年，中国政府在重大问题上牢牢掌握了主动权，也为正式建立香港特别行政区筹备委员会奠定了坚实基础。

1996年1月26日，香港特别行政区筹备委员会成立，标志着中国政府对香港恢复行使主权的准备工作进入具体实施阶段。同年12月16日，李鹏总理签署国务院令，任命董建华为香港特别行政区第一任行政长官，于次年7月1日就职。香港回归各项准备工作全部就绪。

1997年6月30日午夜至7月1日凌晨，举世瞩目的中英两国政府香港政权交接仪式在香港会议展览中心新翼隆重举行。23时56分，象征中英两国政府香港政权交接的降旗、升旗仪式开始。随着英国国旗的降下，7月1日零时整，在雄壮的中华人民共和国国歌声中，中国国旗和香港特别行政区区旗一起徐徐升起。江泽民主席庄严宣告："根据中英关于香港问题的联合声明，两国政府如期举行了香港交接仪式，宣告中国对香港恢复行使主权。中华人民共和国香港特别行政区正式成立。这是中华民族的盛事，也是世界和平与正义事业的胜利。"① 经历了百年沧桑的香港回到祖国的怀抱，香港的发展从此进入一个崭新时代。

在香港回归的同时，澳门回归各项准备工作也开始了。1993年3月，八届全国人大一次会议审议通过《中华人民共和国澳门特别行政区基本法》。1998年5月5日，澳门特别行政区筹备委员会在北京成立。1999年5月20日，国务院任命何厚铧为澳门特别行政区第一任行政长官。筹委会经过一年多紧张、高效的工作，顺利完成澳门回归的各项准备工作。

1999年12月19日午夜至20日凌晨，中葡两国政府澳门政权交接仪式在澳门文化中心花园馆隆重举行。随着葡萄牙国旗的降下，12月20日零时整，在雄壮的中华人民共和国国歌声中，中国国旗和澳门特别行政区区旗一起徐徐升起。江泽民主席庄严宣告："中国政府对澳门恢复行使主权。历史将永远记住这一举世关注的重要时刻。从这一刻起，澳门的发展进入了一个崭新的时代。"澳门的回归，标志着在中国国土上彻底结束了外国列强的占领。

在香港、澳门顺利回归的同时，海峡两岸关系也取得实质性进展。1992年10月，大陆海峡两岸关系协会与台湾海峡交流基金会举行商谈，达成"九二共识"，各自以口头方式表述"海峡两岸均坚持一个中国原则"，为成功会谈铺平了道路。1993年4月27日至28日，大陆海协会会长汪道涵与台湾海基会董事长辜振甫在新加坡举行首次会谈。这次会谈达成《汪辜会谈共同协议》《两会联系与会谈事宜协议》等文件，标志着两岸关系发展迈出历史性的重要一步。

为更明确地向海内外阐明中国政府在台湾问题上的方针政策，1995年1月30日，江泽民发表《为促进祖国统一大业的完成而继续奋斗》的重要讲话，提出发展两岸关系、推动祖国和平统一的八项主张。主要内容是：（1）坚持一个中国原则。中国的主权和领土决不容许分割，任何制造"台湾独立"的言行和违背一个中国原则的主张，都应坚决反对。（2）对于台湾同外国发展民间性经济文化关系，

① 《江泽民文选》第1卷，人民出版社2006年版，第651页。

我们不持异议。但是，反对台湾以搞“两个中国”“一中一台”为目的的所谓“扩大国际生存空间”的活动。（3）进行海峡两岸和平统一谈判。在一个中国的前提下，什么问题都可以谈，包括台湾当局关心的各种问题。作为第一步，双方可先就正式结束两岸敌对状态进行谈判，并达成协议。（4）努力实现和平统一，中国人不打中国人。我们不承诺放弃使用武力，绝不是针对台湾同胞，而是针对外国势力干涉中国统一和搞“台湾独立”的图谋的。（5）大力发展两岸经济交流与合作，以利于两岸经济共同繁荣，造福整个中华民族。应当采取实际步骤加速实现直接“三通”，促进两岸事务性商谈。（6）中华文化是维系全体中国人的精神纽带，也是实现和平统一的一个重要基础。两岸同胞要共同继承和发扬中华文化的优秀传统。（7）要充分尊重台湾同胞的生活方式和当家作主的愿望，保护台湾同胞一切正当权益。（8）我们欢迎台湾当局的领导人以适当身份前来访问，我们也愿意接受台湾方面的邀请前往台湾。可以共商国是，也可以先就某些问题交换意见。中国人的事我们自己办，不需要借助任何国际场合。[①]

这个讲话，既体现了中国政府完成祖国统一大业的坚定决心，又充分考虑到2100万台湾同胞的愿望和台湾的实际情况，体现了中央对台工作大政方针的一贯性、连续性和新发展，引起海内外高度关注和积极反响。

在海峡两岸人员交流和经贸往来不断扩大的同时，台湾岛内“台独”势力也渐趋活跃。1995年五六月间，李登辉赴美进行所谓“私人访问”并发表“台独”言论，极力鼓吹“两个中国”“一中一台”“台湾独立”。1999年7月，李登辉在接受“德国之声”记者采访时抛出所谓“两国论”，声称两岸关系是“国家与国家，至少是特殊的国与国的关系”。2000年3月，台湾民进党领导人陈水扁赢得选举后作出“四不一没有”的承诺，但拒不接受“一个中国”原则，不久后又否认“九二共识”的存在。2002年8月，陈水扁公然声称“台湾跟对岸中国一边一国”，鼓吹要用“公民投票”方式决定“台湾的前途、命运和现状”。

针对岛内“台独”分裂活动，中央政府果断采取措施，从政治、军事、外交、舆论等方面开展反分裂反“台独”斗争。1995年7、8月和1996年3月，中国人民解放军先后在东海海域进行了4次大规模军事演习，打击了台湾分裂势力的气焰。大陆改革开放和现代化建设的发展，进一步推动了两岸人员往来以及经济、文化、体育等各领域的交流，进一步提高了中国的国际地位，营造了遏制“台独”分裂势力、推进两岸交流的宏观环境。

---

① 参见《十四大以来重要文献选编》（中），中央文献出版社2011年版，第221—224页。

第四节　依法治国基本方略的提出和实施

中共十三届四中全会后，以江泽民同志为核心的党的第三代中央领导集体在推进党的建设、建设社会主义政治文明的同时，提出并实施依法治国基本方略，社会主义法治国家建设进入新的发展阶段。

一、依法治国基本方略的提出

依法治国基本方略，是以江泽民同志为核心的党的第三代中央领导集体，在新时期社会主义法治建设的进程中逐步提出并于中共十五大正式确立的。

1989 年 9 月 26 日，江泽民当选为中共中央总书记不久，在中外记者招待会上回答《纽约时报》记者提问时就郑重宣布："我们绝不能以党代政，也绝不能以党代法。这也是新闻界讲的究竟是人治还是法治的问题，我想我们一定要遵循法治的方针。"[①] 这向世界公开表明了党的第三代中央领导集体实施法治的坚定立场和坚强决心。

1994 年 12 月 9 日，江泽民在第一次中央领导同志法制讲座开始前的讲话中首次提出"以法治国"。他指出，"建设社会主义法制，实行以法治国，是为了把我们国家建设成为富强、民主、文明的社会主义现代化国家"[②]。

1996 年 2 月 8 日，江泽民在第三次中央领导同志法制讲座结束时的讲话中，又把"以法治国"的提法改为"依法治国"，并将其确定为"党和政府管理国家和社会事务的重要方针"。他说："加强社会主义法制建设，依法治国，是邓小平建设有中国特色社会主义理论的重要组成部分，是我们党和政府管理国家和社会事务的重要方针。"在这次讲话中，江泽民首次阐述了依法治国的具体内容。他指出："实行和坚持依法治国，就是使国家各项工作逐步走上法制化的轨道，实现国家政治生活、经济生活、社会生活的法制化、规范化；就是广大人民群众在党的领导下，依照宪法和法律的规定，通过各种途径和形式，管理国家事务，管理经济和文化事业，管理社会事务；就是逐步实现社会主义民主的制度化、法律化。"[③] 江泽民关于依法治国内涵的论述，表明党的第三代中央领导集体关于依法治国基本方略的设想已渐趋成熟。

1996 年 3 月 17 日，八届全国人大四次会议通过的《中华人民共和国国民经

① 《就我国内政外交问题江泽民等答中外记者问》，《人民日报》1989 年 9 月 27 日。
② 《中共中央举办法律知识讲座》，《人民日报》1994 年 12 月 10 日。
③ 《江泽民文选》第 1 卷，人民出版社 2006 年版，第 511 页。

济和社会发展"九五"计划和2010年远景目标纲要》，根据中共中央的建议，把"依法治国，建设社会主义法制国家"作为一项重大方针确定下来，并提出具体任务和要求。

1997年9月12日，中共十五大报告对依法治国作了论证和概括，将依法治国正式确立为党领导人民治理国家的基本方略。报告指出："依法治国，就是广大人民群众在党的领导下，依照宪法和法律规定，通过各种途径和形式管理国家事务，管理经济文化事业，管理社会事务，保证国家各项工作都依法进行，逐步实现社会主义民主的制度化、法律化，使这种制度和法律不因领导人的改变而改变，不因领导人看法和注意力的改变而改变。依法治国，是党领导人民治理国家的基本方略，是发展社会主义市场经济的客观需要，是社会文明进步的重要标志，是国家长治久安的重要保障。"

中共十五大报告还把依法治国的目标由"建设社会主义法制国家"改为"建设社会主义法治国家"，极其鲜明地突出了法治。报告指出："我国经济体制改革的深入和社会主义现代化建设跨越世纪的发展，要求我们在坚持四项基本原则的前提下，继续推进政治体制改革，进一步扩大社会主义民主，健全社会主义法制，依法治国，建设社会主义法治国家。"①1999年3月15日，九届全国人大二次会议通过的宪法修正案，又将"依法治国，建设社会主义法治国家"载入宪法，上升为国家意志，使其具有了法律效力。

依法治国基本方略的提出和建设社会主义法治国家奋斗目标的确立，是新时期法治建设史上的里程碑。以此为标志，中国法治建设进入以贯彻依法治国基本方略为主要内容、以建设社会主义法治国家为奋斗目标的新的发展阶段。

二、依法治国基本方略的实施

在立法工作方面，中共十五大报告首次提出"加强立法工作，提高立法质量，到2010年形成有中国特色社会主义法律体系"②。这对立法工作提出了新的更高要求。为此，九届全国人大及其常委会加快立法步伐，在以下几个方面进行了卓有成效的工作：一是大力加强立法工作。5年中，九届全国人大及其常委会共审议通过113件法律、法律解释和有关法律问题的决定。其中，由常委会审议通过102件，由常委会审议后提请代表大会审议通过7件，另有4件有关法律问题的决定

① 《江泽民文选》第2卷，人民出版社2006年版，第28页。
② 《十五大以来重要文献选编》(上)，中央文献出版社2011年版，第28页。

由代表大会审议通过。二是对部分不适应社会主义市场经济和改革开放要求的法律及时进行修订。三是改革和完善国家立法体制与立法工作制度。为适应改革开放、加快立法步伐的需要，2000 年 3 月通过的《中华人民共和国立法法》，对中国立法体制进行了重要改革：扩大全国人大常委会的立法权；授权国务院可以根据宪法和法律制定行政法规；赋予省、自治区、直辖市人大及其常委会根据本行政区域的具体情况和实际需要，在不同宪法、法律、行政法规相抵触的前提下制定地方性法规的权力；授权较大的市的人大及其常委会根据本市的具体情况和实际需要，在不同宪法、法律、行政法规和本省、自治区地方性法规相抵触的前提下，可以制定地方性法规，报省、自治区人大常委会批准后施行；规定民族自治地方的人大有权依照当地民族的政治、经济和文化特点，制定自治条例和单行条例，对法律和行政法规作变通规定；赋予经济特区所在地的省市制定特区法规的权力；等等。这种新的立法体制，有利于充分发挥地方立法的主动性和积极性，对规范立法活动，健全国家立法制度，维护国家法制统一，具有重要意义。

经过不懈努力，在前几届工作的基础上，到 2003 年 3 月九届全国人大任期结束前，构成中国特色社会主义法律体系的各个法律部门已经齐全，每个法律部门中主要的法律已经基本制定出来，加上国务院制定的行政法规和地方人大制定的地方性法规，中国特色社会主义法律体系已经初步形成。①

从这些法律的构成来看，既有规定国家根本制度、国家机关设置、公民基本权利和义务的宪法和宪法性法律，也有规定国家行政机关组织、职权、行为、职权程序的行政法，有对国家行政机关侵犯公民、法人的权利进行救济的行政诉讼法，又有规定犯罪和刑罚的刑法，有公开有效地进行惩治犯罪和保护无辜者的刑事诉讼法，还有规定市场经济主体制度、公司、企业、物权、债权、合同、担保、银行、票据、海商、保险、破产、期货交易、房地产、专利、不正当竞争、继承、人身权等的民商法，有规定国家从整体利益出发干预经济生活、维护经济秩序和宏观调控市场的经济法，有解决民事、商事、经济纠纷的民事诉讼法，以及保护劳动者权益，提供劳动就业、社会养老、医疗、失业、意外事故保险，救助社会弱者的社会法等。这些法律规范构成中国特色社会主义法律初步体系的基本内容。

1993 年和 1999 年，全国人大分别对中国现行宪法个别条款和部分内容作了必要的、也是十分重要的修正，使中国宪法在保持稳定性和权威性的基础上紧跟时代步伐，不断与时俱进。

---

① 参见《全国人民代表大会常务委员会工作报告》，《人民日报》2003 年 3 月 22 日。

1992 年 10 月召开的中共十四大，把建设有中国特色社会主义理论确立为党的指导思想，把建立社会主义市场经济体制确立为中国经济体制改革的目标模式。这些重大决定对保证中国改革开放和社会主义现代化建设事业的顺利进行，具有重要意义。为适应这一新形势的需要，1993 年 3 月 29 日，八届全国人大一次会议通过《中华人民共和国宪法修正案》，把建设有中国特色社会主义的理论、坚持改革开放及中国共产党领导的多党合作和政治协商制度等写进宪法，突出了建设有中国特色社会主义理论在国家生活中的指导地位和党的基本路线，确认了中国共产党领导的多党合作和政治协商制度将长期存在和发展，同时把实行社会主义市场经济体制作为国家经济体制改革的目标模式以立法形式确定下来，这对于保证中国特色社会主义事业的顺利发展具有重大而深远的意义。

1997 年 10 月召开的中共十五大，高举邓小平理论伟大旗帜，总结中国改革和建设的新经验，对建设有中国特色社会主义事业的跨世纪发展作出全面部署。中共中央提出建议，应当以中共十五大报告为依据，对宪法部分内容作适当修改。为此，1999 年 3 月 15 日，九届全国人大二次会议通过《中华人民共和国宪法修正案》。1999 年宪法修正案把邓小平理论载入宪法，确立为国家的指导思想；确立了中国社会主义初级阶段的基本经济制度和分配制度，肯定个体、私营经济等非公有制经济是社会主义市场经济的重要组成部分；把依法治国、建设社会主义法治国家载入宪法，上升为国家意志，这对于坚持依法治国基本方略，不断健全社会主义法治，发展社会主义民主政治，促进经济体制改革和经济建设，具有重要意义。

在依法行政方面，一系列规范和监督政府行为的法律制度逐步建立。1989 年 4 月通过的《中华人民共和国行政诉讼法》，标志着“民告官”行政诉讼制度的正式确立，中国依法行政开始进入重视保护公民权利和监督行政权力的新阶段。1994 年 5 月，《中华人民共和国国家赔偿法》的颁布，确立了中国国家赔偿的法律制度，在保障公民的基本权利和促进国家机关及其工作人员依法行使职权方面迈出重要步伐。1996 年 3 月通过的《中华人民共和国行政处罚法》是关于行政处罚制度的第一部通则性法典。1999 年 4 月通过的《中华人民共和国行政复议法》，把行政复议制度作为行政机关内部自我纠正错误的一种监督制度加以法律化和规范化。通过建立这些法律制度，各级人民政府的行政权力已逐步纳入法制化轨道，依法行政的观念在国家行政机关及其工作人员中基本确立。新时期法治建设在行政领域取得突出成就。

在司法和司法行政工作方面，司法和司法行政机关健全组织机构，拓展工作领域，加强队伍建设，司法和司法行政工作得到持续发展，为落实依法治国基本方略、建设社会主义法治国家作出了重要贡献。

一是刑事、民事、经济、行政、海事等各项审判工作全面开展。1993 年至 1997 年，全国法院共审结一审刑事、民事、经济、行政、海事案件 22417744 件，每年平均递增 11.47%；1998 年至 2002 年，全国法院共审结和执行各类案件 4050 万余件，同比增长 31.14%。[①] 这些审判活动，依法打击各类犯罪，维护社会治安和经济秩序，依法保护公民的民主权利和其他合法权益，为改革开放和现代化建设提供了稳定的社会环境。

二是检察工作得到很大发展。1993 年至 1997 年，全国检察机关共立案侦查贪污贿赂、渎职和侵犯公民人身权利、民主权利等职务犯罪案件 387352 件，其中贪污案 102476 件，贿赂案 70507 件，挪用公款案 61795 件，徇私舞弊案 5507 件，玩忽职守案 22211 件。[②]1998 年至 2003 年，全国检察机关共立案侦查贪污贿赂、渎职等职务犯罪案件 207103 件。[③] 在检察工作开展的过程中，检察机关自身及队伍建设也有很大发展。到 2001 年 12 月底，中国共有各类检察干部 213269 人，其中检察长 3585 人，副检察长 10509 人，检察委员会委员 14352 人，检察员 102866 人，助理检察员 35554 人，书记员 22574 人，司法警察 11282 人，其他干部 12547 人。[④] 全国检察机关认真履行批捕、起诉职责，依法查办和积极预防职务犯罪，强化对诉讼活动的法律监督，维护司法公正，在新时期法治建设进程中作出了重要贡献。

三是司法行政工作全面恢复和开展。律师和公证队伍不断壮大，业务范围不断拓宽，法律援助工作不断推进。到 2001 年底，中国已有律师事务所 10225 个，律师工作人员 122585 人；公证处 3186 个，公证人员 19303。[⑤] 到 2002 年 6 月，全国已建立各级法律援助机构 2299 个，专职法律援助工作人员已达 8000 多名，其中 50% 为法律援助专职律师，基本担负起了组织和实施法律援助的职能。中国法律援助基本框架已形成，法律援助的范围不断扩大，受援人数日益增多，全国法律援助办案数量持续上升。截至 2002 年 8 月，各级法律援助机构共接待解答法律咨询 489 万余人次，办理各类法律援助案件 63 万余件，有 70 余万人次通过法律

---

① 参见《最高人民法院工作报告》，《人民日报》1998 年 3 月 24 日；《法院审判工作五年进展明显》，《人民日报》2002 年 12 月 23 日。

② 参见《最高人民检察院工作报告》，《人民日报》1998 年 3 月 24 日。

③ 参见《最高人民检察院工作报告》，《人民日报》2003 年 3 月 23 日。

④ 参见《中国法律年鉴（2002 年）》，中国法律年鉴社 2002 年版，第 1241 页。

⑤ 参见《中国法律年鉴（2002 年）》，中国法律年鉴社 2002 年版，第 1253 页。

援助维护了自己的合法权益。[①] 这些司法行政工作在化解社会矛盾，维护公平正义、服务经济发展、维护社会稳定中发挥了重要作用。

在普法工作方面，从 1986 年起，全国人大常委会在全民中实施普及法律知识的五年规划。到 2002 年中共十六大召开前，已连续实施了三个五年普法规划，“四五”普法规划正在进展中。经过全国规模的普法运动，全体公民的法律素质明显提高。依法维护自身合法权益的能力不断增强；履行法律义务的自觉性不断提高；运用法律武器同各种违法犯罪行为作斗争的现象不断增多；遇到问题找法、解决问题靠法的观念开始确立。所有这些都有力地推动了社会主义法治国家建设的历史进程。

思考题：

1. 如何理解邓小平南方谈话对中国特色社会主义政治发展的意义？
2. 如何理解增强党执政的阶级基础和扩大群众基础的关系？
3. 如何理解依法治国基本方略提出的重大意义？

① 参见《我国法律援助基本框架形成》,《人民日报》2002 年 8 月 1 日。

第七章　坚持和拓展中国特色社会主义政治发展道路（2002—2012）

中共十六大以来，党中央领导全国各族人民高举中国特色社会主义伟大旗帜，准确把握当代世界发展趋势，立足当代中国基本国情，总结发展社会主义民主的正反两方面经验，积极借鉴人类政治文明有益成果，坚持从实际出发，推进政治体制改革，继续坚持和拓展中国特色社会主义政治发展道路，在发展社会主义民主政治方面取得了重大进展。

第一节　加强和改进新形势下党的建设

中共十六大以来，党中央以邓小平理论、“三个代表”重要思想和科学发展观为指导，以加强党的执政能力建设和先进性建设、推进党风廉政建设和反腐败斗争为工作重点，大力加强和改进新形势下党的建设，为坚持和拓展中国特色社会主义政治发展道路提供了重要的组织保障。

一、提出科学发展观重大战略思想

科学发展观，是同马克思列宁主义、毛泽东思想、邓小平理论和“三个代表”重要思想既一脉相承又与时俱进的科学理论，是中国经济社会发展的重要指导方针，是发展中国特色社会主义必须坚持和贯彻的重大战略思想。

2003 年 7 月 28 日，胡锦涛在全国防治非典工作会议上指出，要更好地坚持协调发展、全面发展、可持续发展的发展观。2003 年 10 月，中共十六届三中全会通过《关于完善社会主义市场经济体制若干问题的决定》，提出了科学发展观，把它的内涵概括为“坚持以人为本，树立全面、协调、可持续的发展观，促进经济社会和人的全面发展”，坚持“统筹城乡发展、统筹区域发展、统筹经济社会发展、统筹人与自然和谐发展、统筹国内发展和对外开放的要求”。之后，胡锦涛在多个场合进一步阐述这一新理论的内涵和意义。

2004 年 3 月 10 日，胡锦涛在中央人口资源环境工作座谈会上讲话时表示，坚持以人为本，全面、协调、可持续的发展观，是中国共产党以邓小平理论和“三个代表”重要思想为指导，从新世纪新阶段党和国家事业发展全局出发提出的重大战略思想。胡锦涛阐述了科学发展观的深刻内涵和基本要求。他说，坚持以人为本，就是要以实现人的全面发展为目标，从人民群众的根本利益出发谋发展、促发展，不断满足人民群众日益增长的物质文化需要，切实保障人民群众的经济、政治和文化权益，让发展的成果惠及全体人民。全面发展，就是要以经济建设为中心，全面推进经济、政治、文化建设，实现经济发展和社会全面进步。协调发展，就是要统筹城乡发展、统筹区域发展、统筹经济社会发展、统筹人与自然和谐发展、统筹国内发展和对外开放，推进生产力和生产关系、经济基础和上层建筑相协调，推进经济、政治、文化建设的各个环节、各个方面相协调。可持续发展，就是要促进人与自然的和谐，实现经济发展和人口、资源、环境相协调，坚持走生产发展、生活富裕、生态良好的文明发展道路，保证一代接一代地永续发展。①

2007 年 10 月 15 日，胡锦涛在中共十七大报告中，对科学发展观进行了全面系统的阐述和论证。胡锦涛强调，科学发展观，第一要义是发展，核心是以人为本，基本要求是全面协调可持续，根本方法是统筹兼顾。十七大报告并对如何进一步贯彻落实科学发展观提出了基本要求，即要始终坚持“一个中心、两个基本点”的基本路线；必须坚持在科学发展的基础上促进社会和谐，在促进社会和谐中推动科学发展；坚定改革决心，毫不动摇地坚持改革方向，全面提高开放水平；必须用改革的精神推进党的建设新的伟大工程，使党的工作和党的建设更加符合科学发展观的要求，从而为科学发展提供可靠的组织保证。

根据十七大的部署，中共中央决定，从 2008 年 9 月开始，用一年半左右时间，在全党分批开展深入学习实践科学发展观活动。为开展好学习实践活动，中央举行专门研讨科学发展问题的中央政治局集体学习，举办全党深入学习实践科学发展观活动动员大会暨省部级主要领导干部专题研讨班，举办省部级主要领导干部深入贯彻落实科学发展观加快经济发展方式转变专题研讨班。中央政治局常委同志带头参加学习实践活动，认真参加专题民主生活会，深入联系点调研指导。学习实践活动自上而下分 3 批进行，到 2010 年 2 月底基本结束，共有 370 多万个党组织、7500 多万名党员参加。

2012 年 11 月 14 日，中共十八大审议通过《中国共产党章程（修正案）》。把科学发展观与马克思列宁主义、毛泽东思想、邓小平理论、“三个代表”重要思想一起确立为党的指导思想。

---

① 参见《十六大以来重要文献选编》（上），中央文献出版社 2008 年版，第 850—851 页。

二、加强党的执政能力建设和先进性建设

党的执政能力建设是党执政后的一项根本建设。中国共产党是执政党，党的各方面建设，最终都要体现到巩固党的执政地位、提高党的执政能力上来。十六大以来，中央以党的执政能力建设和先进性建设作为主线，全面推进党的建设新的伟大工程。

2002 年 11 月，党的十六大明确把加强党的执政能力建设、提高党的执政能力和执政水平作为新时期党的建设的重要任务，十六大报告鲜明地提出要不断提高科学判断形势、驾驭市场经济、应对复杂局面、依法执政和总揽全局这五种能力。

2004 年 6 月 29 日，在中国共产党建党 83 周年前夕，中共中央政治局就加强党的执政能力建设问题进行集体学习。胡锦涛在主持学习时强调指出："党的执政理论建设是一项系统工程，包括执政理念、执政基础、执政方略、执政体制、执政方式、执政资源等主要方面。" 2004 年 9 月 19 日，中共十六届四中全会通过《中共中央关于加强党的执政能力建设的决定》，全面部署了加强党的执政能力建设的各方面工作。《决定》对党的执政能力给出了一个科学而简明的定义："党的执政能力，就是党提出和运用正确的理论、路线、方针、政策和策略，领导制定和实施宪法和法律，采取科学的领导制度和领导方式，动员和组织人民依法管理国家和社会事务、经济和文化事业，有效治党治国治军，建设社会主义现代化国家的本领。" ①

2007 年 10 月 15 日，胡锦涛在党的十七大报告中指出："必须把党的执政能力建设和先进性建设作为主线，坚持党要管党、从严治党，贯彻为民、务实、清廉的要求，以坚定理想信念为重点加强思想建设，以造就高素质党员、干部队伍为重点加强组织建设，以保持党同人民群众的血肉联系为重点加强作风建设，以健全民主集中制为重点加强制度建设，以完善惩治和预防腐败体系为重点加强反腐倡廉建设，使党始终成为立党为公、执政为民，求真务实、改革创新，艰苦奋斗、清正廉洁，富有活力、团结和谐的马克思主义执政党。"② 十七大报告对新形势下党的建设提出了总体要求和根本思路，为进一步加强和改进党的建设指明了努力方向，提出了检验标准。

2009 年 9 月 15 日至 18 日，中共十七届四中全会召开，进一步研究和部署了

---

① 《中共中央关于加强党的执政能力建设的决定》（2004 年 9 月 19 日中国共产党第十六届中央委员会第四次全体会议通过），《人民日报》2004 年 9 月 27 日。

② 《中国共产党第十七次全国代表大会文件汇编》，人民出版社 2007 年版，第 48 页。

以改革创新精神推进党的建设新的伟大工程。全会认为，我们党在长期执政实践中，探索形成了我们党作为马克思主义执政党加强自身建设的基本经验，这就是：坚持把思想理论建设放在首位，提高全党马克思主义水平；坚持把推进党的建设伟大工程同推进党领导的伟大事业紧密结合起来，保证党始终成为社会主义事业的坚强领导核心；坚持以执政能力建设和先进性建设为主线，保证党始终走在时代前列；坚持立党为公、执政为民，保持党同人民群众的血肉联系；坚持改革创新，增强党的生机活力；坚持党要管党、从严治党，提高管党治党水平。这些基本经验，必须倍加重视、倍加珍惜，必须作为加强和改进新形势下党的建设的重要指导原则长期坚持，并在实践中不断丰富发展。中共十七届四中全会第一次明确提出要“提高党的建设科学化水平”。全会审议通过了《中共中央关于加强和改进新形势下党的建设若干重大问题的决定》。《决定》深刻分析党的建设面临的新形势新任务，认真总结我们党执政 60 年来加强自身建设的基本经验，提出加强和改进党的建设的总体要求、目标任务、重要举措，对加强和改进新形势下党的建设作出战略部署，是指导党的建设的纲领性文献。

2012 年 11 月，胡锦涛在中共十八大报告中对党的建设主线作了新概括，他强调：“全党要增强紧迫感和责任感，牢牢把握加强党的执政能力建设、先进性和纯洁性建设这条主线，坚持解放思想、改革创新，坚持党要管党、从严治党，全面加强党的思想建设、组织建设、作风建设、反腐倡廉建设、制度建设，增强自我净化、自我完善、自我革新、自我提高能力，建设学习型、服务型、创新型的马克思主义执政党，确保党始终成为中国特色社会主义事业的坚强领导核心。”[①] 中共十八大以党代会报告的形式，郑重向全党提出要以改革创新精神全面推进党的建设新的伟大工程，全面提高党的建设科学化水平，并就党的建设的目标、总体布局和具体工作思路作出一系列新的部署。

为了在世情、国情、党情发生深刻变化的新形势下，加强党的执政能力建设和先进性建设，改进工作作风，赢得人民群众信任和拥护，夯实党的执政基础，进入新世纪以来，中国共产党先后开展了学习“三个代表”重要思想、保持共产党员先进性活动，深入学习实践科学发展观活动，创先争优活动等一系列活动，这一系列战略措施和部署，对于巩固中国共产党的执政地位，提高党的领导水平和执政水平、提高拒腐防变和抵御风险能力，具有十分重大而深远的意义。

① 《十八大以来重要文献选编》（上），中央文献出版社 2014 年版，第 39 页。

三、推进党风廉政建设和反腐败斗争

坚决反对腐败，防止党在长期执政条件下腐化变质，是党必须始终抓好的重大政治任务。坚决惩治和有效预防腐败，是一场关系党和国家前途命运的严重政治斗争。党的十六大以来，党中央作出一系列重大决策和部署，坚持中国特色反腐倡廉道路，充分发挥中国特色社会主义政治优势，深入推进党风廉政建设和反腐败斗争，取得了积极成效。

党中央科学总结反腐倡廉的经验，坚持标本兼治、综合治理、惩防并举、注重预防的方针，提出建立健全惩治和预防腐败体系。这是我们党对执政规律和反腐倡廉工作规律认识的进一步深化，是在发展社会主义市场经济和对外开放条件下深入开展党风廉政建设和反腐败工作的新要求，是从源头上防治腐败的根本举措。

2005 年 1 月，中共中央颁布《建立健全教育、制度、监督并重的惩治和预防腐败体系实施纲要》。《纲要》提出建立健全惩治和预防腐败体系的主要目标。到 2010 年，建成惩治和预防腐败体系基本框架。再经过一段时间的努力，建立起思想道德教育的长效机制、反腐倡廉的制度体系、权力运行的监控机制，建成完善的惩治和预防腐败体系。2007 年，党的十七大把“坚持标本兼治、综合治理、惩防并举、注重预防的方针，建立健全惩治和预防腐败体系”写入党章，进一步明确了惩治和预防腐败体系建设的指导思想、基本要求、工作目标。

2008 年 6 月，为全面贯彻党的十七大精神，进一步落实建立健全惩治和预防腐败体系实施纲要，扎实推进惩治和预防腐败体系建设，中共中央印发了《建立健全惩治和预防腐败体系 2008—2012 年工作规划》。中共中央关于党风廉政建设和反腐败斗争的指导思想更为明确，工作思路更为清晰，为建立健全惩治和预防腐败体系提供了坚实的思想和实践基础。[①]2009 年 9 月 18 日，中共十七届四中全会通过《中共中央关于加强和改进新形势下党的建设若干重大问题的决定》。《决定》提出：坚决反对腐败，是党必须始终抓好的重大政治任务。必须充分认识反腐败斗争的长期性、复杂性、艰巨性，把反腐倡廉建设放在更加突出的位置，坚持标本兼治、综合治理、惩防并举、注重预防的方针，严格执行党风廉政建设责任制，在坚决惩治腐败的同时加大教育、监督、改革、制度创新力度，更有效地

① 参见何勇：《坚持反腐倡廉方针加快推进惩治和预防腐败体系建设》，《人民日报》2009 年 10 月 23 日。

预防腐败，不断取得反腐败斗争新成效。

中共十六大以来，党的纪律检查工作逐步制度化、规范化，先后颁布实施《中国共产党党内监督条例（试行）》，修订发布《中国共产党纪律处分条例》和《中国共产党党员权利保障条例》等党内重要法规；建立健全了民主生活会、述职述廉、诫勉谈话、党内询问和质询、党员领导干部报告个人有关事项等制度；建立巡视机构，加强巡视工作，颁布实施《中国共产党巡视工作条例（试行）》及一系列配套文件，巡视领导体制、工作机制和制度不断健全，巡视监督网络初步形成，监督效能有新的提高。深入推进纪检监察派驻机构统一管理，派驻机构的监督作用进一步发挥。中共十七大之后，中共中央进一步加强了反腐败国家立法，出台刑法修正案（七）和修正案（八），修改刑事诉讼法、行政监察法等法律，制定或修订《关于实行党风廉政建设责任制的规定》等党内法规，反腐倡廉法规制度体系基本形成，为从源头上防治腐败、促进反腐倡廉建设发挥了重要作用。

在党中央统一领导下，全国纪律检查机关严肃查处违反党纪的案件，保持查办案件的强劲势头，重点查办领导干部滥用职权、贪污贿赂、腐化堕落、失职渎职的案件，查办利用人事权、司法权、审批权、行政执法权谋取私利的案件，查办官商勾结、为黑恶势力充当“保护伞”、严重侵害群众利益的案件，涉嫌犯罪的及时移送司法机关。

2002 年 12 月至 2007 年 6 月，全国纪律检查机关共立案 677924 件，结案 679846 件（包括十六大前未办结案件），给予党纪处分 518484 人。查处陈良宇、杜世成、郑筱萸等极少数高级干部严重违纪案件，依纪依法严肃处理。认真开展治理商业贿赂专项工作，取得积极成果。加强信访举报工作，开通举报网站。完善查办案件协调机制，不断增强有效突破案件的能力。坚持依纪依法办案，改进办案措施，规范办案程序，加强案件审理和申诉复查工作，保障被审查人员合法权利。为一批受到诬告错告的党员干部澄清事实。①

中共十七大之后，中共中央进一步加强了查办违纪违法案件的力度，把查办案件放在突出位置，重点查办领导机关和领导干部中滥用职权、贪污贿赂、腐化堕落、失职渎职案件，涉案人员职级不高但数额巨大、影响恶劣的案件，以及发生在群众身边的腐败案件。2007 年 11 月至 2012 年 6 月，全国纪检监察机关共立案 643759 件，结案 639068 件，给予党纪政纪处分 668429 人。涉嫌犯罪被移送司法机关处理 24584 人。全国共查办商业贿赂案件 81391 件，涉案金额 222.03 亿元。坚决

① 参见《中国共产党第十七次全国代表大会文件汇编》，人民出版社 2007 年版，第 114—115 页。

查处了薄熙来、刘志军、许宗衡等一批重大违纪违法案件。建立健全防逃追逃追赃机制，协调有关部门成功将赖昌星等一批外逃的重大案件涉案人员缉捕归案。坚持依纪依法、安全文明办案，加强案件审理、申诉复查和案件监督管理工作，保障党员干部的合法权益。信访举报渠道更加畅通，查办案件组织协调机制更加健全。剖析违纪违法案件，建章立制，堵塞漏洞，查办案件治本功能进一步发挥。①

在党中央领导下，党风廉政建设和反腐败斗争深入开展，惩治和预防腐败体系基本框架初步形成，反腐倡廉建设科学化水平不断提高，一些领域消极腐败现象滋生蔓延势头得到遏制，人民群众对反腐倡廉取得的成效给予充分肯定。

第二节 坚持和完善社会主义民主制度

中共十六大以来，党中央坚持社会主义政治制度的特点和优势，推进社会主义民主政治制度化、规范化、程序化，完善和发展人民代表大会制度及多党合作和政治协商制度，尊重和保障民族自治地方依法行使自治权，在实践中积极探索发展基层民主的形式和内容，社会主义民主制度得到健康顺利发展。

一、完善和发展人民代表大会制度

人民代表大会制度是体现中国国家性质、保证人民当家作主的根本政治制度，也是党在国家政权中充分发扬民主、贯彻群众路线的最好实现形式。中共十六大以来，人民代表大会制度不断完善和发展，保证了人民群众通过人民代表大会行使国家权力，当家作主。

选举制度是人民代表大会制度的组织基础和重要组成部分，是实现人民当家作主的重要保障。中共十六大以来，全国人大常委会两次对1979年通过的《中华人民共和国全国人民代表大会和地方各级人民代表大会选举法》进行修正。2004年10月，十届全国人大常委会第十二次会议通过了关于修改全国人大和地方各级人大选举法的决定，这是继1982年、1986年、1995年之后第四次对1979年通过的选举法进行修正。修改内容为:（1）完善直接选举中确定正式代表候选人的方式，增加预选程序。如果所提候选人名额过多，经选民小组反复讨论、协商，仍不能对正式候选人形成一致意见的，可以进行预选。（2）改进介绍代表候选人的方式。

① 参见《中国共产党第十七次全国代表大会文件汇编》，人民出版社2007年版，第120页。

增加规定选举委员会可以组织代表候选人与选民见面，回答选民的问题。（3）适当提高罢免县、乡两级人大代表的联名人数。（4）完善对破坏选举的制裁。会议还通过关于修改地方组织法的决定。规定地方各级人民代表大会每届任期五年。这些修改，在保障公民选举权的有效实现方面向前迈进了一步。

2007 年 10 月，胡锦涛在中共十七大报告中提出“扩大人民民主、保证人民当家作主”，建议“逐步实现城乡按相同人口比例选举人大代表”。2008 年 3 月，第十一届全国人大常委会将选举法的修改列入当年的立法计划。经过深入调查研究，广泛征求意见，立法机关提出了“一步到位”的修改方案。一步到位实行城乡按相同人口比例选举人大代表，不仅客观条件已经具备，而且工作上也更加主动，能够更好地保障城乡居民享有平等的选举权，有利于扩大人民民主，统筹城乡发展，促进社会和谐。2010 年 3 月，十一届全国人大三次会议审议并通过了《中华人民共和国全国人民代表大会和地方各级人民代表大会选举法修正案（草案）》的议案。城乡同票同权成为最大亮点。实行城乡按相同人口比例选举人大代表，更好地体现了人人平等、地区平等、民族平等的原则，能够更好地体现人大代表的广泛性和代表性，有利于进一步改善代表结构比例和素质。

加强制度建设，是各级人民代表大会依法履行职责、发挥人民代表大会制度优越性的重要保证，也是坚持和完善人民代表大会制度的重要内容。根据中共十六大和十六届四中全会精神，十届全国人大常委会经过深入调查研究，起草了关于进一步发挥代表作用加强常委会制度建设的若干意见。2005 年 5 月，中共中央发出通知，转发《中共全国人大常委会党组关于进一步发挥全国人大代表作用加强全国人大常委会制度建设的若干意见》。《意见》提出了进一步发挥全国人大代表作用的具体措施：（1）保障代表的知情权，提高代表审议议案、报告的水平和效能。（2）改进代表议案工作，提高议案提出和处理的质量。（3）完善有关工作制度，提高代表建议、批评和意见提出及处理的质量；明确代表提出建议、批评和意见的范围和程序；认真负责地处理代表提出的建议、批评和意见。（4）加强和规范代表在大会闭会期间的活动，增强代表活动的实效。（5）为代表在大会闭会期间的活动提供必要的条件和保障。《意见》还就加强全国人大常委会的制度建设作了明确规定。①

为落实中共中央通知精神，全国人大常委会办公厅出台《关于加强和规范全

---

① 参见《中共中央转发〈中共全国人大常委会党组关于进一步发挥全国人大代表作用加强全国人大常委会制度建设的若干意见〉》，《中国人大》2005 年第 12 期。

国人大代表活动的若干意见》《全国人民代表大会代表议案处理办法》等5个相关工作文件，作为具体落实《意见》的工作措施。至2008年3月，全国人大常委会在总结经验的基础上，先后制定了涉及6个方面的13个配套工作文件，促进了常委会工作的制度化和规范化。2006年8月，十届全国人大常委会第二十三次会议审议通过《中华人民共和国各级人民代表大会常务委员会监督法》。监督法共9章48条，全面系统地对全国人大和地方各级人大常委会监督工作的基本原则、主要内容、监督形式和具体程序等问题作了明确规定。监督法的制定和实施，使各级人大常委会的监督工作实现了规范化、制度化、法制化。

立法权和监督权是宪法和法律赋予全国人大及其常委会的重要职权。十届全国人大常委会明确提出任期内“以基本形成中国特色社会主义法律体系为目标、以提高立法质量为重点”的立法工作思路，并以此指导立法工作。在五年任期内，共审议宪法修正案草案、法律草案、法律解释草案和有关法律问题的决定草案106件，通过了其中的100件。十届全国人大常委会确定“围绕中心、突出重点、讲求实效”的监督工作思路，不断深化对人大监督工作的认识，形成一套行之有效的工作机制和方法。五年间，共听取和审议国务院、最高人民法院、最高人民检察院的41个专项工作报告，15个决算、审计和计划执行情况报告；由副委员长带队，就22件法律的实施情况组织了25次执法检查；受理群众来信47万多件次，接待来访21万批次。[①] 十一届全国人大及其常委会围绕实现“2010年形成中国特色社会主义法律体系”这一目标，抓紧制定在法律体系中起支架作用的法律，及时修改与经济社会发展不相适应的法律规定。五年间，十一届全国人大及其常委会共审议法律、法律解释和有关法律问题的决定草案93件，通过86件。十一届全国人大全面贯彻实施监督法，加强法律监督和工作监督，完善监督工作方式方法，推动中央重大决策部署贯彻落实。加强对经济工作的监督，涉及宏观经济运行、经济结构调整、预算决算、“三农”工作、资源环境保护、重要领域改革等方面。加强对民生工作的监督，推动以保障和改善民生为重点的社会建设。加强对司法工作的监督，督促审判机关、检察机关完善工作机制，强化队伍建设，规范司法行为。五年间，常委会共听取和审议“一府两院”70个报告，组织21次执法检查，开展了9次专题询问。[②]

---

① 参见吴邦国:《全国人民代表大会常务委员会工作报告——2008年3月8日在第十一届全国人民代表大会第一次会议上》,《人民日报》2008年3月22日。

② 参见吴邦国:《全国人民代表大会常务委员会工作报告——2013年3月8日在第十二届全国人民代表大会第一次会议上》,《人民日报》2013年3月21日。

二、健全社会主义协商民主制度

协商民主是中国社会主义民主政治的特有形式和独特优势，是党的群众路线在政治领域的重要体现。中共十六大以来，中国共产党同各民主党派的多党合作和政治协商制度不断完善，人民政协作为协商民主的重要渠道作用得到充分发挥。

在新的历史条件下，中国共产党领导的多党合作和政治协商制度不断完善，扩大了各界人士有序的政治参与，拓宽了社会利益表达渠道，促进了社会和谐发展。2002 年，中共十六大把坚持和完善中国共产党领导的多党合作和政治协商制度写入今后必须长期坚持的十条基本经验。2004 年初，胡锦涛作出指示，要求进一步推进中国共产党领导的多党合作和政治协商的制度化、规范化、程序化，扎扎实实地把中国多党合作事业推向前进。根据这一指示精神，2005 年 2 月，中共中央正式颁发《中共中央关于进一步加强中国共产党领导的多党合作和政治协商制度建设的意见》。这是继 1989 年 12 月颁发《中共中央关于坚持和完善中国共产党领导的多党合作和政治协商制度的意见》以来，进一步推进多党合作和政治协商制度建设的重大举措。文件进一步完善了政治协商的内容、形式和程序，对民主党派如何在人大、政府、政协和司法机关中发挥参政议政作用进行了规范；对加强中国共产党与各民主党派、无党派人士的合作共事提出了新的要求；明确了民主党派自身建设的原则和目标。中国共产党与各民主党派、无党派人士的政治协商逐步制度化和规范化。

人民政协作为最早制度化的协商民主形式，在健全社会主义协商民主制度中发挥着重要作用。2006 年 2 月，中共中央颁发《关于加强人民政协工作的意见》。《意见》肯定了人民政协成立以来在中国政治、经济和社会生活中作出的重大贡献，阐明了人民政协的性质、地位和作用，规定了新世纪新阶段人民政协肩负的历史任务和工作原则，规范了人民政协履行职能的程序和机制，明确了搞好人民政协自身建设的任务，提出了加强和改善党对人民政协领导的要求，是指导新世纪新阶段人民政协事业发展的纲领性文件。《意见》还将政协协商纳入决策程序，这就使政治协商成为党和政府公共决策的必经程序，进一步提升了人民政协的政治地位和作用。中共中央还先后颁发了《关于巩固和壮大新世纪新阶段统一战线的意见》等重要文件，进一步丰富和完善了政治协商、民主监督、参政议政的内容与形式，充分发挥民主党派和无党派人士的优势作用，支持民主党派加强自身建设，使中国和谐的政党关系进一步巩固发展，多党合作和政治协商焕发出蓬勃生机。

2009 年 9 月，胡锦涛在庆祝中国人民政治协商会议成立 60 周年大会上发表讲话，明确肯定了像人民政协那样“在重大决策之前进行充分协商”，是中国社会主义民主的重要形式。2012 年 11 月，胡锦涛在中共十八大报告中正式提出“社会主义协商民主制度”概念，进而对“健全社会主义协商民主制度”进行了阐述，并明确了推进这一工作的着力方位、主要渠道、重点领域以及人民政协的作用等，提升了协商民主这一民主形式的地位和影响，也为新世纪新阶段人民政协履行职能、发挥作用指明了方向和重点。

依照社会主义协商民主的制度安排，中共中央在作出重大决策之前，一般都邀请民主党派主要领导人和无党派代表人士召开民主协商会、小范围谈心会、座谈会，通报情况，听取意见，共商国是。除会议协商外，民主党派中央可向中共中央提出书面建议。协商的主要内容包括：中国共产党全国代表大会、中共中央委员会的重要文件；宪法和重要法律的修改建议；国家领导人的建议人选；关于推进改革开放的重要决定；国民经济和社会发展的中长期规划；关系国家全局的一些重大问题；通报重要文件和重要情况并听取意见，以及其他需要同民主党派协商的重要问题等。[①]2008 年至 2012 年，全国政协共开展各类协商活动 420 多场次。2010 年至 2012 年，全国政协共收到提案 16743 件，其中各民主党派中央、全国工商联提案 882 件，召开 6 次专题议政性常委会和专题协商会，进行 296 次调研视察活动。[②]人民政协作为协商民主重要渠道，对中央许多重大政策的制定和出台发挥了重要作用。

三、尊重和保障民族自治地方依法行使自治权

民族区域自治制度是中国的一项基本政治制度，也是中国解决国内民族问题的基本政策。中国政府坚定不移地继续坚持和完善这项基本制度，切实尊重和保障民族自治地方自治机关的自治权利，在制定政策时充分考虑少数民族和民族自治地方的实际情况，并认真研究民族区域自治法在实施过程中出现的新问题。按照民族区域自治法的有关规定，国家抓紧制定配套的法律法规、具体措施和办法，制定或修改自治条例和单行条例，逐步建立比较完备的具有中国特色的民族法律法规体系。通过加强对民族区域自治法贯彻实施情况的检查监督，有针对性地研究和解决实施过程中出现的难点问题和各族干部群众普遍关心、关系各族人民群众切身利益的突出问题，真正体现民族区域自治制度的优越性。

① 参见国务院新闻办公室：《中国的民主政治建设》，《人民日报》2005 年 10 月 20 日。
② 参见国务院新闻办公室：《2012 年中国人权事业的进展》，《人民日报》2013 年 5 月 15 日。

中央领导同志高度重视制定自治法配套法规的工作。胡锦涛总书记在 2003 年 3 月参加全国政协十届一次会议少数民族界委员联组讨论时的讲话中指出，“要抓紧制定自治法的实施细则，把法律的一些原则规定具体化，确保这一法律得到全面贯彻落实”。2005 年 5 月 11 日，国务院第 89 次常务会议通过《国务院实施〈中华人民共和国民族区域自治法〉若干规定》。《规定》总计 35 条，主要内容：一是将帮助民族自治地方加快经济发展放在突出位置，规定了上级人民政府及其职能部门在规划、基础设施项目安排、西部开发、资源开发和生态环境保护、财政转移支付、金融、外贸等方面对民族自治地方给予支持。二是规定了促进民族自治地方发展教育、科技、文化、卫生、体育和健全社会保障体系的内容，体现了重视民族自治地方经济社会事业协调发展的特点。三是在政治方面强调巩固民族团结，既规定了开展促进民族团结进步的各项活动、加强民族法规政策的宣传教育的内容，又规定了要妥善处理影响民族团结的问题，禁止破坏民族团结和制造民族分裂行为的内容。

少数民族的政治权利得到充分保障。55 个少数民族都有本民族的全国人民代表大会代表和全国政治协商会议委员；人口超过 100 万的少数民族都有本民族的全国人民代表大会常务委员会委员。历届全国人民代表大会中，少数民族代表人数占全国人民代表大会代表总人数的比例均高于同期少数民族人口占全国总人口的比例。155 个民族自治地方的人民代表大会常务委员会中均有实行区域自治的民族的公民担任主任或者副主任；民族自治地方政府的主席、州长、县长或旗长均由实行区域自治的民族的公民担任。截至 2009 年，全国共有 290 多万少数民族干部，约占干部总数的 7.4%。全国公务员队伍中，少数民族约占 9.6%。[①] 在 2007 年举行的西藏自治区、地（市）、县、乡（镇）人民代表大会代表的选举中，参选率达到 96.4%。经过直接和间接选举产生的 34000 多名四级人大代表中，藏族和其他少数民族占 94% 以上。在全国人大代表中，西藏自治区有 20 名代表，其中藏族公民 12 名，门巴族、珞巴族公民各 1 名。西藏各阶层和各界人士还通过参与各级人民政治协商会议，参政议政，行使民主权利。有多名西藏民族、宗教界人士是全国政协委员。[②] 第十一届全国人民代表大会常务委员会 161 名委员中，有少数民族人士 25 名，占 15.53%。

国家加大对少数民族地区发展的支持力度，少数民族人民的生活水平不断提

① 参见国务院新闻办公室：《2009 年中国人权事业的进展》，《人民日报》2009 年 9 月 27 日。
② 参见国务院新闻办公室：《西藏和平解放 60 年》，《人民日报》2011 年 7 月 12 日。

高。2002 年来，国家相继制定《关于进一步促进新疆经济社会发展的若干意见》《关于近期支持西藏经济社会发展的意见》《关于进一步促进宁夏经济社会发展的若干意见》和《广西北部湾经济区发展规划》，有力地促进了少数民族和民族地区经济社会发展。2009 年，累计有 80% 以上人口较少的民族聚居村率先达到了《扶持人口较少民族发展规划（2005—2010 年）》确定的目标任务。2009 年，国家实行新的扶贫标准，扩大覆盖范围，对民族地区农村低收入人口全面实施扶贫政策，民族地区的农村绝对贫困人口由 2004 年的 1245 万减少到 2008 年的 770 多万。2009 年，民族地区基本实现了具备条件的特困村通路、通电、通电话、通广播电视；有学校、有卫生室、有安全的人畜饮用水、有安居房、有稳定解决温饱的基本农田或草场，人均粮食占有量、人均纯收入等达到国家扶贫开发纲要要求。

少数民族享有宗教信仰自由的权利。2004 年 7 月 7 日，国务院第 57 次常务会议通过《宗教事务条例》，自 2005 年 3 月 1 日起施行。少数民族信教群众的正常宗教活动都受到法律的保护，宗教活动场所分布各地，基本满足了信教群众宗教生活的需要。如，在新疆，有清真寺 2.43 万座，伊斯兰教教职人员 2.8 万多人。在西藏，有藏传佛教各类宗教活动场所 1700 多处，住寺僧尼 4.6 万多人，学经、辩经、受戒、灌顶、修行等传统宗教活动和寺庙学经考核晋升学位活动正常进行，到处都可以看到经幡、麻尼堆以及从事宗教活动的信教群众。此外，中国政府还帮助宗教团体建立宗教院校，培养少数民族宗教教职人员，并对少数民族地区部分宗教活动场所维修给予资助，对生活困难的少数民族宗教界人士给予补贴。[1]截至 2008 年，新疆宗教界人士在各级人民代表大会、政治协商会议担任职务的有 1800 多人，他们代表信教群众积极参政议政，并对政府贯彻宗教信仰自由政策进行监督。

少数民族文化得到保护、繁荣和发展。2009 年 6 月，国务院召开全国少数民族文化工作会议，出台了《国务院关于进一步繁荣发展少数民族文化事业的若干意见》，全面部署了当前和今后一个时期的主要任务、目标举措和保障措施，为繁荣发展少数民族文化事业提供了有力保障。民族地区文化设施建设不断加强。"十一五"期间，国家计划通过实施乡镇综合文化站建设规划，补助中西部地区约 38.57 亿元，建设 2.34 万个乡镇综合文化站，其中补助民族 8 省区和新疆生产建设兵团 9.13 亿元左右。国家资助更新改造一大批少数民族语广播影视译制设备，先后在内蒙古、西藏、新疆等省区扶持建立 10 个少数民族语电影译制中心，并研

① 参见国务院新闻办公室:《中国的民族政策与各民族共同繁荣》,《光明日报》2009 年 9 月 28 日。

发出电影译制数字化新技术。国家加大对民族地区重点文物保护单位维修保护项目和珍贵文物征集经费的支持力度。安排4亿元专项经费，用于“十一五”期间新疆20余处全国重点文物保护单位、古遗址的保护。民族地区的全国重点文物保护单位已达366处，布达拉宫、丽江古城等被联合国公布为世界文化遗产。新疆维吾尔木卡姆艺术、藏戏等入选联合国教科文组织“人类口头与非物质遗产代表作”。国家出台了《关于做好少数民族特色村寨保护与发展试点工作的指导意见》，开展少数民族特色村寨保护与发展的试点工作。2009年，共投入5000万元资金专门用于121个少数民族特色村寨保护与发展的试点工作。少数民族学习、使用和发展本民族语言文字的权利得到保障。国家在民族地区推行双语教学。全国共有1万多所学校使用21个民族的29种文字开展双语教学，在校生达600多万人。

国家把民族团结教育纳入公民道德教育的全过程，纳入社会主义精神文明建设的全过程。坚持不懈地在各族干部群众中进行民族理论、民族政策、民族法律法规和民族知识的教育，注重增强教育的针对性和实效性。

四、推进基层民主政治建设

基层群众自治制度是保障人民群众直接行使民主权利的一项基本政治制度。中共十六大以来，以农村基层民主政治建设为重点，基层党组织领导的充满活力的基层群众自治机制进一步健全，农村基层民主政治建设取得显著成效。

中共十六大以来，中国农村基层民主政治建设的政策措施不断完善，中共中央办公厅、国务院办公厅多次下发文件，对农村村委会民主选举、村务公开和民主管理、村委会印章刻制和管理、村民一事一议筹资筹劳管理办法、农村基层党风廉政建设、乡镇政务公开等问题作出专门部署，为切实保障农民群众的选举权、知情权、决策权、参与权和监督权发挥了重要作用。2003年5月，中央纪委、中央组织部、民政部等10个部门组成的全国村务公开协调小组成立，致力于开展农村基层民主政治建设，推进村务公开和民主管理，完善村级民主监督实践。2004年5月，中央政治局会议审议通过了《关于健全和完善村务公开和民主管理制度的意见（代拟稿）》。6月22日，中共中央办公厅、国务院办公厅印发了《关于健全和完善村务公开和民主管理制度的意见》，对村务公开和民主管理工作进行全面部署，提出明确要求，促进了基层群众民主权利的保障。各地普遍建立了以《村民自治章程》和《村规民约》为主要内容的民主管理制度，以村民大会和村民代表会议为主要形式的民主决策制度以及以村务公开和民主评议为主要内容的民主监督制度，使村民自治的法治化管理水平明显提高。[①]2005 年 1 月，民政部下发《关于做好 2005 年村民委员会换届选举工作的通知》，对贿选等行为作出新界定。

中共十七大报告明确提出把基层群众自治制度确立为中国民主政治的四项制度之一，把坚持和完善基层群众自治制度作为坚持中国特色社会主义政治发展道路的重要内容，这是中央的一个重大决策，是对基层群众自治制度地位的重大提升。中共十七大之后，以农村基层民主政治建设为重点的基层民主政治建设步伐进一步加快。2008 年 10 月，中共十七届三中全会通过《关于推进农村改革发展若干重大问题的决定》，明确提出要健全农村民主管理制度。坚持党的领导、人民当家作主、依法治国有机统一，发展农村基层民主，以扩大有序参与、推进信息公开、健全议事协商、强化权力监督为重点，加强基层政权建设，扩大村民自治范围，保障农民享有更多更切实的民主权利。逐步实行城乡按相同人口比例选举人大代表，扩大农民在县乡人大代表中的比例，密切人大代表同农民的联系。继续推进农村综合改革，2012 年基本完成乡镇机构改革任务，着力增强乡镇政府社会管理和公共服务职能。完善与农民政治参与积极性不断提高相适应的乡镇治理机制，实行政务公开，依法保障农民知情权、参与权、表达权、监督权。健全村党组织领导的充满活力的村民自治机制，深入开展以直接选举、公正有序为基本要求的民主选举实践，以村民会议、村民代表会议、村民议事为主要形式的民主决策实践，以自我教育、自我管理、自我服务为主要目的的民主管理实践，以村务公开、财务监督、群众评议为主要内容的民主监督实践，推进村民自治制度化、规范化、程序化。[②]村民委员会选举工作在全国各地农村深入开展，对保障村民实行自治、发展农村基层民主发挥了重要作用。但是也出现了一些问题，有的地方村民委员会选举竞争行为不规范、贿选现象严重，影响了选举的公正性；有的地方没有严格执行村民委员会选举的法律法规和相关政策，影响了村民的参与热情；有的地方对村民委员会选举中产生的矛盾纠纷化解不及时，影响了农村社会稳定。为进一步做好当前和今后一个时期的村民委员会选举工作，保障村民委员会选举的公正有序，保障村民享有更多更切实的民主权利，2009 年，国务院出台了《关于加强和改进村民委员会选举工作的通知》，就选举前准备工作、选举程序、选举后续工作、加强组织领导等方面提出了规范性要求，对维护村民

① 参见国务院新闻办公室：《2004 年中国人权事业的进展》，《人民日报》2005 年 4 月 14 日。
② 参见《中共中央关于推进农村改革发展若干重大问题的决定》（2008 年 10 月 12 日中国共产党第十七届中央委员会第三次全体会议通过），《人民日报》2008 年 10 月 20 日。

委员会选举的公正有序、保障村民依法直接行使民主权利、发展农村基层民主具有重要意义。

2010 年 10 月，全国人大常委会修改了村民委员会组织法，进一步完善和规范了村委会成员的选举和罢免程序。修改后的《村民委员会组织法》（以下简称《村组法》）着眼于规范程序、完善制度，主要从村民委员会成员的选举和罢免程序、民主议事制度、民主管理和民主监督制度等方面进行了进一步细化完善，突出了法律的时代性、科学性和可操作性。《村组法》的修改，整体上有助于农村克服税费改革之后出现的问题，促进农村抓住有利时机，在新的历史时期推进村民自治沿着更民主、更科学的方向转型。具体而言，《村组法》的修改，一方面极大地充实了村民自治的组织体系，健全了村民会议、村民代表会议、村民小组会议的议事规则及程序，强化了村民选举委员会、村务监督机构的角色和功能，这些都使得村民自治在组织构成上更完善，同时，也回应了农民日益增长的参与需求。另一方面，使村“两委”关系和乡村关系获得进一步调适。明确党的基层组织在村民自治中的领导地位；要求政府为其委托村委会实施工作的行为在经济上“买单”，并为其非法干预村民自治的行为承担法律责任，这既有助于解决村“两委”矛盾，缓解村委会在税费改革之后所面临的经济压力，也可能进一步约束基层政府的行为，调适乡村关系。2013 年 5 月，民政部在总结各地经验的基础上，印发了《村民委员会选举规程》。规程明确了村民委员会选举程序和场地要求，旨在深入推进以直接选举、公正有序为基本要求的村民委员会选举工作实践。

实行基层民主选举，是实现人民当家作主和基层民主制度的基本体现，是关系基层政权建设的大事。2003 年，全国有天津、河北、山西、内蒙古、福建、江西、陕西等省（自治区、直辖市）的 929 个县（市、区）完成了换届选举，绝大多数村庄选举出了群众满意的村委会成员。全国共有 1.1 亿人参加了选举，当年进行选举的村委会 14.5 万个。[①]2004 年，村委会换届选举继续推进。全国有北京、天津、河北、内蒙古、辽宁、吉林、福建、海南、云南等省（自治区、直辖市）的 927 个县（市、区、旗）完成了村委会换届选举，绝大多数村庄选举出了群众满意的村委会成员。全国共有 1.9 亿人参加了选举，当年进行选举的村委会 21.5 万个。形成了推进村民自治工作的新机制。[②]2005 年，全国有 18 个省（自治

① 参见中华人民共和国民政部网：《2003 年民政事业发展统计公报》。
② 参见中华人民共和国民政部网：《2004 年民政事业发展统计公报》。

区、直辖市）30 万个村委会进行换届选举。全国共有 4.7 亿人参加了选举，当年进行选举的村委会 36.8 万个。选举的竞争性增强，对选举的监督力度加大，“难点村”“重点村”问题逐步得到解决。[①]

从 2008 年开始，全国进入新一轮村党组织和村民委员会换届，当年有 17 个省（自治区、直辖市）的 26.6 万个村委会完成选举，参与选举的村民登记数为 32354.8 万人，参与投票人数为 26882.4 万人。[②]2009 年共有 7.4 万个村委会完成选举，参与选举的村民登记数为 8172.4 万人，参与投票人数为 6521.5 万人。[③]2010 年，13 个省（自治区、直辖市）进行了新一届村民委员会换届选举工作。[④]2011 年开始，全国 31 个省（自治区、直辖市）陆续开展新一轮村委会换届选举工作，涉及全国 59 万个村委会近 6 亿有选举权的村民，选举产生 230 多万名村委会干部。2011 年共有 35.8 万个村（居）委会完成选举，参与选举的村（居）民登记数为 4.5 亿人，参与投票人数为 3.6 亿人。截至 2012 年底，全国绝大多数省份已开展了 8 至 9 轮的村委会换届选举工作。全国 98% 以上的村委会实行了直接选举，村民平均参选率达到 95%。全国 95% 的村实现村务公开，90% 以上的县制订村务公开目录，91% 的村建立村务公开栏。全国每年约有 170 万名村干部进行述职述廉，对 23 万多名村干部进行经济责任审计，村民评议村干部近 209 万人次。[⑤]

基层民主是人民当家作主的一种有效形式，它通过以村民自治为核心的农村基层民主、以社区居民自治为核心的城市基层民主和以职工代表大会为核心的企事业单位的基层民主等形式，保障全体公民广泛和直接参与社会生活各项事务。2010 年至 2012 年，全国绝大多数城市社区开展了新一轮换届选举，直接选举率在 30% 以上。城市社区居民委员会女性成员达到 49.42%。通过居民会议议事协商和民主听证等形式，社区各类主体都可以平等参与社区公共事务和民主决策。2012 年底，基层群众自治组织共计 68.0 万个，其中：村委会 58.8 万个，村民小组 469.4 万个，村委会成员 232.3 万人；居委会 91153 个，居民小组 133.5 万个，居委会成员 46.9 万人。[⑥]

---

① 参见中华人民共和国民政部网：《2005 年民政事业发展统计公报》。
② 参见中华人民共和国民政部网：《2008 年民政事业发展统计公报》。
③ 参见中华人民共和国民政部网：《2009 年民政事业发展统计公报》。
④ 参见中华人民共和国民政部网：《2010 年社会服务发展统计公报》。
⑤ 参见国务院新闻办公室：《2012 年中国人权事业的进展》，《人民日报》2013 年 5 月 15 日。
⑥ 参见中华人民共和国民政部网：《2012 年社会服务发展统计公报》。

第三节　社会主义法制建设迈出新步伐

中共十六大以来，党中央高度重视社会主义法制建设，形成并不断完善中国特色社会主义法律体系，深化司法体制和工作机制改革，完善人权司法保障，社会主义法制建设迈出新步伐。

一、形成并不断完善中国特色社会主义法律体系

中国特色社会主义法律体系是中国特色社会主义永葆本色的法制根基，是中国特色社会主义创新实践的法制体现，是中国特色社会主义兴旺发达的法制保障。1997 年 9 月，中共十五大明确提出，到 2010 年形成有中国特色社会主义法律体系的立法工作目标。中共十六大以来，党中央全面实施依法治国基本方略，发展社会主义民主政治，坚持党的领导、人民当家作主、依法治国有机统一，开创了社会主义民主法制建设的新局面。

2002 年 11 月，中共十六大强调："加强社会主义法制建设。适应社会主义市场经济发展、社会全面进步和加入世贸组织的新形势，加强立法工作，提高立法质量。"

2003 年 3 月，在十届全国人大一次会议闭幕会上，第十届全国人大常委会委员长吴邦国提出："要按照党的十六大再次明确提出的到 2010 年形成中国特色社会主义法律体系的要求，适应社会主义市场经济发展、社会全面进步和加入世贸组织的新形势，抓紧制定一批新的法律，及时修改完善一批现有法律，争取在本届任期内，基本形成中国特色社会主义法律体系，为深化改革、加快发展、保持稳定提供有力的法律保障，为加快推进社会主义现代化、为开创中国特色社会主义事业新局面创造良好的法制环境。"

根据中国共产党第十六次、第十七次全国代表大会确定的在本世纪头 20 年全面建设惠及十几亿人口的更高水平的小康社会这一目标，为了使社会主义民主更加完善，社会主义法制更加完备，依法治国基本方略得到全面落实，更好保障人民权益和社会公平正义，促进社会和谐，中国立法机关进一步加强立法工作，不断提高立法质量。为维护国家主权和领土完整，促进国家和平统一，制定了反分裂国家法；为发展社会主义民主政治，制定了各级人民代表大会常务委员会监督法、行政许可法、行政强制法等法律；为保护公民、法人和其他组织的合法权益，保障和促进社会主义市场经济的健康发展，制定了物权法、侵权责任法、企业破产法、反垄断法、反洗钱法、企业所得税法、车船税法、企业国有资产法、银行

业监督管理法等法律；为完善社会保障制度，保障和改善民生，制定了社会保险法、劳动合同法、就业促进法、人民调解法、劳动争议调解仲裁法、食品安全法等法律；为节约资源，保护环境，建设资源节约型、环境友好型社会，制定了可再生能源法、循环经济促进法、环境影响评价法等法律。此外，还制定和修改了一批加强社会管理、维护社会秩序等方面的法律。与全国人大及其常委会制定各项法律相适应，根据宪法和法律规定的立法权限，国务院、地方人大及其常委会还制定了大量行政法规和地方性法规，为促进中国社会主义民主法制建设，推动中国特色社会主义法律体系形成，发挥了重要作用。为了维护国家法制统一，促进法律体系科学和谐统一，中国各级立法机关先后多次开展法律法规清理工作。2009 年以来，全国人大常委会、国务院、地方人大及其常委会集中开展了对法律法规的全面清理工作。全国人大常委会废止了 8 部法律和有关法律问题的决定，对 59 部法律作出修改；国务院废止了 7 部行政法规，对 107 部行政法规作出修改；地方人大及其常委会共废止地方性法规 455 部，修改地方性法规 1417 部，基本解决了法律法规中存在的明显不适应、不一致、不协调等问题。

全国人大及其常委会认真履行宪法和法律赋予的职责，不断加强和改进立法工作，着力提高立法质量，为形成中国特色社会主义法律体系做了大量卓有成效的工作。国务院适应经济社会发展和法律实施的需要，依法及时制定行政法规，地方人大及其常委会结合本地实际，依法制定大量地方性法规，为形成中国特色社会主义法律体系作出了重要贡献。地方各级人民政府、各级人民法院和人民检察院以及军队等有关方面以及专家学者大力支持和积极参与立法工作，为形成中国特色社会主义法律体系贡献了智慧和力量。2010 年底，在党中央领导下，一个立足中国国情和实际、适应改革开放和社会主义现代化建设需要、集中体现党和人民意志，以宪法为统帅，以宪法相关法、民法商法、行政法、经济法、社会法、刑法、诉讼与非诉讼程序法等多个法律部门的法律为主干，由法律、行政法规、地方性法规三个层次的法律规范构成的中国特色社会主义法律体系如期形成。[①] 这是中国社会主义民主法制建设史上的重要里程碑，具有重大的现实意义和深远的历史意义。

到 2010 年底，中国已制定现行有效法律 236 件、行政法规 690 多件、地方性法规 8600 多件，并全面完成了对现行法律和行政法规、地方性法规的集中清理工

① 参见吴邦国：《全国人民代表大会常务委员会工作报告——2013 年 3 月 8 日在第十二届全国人民代表大会第一次会议上》，《人民日报》2013 年 3 月 21 日。

作。[①] 中国特色社会主义法律体系形成后，党中央全面分析中国法制建设面临的新形势新任务，强调中国特色社会主义法律体系是动态的、开放的、发展的，必然随着中国特色社会主义实践的发展而发展，中国立法任务依然艰巨而繁重，立法工作只能加强不能削弱。2011 年 10 月 27 日，国务院新闻办发表了《中国特色社会主义法律体系》白皮书，全面介绍了中国特色社会主义法律体系的形成和内涵，提出要在新的起点上完善中国特色社会主义法律体系。中共十八大报告提出，要进一步“完善中国特色社会主义法律体系，加强重点领域立法，拓展人民有序参与立法途径”。

二、深化司法体制和工作机制改革

司法体制改革作为中国政治体制改革的重要组成部分，一直在高层关注下不断推进。自中共十六大以来，党中央高度重视司法体制改革，将其作为贯彻落实依法治国基本方略的重大举措摆上工作日程，司法体制和工作机制改革稳步发展。通过改革，进一步优化了司法机关职权配置，促进了公正廉洁执法；进一步落实了宽严相济刑事政策，促进了社会和谐稳定；进一步完善了政法队伍管理体制，提升了执法司法水平；进一步解决了政法经费装备困难，保障了依法履行职责。改革实现了预期目标，在提高政法队伍凝聚力、战斗力和政法机关公信力上见到了明显成效，在破解制约政法事业发展进步的体制性、机制性、保障性难题上取得了新进展，在建设公正高效权威的社会主义司法制度上迈出了新步伐，赢得了人民群众的普遍认可和支持，进一步彰显了中国特色社会主义制度的优越性。

2002 年 11 月，中共十六大作出了“推进司法体制改革”的战略决策。中共中央政治局常委会、中共中央政治局会议多次听取有关汇报，并作出部署。从 2003 年 9 月 29 日到 2004 年 4 月 26 日，再到 2007 年 11 月 27 日，胡锦涛在三次主持中央政治局集体学习时，都对司法体制改革提出了要求。经中央同意，中央司法体制改革领导小组成立，下设办公室，具体负责日常工作。中央司法体制改革领导小组，由中共中央政法委员会、全国人民代表大会内务司法委员会、中央政法各部门、国务院法制办及中央编制办的负责人组成，全面领导司法体制改革工作，中央政法委书记担任组长。从 2004 年开始，中国启动了统一规划部署和组织实施的大规模司法改革。中国司法改革走向整体统筹、有序推进的阶段。2004 年底，中共中央转发了《中央司法体制改革领导小组关于司法体制和工作机制改革的初

① 参见吴邦国：《形成中国特色社会主义法律体系的重大意义和基本经验》，《求是》2011 年第 3 期。

步意见》，提出了改革和完善诉讼制度、诉讼收费制度、检察监督体制等10个方面的35项改革任务。该文件经中央批准下发后，最高人民法院、最高人民检察院、中华人民共和国公安部、中华人民共和国司法部相继成立了本部门的司法改革领导小组，并分别出台了《人民法院第二个五年改革纲要（2004—2008）》《关于进一步深化检察改革的三年实施意见》等文件。

中共十七大在认真总结司法体制机制改革成功经验的基础上，从发展社会主义民主、全面落实依法治国基本方略、加快建设社会主义法治国家的战略高度，作出了“深化司法体制改革”的重大决策。从2008年开始，中国启动了新一轮司法改革。司法体制改革的核心是调整司法职权配置，加强权力监督制约，促进司法独立。2008年12月，中央转发《中央政法委员会关于深化司法体制和工作机制改革若干问题的意见》，对司法体制改革作出了战略部署。《意见》围绕优化司法职权配置、落实宽严相济刑事政策、加强政法队伍建设、加强政法经费保障4个方面，提出了60项改革任务。至2012年，本轮司法改革的任务已基本完成，并体现在修订完善的相关法律中。随着中国经济社会的不断进步与发展，中国司法改革也进一步深入推进。中共十八大报告提出，要“进一步深化司法体制改革，坚持和完善中国特色社会主义司法制度，确保审判机关、检察机关依法独立公正行使审判权、检察权”。这是中央从发展社会主义民主政治、加快建设社会主义法治国家的高度，作出的重要战略部署。

人民法院改革是司法改革的一项重要内容。2005年10月，最高人民法院发布了《人民法院第二个五年改革纲要（2004—2008）》，针对中国司法体制中存在的问题，系统部署法院改革各项措施。“二五”改革纲要是继1999年的第一个《人民法院五年改革纲要》之后，最高人民法院发布的又一个综合性改革文件。“二五”改革纲要的具体内容包括：一是改革和完善诉讼程序制度；二是改革和完善审判指导制度与法律统一适用机制；三是改革和完善执行体制与工作机制；四是改革和完善审判组织与审判机构；五是改革和完善司法审判管理与司法政务管理制度；六是改革和完善司法人事管理制度；七是改革和完善人民法院内部监督与接受外部监督的制度；八是继续探索人民法院体制改革。[①]“二五”改革纲要是司法改革涉入“深水区”的标志。

2009年3月，人民法院司法改革进程中又一个纲领性文件出台。最高人民法

① 参见《最高人民法院关于印发〈人民法院第二个五年改革纲要（2004—2008）〉的通知》，《中华人民共和国最高人民法院公报》2005年第12期。

院 3 月 25 日发布了《人民法院第三个五年改革纲要（2009—2013）》，针对当前中国司法体制中存在的主要问题，系统部署 2009 年至 2013 年法院改革各项措施。这标志着人民法院新一轮改革全面启动。“三五”改革纲要确定人民法院司法改革基本任务和目标是：进一步优化人民法院职权配置，落实宽严相济刑事政策，加强队伍建设，改革经费保障体制，健全司法为民工作机制，着力解决人民群众日益增长的司法需求与人民法院司法能力相对不足的矛盾，推进中国特色社会主义审判制度的自我完善和发展，建设公正高效权威的社会主义司法制度。[①]

随着中国经济社会的迅速发展，检察事业发展面临的一些深层次矛盾和问题，很多是体制机制方面的矛盾和问题。中共十六大以来，检察机关积极推进检察改革，完善检察体制和工作机制。2005 年 8 月 24 日，最高人民检察院第十届检察委员会第三十八次会议讨论通过《最高人民检察院关于进一步深化检察改革的三年实施意见》。通过不断深化改革，重点解决当前制约检察工作发展的体制性、机制性问题，努力做到检察体制更加合理，检察工作机制更加完善，检察工作保障更加有力，检察人员素质进一步提高，全面增强检察机关法律监督能力，发展完善中国特色社会主义检察制度。

2009 年，最高人民检察院印发《关于贯彻落实〈中央政法委员会关于深化司法体制和工作机制改革若干问题的意见〉的实施意见——关于深化检察改革 2009—2012 年工作规划》。《规划》提出了五个方面深化检察改革的任务：优化检察职权配置，改革和完善法律监督的范围、程序和措施，加强对诉讼活动的法律监督，切实维护司法公正；改革和完善人民检察院接受监督制约制度，规范执法行为，保障检察权依法、公正行使；完善检察工作中贯彻落实宽严相济刑事政策的制度和措施，创新检察工作机制，增强惩治犯罪、保障人权、维护社会和谐稳定的能力；改革和完善人民检察院组织体系和检察干部管理制度，进一步提高工作效能，加强检察队伍建设；认真落实中央关于改革和完善政法经费保障体制的总体部署，为检察事业发展提供更加坚实有力的经费和物质保障。规划提出，深化检察改革的总体目标是：落实中央关于深化司法体制和工作机制改革的部署，优化检察职权配置，完善法律监督的范围、程序和措施，健全对检察权行使的监督制约，加强检察队伍建设，规范检察执法行为，提高检务保障水平，增强依法独立公正行使检察权的能力，建设公正高效权威的社会主义司法制度。

---

① 参见《最高人民法院关于印发〈人民法院第三个五年改革纲要（2009—2013）〉的通知》，《中华人民共和国最高人民法院公报》2009 年第 5 期。

此后，高检院出台了一系列改革措施，先后制定下发了《关于刑事立案监督有关问题的规定（试行）》《关于对司法工作人员在诉讼活动中的渎职行为加强法律监督的若干规定（试行）》《最高人民检察院关于进一步加强对诉讼活动法律监督工作的意见》等改革文件；同时通过会同有关部门联合发布《关于办理死刑案件审查判断证据若干问题的规定》《关于办理刑事案件排除非法证据若干问题的规定》《关于人民检察院对看守所实施法律监督若干问题的意见》《关于加强和规范监外执行工作的意见》《关于省级以下人民检察院立案侦查的案件由上一级人民检察院审查决定逮捕的规定（试行）》和《关于在全国试行社区矫正工作的意见》等改革文件，进一步健全完善了非法证据排除机制、监管场所和刑罚执行监督机制等诉讼监督工作机制，有利于进一步强化诉讼监督力度。为深化人民监督员制度改革，强化外部监督力度，高检院于 2010 年 10 月下发了《最高人民检察院关于实行人民监督员制度的规定》，决定在全国检察机关全面推行人民监督员制度。2010 年底，最高人民检察院颁布实施《检察机关执法工作基本规范（2010 年版）》，涵盖了从执法办案初始环节到案件终结的执法全流程。2011 年 9 月，最高人民检察院正式印发《“十二五”时期检察工作发展规划纲要》，《纲要》对今后五年检察工作的总体思路、奋斗目标、基本要求、主要任务和重大举措提出了明确要求。

机关积极推进量刑规范化改革，有力促进了司法行为的规范化。（1）推进量刑规范化改革。为了规范量刑活动，中国最高人民法院在总结试点经验的基础上，制定了《人民法院量刑指导意见（试行）》和《关于规范量刑程序若干问题的意见（试行）》。明确量刑步骤，细分法定刑幅度，明确量刑情节的量化标准。对于公诉案件，人民检察院依法提出量刑建议，当事人和辩护人、诉讼代理人可以提出量刑意见。在法庭审理中，建立相对独立的量刑程序，对与定罪、量刑有关的事实、证据进行调查、辩论。人民法院在刑事裁判文书中说明量刑理由。这些改革进一步规范了量刑裁判权，保障了量刑活动的公开与公正。（2）建立案例指导制度。2010 年，中国的司法机关出台了案例指导制度的相关规定，标志着中国特色的案例指导制度得以确立。与英美法系的判例制度不同，中国的案例指导制度是在以成文法为主的法律体系下，运用案例对法律规定的准确理解和适用进行指导的一种制度。近年来，中国司法机关选择法律适用问题比较典型的案例作为指导性案例予以发布，供各级司法人员处理类似案件时参照。案例指导制度促进了司法自由裁量权的规范行使，加强了法律适用的统一性。（3）加强对案件办理的管理。人民法院、人民检察院分别成立专门的案件管理机构，加强办案流程管理和质量管理。截至 2012 年 5 月，全国共有近 1400 家法院设立了专门的审判管理机构，近 1600 家检察院设立了专门的案件管理机构。公安机关在基层执法机构普遍配备专（兼）职法制员，对案件办理情况进行监督和检查。司法机关普遍建立了案件管理信息化平台，实行网上办案、监督和考核，提升了案件办理的规范化水平。

三、完善人权的司法保障

中共十六大以来，党中央高度重视尊重和保障人权工作，在行动上朝维护人权、加强公民权利的方向迈步前行，作出了一系列有利于维护公民权利的决策，反映了推动人权保障发展的决心。

尊重和保障人权是中国共产党和中国各级国家机关的意志和行动。2002 年 11 月，中共十六大报告将“尊重和保障人权”确立为新世纪新阶段党和国家发展的重要目标，重申在“政治建设和政治体制改革”中，要“健全民主制度，丰富民主形式，扩大公民有序的政治参与，保证人民实行民主选举、民主决策、民主管理、民主监督，享有广泛的权利和自由，尊重和保障人权”。2003 年是中国发展进程中重要而非同寻常的一年，也是中国人权发展具有重要里程碑意义的一年。在这一年里，中国政府将人民的生命健康和基本人权放在首位，提出了“权为民所用、情为民所系、利为民所谋”的执政思想，形成了以人为本，促进社会和人的全面发展的科学发展观，确立了确保宪法实施、建立法治政府、建设政治文明的治国理念，并在实践中采取了一系列具有鲜明时代特点的尊重和保障人权的措施。在这一年里，中共中央提出了包括增加“国家尊重和保障人权”内容在内的关于修改宪法的建议。[①]

2004 年 3 月 14 日，第十届全国人民代表大会第二次会议通过了宪法修正案，首次将“人权”概念引入宪法，明确规定“公民合法的私有财产不受侵犯、国家尊重和保障人权”。新的宪法修正案以 2863 张赞成票获得通过。这是中国民主宪政和政治文明建设的一件大事，是中国人权发展的一个重要里程碑。就在人权入宪半年后，中共十六届四中全会确立了以人为本的科学发展观。2007 年，中共十七大报告中明确指出“尊重和保障人权，依法保证全体社会成员平等参与、平等发展的权利”，将“尊重和保障人权”写入了《中国共产党章程》。这为中国人权事业的发展指明了方向，也为今后人权工作的开展提供了指南。中国人权事业

① 参见国务院新闻办公室：《2003 年中国人权事业的进展》，《人权》2004 年第 3 期。

的新蓝图，线条十分清晰，就是顺应中国人过上更好生活的新期待，把尊重和保障人权落到实际行动特别是政府工作中去。

2008年12月10日，胡锦涛在致中国人权研究会的信中强调："在全面建设小康社会、加快推进社会主义现代化的进程中，我们要一如既往地坚持以人为本，既尊重人权普遍性原则，又从基本国情出发，切实把保障人民的生存权、发展权放在保障人权的首要位置，在推动经济社会又好又快发展的基础上，依法保证全体社会成员平等参与、平等发展的权利。中国人民将一如既往地加强国际人权合作，同世界各国人民一道，共同为推动世界人权事业健康发展，为建设持久和平、共同繁荣的和谐世界作出应有的贡献。"[①]

2009年4月13日，经国务院授权，国务院新闻办公室发布《国家人权行动计划（2009—2010年）》。这是中国政府制定的第一个以人权为主题的国家规划，是指导和推动中国人权事业全面发展的纲领性文件。计划将尊重和保障人权的宪法原则贯彻到政治、经济、文化和社会建设各个领域，贯穿于立法、执法、司法和执政、行政各个环节，明确规定了中国政府促进和保护人权的工作目标和具体措施。《国家人权行动计划（2009—2010年）》得到全面有效的实施，公民人权意识得到普遍提高，人权事业得到全面推进。[②]2012年6月11日，经国务院授权，国务院新闻办公室发布《国家人权行动计划（2012—2015年）》。这是中国第二个以人权为主题的国家规划。为了持续全面推进中国人权事业发展，这个计划对今后四年中国人权发展的目标、任务和具体措施作出了规划。国家人权行动计划分为导言，经济、社会和文化权利，公民权利和政治权利，少数民族、妇女、儿童、老年人和残疾人的权利，人权教育，国际人权条约义务的履行和国际人权交流与合作，以及实施和监督共七个部分。2012年11月，中共十八大将"人权得到切实尊重和保障"确立为全面建成小康社会的奋斗目标之一。中国人权事业的发展进入了有计划、持续稳健、全面推进的新阶段。

依法保障人权，是中国人权事业发展的重要基础。中共十六大以来，中国保障各项人权的法律制度不断完善。2012年新修改的刑事诉讼法写入"尊重和保障人权"内容，并在证据制度、辩护制度、强制措施、侦查措施、审查起诉、审判程序、执行程序的修改完善和增加规定特别程序中，贯彻了尊重和保障人权的精神。这是中国人权事业的重大进步，对于惩罚犯罪，保护人民，保障公民的诉讼

① 《胡锦涛致信中国人权研究会强调一如既往坚持以人为本，切实推动人权事业发展》，《人民日报》2008年12月12日。

② 参见国务院新闻办公室：《2009年中国人权事业的进展》，《人权》2010年第5期。

权利和其他合法权利，具有重大意义。2012 年修改的民事诉讼法，进一步保障了当事人的诉讼权利，完善了起诉和受理程序、开庭前准备程序、简易程序、审判监督程序和执行程序，完善了保全制度、证据制度和裁判文书公开制度，增加了公益诉讼制度、对案外被侵害人的救济程序。[①]

中国在司法领域的人权保障也不断取得新进展。为了有效实施修改后的刑事诉讼法，最高人民法院、最高人民检察院等联合发布《关于实施刑事诉讼法若干问题的规定》，最高人民法院制定《关于适用〈中华人民共和国刑事诉讼法〉的解释》，最高人民检察院公布修改后的《人民检察院刑事诉讼规则（试行）》，公安部全面修改了《公安机关办理刑事案件程序规定》。人民检察院不断强化对诉讼活动的法律监督。2012 年，检察机关对侦查活动中的违法情况提出纠正意见 55582 件次，对认为确有错误的刑事裁判提出抗诉 6196 件，对刑事审判活动中的违法情况提出纠正意见 11799 件次。国家严格控制并慎用死刑。2011 年 2 月，全国人大常委会审议通过刑法修正案（八），取消 13 个经济性非暴力犯罪的死刑，死刑罪名削减幅度近五分之一。修正案还对审判时已满 75 周岁的人犯罪适用死刑作了限制性规定。2010 年 6 月，最高人民法院、最高人民检察院等联合发布了《关于办理死刑案件审查判断证据若干问题的规定》，对死刑案件的证据审查判断采用更为严格的标准。修改后的刑事诉讼法要求判处死刑的第二审案件全部开庭审理，并加强死刑复核监督。看守所是中国羁押被依法逮捕、刑事拘留的犯罪嫌疑人、被告人的刑事羁押机构。改进看守所监管水平，也是保障人权的现实需要。2008—2011 年，全国检察机关通过监督检查，纠正看守所违法羁押 5473 人。大力打击和防范“牢头狱霸”，在每个监室设置报警装置，在押人员被侵犯时能够及时报警；实行在押人员出看守所谈话和跟踪观察访谈制度，了解看守所有无“牢头狱霸”等违法行为；落实主、协管民警监室管理责任制，对因管理松懈，发生“牢头狱霸”致其他在押人员死亡或重伤的，依法依纪追究有关人员责任。建立特邀监督员巡查监督看守所制度，特邀监督员可以在工作期间采取不事先告知的方式对看守所履行职责、执法管理等工作进行监督。2010 年，看守所发生事故数量同比下降 31.6%。针对律师在会见、阅卷、调查取证等执业活动中存在的困难，近年来，中国修改完善法律，为律师依法执业提供法律保障。2007 年修订的律师法，对律师参与诉讼特别是刑事诉讼应当享有的权利进行了补充和强化。规定律师在法庭上发表的代理、辩护意见，除危害国家安全、恶意诽谤他人、严重扰乱

① 参见国务院新闻办公室：《2012 年中国人权事业的进展》，《人民日报》2013 年 5 月 15 日。

法庭秩序的言论外，不受法律追究。这些举措促进了律师辩护职能的有效行使。2006—2011 年期间，全国律师共为 2454222 件刑事案件提供了辩护，比 2001—2005 年期间增长了 54.16%。

在扩大司法公开、强化法律监督方面，最高人民法院发布了《关于确定司法公开示范法院的决定》，分两批确定全国 200 所法院为“司法公开示范法院”并发布了示范法院标准。2012 年 10 月，公安部出台《公安机关执法公开规定》，全面规范公安机关执法公开工作，拓展了执法公开的渠道，丰富了执法公开方式。国家保护被羁押人权利。2011 年，公安部与卫生部联合下发《看守所医疗机构设置基本标准》，改善被羁押人的居住、生活和医疗条件。到 2012 年底，全国已有 2391 个看守所建立了被羁押人安全风险等级评估机制，占看守所总数的 89.1%；有 1774 个看守所建立了被羁押人心理咨询室，占看守所总数的 66.1%；有 1893 个看守所实现留所服刑罪犯互联网双向视频会见，占看守所总数的 70.5%；有 2532 个看守所建立了在押人员投诉处理机制，占看守所总数的 94.3%，累计处理在押人员投诉 2633 件；有 2664 个看守所聘请了特邀监督员，占看守所总数的 99.2%。2012 年，检察机关对刑罚执行和监管活动中的违法情况提出纠正意见 32165 件次。[①] 这些都为完善人权提供了重要的司法保障。

第四节　深化行政管理体制改革

中共十六大以来，中共中央、国务院深化行政审批制度改革，探索实行职能有机统一的大部门体制，加强依法行政和制度建设，行政体制改革的步伐不断加快，权责一致、分工合理、决策科学、执行顺畅、监督有力的行政管理体制逐步形成。

一、深化行政审批制度改革

2003 年 10 月，中共十六届三中全会审议通过了《中共中央关于完善社会主义市场经济体制若干问题的决定》,《决定》强调：加快转变政府职能，深化行政审批制度改革，切实把政府经济管理职能转到主要为市场主体服务和创造良好发展环境上来。《决定》明确提出，政府管理经济的职能，主要是制订和执行宏观调

① 参见国务院新闻办公室:《2012 年中国人权事业的进展》,《人民日报》2013 年 5 月 15 日。

控政策，搞好基础设施建设，创造良好的经济发展环境。同时，要培育市场体系、监督市场运行和维护平等竞争，调节社会分配和组织社会保障，控制人口增长，保护自然资源和生态环境，管理国有资产和监督国有资产经营，实现国家的经济和社会发展目标。政府运用经济手段、法律手段和必要的行政手段管理国民经济，不直接干预企业的生产经营活动。

增强政府服务职能，首要的是深化行政审批制度改革。经第十届全国人大常委会第四次会议通过，《行政许可法》自 2004 年 7 月 1 日起施行。《行政许可法》的出台对转变政府职能，改变中国“审批”过多过滥、冗长复杂的现象产生了积极的影响，是中国行政体制改革的一个重要突破口。

2006 年 10 月，中共十六届六中全会作出了《中共中央关于构建社会主义和谐社会若干重大问题的决定》，对构建社会主义和谐社会作出了全面部署，强调要建设服务型政府，强化社会管理和公共服务职能。2007 年 10 月，胡锦涛在中共十七大报告中明确要求加快行政管理体制改革，建设服务型政府。行政管理体制改革是深化改革的重要环节。要抓紧制定行政管理体制改革总体方案，着力转变职能、理顺关系、优化结构、提高效能，形成权责一致、分工合理、决策科学、执行顺畅、监督有力的行政管理体制。健全政府职责体系，完善公共服务体系。加快推进政企分开、政资分开、政事分开、政府与市场中介组织分开，减少和规范行政审批，减少政府对微观经济运行的干预。

2008 年 2 月，中共十七届二中全会研究了深化行政管理体制改革问题，提出：深化行政管理体制改革势在必行。行政管理体制改革是政治体制改革的重要内容，是上层建筑适应经济基础客观规律的必然要求，贯穿我国改革开放和社会主义现代化建设的全过程。必须通过深化改革，进一步消除体制性障碍，切实解决经济社会发展中的突出矛盾和问题，推动科学发展，促进社会和谐，更好地维护人民群众的利益。会议通过了《关于深化行政管理体制改革的意见》，指出：深化行政管理体制改革的总体目标是，到 2020 年建立起比较完善的中国特色社会主义行政管理体制。通过改革，实现政府职能向创造良好发展环境、提供优质公共服务、维护社会公平正义的根本转变，实现政府组织机构及人员编制向科学化、规范化、法制化的根本转变，实现行政运行机制和政府管理方式向规范有序、公开透明、便民高效的根本转变，建设人民满意的政府。

中共十六大以来，各级政府不断努力，进一步转变政府职能，推动管理创新，强化社会管理和公共服务，不断推进行政审批制度改革。国务院成立行政审批制度改革工作领导小组，将办公室设在监察部，国务院领导同志担任领导小组组长。

中共十六大以后，国务院进一步充实和加强了领导小组及其办公室。中共十七大以来，为适应国务院机构改革的需要，取消了原国务院行政审批制度改革工作领导小组，成立了由监察部牵头、中央编办和发展改革委等12个部门组成的行政审批制度改革工作部际联席会议，负责继续深入推进行政审批制度改革。与此同时，各地区和国务院各部门都建立了改革工作领导机构，形成了党委、政府统一领导，办事机构组织协调，有关部门各负其责，集中各方面智慧和力量推进改革的工作格局。

国务院部门的审批项目先后进行了五轮全面清理，深化行政审批制度改革。2008年以来，分两轮取消和调整行政审批事项498项，国务院各部门取消和调整的审批项目总数达到2497项，占原有审批项目的69.3%。[①]各省（自治区、直辖市）本级共取消调整审批项目3.6万余项，占原有审批项目总数的68.2%。在取消、调整行政审批项目的同时，对国务院部门拟新设的行政审批项目进行了严格把关。

中共十七大以来，行政审批制度改革工作部际联席会议办公室先后对40多部法律、行政法规起草修订过程中涉及的60多项拟新设或调整的行政审批项目，提出了明确的审核意见。一些地方也加强了对拟新设行政审批项目的审核把关，严格遵循法定程序，确保于法有据。已初步建立了比较完善的新设行政审批项目审查论证机制。为指导和规范行政审批制度改革工作，中央先后制定了《关于行政审批制度改革工作的实施意见》《关于贯彻行政审批制度改革的五项原则需要把握的几个问题》《关于进一步深化行政审批制度改革的意见》等40多个政策规定和相关文件，明确了改革的指导原则、基本思路、工作目标和方法步骤，使改革工作有章可循。据统计，至2012年，全国已建立行政审批配套制度8000余项。以行政许可法为核心，有关法律法规规章相配套的行政审批法规制度体系已基本建立。一些地方引入现代企业优化业务流程理念和方法，对政府部门原有的审批流程进行全面梳理，实现了审批层次、环节的大幅精简，提高了审批效能。全国已经建立了2.8万个综合性行政服务中心，一些地方还建立了“乡镇便民服务中心”和“村级便民服务代办点”，形成了省、市、县、乡（镇）、村（社区）五级政务服务网络体系。

二、探索实行职能有机统一的大部门体制

深化行政管理体制和机构改革，是发展社会主义市场经济和发展社会主义民

① 《十八大以来重要文献选编》（上），中央文献出版社2014年版，第178页。

主政治的必然要求，是政治体制改革的重要内容，贯穿中国改革开放和社会主义现代化建设的全过程。中共十六大以后，中国政府不断推进体制创新和管理创新，按照精简统一效能的原则和决策权、执行权、监督权既相互制约又相互协调的要求，紧紧围绕职能转变和理顺职责关系，进一步优化政府组织结构，规范机构设置，不断探索实行职能有机统一的大部门体制，完善行政运行机制。

根据中共十六大提出的深化行政管理体制改革的任务和十六届二中全会审议通过的《关于深化行政管理体制和机构改革的意见》，2003 年 3 月举行的十届全国人大一次会议通过了国务院机构改革方案。这次改革的主要任务是：设立国务院国有资产监督管理委员会；将国家发展计划委员会改组为国家发展和改革委员会；设立中国银行业监督管理委员会；组建商务部；在国家药品监督管理局基础上组建国家食品药品监督管理局；将国家经济贸易委员会管理的国家安全生产监督管理局改为国务院直属机构；将国家计划生育委员会更名为国家人口和计划生育委员会；不再保留国家经济贸易委员会、对外贸易经济合作部，其职能并入新组建的商务部。国务院组成部门变为 28 个。①

国务院机构改革以后，地方政府机构改革在中央的统一部署下，按照巩固、完善、探索、深化的总体要求，结合本地实际，巩固和完善已经取得的改革成果，积极探索符合各地特点的改革路子，认真贯彻落实中共十六大提出的要求，深化国有资产管理体制改革，设立省、市（地）两级政府国有资产管理机构。其他的机构设置不搞一刀切，也不要求完全上下对口。参照国务院机构改革的做法，各省、自治区、直辖市从实际出发，因地制宜地推进机构调整和职能整合，可以上下对应，也可以不完全对应。省以下政府机构的改革，由省、自治区、直辖市党委和政府研究确定。在改革中，重视做好职能衔接，保证国民经济正常运行，保持企业改革重组以及其他各项工作的连续性，维护社会稳定。这次地方政府机构改革，既保持了地方政府的相对稳定，又抓住重点，解决了地方行政管理体制中的一些突出矛盾和问题。

中共十六届三中全会审议通过的《中共中央关于完善社会主义市场经济体制若干问题的决定》指出，各级政府普遍存在机构臃肿，人浮于事，职能交叉，效率低下的问题，严重障碍企业经营机制的转换和新体制的建立进程，要按照政企分开，精简、统一、效能的原则，继续并尽早完成政府机构改革。

---

① 参见《第十届全国人民代表大会第一次会议关于国务院机构改革方案的决定》(2003 年 3 月 10 日)，《中华人民共和国国务院公报》2003 年 11 期。

中共十七大报告明确提出“加大机构整合力度，探索实行职能有机统一的大部门体制，健全部门间协调配合机制”。所谓大部门体制，就是在政府机构设置上，将职能相近的政府部门进行合并，拓宽管理幅度。“大部制”改革的思路，是中国行政管理体制改革在新的历史条件下适应市场经济发展的一个新举措；它可以化解政府部门中存在的机构重叠、职责交叉、政出多门的矛盾以及权限冲突，有助于减少和规范行政审批，简化公务手续和环节，提高政策执行效能；也是国外市场化程度比较高的国家普遍实行的一种政府管理模式。

2008 年 2 月 27 日，中共十七届二中全会通过了《关于深化行政管理体制改革的意见》和《国务院机构改革方案（草案）》。2008 年 3 月，十一届全国人大一次会议审议批准了国务院机构改革方案。这次国务院机构改革的主要任务是，围绕转变政府职能和理顺部门职责关系，探索实行职能有机统一的大部门体制，合理配置宏观调控部门职能，加强能源环境管理机构，整合完善工业和信息化、交通运输行业管理体制，以改善民生为重点加强与整合社会管理和公共服务部门。① 这次国务院改革涉及调整变动的机构共 15 个，正部级机构减少 4 个。国务院新组建工业和信息化部、交通运输部、人力资源和社会保障部、环境保护部、住房和城乡建设部。改革后，除国务院办公厅外，国务院组成部门设置 27 个。这次改革突出了三个重点：一是加强和改善宏观调控，促进科学发展；二是着眼于保障和改善民生，加强社会管理和公共服务；三是按照探索职能有机统一的大部门体制要求，对一些职能相近的部门进行整合，实行综合设置，理顺部门职责关系。这次调整也被称为“第一轮大部制改革”。

2008 年 9 月起，新一轮省级政府机构改革在全国顺利推进。党中央、国务院和中央编委十分重视这次省级政府机构改革，先后召开中央编委会议、国务院常务会议和中央政治局常委会议，审议通过了《关于地方政府机构改革的意见》，并以党中央、国务院名义下发。改革中，各地都把探索大部门体制、综合设置机构作为重点。与国务院机构改革相衔接，所有省（自治区、直辖市）都在工业与信息化、交通运输、住房与城乡建设、人力资源和社会保障、卫生与食品药品监管五个方面对机构进行了调整整合。改革后，机构编制进一步得到有效控制。各省（自治区、直辖市）政府厅局级机构得到不同程度的精简，全国共减少厅局级机构 80 多个。此后，各地积极统筹推进市县政府机构改革，并于 2009 年底前基本完成。

---

① 参见华建敏：《关于国务院机构改革方案的说明》，《人民日报》2008 年 3 月 12 日。

三、加强依法行政和制度建设

中共十六大以来，中央高度重视社会主义民主法制建设，对落实依法治国基本方略、推进依法行政作出了一系列重要部署。中共十六大把发展社会主义民主政治，建设社会主义政治文明，作为全面建设小康社会的重要目标之一，并明确提出“加强对执法活动的监督，推进依法行政”。中共十六届三中全会把推进依法行政，严格按照法定权限和程序行使权力、履行职责，作为落实科学发展观、完善社会主义市场经济体制的重要保证。中共十六届四中全会将保证国家机关依法行使职权、在法治轨道上推动各项工作的开展，作为提高党的执政能力的重要内容。根据党中央的统一部署，国务院积极行动，采取措施，全面推进依法行政取得了显著进展。行政机关依法行政的意识普遍增强，依法行政的能力和水平进一步提高，依法行政已经成为绝大多数行政机关工作的基本准则。制度建设质量明显提高。政府决策的科学化、民主化程度明显提高。政府职能进一步转变，行政管理方式不断创新。通过理顺行政执法体制，规范执法程序，加强执法监督，行政执法状况不断改善。依法行政理论研究取得重要进展。

2003 年 8 月，十届全国人大常委会第四次会议审议通过《行政许可法》。《行政许可法》共 8 章 83 条，对现行行政许可制度作了重大改革和创新。《行政许可法》明确规定，只有全国人大及其常委会、国务院和省级地方人大及其常委会可以依法设定行政许可，省级人民政府可以依据法定条件设定临时性行政许可，其他国家机关包括国务院各部门一律不得设定行政许可。为了解决重许可、轻监管或者只许可、不监管的问题，《行政许可法》通过把对行政许可事项的监督检查作为行政许可权的必要延伸，设专章规定了对从事需要行政许可的活动的严格监督检查，把事前行政审批与事后严格监管有机统一起来，有利于行政机关及其工作人员改变管理方式。《行政许可法》对行政机关该许可的不许可、不该许可的乱许可等行为，规定了严格的法律责任。《行政许可法》的颁布施行，对进一步转变政府职能，改革行政管理方式，推进依法行政进程，都产生深远影响。

2003 年 3 月新一届国务院组成后，立即修订《国务院工作规则》，将依法行政确立为政府工作的三项基本准则之一，并明确规定依法行政的核心是规范行政权力。为了更加扎实、更有成效地推进依法行政，国务院在集中理论界和实际工作部门智慧的基础上，研究制定了《全面推进依法行政实施纲要》。2004 年 3 月，国务院发布了这一指导各级政府依法行政的纲领性文件。提出全面推进依法行政，经过十年左右坚持不懈的努力，基本实现建设法治政府的目标：政企分开、政事分开，政府与市场、政府与社会的关系基本理顺，政府的经济调节、市场监管、社会管理和公共服务职能基本到位；中央政府和地方政府之间、政府各部门之间的职能和权限比较明确；行为规范、运转协调、公正透明、廉洁高效的行政管理体制基本形成；权责明确、行为规范、监督有效、保障有力的行政执法体制基本建立；科学化、民主化、规范化的行政决策机制和制度基本形成；行政权力与责任紧密挂钩、与行政权力主体利益彻底脱钩；等等。纲要标志着中国依法行政工作进入了全面深化阶段。

国务院和地方各级政府围绕建设法治政府这一目标，在推进依法行政方面采取了一系列重大举措，主要有以下方面：以提高制度建设质量为中心，加强政府立法工作。完善应急管理的体制、机制和法制，提高预防和处理突发事件的能力。贯彻实施《行政许可法》，促进政府职能转变和管理方式创新。推进行政执法体制改革，规范行政执法行为。推行行政执法责任制，确保法律法规正确实施。进一步加强法规规章的备案审查工作，建立规范性文件备案审查制度。加强行政复议工作，及时解决行政纠纷。全面清理行政法规和规章，正本清源，从源头上厘清依法行政的法律依据。着力推进基层政府依法行政，夯实基础，加快法治政府建设步伐。

中共十七大把依法治国基本方略深入落实，法治政府建设取得新成效，作为全面建设小康社会新要求的重要内容。2008 年 6 月，国务院发出《关于加强市县政府依法行政的决定》，加强市县政府依法行政作为一项基础性、全局性工作，摆在更加突出的位置。各省（自治区、直辖市）人民政府把加强市县政府依法行政作为当前和今后一个时期建设法治政府的重点任务来抓，加强工作指导和督促检查。[①]2008 年 3 月 4 日，中共十七届二中全会研究了深化行政管理体制改革问题，提出：深化行政管理体制改革势在必行。深化行政管理体制改革的总体目标是，到 2020 年建立起比较完善的中国特色社会主义行政管理体制。通过改革，实现政府职能向创造良好发展环境、提供优质公共服务、维护社会公平正义的根本转变，实现政府组织机构及人员编制向科学化、规范化、法制化的根本转变，实现行政运行机制和政府管理方式向规范有序、公开透明、便民高效的根本转变，建设人民满意的政府。今后五年，要加快政府职能转变，深化政府机构改革，加强依法行政和制度建设，为实现深化行政管理体制改革的总体目标打下坚

① 参见《国务院关于加强市县政府依法行政的决定》，《人民日报》2008 年 6 月 19 日。

实基础。

2010 年 10 月，国务院发布了《国务院关于加强法治政府建设的意见》。《意见》提出了加强法治政府建设的总体要求：当前和今后一个时期，要进一步加大《全面推进依法行政实施纲要》实施力度，全面推进依法行政，不断提高政府公信力和执行力，为保障经济又好又快发展和社会和谐稳定发挥更大的作用。《意见》根据《纲要》确定的推进依法行政各项任务的落实情况，针对当前依法行政和行政管理中存在的突出问题，规定了提高行政机关工作人员特别是领导干部依法行政的意识和能力、加强和改进制度建设、坚持依法科学民主决策、严格规范公正文明执法、全面推进政务公开、强化行政监督和问责、依法化解社会矛盾纠纷共七个方面的任务。[①]

2012 年 10 月，中共十八大提出到 2020 年“依法治国基本方略全面落实、法治政府基本建成”的目标任务，作出了“更加注重发挥法治在国家治理和社会管理中的重要作用”，“要把制度建设摆在突出位置”，“推进依法行政，切实做到严格规范公正文明执法”等一系列重大决策和部署。

中共十六大以来，各级政府坚持把依法行政放在政府自身建设的重要位置，建立健全工作规则，加快推进法制建设，加强科学民主决策，切实规范行政行为，进一步加强行政监督，法治政府建设取得重要进展。2004 年至 2010 年底，国务院法制办共将 67 件行政法规草案向社会公开征求意见，向全国人大常委会提交法律议案 49 件，制定行政法规 168 件。为规范行政执法，全国各级政府继续推行相对集中行政处罚权，落实行政执法责任制。从 2004 年至 2010 年底，全国已有 183 个设区的市级政府和 830 个县级政府实行了综合执法；清理行政执法主体和执法人员，取消不合法的执法机构 8289 个，清退不合格的执法人员 8.9 万人。行政执法主体不合格、无执法依据或者依据不合法的现象明显减少，乱处罚、乱收费、乱摊派等“三乱”现象一定程度上得到遏制。政府部门不断加大了对法规、规章和规范性文件的监督力度，加强备案审查，维护法制统一。各级地方政府在国务院指导下，积极探索规范性文件监督管理制度，逐步建立起了“四级政府、三级监督”的规范性文件备案审查制度。从 2004 年至 2010 年底，国务院共审查各地方、各部门报送备案的法规规章 9623 件，对存在问题的 307 件法规规章作出处理，各省级政府共收到省直部门和设区的市级政府报送备案的规范性文件 56477 件，对存在问题的 2539 件作出处理，90% 以上设区的市级政

① 参见《国务院关于加强法治政府建设的意见》，《人民日报》2010 年 11 月 9 日。

府和 80% 以上县级政府建立了规范性文件备案审查制度，有效维护了法制统一和政令畅通。

思考题：

1. 科学发展观重大战略思想提出的背景是什么？
2. 中共十六大以来中国政府在尊重和保障人权方面作出了哪些努力？
3. 村民自治制度化、规范化、程序化方面取得了哪些进展？

第八章　中国特色社会主义政治发展进入新时代（2012—2020）

中共十八大以来，以习近平同志为核心的党中央通过谋划政治建设的顶层设计，强调人民主体地位，推进政治体制改革，推进国家治理现代化，不断发展民主政治，构建了中国特色社会主义政治建设的新蓝图、新格局、新模式，推进了中国特色社会主义政治建设新发展，将中国特色社会主义政治发展推向新时代。

第一节　"四个全面"战略布局的形成与习近平新时代中国特色社会主义思想的提出

新时代中国特色社会主义民主政治建设的理论和实践，是基于一系列重要战略决策而展开的：中共十八大提出"全面建成小康社会和全面深化改革开放的目标"，并提出"坚持走中国特色社会主义政治发展道路和推进政治体制改革"七个方面的内容①。中共十八届三中、四中全会分别作出了《中共中央关于全面深化改革若干重大问题的决定》和《中共中央关于全面推进依法治国若干重大问题的决定》，使"四个全面"战略布局更加清晰。中共十九大作出了中国特色社会主义进入新时代的重大政治判断，提出并完整论述了习近平新时代中国特色社会主义思想和基本方略，成为新时代中国特色社会主义民主政治建设的指南。

一、"四个全面"战略布局的形成及其意义

中共十八大以来，以习近平同志为核心的党中央，在深刻把握国内经济社会发展大局和国际经济政治格局基础上，围绕"坚持和发展中国特色社会主义"这一主题，对"为什么要坚持中国特色社会主义，如何发展中国特色社会主义"的基本问题，作出了初步系统的理论回答。"四个全面"战略布局，即"全面建成小康社会、全面深化改革、全面依法治国、全面从严治党"是这一回答的重要理论成果。从时间轴来看，这四个方面是在不同高层会议场合逐步提出的。

"四个全面"中排在第一位的是"全面建成小康社会"，"小康社会"的概念可

① 《十八大以来重要文献选编》(上)，中央文献出版社2014年版，第13、19—24、38—44页。

以追溯到20世纪改革开放之初的80年代。中共十六大提出了“全面建设小康社会”的概念。在2012年11月8日至14日召开的中共十八大上，胡锦涛作了题为《坚定不移沿着中国特色社会主义道路前进，为全面建成小康社会而奋斗》的报告。大会确立了科学发展观的历史地位，提出夺取中国特色社会主义新胜利的基本要求，确定全面建成小康社会和全面深化改革开放目标，对新时代条件下推进中国特色社会主义事业作出全面部署，对全面提高党的建设科学化水平提出明确要求。报告第三部分专门论述了“全面建成小康社会和全面深化改革的目标”，主要包括经济持续健康发展、人民民主不断扩大、文化软实力显著增强、人民生活水平全面提高、资源节约型环境友好型社会建设取得重大进展等几个方面的内容。可见，中共十八大赋予了“全面建成小康社会”丰富的内涵，并对这一工作作出了全面的战略部署。

“四个全面”中的第二个是“全面深化改革”，中共十八大报告将“全面建成小康社会和全面深化改革开放的目标”同时提出。在阐述了“全面建成小康社会”目标的同时阐述了“全面深化改革开放”的目标和内容，报告从经济、政治、文化、社会和生态几个方面分别进行了论述，从经济体制来看：要加快完善社会主义市场经济体制，完善公有制为主体、多种所有制经济共同发展的基本经济制度，完善按劳分配为主体、多种分配方式并存的分配制度，更大程度更广范围发挥市场在资源配置中的基础性作用，完善宏观调控体系，完善开放型经济体系，推动经济更有效率、更加公平、更可持续发展。从政治体制来看：加快推进社会主义民主政治制度化、规范化、程序化，从各层次各领域扩大公民有序政治参与，实现国家各项工作法治化。从文化体制来看：加快完善文化管理体制和文化生产经营机制，基本建立现代文化市场体系，健全国有文化资产管理体制，形成有利于创新创造的文化发展环境。从社会管理体制来看：加快形成科学有效的社会管理体制，完善社会保障体系，健全基层公共服务和社会管理网络，建立确保社会既充满活力又和谐有序的体制机制。就生态文明而言：加快建立生态文明制度，健全国土空间开发、资源节约、生态环境保护的体制机制，推动形成人与自然和谐发展现代化建设新格局。①

2013年11月12日，中共十八届三中全会通过了《中共中央关于全面深化改革若干重大问题的决定》，阐明了全面深化改革的重大意义和指导思想。全会强调，全面深化改革的总目标是完善和发展中国特色社会主义制度，推进国家治理

① 《十八大以来重要文献选编》（上），中央文献出版社2014年版，第14—15页。

体系和治理能力现代化；要求到2020年，在重要领域和关键环节改革上取得决定性成果，形成系统完备、科学规范、运行有效的制度体系，使各方面制度更加成熟更加定型。报告同时提出了全面深化改革的14个方面：坚持和完善基本经济制度、加快完善现代市场体系、加快转变政府职能、深化财税体制改革、健全城乡发展一体化体制机制、构建开放型经济新体制、加强社会主义民主政治建设、推进法治中国建设、强化权力运行制约和监督体系、推进文化体制机制创新、推进社会事业改革创新、创新社会治理体制、加快生态文明制度建设、深化国防和军队改革。最后专门强调要"加强和改善党对全面深化改革的领导"。在加强社会主义民主政治制度建设方面，报告指出：发展社会主义民主政治，必须以保证人民当家作主为根本，坚持和完善人民代表大会制度、中国共产党领导的多党合作和政治协商制度、民族区域自治制度以及基层群众自治制度，更加注重健全民主制度、丰富民主形式，从各层次各领域扩大公民有序政治参与，充分发挥我国社会主义政治制度优越性。①2013年12月30日，中共中央政治局会议决定成立中央全面深化改革领导小组，习近平任组长，李克强、刘云山、张高丽任副组长。中央全面深化改革领导小组的主要职责是：统一部署全国性的重大改革，统筹推进各领域改革，协调各方力量形成推进改革合力，加强督促检查，推动全面落实改革目标任务。

关于"全面依法治国"，也有一个逐步完善的过程。改革开放以来，中国共产党一贯高度重视法治。中共十五大提出依法治国、建设社会主义法治国家，强调依法治国是党领导人民治理国家的基本方略，是发展社会主义市场经济的客观需要，是社会文明进步的重要标志，是国家长治久安的重要保障。中共十六大提出，发展社会主义民主政治，最根本的是要把坚持党的领导、人民当家作主和依法治国有机统一。中共十七大提出，依法治国是社会主义民主政治的基本要求，强调要全面落实依法治国基本方略，加快建设社会主义法治国家。中共十八大报告的第五部分即"坚持走中国特色社会主义政治发展道路和推进政治体制改革"中，专门列了一部分来阐述"全面推进依法治国"，报告指出："法治是治国理政的基本方式。要推进科学立法、严格执法、公正司法、全民守法，坚持法律面前人人平等，保证有法必依、执法必严、违法必究。"同时报告提出全面推进依法治国几个方面的工作：一是完善中国特色社会主义法律体系，加强重点领域立法，拓展人民有序参与立法途径；二是推进依法行政，切实做到严格规范公正文明执法；

---

① 《十八大以来重要文献选编》（上），中央文献出版社2014年版，第512、514、527页。

三是进一步深化司法体制改革，坚持和完善中国特色社会主义司法制度，确保审判机关、检察机关依法独立公正行使审判权、检察权；四是深入开展法制宣传教育，弘扬社会主义法治精神，树立社会主义法治理念，增强全社会学法尊法守法用法意识。提高领导干部运用法治思维和法治方式深化改革、推动发展、化解矛盾、维护稳定能力。最后，报告提出：党领导人民制定宪法和法律，党必须在宪法和法律范围内活动。任何组织或者个人都不得有超越宪法和法律的特权，绝不允许以言代法、以权压法、徇私枉法。由此可见，中共十八大对“全面推进依法治国”的工作已经作出了更加全面的部署。

2014 年 10 月 23 日，中共十八届四中全会审议通过《中共中央关于全面推进依法治国若干重大问题的决定》，阐明了推进依法治国的极端重要性。全面推进依法治国，总目标是建设中国特色社会主义法治体系，建设社会主义法治国家。这就是，在中国共产党领导下，坚持中国特色社会主义制度，贯彻中国特色社会主义法治理论，形成完备的法律规范体系、高效的法治实施体系、严密的法治监督体系、有力的法治保障体系，形成完善的党内法规体系，坚持依法治国、依法执政、依法行政共同推进，坚持法治国家、法治政府、法治社会一体建设，实现科学立法、严格执法、公正司法、全民守法，促进国家治理体系和治理能力现代化。

“四个全面”中的第四个全面是“全面从严治党”。2014 年 10 月 8 日，党的群众路线教育实践活动总结大会上提出全面推进从严治党。2014 年 12 月 13 日至 14 日，习近平在江苏南京、镇江调研，强调要主动把握和积极适应经济发展新常态，协调推进全面建成小康社会、全面深化改革、全面推进依法治国、全面从严治党，推动改革开放和社会主义现代化建设迈上新台阶，这是首次将“四个全面”并提。2015 年 2 月，在省部级主要领导干部学习贯彻十八届四中全会精神全面推进依法治国专题研讨班开班式上，习近平再次论述了“四个全面”，并将“四个全面”定位为新形势下党治国理政的战略布局。

“四个全面”是一个相互联系、相互促进、相辅相成、相得益彰的有机统一体，“四个全面”将中国特色社会主义建设“五位一体”的总布局和党的建设新的伟大工程紧密结合，为实现中华民族复兴的中国梦提供了强力支撑和战略指引。

从“四个全面”战略布局的内在联系看，全面建成小康社会是全面深化改革、全面依法治国的发展指引，是全面从严治党的社会目标；全面深化改革和全面依法治国是全面建成小康社会的直接动力和法治保障，全面从严治党是全面建成小康社会、全面深化改革和全面依法治国的政治保证。“四个全面”立足治国理政全局，统领中国发展总纲，抓住了改革发展稳定关键，确立了新形势下党和国家各项工作的战略方向、重要领域和主攻目标，是坚持和发展中国特色社会主义的重大战略布局，开辟了坚持和发展中国特色社会主义的新境界，为实现“两个一百年”奋斗目标、实现中华民族伟大复兴的中国梦提供了理论指导和实践指南。

二、中共十九大作出中国特色社会主义进入新时代的重大政治判断

中共十八大以来，面对世界经济复苏乏力、局部冲突和动荡频发、全球性问题加剧的外部环境，面对中国经济发展进入新常态等一系列深刻变化，以习近平同志为核心的党中央迎难而上，统筹推进“五位一体”总体布局、协调推进“四个全面”战略布局，“十二五”规划胜利完成，“十三五”规划顺利实施，党和国家事业全面开创新局面。

2017 年 10 月 18 日至 10 月 24 日，中国共产党召开第十九次全国代表大会。习近平作了题为《决胜全面建成小康社会，夺取新时代中国特色社会主义伟大胜利》的报告。报告回顾了中共十八大以来五年的工作及取得的成就，对中国的发展作出了新的历史定位，并指出中国社会的主要矛盾已经转化为“人民日益增长的美好生活需要和不平衡不充分的发展之间的矛盾”，阐述了新时代中国共产党的历史使命、新时代中国特色社会主义思想和基本方略、决胜全面建成小康社会的战略步骤，并从经济、政治、文化、民生、生态、军事、“一国两制”与祖国统一、外交、党的建设等方面全面论述了新时代中国特色社会主义建设的方针政策。报告第六部分专门论述了“健全人民当家作主制度体系，发展社会主义民主政治”，指出：发展社会主义民主政治就是要体现人民意志、保障人民权益、激发人民创造活力，用制度体系保证人民当家作主。报告提出要长期坚持、不断发展中国社会主义民主政治，积极稳妥推进政治体制改革，推进社会主义民主政治制度化、规范化、程序化，保证人民依法通过各种途径和形式管理国家事务，管理经济文化事业，管理社会事务，巩固和发展生动活泼、安定团结的政治局面。报告还阐明了发展社会主义民主政治的六个方面内容，为进一步推进政治建设和体制改革指明了方向。[①] 中共十九大报告，站在历史和时代的高度，深刻回答了新时代坚持和发展中国特色社会主义的一系列重大理论与实践问题，是中国共产党团结带领全国各族人民夺取新时代中国特色社会主义伟大胜利的政治宣言和行动纲领。

根据中共十八大以来党和国家事业所取得的历史性成就与变革，以及中国社

① 详见习近平：《决胜全面建成小康社会，夺取新时代中国特色社会主义伟大胜利——在中国共产党第十九次全国代表大会上的报告》（2017 年 10 月 18 日），《人民日报》2017 年 10 月 28 日。以下有关十九大报告内容均出于此处。

会主要矛盾的重大变化，习近平在中共十九大报告中作出了中国特色社会主义进入新时代这一重大政治判断。习近平指出："经过长期努力，中国特色社会主义进入了新时代，这是我国发展新的历史方位。"

关于新时代的丰富内涵，中共十九大报告用了"五个时代"进行了概括，即：这个新时代，是承前启后、继往开来、在新的历史条件下继续夺取中国特色社会主义伟大胜利的时代；是决胜全面建成小康社会、进而全面建设社会主义现代化强国的时代；是全国各族人民团结奋斗、不断创造美好生活、逐步实现全体人民共同富裕的时代；是全体中华儿女勠力同心、奋力实现中华民族伟大复兴中国梦的时代；是中国日益走近世界舞台中央、不断为人类作出更大贡献的时代。关于新时代的特征和重要意义，报告用"三个意味着"来表述：中国特色社会主义进入新时代，意味着近代以来久经磨难的中华民族迎来了从站起来、富起来到强起来的伟大飞跃，迎来了实现中华民族伟大复兴的光明前景；意味着科学社会主义在21世纪的中国焕发出强大生机活力，在世界上高高举起了中国特色社会主义伟大旗帜；意味着中国特色社会主义道路、理论、制度、文化不断发展，拓展了发展中国家走向现代化的途径，给世界上那些既希望加快发展又希望保持自身独立性的国家和民族提供了全新选择，为解决人类问题贡献了中国智慧和中国方案。"五个时代""三个意味着"，回答了新时代中国将要走什么样的道路、建设什么样的国家、实现什么样的发展、达到什么样的目标、作出什么样的贡献等重大问题，指明了新时代带给中国的光明前景。

关于新时代的新变化，报告指出：中国特色社会主义进入新时代，中国社会主要矛盾已经转化为人民日益增长的美好生活需要和不平衡不充分的发展之间的矛盾。中国稳定解决了十几亿人的温饱问题，总体上实现小康，不久将全面建成小康社会，人民美好生活需要日益广泛，不仅对物质文化生活提出了更高要求，而且在民主、法治、公平、正义、安全、环境等方面的要求日益增长。同时，中国社会生产力水平总体上显著提高，社会生产能力在很多方面进入世界前列，更加突出的问题是发展不平衡不充分，这已经成为满足人民日益增长的美好生活需要的主要制约因素。

进入新时代有"两个没有变"，一是中国仍处于并将长期处于社会主义初级阶段的基本国情没有变，二是中国是世界最大发展中国家的国际地位没有变。全党要牢牢把握社会主义初级阶段这个基本国情，牢牢立足社会主义初级阶段这个最大实际，牢牢坚持党的基本路线这个党和国家的生命线、人民的幸福线，领导和团结全国各族人民，以经济建设为中心，坚持四项基本原则，坚持改革开放，自力更生，艰苦创业，为把中国建设成为富强民主文明和谐美丽的社会主义现代化强国而奋斗。

中国特色社会主义进入新时代，开启了中华民族伟大复兴新征程，具有重要的历史意义。第一，有利于增强推进中国特色社会主义事业的坚定信心。中国特色社会主义是改革开放以来中国共产党全部理论和实践的主题，改革开放40多年来，中国立足基本国情、适应时代潮流，在改革发展中实现坚持四项基本原则与坚持改革开放的辩证统一，中国经济社会发展取得巨大成就，充分彰显了社会主义的巨大优越性。在中国特色社会主义引领中国走向“强起来”的新的历史起点上，中共十九大作出中国进入中国特色社会主义新时代的重大政治判断，既是对中国改革开放历史成就的充分肯定和科学总结，又有利于在开始新时代中国特色社会主义新的航程中统一全党思想，增强中国人民对中国特色社会主义的道路自信、理论自信、制度自信、文化自信。第二，有利于为解决人类问题作出更大贡献。中国共产党始终把为人类作出新的更大的贡献作为自己的历史使命。中国改革开放所取得的历史性成就，有力推进了中国的发展，同时惠及世界。中共十九大对进入新时代的中国外交进行了顶层设计，集中概括为推动构建新型国际关系，推动构建人类命运共同体。人类命运共同体旨在应对各种全球性挑战，通过建设持久和平、普遍安全、共同繁荣、开放包容、清洁美丽的世界，为解决人类向何处去这一重大课题提供中国方案。中国特色社会主义进入新时代，意味着中国特色社会主义道路、理论、制度、文化不断发展，不仅能够开辟实现民族复兴的美好未来，拓展发展中国家走向现代化的途径，而且能够给世界上那些既希望加快发展又希望保持自身独立性的国家和民族提供了全新选择，为解决人类问题作出更大的贡献。

三、习近平新时代中国特色社会主义思想的提出及其意义

中共十九大把习近平新时代中国特色社会主义思想写入党章，确立为我们党必须长期坚持的指导思想。

习近平新时代中国特色社会主义思想，是基于以下背景提出的：中共十八大以来，国内外形势变化和中国各项事业发展都给党和国家提出了一个重大时代课题，这就是必须从理论和实践结合上系统回答新时代坚持和发展什么样的中国特色社会主义、怎样坚持和发展中国特色社会主义，包括新时代坚持和发展中国特色社会主义的总目标、总任务、总体布局、战略布局和发展方向、发展方式、发展动力、战略步骤、外部条件、政治保证等基本问题，并且要根据新的实践对经

济、政治、法治、科技、文化、教育、民生、民族、宗教、社会、生态文明、国家安全、国防和军队、“一国两制”和祖国统一、统一战线、外交、党的建设等各方面作出理论分析和政策指导，以利于更好坚持和发展中国特色社会主义。围绕这个重大时代课题，中国共产党坚持以马克思列宁主义、毛泽东思想、邓小平理论、“三个代表”重要思想、科学发展观为指导，坚持解放思想、实事求是、与时俱进、求真务实，坚持辩证唯物主义和历史唯物主义，紧密结合新的时代条件和实践要求，以全新的视野深化对共产党执政规律、社会主义建设规律、人类社会发展规律的认识，进行艰辛理论探索，取得重大理论创新成果，形成了新时代中国特色社会主义思想。

十九大报告用“八个明确”概括了习近平新时代中国特色社会主义思想的主要内容。一是“明确坚持和发展中国特色社会主义，总任务是实现社会主义现代化和中华民族伟大复兴，在全面建成小康社会的基础上，分两步走在本世纪中叶建成富强民主文明和谐美丽的社会主义现代化强国”。二是“明确新时代我国社会主要矛盾是人民日益增长的美好生活需要和不平衡不充分的发展之间的矛盾，必须坚持以人民为中心的发展思想，不断促进人的全面发展、全体人民共同富裕”。三是“明确中国特色社会主义事业总体布局是‘五位一体’、战略布局是‘四个全面’，强调坚定道路自信、理论自信、制度自信、文化自信”。四是“明确全面深化改革总目标是完善和发展中国特色社会主义制度、推进国家治理体系和治理能力现代化”。五是“明确全面推进依法治国总目标是建设中国特色社会主义法治体系、建设社会主义法治国家”。六是“明确党在新时代的强军目标是建设一支听党指挥、能打胜仗、作风优良的人民军队，把人民军队建设成为世界一流军队”。七是“明确中国特色大国外交要推动构建新型国际关系，推动构建人类命运共同体”。八是“明确中国特色社会主义最本质的特征是中国共产党领导，中国特色社会主义制度的最大优势是中国共产党领导，党是最高政治领导力量，提出新时代党的建设总要求，突出政治建设在党的建设中的重要地位”。这“八个明确”既包括中国完成民族复兴总任务及其战略安排，也涉及中国社会主要矛盾变化对发展任务的根本要求，还概括和贯通了新时代党和国家的全部工作，以及改革的顶层设计和大方向，内涵丰富、高屋建瓴。

为贯彻落实习近平新时代中国特色社会主义思想，中共十九大提出新时代坚持和发展中国特色社会主义的基本方略，主要有十四条，即“十四个坚持”：（1）坚持党对一切工作的领导。党政军民学，东西南北中，党是领导一切的。（2）坚持以人民为中心。人民是历史的创造者，是决定党和国家前途命运的根本力量。

（3）坚持全面深化改革。只有社会主义才能救中国，只有改革开放才能发展中国、发展社会主义、发展马克思主义。（4）坚持新发展理念。发展是解决我国一切问题的基础和关键，发展必须是科学发展，必须坚定不移贯彻创新、协调、绿色、开放、共享的发展理念。（5）坚持人民当家作主。坚持党的领导、人民当家作主、依法治国有机统一是社会主义政治发展的必然要求。必须坚持中国特色社会主义政治发展道路。（6）坚持全面依法治国。全面依法治国是中国特色社会主义的本质要求和重要保障。（7）坚持社会主义核心价值体系。文化自信是一个国家、一个民族发展中更基本、更深沉、更持久的力量。（8）坚持在发展中保障和改善民生。增进民生福祉是发展的根本目的。（9）坚持人与自然和谐共生。建设生态文明是中华民族永续发展的千年大计。（10）坚持总体国家安全观。统筹发展和安全，增强忧患意识，做到居安思危，是我们党治国理政的一个重大原则。（11）坚持党对人民军队的绝对领导。建设一支听党指挥、能打胜仗、作风优良的人民军队，是实现“两个一百年”奋斗目标、实现中华民族伟大复兴的战略支撑。（12）坚持“一国两制”和推进祖国统一。保持香港、澳门长期繁荣稳定，实现祖国完全统一，是实现中华民族伟大复兴的必然要求。（13）坚持推动构建人类命运共同体。中国人民的梦想同各国人民的梦想息息相通，实现中国梦离不开和平的国际环境和稳定的国际秩序。（14）坚持全面从严治党。勇于自我革命，从严管党治党，是我们党最鲜明的品格。以上十四条，构成新时代坚持和发展中国特色社会主义的基本方略。

关于习近平新时代中国特色社会主义思想，在新修改的党章中有一段精辟概括：“习近平新时代中国特色社会主义思想是对马克思列宁主义、毛泽东思想、邓小平理论、‘三个代表’重要思想、科学发展观的继承和发展，是马克思主义中国化最新成果，是党和人民实践经验和集体智慧的结晶，是中国特色社会主义理论体系的重要组成部分，是全党全国人民为实现中华民族伟大复兴而奋斗的行动指南，必须长期坚持并不断发展。在习近平新时代中国特色社会主义思想指导下，中国共产党领导全国各族人民，统揽伟大斗争、伟大工程、伟大事业、伟大梦想，推动中国特色社会主义进入了新时代。”[①] 这段话，高度概括和科学评价了习近平新时代中国特色社会主义思想的历史地位和重大意义。

① 《中国共产党第十九次全国代表大会关于〈中国共产党章程（修正案）〉的决议》（2017 年 10 月 24 日中国共产党第十九次全国代表大会通过），《光明日报》2017 年 10 月 25 日。

第二节 全面推进从严治党

中共十八大以来，以习近平同志为核心的党中央高度重视党要管党、从严治党。在十八届中央政治局常委与中外记者见面会上，习近平提出："打铁还需自身硬。我们的责任，就是同全党同志一道，坚持党要管党、从严治党，切实解决自身存在的突出问题，切实改进工作作风，密切联系群众，使我们党始终成为中国特色社会主义事业的坚强领导核心。"[①] 此后，党中央坚持把从严治党摆在突出位置，作出了一系列重大部署。

一、把党的政治建设放在首位

加强党的政治建设，首要的是坚决做到"两个维护"：坚决维护习近平总书记党中央的核心、全党的核心地位；坚决维护党中央权威和集中统一领导。中共十九大报告指出：保证全党服从中央，坚持党中央权威和集中统一领导，是党的政治建设的首要任务。全党要坚定执行党的政治路线，严格遵守政治纪律和政治规矩，在政治立场、政治方向、政治原则、政治道路上同党中央保持高度一致。

中共十八大尤其是中共十九大以来，一系列加强政治建设规章制度的相继出台，为新时代党的政治建设提供了重要的理论和政策基础。

2016 年 10 月 27 日，中共十八届六中全会通过《关于新形势下党内政治生活的若干准则》，成为全体党员开展党内政治生活的根本指南。《准则》第一次以党内法规形式对党内政治生活作出规范，对严肃开展党内政治生活、加强党的政治建设产生了深远影响。中共十八届六中全会取得的最重大成果和历史性贡献，是明确确立了习近平总书记在党中央和全党的核心地位。

2017 年 10 月 27 日，第十九届中央政治局召开会议研究部署学习宣传贯彻十九大精神，审议了《中共中央政治局关于加强和维护党中央集中统一领导的若干规定》等文件，强调党中央集中统一领导是党的领导的最高原则，从根本上关乎党和国家前途命运、关乎人民根本利益。加强和维护党中央集中统一领导是全党共同的政治责任，首先是中央领导层的政治责任。会议同意中央政治局关于加强和维护党中央集中统一领导的若干规定。

在上述党规党纪的指导下，党的政治建设取得了诸多成就。然而，党内存在的政治问题并没有得到根本解决，一些党组织和党员干部忽视政治、淡化政治、

① 《习近平谈治国理政》，外文出版社 2014 年版，第 4—5 页。

不讲政治的问题还比较突出，有的甚至存在偏离中国特色社会主义方向的严重问题。为了切实有效解决党内政治建设中存在的问题，并进一步加强党的政治建设，2019 年 1 月 31 日，中共中央出台《关于加强党的政治建设的意见》，全面系统论述了加强党的政治建设的总体要求、目的及其关键等。

《意见》通篇贯彻和体现“两个维护”这一根本要求，将其作为加强党的政治建设的首要任务，强调坚持和加强党的全面领导，最重要的是坚决维护党中央权威和集中统一领导，最关键的是坚决维护习近平总书记党中央的核心、全党的核心地位，着力提高党的政治建设的政治性、时代性、针对性，推动各级党组织和党员、干部始终在政治立场、政治方向、政治原则、政治道路上同党中央保持高度一致，成为新时代加强党的政治建设的纲领性文献。

为了进一步推进党的政治建设在实际工作中的贯彻落实，提高重大事项请示报告工作制度化、规范化、科学化水平。2019 年，中共中央印发《中国共产党重大事项请示报告条例》，明确规定了党组织开展重大事项请示报告工作应该遵循的原则，党组织请示报告的主体、事项、程序、方式，以及对党组织重大事项请示报告的监督和追责等方面的内容。

上述一系列规章制度的出台，为新时代中国共产党政治建设奠定了重要的政策和制度基础，为新时代党的政治建设的有效开展指明了方向。

二、加强党的制度建设

制度建设是全面从严治党的重要保障，是全面从严治党的长远之策、根本之策。制度治党，实质就是用法治思维和法治方式管党治党，抓制度的贯彻执行，注重运用制度法规的执行力和约束力来调解党内矛盾、解决党内问题、规范党员行为。

中共十八大以来，以习近平同志为核心的中央领导集体十分注重加强党内法规制度建设。2013 年 7 月，中共中央印发《关于废止和宣布失效一批党内法规和规范性文件的决定》。2014 年，中共中央印发《关于再废止和宣布失效一批党内法规和规范性文件的决定》。这两个决定分别对 1978 年至 2012 年 6 月、新中国成立至 1977 年出台的中央党内法规和规范性文件进行集中清理，这在党的历史上是第一次。2015 年、2016 年，国务院也开展了文件清理工作，共宣布 995 件国务院文件失效。[①]2016 年 12 月 24 日至 25 日，全国党内法规工作会议举行，这是中

---

① 中共中央党史研究室编:《党的十八大以来大事记》，人民出版社、中共党史出版社 2017 年版，第 15—16 页。

国共产党历史上第一次召开全国党内法规工作会议。会前，习近平作出指示，强调加强党内法规制度建设是全面从严治党的长远之策、根本之策，必须坚持依法治国与制度建党、依规治党统筹推进、一体建设。以改革创新精神加快补齐党建方面的法规制度短板，力争到建党 100 周年时形成比较完善的党内法规制度体系，为提高党的执政能力和领导水平、推进国家治理体系和治理能力现代化、实现中华民族伟大复兴的中国梦提供有力的制度保障。

党内法规制度体系是以党章为根本，以民主集中制为核心，以准则、条例等中央法规为主干，由各领域各层级党内法规制度组成的具有内在逻辑的有机统一整体。党内法规制度体系在党章之下，一般可以划分为党的组织法规制度、党的领导法规制度、党的自身建设法规制度、党的监督保障法规制度四大板块。

党章即党的章程，是党赖以建立和活动的法规体系的基础，是党的各级组织和全体党员必须遵守的基本准则和规定，具有最高党法、根本大法的效力。中共十八大从继续推进党的理论创新、推进党和国家事业发展、推进党的建设新的伟大工程出发，对党章总纲和条文作出重要修改。主要是：第一，把科学发展观同马克思列宁主义、毛泽东思想、邓小平理论、“三个代表”重要思想一道确立为党的行动指南。第二，增写“确立了中国特色社会主义制度”的内容，完整表述了中国特色社会主义道路、中国特色社会主义理论体系、中国特色社会主义制度，全面揭示了中国特色社会主义的科学内涵。第三，增写建设生态文明的内容，充实和完善了中国特色社会主义事业总体布局。第四，增写只有改革开放，才能发展中国、发展社会主义、发展马克思主义的内容，充实了阐述改革开放的内容。第五，把加强党的执政能力建设、先进性和纯洁性建设，整体推进党的思想建设、组织建设、作风建设、反腐倡廉建设、制度建设，全面提高党的建设科学化水平，建设学习型、服务型、创新型的马克思主义执政党等内容写入党章，充实了党的建设总体要求。第六，对党员义务、党的基层组织、党的干部的要求作了充实，提出一系列新要求，等等。十八大党章充分体现了党在推进中国特色社会主义事业和党的建设新的伟大工程中取得的重大实践成果、理论成果、制度成果，内容更加充实和完善。

中共十九大根据新形势新任务对党章进行了适当修改，通过关于《中国共产党章程（修正案）》的决议，把十九大报告确立的重大理论观点和重大战略思想写入党章。十九大党章修改主要包括以下几方面内容：第一，把习近平新时代中国特色社会主义思想同马克思列宁主义、毛泽东思想、邓小平理论、“三个代表”重要思想、科学发展观一道确立为党的行动指南，实现了指导思想的又一次与时俱进。第二，党章修正案对总纲原第八自然段改革开放以来取得一切成绩和进步的根本原因作了充实，将发展了中国特色社会主义文化，同开辟了中国特色社会主义道路、形成了中国特色社会主义理论体系、确立了中国特色社会主义制度一道写入党章。第三，增写关于党的领导和党的建设的相关内容。十九大党章新增"中国共产党的领导是中国特色社会主义最本质的特征，是中国特色社会主义制度的最大优势"，明确"党是领导一切的"重大政治原则，要求党按照总揽全局、协调各方的原则，在同级各种组织中发挥领导核心作用。第四，调整和充实了社会主义初级阶段的一些内容。根据中国特色社会主义进入新时代的历史方位，十九大作出中国社会主要矛盾发生转化的重大政治判断，党章据此规定"在现阶段，我国社会的主要矛盾是人民日益增长的美好生活需要和不平衡不充分的发展之间的矛盾"。结合主要矛盾转化，党章增写"必须坚持以人民为中心的发展思想，坚持创新、协调、绿色、开放、共享的发展理念"，明确新世纪新时代的战略部署为"到建党一百年时，全面建成小康社会；到新中国成立一百年时，全面建成社会主义现代化强国"①。此外，十九大党章还对党的基本路线以及中国特色社会主义"五位一体"总体布局方面进行了充实和完善，对党员队伍建设、党的干部工作以及各级党组织提出新要求，对党的组织制度、党的纪律以及党的纪律检查机关进行了调整和完善。十九大党章贯穿习近平新时代中国特色社会主义思想这根红线，突出"党是领导一切的"重大政治原则，为各级党组织和全体党员做好新时代各项工作明确了政治方向、提供了根本政治保证。

在党的组织法规制度建设方面，中共中央也相继出台了一系列规章制度，代表性的有：2014 年中共中央办公厅印发了《中国共产党发展党员工作细则》，2015 年印发了《关于加强社会组织党的建设的意见（试行）》《党委（党组）意识形态工作责任制实施办法》，2017 年中共中央印发《中国共产党工作机关条例（试行）》，以及当年 10 月第十九届中央政治局审议通过的《中共中央政治局关于加强和维护党中央集中统一领导的若干规定》，2020 年中共中央发布的《中国共产党地方组织选举工作条例》等。在加强党的领导法规制度方面，代表性的有上文提到的《中共中央政治局关于加强和维护党中央集中统一领导的若干规定》和《中国共产党重大事项请示报告条例》等党纪党规。

在党的自身建设法规制度方面，2014 年，中共中央办公厅印发《深化党的建

① 《中国共产党章程》（中国共产党第十九次全国代表大会部分修改，2017 年 10 月 24 日通过），《光明日报》2017 年 10 月 29 日。

设制度改革实施方案》，实施方案分别从深化党的组织制度改革、干部人事制度改革、党的基层组织建设制度改革、人才发展体制机制改革四个方面分解为26项改革举措。[①]2015年10月，中共中央又印发了《中国共产党廉洁自律准则》和《中国共产党纪律处分条例》,《准则》和《条例》坚持以党章为根本遵循，坚持问题导向，坚持纪严于法、纪在法前，把从严治党实践成果转化为纪律和道德要求，划出党组织和党员不可触碰的底线。2017年6月，中共中央印发《关于加强党内法规制度建设的意见》，从指导思想、总体目标、加快构建完善的党内法规制度体系、提高党内法规制度执行力、加强组织领导等方面，对加强新形势下党内法规制度建设提出明确要求、作出统筹部署。[②]

在党的监督保障法规制度方面，2016年6月，中央政治局会议通过的《中国共产党问责条例》，规范和强化党的问责工作。10月，中共十八届六中全会审议通过了《中国共产党党内监督条例》等，进一步加强和规范了党内监督。2018年3月20日，十三届全国人大一次会议审议通过《中华人民共和国监察法》。监察法是一部对国家监察工作起统领性、基础性作用的重要法律，制定监察法的关键意义就在于通过制度设计，补足行政监察范围过窄的短板，实现对所有行使公权力的工作人员监察全覆盖，真正把所有公权力都关进制度的笼子里。

在加强以党章为根本，包括党的组织法规制度、领导法规制度、自身建设法规制度、监督保障法规制度四大板块建设的同时，民主集中制建设也得到进一步加强。

民主集中制作为党内政治生活的重要法宝，为推进全面从严治党提供重要制度保障。经过党的十八大以来的实践探索，民主集中制的制度优势得到进一步确认。十八大以来，党中央成立了多个领导小组，并推进对决策议事协调机构的优化调整，强化党对重大工作的领导。完善各级党委、党组领导制度。2015年6月中共中央出台首部规范党组工作的《中国共产党党组工作条例（试行）》，2015年12月中共中央印发《中国共产党地方委员会工作条例》，2020年9月，中共中央发布《中国共产党中央委员会工作条例》，上述条例将民主集中制作为党委（党组）工作的基本原则，要求坚持民主集中制，增强领导集体活力和党的团结统一。

党的基层组织是确保党的各项规章制度贯彻落实的组织基础。中共十八大以来，党中央通过多种方式多措并举加强基层党组织建设，以提升组织力为重点，

---

① 《深化党的建设制度改革 不断完善制度治党——七论纪念十八届三中全会胜利召开五周年》，《光明日报》2019年1月8日。

② 详见《关于加强党内法规制度建设的意见》,《光明日报》2017年6月26日。

突出政治功能，把企业、农村、机关、学校、科研院所、街道社区、社会组织等基层党组织建设成为宣传党的主张、贯彻党的决定、领导基层治理、团结动员群众、推动改革发展的坚强战斗堡垒。

中共十八大以来，从落实《关于新形势下党内政治生活的若干准则》，到修订《县以上党和国家机关党员领导干部民主生活会若干规定》；从修订《中国共产党发展党员工作细则》，到印发《党组讨论和决定党员处分事项工作程序规定（试行）》；从制定《中国共产党党组工作条例（试行）》，到修订《中国共产党地方委员会工作条例》，到一系列党纪党规的出台，为全面加强新时代党的基层组织建设提供了基本遵循。以党的组织体系建设为重点，突出基层党组织政治功能，先后出台实施国有企业、社会组织和中小学校、民办学校、中外合作办学等领域党的建设制度，薄弱环节基层组织建设得到加强。

总之，中共十八大以来中央通过修订和出台一系列重要党内法规，形成了以党章为根本，以准则、条例等党内法规为主干的党内法规制度体系。与此同时，民主集中制进一步加强，党的基层组织建设进一步巩固。领导干部权力的边界越来越清晰，管党治党的“螺栓”越拧越紧。

三、塑造忠诚干净担当的干部队伍

政治路线确定以后，干部就是决定因素。中共十八大以来，各级党组织坚持以严的标准要求干部、以严的措施管理干部、以严的纪律约束干部，以最坚决的态度、最果断的措施刷新吏治，打出了一套从严治吏的“组合拳”，优化净化了党内政治生态。

在干部选拔标准方面，坚持把政治标准放在第一位。政治标准最本质的要求，是忠诚，要忠于党、忠于人民、忠于祖国、忠于社会主义。对政治上不合格的“一票否决”、坚决不用，已在领导岗位的坚决调整下去，情节严重的给予严肃处理。严把政治标准关，就要坚决反对政治上的两面人。

在干部选拔中破除“四唯”。在领导干部选拔过程中明确提出了“德才兼备、以德为先”。完善竞争性选拔方式，合理确定职位范围，严格条件资格，严格程序方法，严格考察把关，解决“唯分”问题。改进政绩考核工作，不以国内生产总值增长率论英雄，针对不同区域、不同层次、不同类型的干部特点实行差异化考核，解决“唯 GDP”问题。不搞年龄层层递减，不搞“一刀切”，注重调动各个年龄段干部的积极性，解决“唯年龄”问题。改进测试测评方法，突出岗位特点，树立实干导向，注重能力素质和一贯表现。严格考察把关，真正把德才表现好、群众口碑好的干部选拔出来。

为了推进干部能上能下。2015 年 7 月，中共中央印发《推进领导干部能上能下若干规定（试行）》，首次以中央党内法规形式就领导干部能上能下作出专门规定。在防止干部“带病提拔”方面，2016 年 8 月，中办印发《关于防止干部“带病提拔”的意见》。《意见》明确实行党委书记、纪委书记在拟提任干部廉洁自律情况结论性意见上签字制度，《意见》还明确提出“凡提四必”要求，即干部档案“凡提必审”，领导干部个人有关事项报告“凡提必核”，纪检监察机关意见“凡提必听”，反映违规违纪问题线索具体、有可查性的信访举报“凡提必查”，确保人选干净、忠诚、担当。“凡提四必”为防止“带病提拔”构筑起坚固的防火墙。2016 年 11 月，中组部修订印发《党委（党组）讨论决定干部任免事项守则》大力培养选拔忠诚干净担当的好干部，适应改革开放和现代化建设要求的执政骨干队伍不断壮大。2019 年 3 月，中共中央实施修订后的《党政领导干部选拔任用工作条例》，新修订的《条例》坚持和加强党的全面领导，坚持把政治标准放在首位，坚持精准科学选人用人，坚持将从严要求贯穿始终，回应了干部工作中出现的一些新情况新问题，进一步推进干部选拔任用工作制度化、规范化、科学化，对于提高选人用人质量，建设忠诚干净担当的高素质专业化干部队伍，为新时代中国特色社会主义事业顺利发展提供坚强组织保证。

在干部教育培训和监督管理方面。2013 年印发的《2013—2017 年全国干部教育培训规划》，2015 年印发的《干部教育培训工作条例》，以及 2017 年印发的《中国共产党党委（党组）理论学习中心组学习规则》，对干部教育的相关问题进行了进一步的完善和补充。在干部监督管理上，2013 年 10 月，中共中央组织部印发《关于进一步规范党政领导干部在企业兼职（任职）问题的意见》。此后，中共中央组织部等部门还印发《配偶已移居国（境）外的国家工作人员任职岗位管理办法》《关于严禁超职数配备干部的通知》《关于加强干部选拔任用工作监督的意见》等文件，连续集中开展违反干部任用标准和程序、领导干部违规兼职、“裸官”等重点整治工作。集中开展突出问题专项整治。针对超职数配备干部、“裸官”、干部档案造假、领导干部违规兼职、违规出国（境）、“吃空饷”等突出问题，各级组织人事部门集中开展专项整治。与此同时，强化日常管理监督。经常性开展谈心谈话，加大对干部提醒、函询、诫勉力度，把干部置于党组织的有效管理之中。2015 年 6 月印发《关于组织人事部门对领导干部进行提醒、函询和诫勉的实施细则》。同时，对掌握人财物决策权、支配权的重要岗位干部尤其是党政主要负责人，加强重点监督，完善领导干部经济责任审计制度；完善领导干部报告个人有关事项制度。该制度要求县处级以上干部向组织报告涉及收入、房产、投资、配偶子女从业等 14 项内容。2017 年 2 月中央修订《领导干部报告个人有关事项规定》，制定查核结果处理办法，突出与领导干部权力行为关联紧密的家事、家产情况，突出查核结果的运用和责任追究。党员领导干部普遍在民主生活会上对个人事项作出报告。开展选人用人巡视检查，实现对省区市和中央单位的全覆盖，及时发现和整治了跑官要官、拉票贿选、说情打招呼等一批突出问题；2018 年 5 月，中办印发《关于进一步激励广大干部新时代新担当新作为的意见》，针对干部队伍建设中的问题，提出一系列系统配套的新思路。

总之，中共十八大以来，各地区各部门各单位充分发挥党组织在选人用人中的领导和把关作用，从坚决防止“带病提拔”，到推进干部能上能下；从加强和改进优秀年轻干部培养选拔，到改进政绩考核机制；从加强改进干部教育培训，到改进完善干部实践锻炼机制；从强化日常管理监督，到激励新时代新担当新作为，改革坚持党管干部原则，坚持好干部标准，强化党组织领导和把关作用，把党组织领导把关贯穿干部工作各方面和全过程，破解了一些地方和单位出现的唯票、唯分、唯 GDP、唯年龄等问题，为塑造忠诚干净担当的干部队伍提供了重要的政策指导，奠定了重要的组织基础。

四、推进作风建设与反腐败斗争向纵深发展

习近平在十八届中央纪委第二次全会上强调，工作作风上的问题绝对不是小事，如果不坚决纠正不良风气，任其发展下去，就会像一座无形的墙把我们党和人民群众隔开，我们党就会失去根基、失去血脉、失去力量。中共十八大以来，以习近平同志为核心的党中央狠抓党风廉政建设，取得了反腐败斗争压倒性胜利。

一是以落实八项规定为切入点抓党风。2012 年 12 月，中共中央政治局会议审议通过《关于改进工作作风、密切联系群众的八项规定》，主要内容是：（1）要改进调查研究，到基层调研要深入了解真实情况，总结经验、研究问题、解决困难、指导工作，向群众学习、向实践学习，多同群众座谈，多同干部谈心，多商量讨论，多解剖典型，多到困难和矛盾集中、群众意见多的地方去，切忌走过场、搞形式主义；要轻车简从、减少陪同、简化接待，不张贴悬挂标语横幅，不安排群众迎送，不铺设迎宾地毯，不摆放花草，不安排宴请。（2）要精简会议活动，切实改进会风，严格控制以中央名义召开的各类全国性会议和举行的重大活动，不开泛泛部署工作和提要求的会，未经中央批准一律不出席各类剪彩、奠基活动和庆祝会、纪念会、表彰会、博览会、研讨会及各类论坛；提高会议实效，开短

会、讲短话，力戒空话、套话。（3）要精简文件简报，切实改进文风，没有实质内容、可发可不发的文件、简报一律不发。（4）要规范出访活动，从外交工作大局需要出发合理安排出访活动，严格控制出访随行人员，严格按照规定乘坐交通工具，一般不安排中资机构、华侨华人、留学生代表等到机场迎送。（5）要改进警卫工作，坚持有利于联系群众的原则，减少交通管制，一般情况下不得封路、不清场闭馆。（6）要改进新闻报道，中央政治局同志出席会议和活动应根据工作需要、新闻价值、社会效果决定是否报道，进一步压缩报道的数量、字数、时长。（7）要严格文稿发表，除中央统一安排外，个人不公开出版著作、讲话单行本，不发贺信、贺电，不题词、题字。（8）要厉行勤俭节约，严格遵守廉洁从政有关规定，严格执行住房、车辆配备等有关工作和生活待遇的规定。① 这是党的十八大召开以后制定的第一部重要党内法规。以习近平同志为核心的党中央以身作则，率先垂范，严格执行八项规定，各地区各部门陆续制定相应规定、细则并严格贯彻落实中央八项规定精神。

二是聚焦“四风”，以党的群众路线教育实践活动为抓手，深入开展党风廉政建设。2013 年 5 月 9 日，中共中央印发《关于在全党深入开展党的群众路线教育实践活动的意见》，《意见》在肯定党员干部落实党的群众路线总体状况良好的基础上，指出还存在一些不符合为民务实清廉要求的问题，特别是有的领导机关、领导班子和一些领导干部形式主义、官僚主义、享乐主义突出，奢靡之风严重。《意见》明确规定了开展党的群众路线教育实践活动的指导思想、目标要求、方法步骤和组织领导。②《意见》的出台对于教育引导党员、干部牢固树立宗旨意识和马克思主义群众观点，贯彻党的群众路线，切实改进工作作风，始终赢得人民群众的信任和拥护，夯实党的执政基础，巩固党的执政地位，具有十分重大而深远的意义。

三是深入开展“三严三实”专题教育活动和“两学一做”学习教育活动。2014 年 3 月 9 日，习近平总书记在十二届全国人大二次会议安徽代表团参加审议时，关于推进作风建设的讲话中，提到“既严以修身、严以用权、严以律己；又谋事要实、创业要实、做人要实”的重要论述，称为“三严三实”讲话。③2015 年

---

① 中国法制出版社编：《十八大以来最新廉政反腐党内法规汇编》，中国法制出版社 2016 年版，第 73—74 页。

② 《十八大以来重要文献选编》（上），中央文献出版社 2014 年版，第 283—292 页。

③ 中共中央党史研究室编：《党的十八大以来大事记》，人民出版社、中共党史出版社 2017 年版，第 28 页。

4 月 10 日，中共中央办公厅印发《关于在县处级以上领导干部中开展“三严三实”专题教育方案》，对 2015 年在县处级以上领导干部中开展“三严三实”专题教育作出安排。“三严三实”专题教育是党的群众路线教育实践活动的延展深化，从 4 月底开始在县处级以上领导干部中开展，各级同步进行，着力解决“不严不实”问题。

2016 年 2 月 24 日，中共中央办公厅印发《关于在全体党员中开展“学党章党规、学系列讲话，做合格党员”学习教育方案》，开展“两学一做”学习教育，基础在学，关键在做。教育活动的内容主要包括：学党章党规、学系列讲话和做合格党员。主要措施包括：围绕专题学习讨论、创新方式讲党课、召开党支部专题组织生活会、开展民主评议党员、立足岗位作贡献、领导机关领导干部作表率几个方面。2017 年 3 月 20 日，中共中央办公厅印发《关于推进“两学一做”学习教育常态化制度化的意见》，要求：各级党组织要从讲政治的高度，充分认识推进“两学一做”学习教育常态化制度化的重大意义。推进“两学一做”学习教育常态化制度化，是坚持思想建党、组织建党、制度治党紧密结合的有力抓手，是不断加强党的思想政治建设的有效途径，是全面从严治党的战略性、基础性工程。

四是通过巡视监察整顿党风。2013 年 11 月召开的中共十八届三中全会审议通过了《中共中央关于全面深化改革若干重大问题的决定》明确提出，改进中央和省区市巡视制度，做到对地方、部门、企事业单位全覆盖。中共十八大以来，十八届中央共进行了十二轮巡视。为了规范中国共产党巡视工作、强化党内监督，2015 年 8 月 3 日，中共中央发布施行《中国共产党巡视工作条例》。2017 年 7 月，中共中央印发修改后的《中国共产党巡视工作条例》，进一步完善了巡视制度。党的十九大明确提出，构建党统一指挥、全面覆盖、权威高效的监督体系，把党内监督同国家机关监督、民主监督、司法监督、群众监督、舆论监督贯通起来，增强监督合力。[①] 党的十九大把巡视全覆盖要求写入党章，彰显了党中央全面从严治党的坚定决心，体现了党内监督无禁区的鲜明立场。

与此同时，中央又进一步推进纪检监察相关领域的改革，深入推进反腐败斗争。2014 年 12 月，中共中央办公厅印发《关于加强中央纪委派驻机构建设的意见》。2015 年 3 月 25 日至 27 日，中共中央纪委首次向中央办公厅、中央组织部、中央宣传部、中央统战部、全国人大机关、国务院办公厅、全国政协机关派驻纪

---

① 习近平：《决胜全面建成小康社会，夺取新时代中国特色社会主义伟大胜利——在中国共产党第十九次全国代表大会上的报告》（2017 年 10 月 18 日），《人民日报》2017 年 10 月 28 日。

检组。2016 年 11 月，中共中央办公厅印发《关于在北京市、山西省、浙江省开展国家监察体制改革试点方案》，部署在 3 个省（市）设立省、市、县三级监察委员会。当年 12 月 25 日，十二届全国人大常委会第二十五次会议通过关于在北京市、山西省、浙江省开展国家监察体制改革试点工作的决定。2017 年 4 月，试点地区全面完成省、市、县三级监察委员会组建和转隶工作。2018 年以来，贯彻中共十九大关于健全党和国家监督体系的战略部署，党中央印发中央纪委国家监委派驻机构改革方案，合并设立、全面派驻纪检监察组，中央纪委国家监委统一分设 46 个派驻纪检监察组监督中央一级党和国家机关，使派驻纪检监察组职能更优化、监督更有力，有力完善了党内监督体系。

中共十八大以来，中央坚持“打虎”无禁区、“拍蝇”零容忍、“猎狐”不停步。中共十九大后，中央纪委国家监委持续保持反腐败高压态势。2019 年 1 月 1 日，中央纪委国家监委网站发布 2018 年度十大反腐热词，“压倒性胜利”居于首位。2020 年，全国近 20 万人因违反中央八项规定精神被处理。[①] 总之，以习近平同志为核心的党中央以顽强意志品质正风肃纪、反腐惩恶，消除了党和国家内部存在的严重隐患，党内政治生活气象更新，党内政治生态明显好转，党的创造力、凝聚力、战斗力显著增强，党的团结统一更加巩固，党群关系明显改善，党在革命性锻造中更加坚强，焕发出新的强大生机活力，为党和国家事业发展提供了坚强政治保证。

第三节 全面推进政治体制改革

政治体制改革是中国全面深化改革的重要组成部分。中共十八大提出要坚持走中国特色社会主义政治发展道路和推进政治体制改革，提出必须继续积极稳妥推进政治体制改革，发展更加广泛、更加充分、更加健全的人民民主。中共十九大提出坚持中国特色社会主义政治发展道路，继续强调要坚持和完善人民代表大会制度、中国共产党领导的多党合作和政治协商制度、民族区域自治制度、基层群众自治制度，巩固和发展最广泛的爱国统一战线，发展社会主义协商民主，健全民主制度，丰富民主形式，拓宽民主渠道，保证人民当家作主落实到国家政治生活和社会生活之中。在上述方针政策指引下，新时代政治体制改革进一步稳步推进。

---

① 孙少龙:《2020 年全国近 20 万人因违反中央八项规定精神被处理》,《光明日报》2021 年 1 月 27 日。

一、推动人民代表大会制度与时俱进

中共十八大以来，全国人大常委会通过依法履职，在立法、监督、代表等方面，不断创新人大工作体制机制，形成了很多制度性成果。全国人大出台了《关于建立健全全国人大专门委员会、常委会工作机构组织起草重要法律草案制度的实施意见》等重要文件，不断健全法律草案征求代表意见、基层立法联系点等制度；制定了《关于建立预算审查前听取人大代表和社会各界意见建议的机制的意见》，实施全口径预算监督。

进一步加强县乡人大工作和建设。县乡两级人大是基层国家权力机关，是国家政权的重要基础。从 2013 年到 2014 年，十二届全国人大常委会先后对云南、浙江、福建、贵州等地县乡人大工作和建设情况开展了专题调研。全国人大常委会工作机构也组成 7 个调研组，对 31 个省（区、市）的县乡人大工作和建设情况全面进行调研。在此基础上，经过广泛征求意见和反复修改完善，形成了《中共全国人大常委会党组关于加强县乡人大工作和建设的若干意见》。2015 年 6 月，中共中央转发了《中共全国人大常委会党组关于加强县乡人大工作和建设的若干意见》。《意见》总结中国实行人民代表大会制度 60 多年来的实践经验，结合县乡人大工作实际，提出了加强县乡人大工作和建设应当遵循的原则。《意见》总结选举工作实践经验，针对一些地方存在的突出问题，强调要坚持党的领导、充分发扬民主、严格依法办事，确保选举工作风清气正，确保选举结果人民满意，并从五个方面提出了加强和改进代表选举工作的举措。《意见》对于适应“四个全面”战略布局新要求，充分发挥基层国家权力机关作用，坚持和完善人民代表大会制度，推进国家治理体系和治理能力现代化，具有十分重要的意义。

中共中央对县乡级人大工作与建设的系列新要求的推行需要相应的法律依据，这就需要对既定法律作出相应的修改。与此同时，选举制度、代表制度也面临着一些尚待健全的环节。为此，2015 年 8 月，第十二届全国人民代表大会常务委员会第十六次会议通过了《全国人大常委会关于修改〈中华人民共和国地方各级人民代表大会和地方各级人民政府组织法〉〈中华人民共和国全国人民代表大会和地方各级人民代表大会选举法〉〈中华人民共和国全国人民代表大会和地方各级人民代表大会代表法〉的决定》。2020 年 10 月，第十三届全国人民代表大会常务委员会通过关于修改《中华人民共和国全国人民代表大会和地方各级人民代表大会选举法》的决定。

上述法律的修改重点是从法律上、制度上解决人大依法履行职责、发挥作用以及代表选举中存在的突出问题。修改主要包括以下内容：一是扩充了县乡级人大的职能。二是进一步完善代表选举工作。三是加强代表履职制度建设。上述法律的修改不仅为落实中共中央关于加强县乡人大工作和建设的新要求提供了法律依据，而且健全了地方人大特别是县乡级人大的组织制度和运行机制，健全了选举和代表制度，推动了人民代表大会制度与时俱进。

二、推进协商民主广泛多层制度化发展

中共十八大以来，社会主义协商民主制度也迈出了新的步伐，中国共产党领导的多党合作和政治协商制度从理论、政策到实践都取得了较大的进展。

（一）建立“双周协商座谈会”制度

中共十八大后，第十二届全国政协继续探索专题协商的实现形式，在充分征求各民主党派、各专门委员会意见建议后，建立了双周协商座谈会制度。双周协商座谈会采取专题协商座谈会形式，座谈内容主要是听取政府各部门工作报告、座谈时事政治、协商有关单位提出的问题等。

从协商主题看，双周协商座谈会聚焦经济社会发展重大问题，紧扣重大举措的出台和贯彻建言献策，充分发挥了人民政协作为协商民主的重要渠道作用。从已召开的座谈会主题来看：一是就“如何统筹稳增长、调结构、促改革，保持经济发展良好势头”、如何“推进非公有制企业走出去”、如何“促进边境经济合作区建设”、如何“推进境外经贸合作区建设”等经济体制改革重大问题进行广泛协商，从探索基本经济制度有效实现形式、完善现代市场体系等方面，为推动经济结构战略性调整建言献策。二是抓住建设法治国家这一重大改革课题，召开了“确保依法独立公正行使审判权检察权”“利用大数据技术提升政府治理能力”“增强政府公信力”“《促进科技成果转化法》的修订”“基本解决执行难问题”等座谈会，就进一步完善立法、支持司法机关依法独立行使职权、推进政府信息公开、完善行政执法体制等提出政策建议。三是围绕文化体制机制创新召开的“深化科技体制改革、着力提升原始创新能力”“推进海外华文教育发展”“发挥国家实验室在原始创新中的引领作用”“非物质文化遗产传承与保护”“网络环境下的知识产权保护”“强化基础研究促进重大原始创新”等座谈会，对统筹文化设施与内容配套建设、进一步完善中国教育体制机制以及保护传统文化等深入交流。四是有关生态文明体制改革和生态文明建设领域的重要问题，为保护生态环境、建设美丽中国发挥积极作用。五是在促进民生改善与社会和谐稳定方面，就“构建医养结合型养老护理模式”“残疾人权益保障”“促进家庭服务业发展”“促进退役士兵

就业创业”“巩固破除以药补医改革成果完善公立医院运行新机制”等出谋划策，为全面深化改革、推动经济社会发展添助力、增合力，充分发挥了人民政协作为协商民主的重要渠道作用。

（二）进一步加强社会主义协商民主建设

2014 年 9 月，习近平在庆祝人民政协成立 65 周年大会上的讲话中，对社会主义协商民主的优势作用、性质定位和目标任务作了精辟论述，提出要全面认识“社会主义协商民主是中国社会主义民主政治的特有形式和独特优势”这一重大论断，深刻把握“社会主义协商民主是中国共产党的群众路线在政治领域的重要体现”，认为协商民主是中国社会主义民主政治中“独特的、独有的、独到的”民主形式，进一步突出了协商民主在国家政治生活中的重要地位。[①] 同时，习近平将“协商民主”放在中华民族几千年历史发展、近代中国政治发展历程、中国共产党领导人民革命建设改革的实践经历，以及新中国成立和改革开放历史进程中考察，提出了协商民主“五个源自”的思想，认为协商民主具有深厚的文化、理论、实践和制度基础，赋予了协商民主厚重的历史底蕴、文化内涵、现实基础和理论意义。

根据中共十八届三中全会提出的构建程序合理、环节完整的协商民主体系，拓宽国家政权机关、政协组织、党派团体、基层组织、社会组织的协商渠道的工作目标，中共中央于 2015 年 1 月 5 日正式印发了《关于加强社会主义协商民主建设的意见》，明确了社会主义协商民主的基本内涵和本质属性，阐明了加强社会主义协商民主建设的指导思想、基本原则、渠道程序和重要意义，对新形势下开展政党协商、人大协商、政府协商、政协协商、人民团体协商、基层协商、社会组织协商等作出了全面部署，成为指导社会主义协商民主建设的纲领性文件。[②]6 月，中共中央办公厅印发了《关于加强人民政协协商民主建设的实施意见》，明确了加强人民政协协商民主建设的重要意义、指导思想、重要原则、内容和形式。12 月，中共中央办公厅印发了《关于加强政党协商的实施意见》，详细规定政党协商的指导思想和重要意义、内容、形式、程序、保障机制。上述文件的出台进一步推动了协商民主的完善和发展。

（三）《中国共产党统一战线工作条例》的颁布

为了认真总结统一战线工作的成绩和经验，明确全面建成小康社会阶段统一

---

① 《十八大以来重要文献选编》（中），中央文献出版社 2016 年版，第 72—74 页。

② 参见《十八大以来重要文献选编》（中），中央文献出版社 2016 年版，第 291—300 页。

战线的主要任务，进一步完善各领域方针政策，2015 年 5 月 18 日至 20 日，中央统战工作会议在北京召开。习近平围绕新的历史时期需不需要统一战线、需要什么样的统一战线、如何巩固发展统一战线等问题进行了系统论述。

当月，中共中央颁布了《中国共产党统一战线工作条例（试行）》，这是统战历史上第一部党内法规。《条例》共分 10 章 46 条，对统一战线的性质、地位和作用作了新概括，对统战工作的指导思想、主要任务、范围和对象作了新完善。在统一战线基础理论方面，《条例》将“致力于中华民族伟大复兴的爱国者”作为统一战线联盟的一部分；再次强调了统一战线的法宝作用，将“参政议政、民主监督及参加中国共产党领导的政治协商”作为民主党派职能的重要方面，[①]且进一步规范了支持民主党派履行职能的内容、程序和形式；明确规定了统一战线各领域工作的基本要求、方针政策、主要任务、体制机制和方式方法，以及党外代表人士队伍培养、使用、管理的相关政策，明确了各级党委（党组）开展统战工作的主要职责，规范了统战部门履行职责、发挥作用的要求等。该条例作为统一战线的根本大法，注重研究统战工作面临的新情况新问题，对一些重要理论观点作了与时俱进的发展和完善，将长期以来统战工作实践中的经验做法上升为政策规定，解决了长期制约统战工作开展的突出问题，对全面推进统一战线和多党合作事业也具有根本性、全局性和长远性的指导意义。

2020 年 12 月，中共中央发布新修订的《中国共产党统一战线工作条例》，这次修订以习近平新时代中国特色社会主义思想为指导，深入贯彻习近平关于加强和改进统一战线工作的重要思想，坚持和加强党对统一战线工作的领导，坚持推动构建大统战工作格局，坚持面向新时代全面谋划统一战线发展，是统一战线领域的基础主干党内法规，是做好新时代统一战线工作的基本遵循。

（四）《中国人民政治协商会议章程修正案》的通过

2004 年修订的政协章程，总体上适应人民政协工作的需要，但政协章程只有不断适应新形势、吸纳新经验、体现新成果、作出新规范，才能更好推动政协工作。2018 年 3 月 15 日，中国人民政治协商会议第十三届全国委员会第一次会议通过了《中国人民政治协商会议章程修正案》。政协章程修正案在总纲第五自然段开头增写了“中国特色社会主义进入了新时代”，“在现阶段，我国社会主要矛盾是人民日益增长的美好生活需要和不平衡不充分的发展之间的矛盾”等内容，将

① 以下内容详见《中共中央印发〈中国共产党统一战线工作条例（试行）〉》，《光明日报》2015 年 9 月 23 日。

社会主义初级阶段的表述完善为："我国仍处于并将长期处于社会主义初级阶段的基本国情没有变，我国是世界最大发展中国家的国际地位没有变"；将中国各族人民根本任务的表述修改为："在中国共产党的领导下，沿着中国特色社会主义道路，坚持社会主义初级阶段的基本路线，以经济建设为中心，坚持四项基本原则，坚持改革开放，自力更生，艰苦创业，把我国建设成为富强民主文明和谐美丽的社会主义现代化强国"；充实完善人民政协的重要任务是："按照中国特色社会主义事业'五位一体'总体布局和'四个全面'战略布局，维护和发展安定团结的政治局面，不断促进社会主义物质文明、政治文明、精神文明、社会文明、生态文明的协调发展，为实现'两个一百年'奋斗目标、实现中华民族伟大复兴的中国梦而奋斗"。政协章程修正案在人民政协"是中国人民爱国统一战线的组织，是中国共产党领导的多党合作和政治协商的重要机构，是我国政治生活中发扬社会主义民主的重要形式"的表述后，增写"是国家治理体系的重要组成部分，是具有中国特色的制度安排"。同时，在适当位置增写：人民政协是实行中国共产党领导的多党合作和政治协商制度的重要政治形式和组织形式；人民政协是社会主义协商民主的重要渠道和专门协商机构；人民政协必须坚持中国共产党领导，坚持人民政协性质定位，坚持大团结大联合，坚持发扬社会主义民主等内容。① 新修改的政协章程，充分体现中共十九大提出的重要思想、重要观点、重大判断、重大举措，对政协工作的开展具有重要的指导意义。

三、新时代民族区域自治制度建设

按照中共十八大、十九大战略部署，党和国家继续推进在民族区域自治制度方面的各项政策措施。

（一）中央新疆工作座谈会的召开及新疆问题白皮书的颁布

在民族区域自治地区，新疆的发展和稳定始终是党和国家十分关心的问题。2014 年 4 月 27 日至 30 日，习近平来到喀什和乌鲁木齐等地，深入乡村、企业、部队、学校、基层派出所、清真寺和新疆生产建设兵团，实地了解新疆经济社会发展情况。5 月，第二次中央新疆工作座谈会在北京举行。会议全面总结了 2010 年中央新疆工作座谈会以来的工作，分析了新疆形势，对新疆工作进行了全面部署。习近平强调，社会稳定和长治久安是新疆工作的总目标，要坚持依法治疆、

① 详见《中国人民政治协商会议章程修正案》（2018 年 3 月 15 日政协第十三届全国委员会第一次会议通过），《光明日报》2018 年 3 月 28 日。

团结稳疆、长期建疆，团结各族人民建设社会主义新疆。会议明确了新疆工作的指导思想、基本要求、主攻方向，对开展新疆工作具有重要的指导意义。

2020 年 9 月第三次中央新疆工作座谈会在北京召开，习近平出席会议并发表讲话。习近平强调，做好新疆工作，要完整准确贯彻新时代党的治疆方略，牢牢扭住新疆工作总目标，依法治疆、团结稳疆、文化润疆、富民兴疆、长期建疆，以推进治理体系和治理能力现代化为保障，多谋长远之策，多行固本之举，努力建设团结和谐、繁荣富裕、文明进步、安居乐业、生态良好的新时代中国特色社会主义新疆。新疆工作座谈会及习近平的相关重要讲话，明确了新疆工作的着眼点和着力点，提出了援疆工作的思路和重点，进一步丰富升华了党的治疆方略，为新时代做好新疆工作提供了根本遵循。

这一时期，党和国家还相继发布了几部新疆问题的白皮书，向国内外阐明中国的治疆方略及成就。2017 年 6 月，国务院新闻办公室发布《新疆人权事业的发展进步》白皮书。白皮书指出，实现充分的人权是人类长期追求的理想，也是包括新疆各族人民在内的全中国人民长期为之奋斗的目标。1955 年，中国在新疆实行民族区域自治制度，进一步保障了新疆各族人民当家作主的权利。自 1978 年中国实行改革开放以来，新疆经济社会发展进入了一个新的历史时期，各族人民的人权保障水平不断提升。近年来，中央着眼党和国家事业发展全局，不断丰富和发展治疆方略，把社会稳定和长治久安作为新疆工作总目标，坚持依法治疆、团结稳疆、长期建疆，坚持各民族共同团结奋斗、共同繁荣发展，坚持以保障和改善民生为重点，大力发展新疆各项事业，切实保障各族人民平等参与、平等发展权利，共享发展成果，使新疆的人权事业不断得到新的发展和进步。①

2019 年，国务院新闻办公室又先后发布了《新疆的反恐、去极端化斗争与人权保障》、《新疆的职业技能教育培训工作》、《新疆的若干历史问题》三部白皮书。《新疆的反恐、去极端化斗争与人权保障》指出，一段时间以来，中国新疆地区深受民族分裂势力、宗教极端势力、暴力恐怖势力（以下简称“三股势力”）的叠加影响，恐怖袭击事件频繁发生，对各族人民生命财产安全造成极大危害，严重践踏了人类尊严。面对恐怖主义、极端主义的现实威胁，新疆采取果断措施，依法开展反恐怖主义和去极端化斗争，有效遏制了恐怖活动多发频发势头，最大限

① 中华人民共和国国务院新闻办公室：《新疆人权事业的发展进步》（2017 年 6 月），《光明日报》2017 年 6 月 2 日。

度保障了各族人民群众的生存权、发展权等基本权利。[①]《新疆的职业技能教育培训工作》指出，实践证明，新疆开展教培工作，有效消除了恐怖主义、宗教极端主义滋生蔓延的土壤和条件，切实保障了新疆各族人民的生命权、健康权和发展权，不仅使新疆实现了社会稳定，也有力维护了地区安全和稳定。这一做法完全符合国际社会反恐、去极端化的基本精神和基本原则，完全符合世界各国人民的根本利益和要求。[②]《新疆的若干历史问题》指出，中国是统一的多民族国家，新疆各民族是中华民族血脉相连的家庭成员。在漫长的历史发展进程中，新疆的命运始终与伟大祖国和中华民族的命运紧密相连。然而，一个时期以来，境内外敌对势力，特别是民族分裂势力、宗教极端势力、暴力恐怖势力，为了达到分裂、肢解中国的目的，蓄意歪曲历史、混淆是非。他们抹杀新疆是中国固有领土，否定新疆自古以来就是多民族聚居、多文化交流、多宗教并存等客观事实，妄称新疆为“东突厥斯坦”，鼓噪新疆“独立”，企图把新疆各民族和中华民族大家庭、新疆各民族文化和多元一体的中华文化割裂开来。历史不容篡改，事实不容否定。新疆是中国神圣领土不可分割的一部分，新疆从来都不是什么“东突厥斯坦”；维吾尔族是经过长期迁徙融合形成的，是中华民族的组成部分；新疆是多文化多宗教并存的地区，新疆各民族文化是在中华文化怀抱中孕育发展的；伊斯兰教不是维吾尔族天生信仰且唯一信仰的宗教，与中华文化相融合的伊斯兰教扎根中华沃土并健康发展。当前，新疆经济持续发展，社会和谐稳定，民生不断改善，文化空前繁荣，宗教和睦和顺，各族人民像石榴籽一样紧紧团结在一起，新疆处于历史上最好的繁荣发展时期。[③]

上述有关新疆问题白皮书的发表，以铁的事实向中国和世界展现了新疆各族人民共同繁荣发展的事实，也有力回击了少数西方国家利用新疆问题对中国的污蔑。

（二）民族团结进步表彰大会召开与《关于加强和改进新形势下民族工作的意见》的印发

为了进一步推动新形势下的民族区域自治工作，2014 年 9 月，中央民族工作会议暨国务院第六次全国民族团结进步表彰大会在北京举行。会议强调，要坚持

---

① 中华人民共和国国务院新闻办公室：《新疆的反恐、去极端化斗争与人权保障》（2019 年 3 月），《光明日报》2019 年 3 月 19 日。

② 中华人民共和国国务院新闻办公室：《新疆的职业技能教育培训工作》（2019 年 8 月），《光明日报》2019 年 8 月 17 日。

③ 中华人民共和国国务院新闻办公室：《新疆的若干历史问题》（2019 年 7 月），《光明日报》2019 年 7 月 22 日。

把维护民族团结和国家统一作为各民族最高利益，把各族人民智慧和力量最大限度凝聚起来，同心同德为实现“两个一百年”奋斗目标、实现中华民族伟大复兴的中国梦而奋斗。会议对1496个全国民族团结进步模范集体和模范个人进行了表彰。会议指出：做好民族工作要坚定不移走中国特色解决民族问题的正确道路。民族区域自治制度是中国一项基本政治制度，要坚持统一和自治相结合、民族因素和区域因素相结合，把宪法和民族区域自治法的规定落实好，关键是帮助自治地方发展经济、改善民生。会议召开后，中央统战部和国家民委举办省部级干部民族工作专题研讨班，组织全国民族团结进步模范事迹报告团赴各地宣讲中央民族工作会议精神。

中华人民共和国成立70周年前夕，2019年9月，全国民族团结进步表彰大会在北京举行。习近平在讲话中强调，实现中华民族伟大复兴，需要各民族手挽着手、肩并着肩，共同努力奋斗。要以铸牢中华民族共同体意识为主线，全面贯彻党的民族理论和民族政策，坚持共同团结奋斗、共同繁荣发展，把民族团结进步事业作为基础性事业抓紧抓好，促进各民族像石榴籽一样紧紧拥抱在一起，推动中华民族走向包容性更强、凝聚力更大的命运共同体，共建美好家园，共创美好未来。大会表彰了全国民族团结进步模范集体和模范个人，665个模范集体、812个模范个人受到表彰。[①]民族团结进步表彰大会的召开，对进一步做好民族地区工作，开创民族区域自治地区建设新局面具有重要意义。

在加强新时代民族工作方面，2014年10月12日，中共中央、国务院印发了《关于加强和改进新形势下民族工作的意见》。《意见》提出，要深刻认识中国统一多民族国家基本国情；明确民族地区经济社会发展基本思路；推动建立相互嵌入式社会结构和社区环境；积极培育中华民族共同体意识；加强民族工作法律法规建设；完善民族工作领导体制和工作机制；加强干部队伍建设，大力培养、大胆选拔、充分信任、放手使用少数民族干部，培养长期在民族地区工作的汉族干部，保持干部队伍合理结构。[②]《意见》成为新时代民族工作的指导性文献，为新时代做好民族工作指明了方向。

（三）中央西藏工作座谈会的召开与印发《民族区域自治制度在西藏的成功实践》白皮书

西藏工作关系党和国家工作大局。这一时期，中央先后召开了两次西藏工作

① 杨维汉、王琦：《坚持共同团结奋斗共同繁荣发展各民族共建美好家园共创美好未来》，《光明日报》2019年9月28日。

② 《十八大以来重要文献选编》（中），中央文献出版社2016年版，第103—118页。

座谈会。在 2015 年 8 月召开的中央第六次西藏工作座谈会上，习近平指出：必须坚持中国共产党领导，坚持社会主义制度，坚持民族区域自治制度；必须坚持治国必治边、治边先稳藏的战略思想，坚持依法治藏、富民兴藏、长期建藏、凝聚人心、夯实基础的重要原则；必须牢牢把握西藏社会的主要矛盾和特殊矛盾，把改善民生、凝聚人心作为经济社会发展的出发点和落脚点，坚持对达赖集团斗争的方针、政策不动摇；必须全面正确贯彻党的民族政策和宗教政策，加强民族团结，不断增进各族群众对伟大祖国、中华民族、中华文化、中国共产党、中国特色社会主义的认同；必须把中央关心、全国支援同西藏各族干部群众艰苦奋斗紧密结合起来，在统筹国内国际两个大局中做好西藏工作；必须加强各级党组织和干部人才队伍建设，巩固党在西藏的执政基础。必须将西藏工作的着眼点和着力点放到维护祖国统一、加强民族团结上来，把实现社会局势的持续稳定、长期稳定、全面稳定作为硬任务，各方面工作统筹谋划、综合发力，牢牢掌握反分裂斗争主动权。①

在 2020 年 8 月召开的中央第七次西藏工作座谈会上，习近平强调，党中央历来高度重视西藏工作，改革开放以来先后召开 6 次西藏工作座谈会，每次都根据现实情况作出重大决策部署。党的十八大以来，西藏工作面临的形势和任务发生深刻变化，党和国家深化对西藏工作的规律性认识，总结党领导人民治藏稳藏兴藏的成功经验，形成了新时代党的治藏方略。实践充分证明，党中央关于西藏工作的方针政策是完全正确的，西藏实现持续稳定和快速发展是对党和国家工作大局的重要贡献。面对新形势新任务，必须全面贯彻新时代党的治藏方略，坚持统筹推进"五位一体"总体布局、协调推进"四个全面"战略布局，坚持稳中求进工作总基调，铸牢中华民族共同体意识，提升发展质量，保障和改善民生，推进生态文明建设，加强党的组织和政权建设，确保国家安全和长治久安，确保人民生活水平不断提高，确保生态环境良好，确保边防巩固和边境安全，努力建设团结富裕文明和谐美丽的社会主义现代化新西藏。习近平的讲话深刻阐明了新时代党的治藏方略，进一步明确了当前和今后一个时期西藏工作的目标任务、方针政策，为进一步做好西藏工作指明了方向。

为了向国内外全面展示新中国成立以来西藏民族区域自治建设的成就，2015 年 9 月，国新办发表《民族区域自治制度在西藏的成功实践》白皮书。白皮书分为旧西藏的黑暗与落后、走上发展进步道路、符合国情的政治制度、保障人民当

① 《依法治藏富民兴藏长期建藏加快西藏全面建成小康社会步伐》，《人民日报》2015 年 8 月 26 日。

家作主、大力增进人民福祉、保护和弘扬优秀传统文化、尊重和保护宗教信仰自由、推进生态文明建设八个部分。[①] 白皮书指出：实践充分证明，实行民族区域自治制度，是西藏历史发展和社会进步的客观要求，符合西藏各族人民的根本利益。民族区域自治制度，完全符合中国国情和西藏地方的实际，是西藏发展进步的正确选择。实行民族区域自治制度，使西藏各族人民实现了当家作主，享有充分的民主权利和广泛的经济社会文化权利。白皮书对十四世达赖集团的分裂西藏的行径给予了公开指责。白皮书以翔实的事实阐明了西藏实行民族区域自治制度所取得的成就，有利于国际国内社会全面客观了解西藏的发展状况，也有利于新时代西藏各项建设事业的顺利进行。

四、基层群众自治制度的新进展

中共十八大以来，基层群众自治制度依法有序推进，公民选举、基层自治等权利的保障得到进一步强化。

（一）基层自治相关法律法规的颁布实施

为加强对村民委员会换届选举工作的指导，深入推进以直接选举、公正有序为基本要求的村民委员会选举工作实践，根据《中华人民共和国村民委员会组织法》和有关政策规定，在总结各地经验基础上，民政部制定了《中华人民共和国村民委员会选举规程》。2013 年 5 月，民政部下发《关于印发〈村民委员会选举规程〉的通知》，进一步明确和细化了村委会换届选举的各项程序和要求。《规程》明确指出，村民选举委员会人数应当根据村民居住状况、参加选举村民的多少决定，不少于三人，以奇数为宜。除拥有本村户籍的村民外，户籍不在本村，在本村居住一年以上，本人申请参加选举，并且经村民会议或者村民代表会议同意参加选举的公民，也可参加选举。《规程》还对选举竞争作了详细规定，明确了村民委员会选举程序和场地要求。根据《规程》，村民委员会成员候选人中应当有适当的妇女名额，没有产生妇女候选人的，以得票最多的妇女为候选人。村民委员会主任、副主任当选人中没有妇女，但委员的候选人中有妇女获得过半数选票的，应当首先确定得票最多的妇女当选委员，其他当选人按照得票多少顺序确定。在村民委员会成员罢免方面，《村民委员会选举规程》规定，本村 1/5 以上有选举权的村民或者 1/3 以上村民代表联名，可以提出罢免村民委员会成员要求，启动罢免程序。罢免村民委员会成员，须有登记参加选举村民过半数投票，并须经投票

① 国务院新闻办公室：《民族区域自治制度在西藏的成功实践》，《光明日报》2015 年 9 月 7 日。

村民过半数通过。[①]截至2013年，全国98%的村制定了村规民约和村民自治章程，群众参与村务决策管理的水平大幅提升。全国城镇普遍进行了7轮以上的社区居民委员会换届选举。社区中业主管理委员会等社会组织和志愿者组织在社区自我民主管理中发挥越来越大的作用。[②]

2018年12月，第十三届全国人大常务委员会通过《全国人民代表大会常务委员会关于修改〈中华人民共和国村民委员会组织法〉〈中华人民共和国城市居民委员会组织法〉的决定》。将《中华人民共和国村民委员会组织法》第十一条第二款修改为："村民委员会每届任期五年，届满应当及时举行换届选举。村民委员会成员可以连选连任。"将《中华人民共和国城市居民委员会组织法》第八条第一款修改为："居民委员会主任、副主任和委员，由本居住地区全体有选举权的居民或者由每户派代表选举产生；根据居民意见，也可以由每个居民小组选举代表二至三人选举产生。居民委员会每届任期五年，其成员可以连选连任。"[③]上述修改为新时代基层民主工作的顺利开展奠定了重要的法律基础。

（二）《中共中央关于加强社会主义协商民主建设的意见》印发

城乡社区协商作为社会主义协商民主体系重要组成部分，是基层民主协商的重心。改革开放以来，特别是中共十八大以来，城乡社区协商以不同形式普遍开展起来，并且日益成为基层群众自治重要途径。但由于利益主体日益多元、利益诉求更加多样，各地普遍存在着协商发展不平衡、协商程序不规范、协商制度化建设滞后等问题，迫切需要出台规范性文件。为了进一步丰富基层民主协商形式，推进基层协商制度化，2015年1月，中共中央办公厅、国务院办公厅印发《中共中央关于加强社会主义协商民主建设的意见》，进一步明确了基层协商的重要地位和作用，对开展基层协商提出了要求。[④]《意见》通过明确协商内容、主体、形式、程序、保障等，进一步推进城乡社区协商制度化、规范化和程序化。《意见》要求以健全基层党组织领导的充满活力的基层群众自治机制为目标，确保各类主体充分发表意见建议，用群众习惯的方式来解决群众身边问题，通过平等理性协商达成共识，保障人民群众享有更多更切实的民主权利。《意见》按照"协商于民、协商为民"的要求，以城乡经济社会发展中涉及城乡居民利益的公共事务、公益事

① 《村民委员会选举规程》，《中国民政》2013年第5期。

② 国务院新闻办公室：《2013年中国人权事业的进展》，《人民日报》2014年5月27日。

③ 《全国人民代表大会常务委员会关于修改〈中华人民共和国村民委员会组织法〉〈中华人民共和国城市居民委员会组织法〉的决定》（2018年12月29日第十三届全国人民代表大会常务委员会第七次会议通过），《人民日报》2018年12月30日。

④ 《十八大以来重要文献选编》（中），中央文献出版社2016年版，第293页。

业为重点协商内容，切实解决城乡居民生产生活中的实际困难和问题。《意见》重点围绕“协商什么、和谁协商、如何协商、协商成果如何运用”等问题，使协商成为基层群众反映诉求、解决问题的重要途径。

2017 年，中共中央办公厅、国务院办公厅印发了《关于建立健全村务监督委员会的指导意见》，具体规定了建立健全村务监督委员会的总体要求，村务监督委员会的人员组成、职责权限，村务监督委员会监督的内容、工作方式、管理考核等，① 对推动全面从严治党向基层延伸，进一步完善村党组织领导的充满活力的村民自治机制，加强村级民主管理和监督，提升乡村治理水平都具有重要作用。

五、党和国家领导机构改革迈出重大步伐

这一时期，党和国家进行了两次较大规模的行政体制改革，分别是 2013 年和 2018 年启动的政府机构改革。

（一）2013 年启动的政府机构改革

中共十一届三中全会以来，国务院机构经过六轮改革，形成了基本适应社会主义市场经济体制的组织架构和职能体系。通过不断改革，中国行政体制逐步完善，为推动科学发展、促进社会和谐提供了有力保障。同时，行政体制仍存在许多不适应新形势、新任务、新要求的地方，国务院部门在职能定位、机构设置、职责分工、运行机制等方面还存在不少问题：职能越位、缺位问题依然突出，不该管的管得过多，该管的又没有管好；职责交叉、权责脱节、争权诿责现象依然较多，行政效能不够高；机构设置不够合理，一些领域机构重叠、人浮于事的问题依然存在；对行政权力的制约监督机制不完善，不作为、乱作为、以权谋私、贪污腐败等现象尚未得到有效遏制。这些问题，需要通过深化体制改革、完善制度机制特别是职能转变加以解决。

2013 年 2 月 26 日至 28 日，中共十八届二中全会在北京举行。会议讨论通过《国务院机构改革和职能转变方案》。3 月，十二届全国人大一次会议通过《关于国务院机构改革和职能转变方案的决定》。

改革主要包括两方面内容。一是关于国务院机构改革。重点围绕转变职能和理顺职责关系，稳步推进大部门制改革，实行铁路政企分开，整合加强卫生和计划生育、食品药品、新闻出版和广播电影电视、海洋、能源管理机构。通过这次改革，国务院正部级机构减少 4 个，其中组成部门减少 2 个，副部级机构增减相

---

① 《建立健全村务监督委员会》，《人民日报》2017 年 12 月 5 日。

抵数量不变。改革后，除国务院办公厅外，国务院设置组成部门 25 个。[①] 二是关于国务院机构职能转变。减少和下放投资审批事项、生产经营活动审批事项，减少资质资格许可和认定，减少专项转移支付和收费，减少部门职责交叉和分散，改革工商登记制度、社会组织管理制度，改善和加强宏观管理，加强基础性制度建设，加强依法行政。

2013 年 9 月 25 日，《中共中央、国务院关于地方政府职能转变和机构改革的意见》公布，要求地方政府围绕建立中国特色社会主义行政体制目标，与国务院机构改革和职能转变相衔接，鼓励各地从实际出发，积极探索，勇于创新，以职能转变为核心，大力简政放权，优化机构设置，严控人员编制，提高行政效能，努力建设人民满意的服务型政府。

这次改革把简政放权、优化组织结构和完善制度机制作为重要任务，改革重点是围绕转变职能和理顺职责关系，稳步推进大部门制改革，实行铁路政企分开，整合加强卫生和计划生育、食品药品、新闻出版和广播电影电视、海洋、能源管理机构，整合部门行政审批资源和信息网络平台，推进行政审批由部门化管理转向网络化治理。强调更加注重改革的系统性、整体性、协同性，提出转变政府职能必须深化机构改革，优化政府机构设置、职能配置、工作流程，统筹党政群机构改革，理顺部门职责关系，积极稳妥实施大部门制。中央成立全面深化改革领导小组，作为高层次的领导机构，负责改革总体设计、统筹协调、整体推进、督促落实。2015 年 4 月，国务院机构职能转变协调小组更名为国务院推进职能转变协调小组。在中央全面深化改革领导小组、国务院推进职能转变协调小组的统筹谋划、强势推动、协同配合下，国务院机构职能系统性整合改革稳步推进。党的十八届四中全会把法治置于国家治理现代化框架之下，提出完善行政组织和行政程序法律制度，推进机构、职能、权限、程序、责任法定化。

（二）2018 年启动的政府机构改革

2018 年 2 月 28 日，中共十九届三中全会通过《中共中央关于深化党和国家机构改革的决定》。随后，中央印发该《决定》并发出通知，要求各地区各部门结合实际认真贯彻执行，由此揭开最新一轮政府机构改革的大幕。

《方案》主要内容包括八个方面：

一是深化党中央机构改革：组建国家监察委员会、中央全面依法治国委员会中央审计委员会、中央教育工作领导小组、中央和国家机关工作委员会、新的中

① 《十八大以来重要文献选编》（上），中央文献出版社 2014 年版，第 227 页。

央党校（国家行政学院）、中央党史和文献研究院，中央全面深化改革领导小组、中央网络安全和信息化领导小组、中央财经领导小组、中央外事工作领导小组改为委员会；中央组织部统一管理中央机构编制委员会办公室；中央组织部统一管理公务员工作；中央宣传部统一管理新闻出版工作；中央统战部统一领导国家民族事务委员会、统一管理宗教工作和侨务工作；中央宣传部统一管理电影工作；将中央防范和处理邪教问题领导小组及其办公室职责划归中央政法委员会、公安部；不再设立中央维护海洋权益工作领导小组、中央社会治安综合治理委员会及其办公室、中央维护稳定工作领导小组及其办公室。

二是深化全国人大机构改革：组建全国人大社会建设委员会；全国人大内务司法委员会更名为全国人大监察和司法委员会；全国人大法律委员会更名为全国人大宪法和法律委员会。

三是深化国务院机构改革：组建自然资源部、生态环境部、农业农村部、文化和旅游部、国家卫生健康委员会、退役军人事务部、应急管理部、国家市场监督管理总局、国家广播电视总局、中央广播电视总台、中国银行保险监督管理委员会、国家国际发展合作署、国家医疗保障局、国家移民管理局、国家粮食和物资储备局、国家林业和草原局；重新组建国家知识产权局；重新组建科学技术部和司法部；国务院三峡工程建设委员会及其办公室、国务院南水北调工程建设委员会及其办公室并入水利部；优化审计署职责，构建统一高效审计监督体系；调整全国社会保障基金理事会隶属关系；改革国税地税征管体制。

四是深化全国政协机构改革：组建全国政协农业和农村委员会；全国政协文史和学习委员会更名为全国政协文化文史和学习委员会；全国政协教科文卫体委员会更名为全国政协教科卫体委员会。

五是深化行政执法体制改革：整合组建市场监管综合执法队伍、生态环境保护综合执法队伍、文化市场综合执法队伍、交通运输综合执法队伍、农业综合执法队伍。

六是深化跨军地改革：公安边防部队、公安消防部队、公安警卫部队改制；海警队伍转隶武警部队；武警部队不再领导管理武警黄金、森林、水电部队；按照先移交、后整编的方式，将武警黄金、森林、水电部队整体移交国家有关职能部门，官兵集体转业改编为非现役专业队伍；武警部队不再承担海关执勤任务。

七是深化群团组织改革：牢牢把握改革正确方向，始终坚持党对群团组织的领导，坚决贯彻党的意志和主张，自觉服从服务党和国家工作大局，找准工作结合点和着力点，落实以人民为中心的工作导向，增强群团组织的吸引力影响力。

八是深化地方机构改革：着力完善维护党中央权威和集中统一领导的体制机制，省市县各级涉及党中央集中统一领导和国家法制统一、政令统一、市场统一的机构职能要基本对应。加强各级党政机构限额管理，地方各级党委机构限额与同级政府机构限额统一计算。强化机构编制管理刚性约束，坚持总量控制，严禁超编进人、超限额设置机构、超职数配备领导干部。

中央和国家机关机构改革要在 2018 年底前落实到位。省级党政机构改革方案要在 2018 年 9 月底前报党中央审批，在 2018 年底前机构调整基本到位。省以下党政机构改革，由省级党委统一领导，在 2018 年年底前报党中央备案。所有地方机构改革任务在 2019 年 3 月底前基本完成。①

这是一场系统性、整体性、重构性的变革。此次改革突出党对政府工作的全面领导，将党的全心全意为人民服务宗旨更直接更全面地体现到政府机构改革中。以推进国家治理体系和治理能力现代化作为机构改革的根本导向，更好地促进大部制改革发展，使大部制改革更加成熟完善。本轮机构改革着眼于健全加强党的全面领导制度，推进职责相近的党政机关合并设立或合署办公，优化部门职责。通过改革确立了以国家治理现代化为机构改革的导向，把机构改革与国家治理紧密地联系起来，达到党和国家机构优化协同高效，实现转职能、转方式、转作风，提高效率和效能。

第四节　全面推进依法治国

中共十八大进一步提出全面推进依法治国，并把法治确立为治国理政基本方式。中共十八届四中全会审议通过《中共中央关于全面推进依法治国若干重大问题的决定》，提出全面推进依法治国，总目标是建设中国特色社会主义法治体系，建设社会主义法治国家。②《决定》明确了全面依法治国的总目标、路线图、施工图。这是中国共产党历史上第一次专题研究、专门部署全面依法治国的中央全会，在中国法治史上具有里程碑意义。2015 年 12 月，中共中央、国务院颁布实施《法治政府建设实施纲要（2015—2020 年）》，其中明确规定：经过坚持不懈的努力，到 2020 年基本建成职能科学、权责法定、执法严明、公开公正、廉洁高效、

① 《中共中央印发〈深化党和国家领导机构改革方案〉》，《人民日报》2018 年 3 月 22 日。
② 《十八大以来重要文献选编》（中），中央文献出版社 2016 年版，第 157 页。

守法诚信的法治政府。[①] 中共十九大进一步强调"坚持全面依法治国"，提出"必须坚持厉行法治，推进科学立法、严格执法、公正司法、全民守法"，并作了进一步部署，这样加快了法治建设的步伐。

一、完善以宪法为核心的中国特色社会主义法律体系

十二届全国人大及其常委会把着力发挥立法引领和推动作用，确保重大改革于法有据作为立法工作的一条主线。2015 年 3 月 15 日，十二届全国人大三次会议通过《关于修改〈中华人民共和国立法法〉的决定》，增加规定：全国人大及其常委会可以根据改革发展的需要，决定就行政管理等领域的特定事项授权在一定期限内在部分地方暂时调整或者暂时停止适用法律的部分规定。[②] 这为立法授权改革提供了法律依据。授权对象包括国务院、最高人民法院、最高人民检察院等，主要是调整部分法律规定的实施，支持先行先试。2016 年，中央修订出台了关于加强党领导立法工作的意见，为立法工作如何坚持党的领导提供了重要遵循，使各级立法机关立法工作重大立法项目和重大问题向党中央请示报告常态化、制度化。

这一阶段，重点领域立法得到加强，实现立法与改革协调推进，以宪法为核心的中国特色社会主义法律体系进一步完善。2017 年 3 月 15 日，《中华人民共和国民法总则》获十二届全国人大五次会议高票通过，被誉为"社会生活百科全书"的民法典编纂迈出关键一步，这对于法治中国建设、国家经济社会生活具有重大深远意义。

2018 年 3 月 11 日，十三届全国人大一次会议通过《中华人民共和国宪法修正案》。宪法修正案共 21 条，包括 12 个方面[③]。修正案确立了科学发展观、习近平新时代中国特色社会主义思想在国家政治和社会生活中的指导地位；调整充实中国特色社会主义事业总体布局和第二个百年奋斗目标的内容；完善了依法治国和宪法实施举措；充实完善了中国革命和建设发展历程的内容；充实完善爱国统一战线和民族关系的内容；充实了和平外交政策方面的内容；充实了坚持和加强中国共产党全面领导的内容；增加了倡导社会主义核心价值观的内容；修改了国家

① 国务院法制办公室编：《中华人民共和国新法规汇编·2016·第 1 辑》，中国法制出版社 2016 年版，第 135—147 页。

② 国务院法制办公室编：《中华人民共和国法规汇编（2015 年 1 月—12 月）》（上），中国法制出版社 2016 年版，第 50 页。

③《中华人民共和国宪法修正案》（2018 年 3 月 11 日第十三届全国人民代表大会第一次会议通过），《光明日报》2018 年 3 月 12 日。

主席任职方面的有关规定；增加了设区的市制定地方性法规的规定；增加了有关监察委员会的各项规定；修改了全国人大专门委员会的有关规定。修改后的宪法，更好地体现了全党和全体人民的意志，更好地展示了中国特色社会主义制度的优势，更好地适应了推进国家治理体系和治理能力现代化的要求，为动员和组织全国各族人民夺取新时代中国特色社会主义伟大胜利提供了有力宪法保障。3 月 20 日，十三届全国人大一次会议通过《中华人民共和国监察法》，包括监察机关及其职责、监察范围和管辖、监察权限、监察程序、反腐败国际合作、对监察机关和监察人员的监督，以及有关单位拒不执行监察机关作出的处理决定，或者无正当理由拒不采纳监察建议，以及违反监察法相关规定等应承担的法律责任。[①] 上述措施的出台，进一步推进了中国的法治建设进程。

中共十九大召开后，党中央组建中央全面依法治国委员会，从全局和战略高度对全面依法治国又作出一系列重大决策部署。依法治国、建设社会主义法治已经成为全国上下的共识，成为社会主义现代化建设的重要目标。2020 年 11 月，党的历史上首次中央全面依法治国工作会议召开，会议明确了习近平法治思想在全面依法治国工作中的指导地位。当年，中共中央印发的《法治中国建设规划（2020—2025 年）》中明确提出，坚定不移走中国特色社会主义法治道路，奋力建设良法善治的法治中国。并提出：到 2035 年，法治国家、法治政府、法治社会基本建成，中国特色社会主义法治体系基本形成，人民平等参与、平等发展权利得到充分保障，国家治理体系和治理能力现代化基本实现。

二、继续推进依法执政与依法行政

2014 年 11 月 1 日，十二届全国人大常务委员会第十一次会议通过《全国人民代表大会常务委员会关于修改〈中华人民共和国行政诉讼法〉的决定》，草案认真总结多年来行政审判经验，着力解决“立案难、审理难、执行难”等实践中存在的突出问题，对保障当事人诉讼权利以及完善管辖、诉讼参与人、诉讼程序等方面的内容进行了修改。[②]2017 年 6 月 27 日，十二届全国人大常务委员会第二十八次会议对《中华人民共和国行政诉讼法》作出新的修改，将第二十五条增加一款，

① 《中华人民共和国监察法》（2018 年 3 月 20 日第十三届全国人民代表大会第一次会议通过），《人民日报》2018 年 3 月 27 日。

② 《全国人民代表大会常务委员会关于修改〈中华人民共和国行政诉讼法〉的决定》（2014 年 11 月 1 日第十二届全国人民代表大会常务委员会第十一次会议通过），《人民日报》2014 年 11 月 4 日。

作为第四款："人民检察院在履行职责中发现生态环境和资源保护、食品药品安全、国有财产保护、国有土地使用权出让等领域负有监督管理职责的行政机关违法行使职权或者不作为，致使国家利益或者社会公共利益受到侵害的，应当向行政机关提出检察建议，督促其依法履行职责。行政机关不依法履行职责的，人民检察院依法向人民法院提起诉讼。"①以上法律为依法行政奠定了重要的法律基础。

2018年5月，中共中央办公厅、国务院办公厅印发了《关于深入推进审批服务便民化的指导意见》，《意见》指出：全面推行审批服务"马上办、网上办、就近办、一次办"；持续开展"减证便民"行动，全面清理烦扰企业和群众的"奇葩"证明、循环证明、重复证明等各类无谓证明，大力减少盖章、审核、备案、确认、告知等各种烦琐环节和手续；优化提升各级政务服务大厅"一站式"功能，进一步推动审批服务事项进驻大厅统一办理；在全国推开"证照分离"改革，推进"照后减证"，进一步压缩企业开办时间；深化行政审批中介服务改革，进一步减少不必要的行政审批中介服务事项，无法定依据的一律取消；切实加强事中事后监管。

2019年1月，中共中央办公厅、国务院办公厅印发《关于推进基层整合审批服务执法力量的实施意见》，《意见》提出要综合设置基层审批服务机构、积极推进基层综合行政执法改革、整合基层网格管理和指挥平台、推动资源服务管理下沉、优化上级机关对基层的领导方式。2月27日，国务院又出台《关于取消和下放一批行政许可事项的决定》，决定取消25项行政许可事项［石油天然气（含煤层气）对外合作项目总体开发方案审批、国内干线传输网（含广播电视网）建设项目核准等］，下放6项［从事内地与港澳间客船（含客滚船、客货船等）、散装液体危险品船运输业务许可等］行政许可事项的管理层级。上述法律法规为基层依法行政提供了重要的政策指导。

三、保证公正司法和提高司法公信力

2014年，中共中央办公厅、国务院办公厅印发《关于深化司法体制和社会体制改革的意见》，明确了司法体制改革的目标、原则，制定了改革任务路线图和时间表，新一轮司法改革起步。6月，中央全面深化改革领导小组审议批准《关于深化司法体制和社会体制改革的意见及贯彻实施分工方案》《关于司法体制改革试点

---

①《全国人大常委会关于修改〈中华人民共和国民事诉讼法〉和〈中华人民共和国行政诉讼法〉的决定》，《人民日报》2017年6月28日。

若干问题的框架意见》和《上海市司法改革试点工作方案》，将完善司法人员分类管理，完善司法责任制，健全司法人员职业保障，推动省以下地方法院、检察院人财物统一管理四项任务列为当年司法体制改革重点。

2015 年 2 月，最高人民法院出台《最高人民法院关于全面深化人民法院改革的意见——人民法院第四个五年改革纲要（2014—2018）》，其宗旨是着力解决影响司法公正和制约司法能力的深层次问题，确保人民法院依法独立公正行使审判权，探索法院改革新路径。《纲要》针对深化法院人事管理改革、建立与行政区划适当分离的司法管辖制度、健全审判权力运行机制、加大对人权的司法保障力度、进一步深化司法公开、明确四级法院职能定位、健全司法行政事务保障机制、推进涉法涉诉信访改革共八大领域，提出了 45 项重要改革措施。[①] 最高人民法院还成立了司法改革领导小组，负责研究确定改革要点、审议改革方案、讨论重大问题，以推动司法改革顺利进行。

这一时期，中国进一步探索专门法院建设。探索智慧法院建设。与此同时，中共中央政法委出台相关文件，在全国陆续开展以完善司法责任制，完善司法人员分类管理制度，健全司法人员职业保障制度，推动省以下地方法院、检察院人财物统一管理为内容的司法责任制改革。2015 年 3 月，中共中央办公厅、国务院办公厅印发《领导干部干预司法活动、插手具体案件处理的记录、通报和责任追究规定》，在权与法之间立起一道“防火墙”。与“两办”规定配套衔接，中央政法委员会印发《司法机关内部人员过问案件的记录和责任追究规定》，为司法机关内部人员过问案件架起“高压线”。两个规定分别从外部和内部两个方面，共同构建防止干预司法的制度体系。2018 年，六个巡回法庭审结案件 1.7 万件，实现了审判工作重心下移、就地解决纠纷等改革目标。设立上海金融法院，服务上海国际金融中心建设。推进省以下法院内设机构改革，坚持优化协同高效原则，进一步优化职能配置。[②]

严惩司法腐败。认真贯彻中央八项规定精神，开展司法作风专项督察，严厉整治形式主义、官僚主义，坚决防止“四风”问题反弹回潮，2018 年，各级法院查处违反中央八项规定精神的干警 369 人。坚持刀刃向内，坚决清除害群之马，最高人民法院查处本院违纪违法干警 9 人，各级法院查处利用审判执行权违纪违

---

① 国务院法制办公室编：《中华人民共和国新法规汇编·2015·第 3 辑》，中国法制出版社 2015 年版，第 203—213 页。

② 周强：《最高人民法院工作报告——2019 年 3 月 12 日在第十三届全国人民代表大会第二次会议上》，《光明日报》2019 年 3 月 20 日。

法干警1064人，其中追究刑事责任76人。[①]

四、培育法治信仰和弘扬法治精神

中共十八大以来，党和国家更加重视和加强法治宣传教育。中共十八届三中全会要求“健全社会普法教育机制”；四中全会要求“坚持把全民普法和守法作为依法治国的长期基础性工作，深入开展法治宣传教育”；五中全会要求“弘扬社会主义法治精神，增强全社会特别是公职人员尊法学法守法用法观念，在全社会形成良好法治氛围和法治习惯”。为推进全民法治宣传教育深入开展，2016年4月，十二届全国人大常委会第二十次会议通过了《关于开展第七个五年法治宣传教育的决议》，拉开了“七五”普法工作的序幕，从而使法制宣传教育更好地满足了群众需求。2017年5月，中共中央办公厅、国务院办公厅下发《关于实行国家机关“谁执法谁普法”普法责任制的意见》，该意见对国家机关实行“谁执法谁普法”普法责任制的职责任务作了明确规定。[②]这是普法工作的重大理念创新和制度创新，也是做好“七五”普法工作、推进全面依法治国的重要政策性文件。

设立国家宪法日是培养全社会崇尚和信仰法律的重要举措。2014年11月1日，十二届全国人大常务委员会第十一次会议通过将12月4日作为国家宪法日的决定，规定通过多种形式开展宪法宣传教育活动。根据决定要求，在国家宪法日前后，各地深入开展了大量形式多样、内容丰富的宪法宣传教育活动，提高了全社会宪法意识，使宪法精神进一步深入人心，以宪法精神凝心聚力，推动宪法全面贯彻实施。建立宪法宣誓制度。2015年7月，十二届全国人大常委会第十五次会议审议通过《全国人民代表大会常务委员会关于实行宪法宣誓制度的决定》，以国家立法形式建立了中国的宪法宣誓制度。2018年2月24日，十二届全国人大常务委员会第三十三次会议对《全国人民代表大会常务委员会关于实行宪法宣誓制度的决定》进行了修订，并于2018年3月12日起施行。《决定》指出，各级人民代表大会及县级以上各级人民代表大会常务委员会选举或者决定任命的国家工作人员，以及各级人民政府、监察委员会、人民法院、人民检察院任命的国家工作人员，在就职时应当公开进行宪法宣誓。实行宪法宣誓制度，将有力地激励和教育国家工作人员忠于宪法、遵守宪法、维护宪法，加强宪法实施和监督。

2020年，中共中央印发了《法治社会建设实施纲要（2020—2025年）》，纲

---

① 周强：《最高人民法院工作报告——2019年3月12日在第十三届全国人民代表大会第二次会议上》，《光明日报》2019年3月20日。

② 《关于实行国家机关“谁执法谁普法”普法责任制的意见》，《检察日报》2017年5月18日。

要提出：到 2025 年“八五”普法规划实施完成，法治观念深入人心，社会领域制度规范更加健全，社会主义核心价值观要求融入法治建设和社会治理成效显著，公民、法人和其他组织合法权益得到切实保障，社会治理法治化水平显著提高，形成符合国情、体现时代特征、人民群众满意的法治社会建设生动局面，为 2035 年基本建成法治社会奠定坚实基础。[①]

五、开启人权保障法治化建设的新时代

完备的法律体系是实现人权法治化保障的前提和基础。中共十八大以来，中国更全面构建起以宪法为核心，以法律为主干，包括行政法规、地方性法规等规范性文件在内的，由多个法律部门组成的中国特色社会主义法律体系，为保障人权夯实法制基础。

针对可能对百姓生命健康造成危害的环境污染，2013 年 9 月 10 日，国务院印发《大气污染防治行动计划》。2014 年 4 月 24 日，十二届全国人大常委会第八次会议通过修订后的《中华人民共和国环境保护法》。2015 年 4 月 2 日，国务院印发《水污染防治行动计划》。2016 年 5 月 28 日，国务院印发《土壤污染防治行动计划》。至此，针对中国面临的大气、水、土壤污染问题的 3 个行动计划全部制定出台。截至 2017 年 8 月，已开展四批次中央环境保护督察，实现对全国各省（区、市）督察全覆盖。

食品安全方面，2013 年 9 月 11 日，国务院食品安全委员会召开第一次全体会议，研究食品安全监管政策措施。2014 年 3 月，国务院食品安全办公室、国家食品药品监督管理总局、国家工商总局联合发布《关于严厉打击生产经营假冒伪劣食品违法行为　进一步加强农村食品市场监管工作的通知》，围绕农村食品市场存在的无证无照经营、销售和使用无合法来源食品及原料等突出问题和安全隐患，开展系列专项整治行动。当月，最高人民法院正式实施《关于审理食品药品纠纷案件适用法律若干问题的规定》，加大对危害食品药品安全犯罪的打击力度，各级人民法院全年审结相关案件 1.1 万件。[②]2015 年 4 月 24 日，十二届全国人大常委会第十四次会议通过修订后的《中华人民共和国食品安全法》。

义务教育方面，2015 年 1 月 25 日，国务院印发《关于进一步完善城乡义务教育经费保障机制的通知》，明确从 2016 年春季学期开始，统一城乡义务教育学校

---

① 《中共中央印发〈法治社会建设实施纲要（2020—2025 年）〉》，《光明日报》2020 年 12 月 8 日。
② 国务院新闻办公室：《2014 年中国人权事业的进展》，《光明日报》2015 年 6 月 9 日。

生均公用经费基准定额；从 2017 年春季学期开始，统一城乡义务教育学生“两免一补”政策。

此外，2013 年 1 月 12 日中共十八届三中全会通过《中共中央关于全面深化改革若干重大问题的决定》，提出废止劳动教养制度，完善对违法犯罪行为的惩治和矫正法律，健全社区矫正制度。2018 年 3 月 19 日，《国务院关于修改和废止部分行政法规的决定》公布，正式废止 1982 年 1 月 21 日国务院批准的《劳动教养试行办法》，意味着劳动教养制度①退出历史舞台，彰显了人权保障方面的进步。

这一时期，在计划生育方面也有了新的变化。2013 年 12 月 21 日，中共中央、国务院印发《关于调整完善生育政策的意见》，提出“单独两孩”的政策。2015 年 12 月 31 日，中共中央、国务院印发《关于实施全面两孩政策改革完善计划生育服务管理的决定》。2016 年 1 月 1 日，修改后的《中华人民共和国人口与计划生育法》正式实施，明确国家提倡一对夫妻生育两个子女。

特殊群体的人权保护是人权保障的重要方面。

在老年人保护方面，2014 年 2 月，国务院发布《关于建立统一的城乡居民基本养老保险制度的意见》，将新型农村社会养老保险和城镇居民社会养老保险两项制度合并实施，在全国范围内建立统一的城乡居民基本养老保险制度。2016 年 4 月 14 日，人力资源和社会保障部、财政部印发《关于 2016 年调整退休人员基本养老金的通知》，决定从 2016 年 1 月 1 日起，按 2015 年退休人员月人均基本养老金的 6.5% 左右的水平调整企业和机关事业单位退休人员基本养老金。②这是国家首次统一部署、同步调整企业和机关事业单位退休人员基本养老金水平，也是中国连续第 12 年提高企业退休人员基本养老金水平。

在妇女儿童的人身权利保障方面，国家制定实施《中国反对拐卖人口行动计划（2013—2020 年）》。2015 年 12 月 27 日，十二届全国人大常委会第十八次会议通过《中华人民共和国反恐怖主义法》《中华人民共和国反家庭暴力法》等，加强了对人民生命财产安全的保护。

防止和纠正冤假错案的措施进一步加强。2013 年，公安部发布《关于进一步加强和改进刑事执法办案工作，切实防止发生冤假错案的通知》等文件，深化错案预防制度机制建设，加强对执法办案全方位、全过程、即时性监督，从源头上

① 中国的劳动教养制度是根据 1957 年 8 月 1 日全国人大常委会第七十八次会议批准颁布的《国务院关于劳动教养问题的决定》，以及有关法律、法规建立起来的。

② 中共中央党史研究室编:《党的十八大以来大事记》，人民出版社、中共党史出版社 2017 年版，第 70 页。

防止冤假错案的发生。最高人民检察院发布《关于切实履行检察职能，防止和纠正冤假错案的若干意见》，健全检察环节错案发现、纠正、防范和责任追究机制，严把事实关、证据关、程序关和法律适用关。2013 年 10 月 9 日，最高人民法院发布《关于建立健全防范刑事冤假错案工作机制的意见》，坚持疑罪从无原则，规定对定罪证据不足的案件，应当依法宣告被告人无罪；采用刑讯逼供等非法方法收集的供述，应当排除。

这一时期，国务院新闻办发布了一系列白皮书，向世界说明中国的人权状况，表明中国在人权方面的观点和立场，主要有《中国健康事业的发展与人权进步》《中国的减贫行动与人权进步》《中国人权法治化保障的新进展》《新疆人权事业的发展进步》《新疆各民族平等团结发展的历史见证》《新疆生产建设兵团的历史与发展》《西藏发展道路的历史选择》《民族区域自治制度在西藏的成功实践》《中国性别平等与妇女发展》《中国人权事业的进展》《中国人权法治化保障的新进展》《改革开放 40 年中国人权事业的发展进步》《新疆的反恐、去极端化斗争与人权保障》等。国务院新闻办还针对美国国务院在《国别人权报告》中的歪曲指责，相继发表了一系列《美国的人权纪录》，以数据和事实系统揭露美国的人权状况及其在人权问题上的双重标准。

综上，中共十八大以来，以习近平同志为核心的党中央以巨大的政治勇气和强烈的责任担当，提出了一系列新理念新思想新战略，出台了一系列重大方针政策，推出了一系列重大举措，推进了一系列重大工作，推动了党和国家事业政治建设事业的历史性变革，这些历史性变革，对党和国家事业发展必将产生重大而深远的影响。

思考题：

1. 试述“四个全面”战略布局的形成及其历史意义。
2. 试述中国特色社会主义进入新时代中“新时代”的内涵。
3. 试述习近平新时代中国特色社会主义思想的提出及其历史意义。

阅读文献

1.《习近平谈治国理政》第 1 卷，外文出版社 2018 年版。

2.《习近平谈治国理政》第 2 卷，外文出版社 2017 年版。

3.《习近平谈治国理政》第 3 卷，外文出版社 2020 年版。

4.《邓小平文集（1949—1974）》，人民出版社 2014 年版。

5.《陈云文选》第 2、3 卷，人民出版社 1995 年版。

6.《陈云文集》第 2、3 卷，中央文献出版社 2005 年版。

7.《毛泽东年谱（1949—1976）》，中央文献出版社 2013 年版。

8.《刘少奇年谱（1898—1969）》（下），中央文献出版社 1996 年版。

9.《周恩来年谱（1949—1976）》，中央文献出版社 2020 年版。

10.《朱德年谱（1886—1976）》（下），中央文献出版社 2006 年版。

11.《邓小平年谱》（第 2—5 卷），中央文献出版社 2020 年版。

12.《陈云年谱》（修订本），中央文献出版社 2015 年版。

13.《彭真年谱》，中央文献出版社 2012 年版。

14.《叶剑英年谱（1897—1986）》，中央文献出版社 2007 年版。

15. 逄先知、金冲及主编：《毛泽东传》，中央文献出版社 2011 年版。

16.《刘少奇传（1898—1969）》，中央文献出版社 2011 年版。

17.《周恩来传（1898—1976）》，中央文献出版社 2011 年版。

18.《邓小平传（1904—1974）》，中央文献出版社 2014 年版。

19.《陈云传》，中央文献出版社 2015 年版。

20.《彭真传》，中央文献出版社 2012 年版。

21.《李先念传（1949—1992）》，中央文献出版社 2009 年版。

22. 李维汉：《回忆与研究》，中共党史出版社 2013 年版。

23. 薄一波：《若干重大决策与事件的回顾》，中共党史出版社 2008 年版。

24.《彭德怀自述》，人民出版社 1998 年版。

25.《黄克诚自述》，人民出版社 2004 年版。

26. 当代中国研究所：《中华人民共和国史稿》，人民出版社、当代中国出版社 2012 年版。

27. 当代中国研究所：《新中国 70 年》，当代中国出版社 2019 年版。

28.《中国共产党简史》，人民出版社、中共党史出版社 2021 年版。

29.《中华人民共和国史编年》1949 年卷—1965 年卷，当代中国出版社 2004—2019 年版。

30.《中华人民共和国史编年》2012 年卷—2017 年卷，当代中国出版社 2019 年版。

31.《中国共产党历史·第 2 卷（1949—1978）》，中共党史出版社 2011 年版。

32.《当代中国的公安工作》，当代中国出版社 1992 年版。

33.《当代中国的检察制度》，中国社会科学出版社 1987 年版。

34.《当代中国的审判工作》，当代中国出版社 1993 年版。

35.《当代中国的司法行政工作》，当代中国出版社 1995 年版。

36.《当代中国的民族工作》，当代中国出版社 1993 年版。

37.《当代中国的人民政协》，当代中国出版社 1993 年版。

38.《当代中国的民政》，当代中国出版社 1994 年版。

39.《当代中国的统一战线》，当代中国出版社 1996 年版。

40.《当代中国的民主党派》，当代中国出版社 1999 年版。

后 记

本书是中国社会科学院“十四五”哲学社会科学发展规划项目“院编中华人民共和国国史教材序列”之一，在中国社会科学院创新工程项目最终成果《中华人民共和国政治史（1949—2019）》（当代中国出版社2019年版）基础上，经过项目组全体成员进一步拓展深化、吸收最新研究成果编写而成，时间下限到2020年底。编写工作在主编李正华、张金才的主持下进行。

全书共8章，各章执笔人分别是：第一、二、八章：刘维芳；第三章：沈雁昕；导论、第四、五章：李正华；第六章：张金才；第七章：姬文波。全书由张金才统稿，李正华定稿。

在本书出版过程中，当代中国出版社的领导给予了大力支持，责任编辑袁又文及相关同志付出了辛劳，在此一并表示衷心感谢。

书中不当之处，敬请读者批评指正。

本写编写组

2021年7月